Steuerplanung bei internationaler Unternehmenstätigkeit

Steuerplanung bei internationaler Unternehmenstätigkeit

- Entscheidungen über Rechtsform,
Finanzierungs- und
Konzernstruktur aus ökonomischer Sicht -

von
Dr. Carmen Selg

IDW-VERLAG GMBH
DÜSSELDORF 1998

Die Deutsche Bibliothek - CIP-Einheitsaufnahme
Selg, Carmen:
Steuerplanung bei internationaler Unterneh-
menstätigkeit : Entscheidungen über Rechtsform,
Finanzierungs- und Konzernstruktur aus öko-
nomischer Sicht / von Carmen Selg. - Düsseldorf :
IDW-Verl., 1998
Zugl.: Hohenheim, Univ., Diss., 1998
ISBN 3-8021-0796-9

ISBN 3-8021-0796-9

D 100

Inhaltsverzeichnis

V

X

XV

Abkürzungsverzeichnis

a.A.	anderer Ansicht
a.a.O.	am angeführten Orte
Abb.	Abbildung
Abl.	Amtsblatt
Abs.	Absatz
Abschn.	Abschnitt
AG	Aktiengesellschaft
AktG	Aktiengesetz
Anm.	Anmerkung
AO	Abgabenordnung
Art.	Artikel
AStG	Außensteuergesetz
ausl.	ausländische(n)
BB	*Betriebs-Berater*
BCC	Belgian Coordination Centre
BewG	Bewertungsgesetz
BFH	Bundesfinanzhof
BFr	Belgische Francs
BFuP	*Betriebswirtschaftliche Forschung und Praxis*
BGB	Bürgerliches Gesetzbuch
BGH	Bundesgerichtshof
BGBl	Bundesgesetzblatt
BMF	Bundesministerium der Finanzen
BMG	Bemessungsgrundlage
Bsp.	Beispiel
bspw.	beispielsweise
BSt	Betriebstätte
BStBl	Bundessteuerblatt
BT-Drucksache	Bundestagsdrucksache
BV	Betriebstättenvermögen
BVerfG	Bundesverfassungsgericht
BVerfGE	Amtliche Sammlung von Entscheidungen des Bundesverfassungsgerichts
bzw.	Beziehungsweise
const.	konstant

GewStG	Gewerbesteuergesetz
GewStR	Gewerbesteuerrichtlinien
GG	Grundgesetz
ggfs.	gegebenenfalls
GmbH	Gesellschaft mit beschränkter Haftung
GmbHG	Gesetz betreffend die Gesellschaften mit beschränkter Haftung
GmbHR	*GmbH-Rundschau*
Gr.	Gruppe
grds.	grundsätzlich
H	Hinweis
h.M.	herrschende Meinung
HB	Hinzurechnungsbetrag
HGB	Handelsgesetzbuch
Hrsg.	Herausgeber
HS	Halbsatz
i.a.R.	in aller Regel
i.d.R.	in der Regel
i.e.S.	im engeren Sinne
i.H.v.	in Höhe von
i.S.d.	im Sinne der/des
i.S.v.	im Sinne von
i.V.m.	in Verbindung mit
i.w.S.	im weiteren Sinne
IdW	Institut der Wirtschaftsprüfer
IFA	International Fiscal Association
IFSC	International Financial Service Center
INF	*Die Information*
inl.	inländische(n)
insb.	insbesondere
IStR	*Internationales Steuerrecht*
IWB	*Internationale Wirtschaftsbriefe*
JbFStR	*Jahrbuch der Fachanwälte für Steuerrecht*
JStG	Jahressteuergesetz
KapG	Kapitalgesellschaft
KG	Kommanditgesellschaft
KSt	Körperschaftsteuer

KStG	Körperschaftsteuergesetz
KStR	Körperschaftsteuerrichtlinien
m.E.	meines Erachtens
m.w.N.	mit weiteren Nachweisen
MA	Musterabkommen
max.	maximal
min.	minimal
mind.	Mindestens
MKapG	Mutterkapitalgesellschaft
MPersG	Mutterpersonengesellschaft
M-T-RL	Mutter-Tochter-Richtlinie
MU	Mutterunternehmen
NAA	nicht abziehbare Aufwendung (en)
Nr.	Nummer
Nrn.	Nummern
NWB	*Neue Wirtschaftsbriefe*
o.V.	ohne Verfasser
OECD	Organization for Economic Cooperation and Development
OECD-MA	OECD-Musterabkommen
OFD	Oberfinanzdirektion
PersG	Personengesellschaft
PublG	Publizitätsgesetz
R	Richlinie
Rdn.	Randnummer
RFH	Reichsfinanzhof
RIW	*Recht der internationalen Wirtschaft*
Rs.	Rechtssache
RStBl	Reichssteuerblatt
Rz.	Randziffer
S.	Seite
SBV	Steuerbelastungsvergleich
sog.	sogenannte(n)
StÄndG	Steueränderungsgesetz

Stbg	*Die Steuerberatung*
StBKgR	*Steuerberaterkongreß-Report*
SteuerStud	*Steuer und Studium*
StRG	Steuerreformgesetz
StuW	*Steuer und Wirtschaft*
Tab.	Tabelle
TG	Tochtergesellschaft
TKapG	Tochterkapitalgesellschaft
TPersG	Tochterpersonengesellschaft
TWA	Teilwertabschreibung
Tz.	Textziffer
u.a.	unter anderem
u.U.	unter Umständen
UE	Umsatzerlöse
UmwG	Umwandlungsgesetz
UmwStG	Umwandlungssteuergesetz
v.a.	vor allem
vE	verdecktes Einkommen
vEI	verdeckte Einlage
vEK	verwendbares Eigenkapital
Vfg.	Verfügung
vGA	verdeckte Gewinnausschüttung
vgl.	vergleiche
VStG	Vermögensteuergesetz
w.o.	wie oben
WG	Wirtschaftsgut
WiSt	*Wirtschaftswissenschaftliches Studium*
WPg	*Die Wirtschaftsprüfung*
z.B.	zum Beispiel
zfbf	*Zeitschrift für betriebswirtschaftliche Forschung*
ZGR	*Zeitschrift für Unternehmens- und Gesellschaftsrecht*
Ziff.	Ziffer
zzgl.	Zuzüglich

Symbolverzeichnis

a	Abschreibungssatz
a_i	Abschreibungssatz des Wirtschaftsgutes i
a_t	Abschreibungssatz der Periode t
a_{A_i}	ausländischer Abschreibungssatz des Wirtschaftsgutes i
$a_{A(I)_i}$	inländischer Abschreibungssatz des Wirtschaftsgutes i
A_0	Anschaffungsauszahlung
ΔA_0	Differenz der Anschaffungskosten
AB	Aufstockungsbetrag
$AB_{max.}$	unter Berücksichtigung der Höchstbetragsregelung maximal zulässiger Aufstockungsbetrag
$\Delta AB_{max.}$	Veränderung des maximal zulässigen Aufstockungsbetrages
AfA	Abschreibung
AfA_t	Abschreibung der Periode t
AP	Ausgleichsposten
AU	Aufwendungen
AU_{BSt}	Aufwendungen der ausländischen Betriebstätte
AU_{Stamm}	Aufwendungen des inländischen Stammhauses
b	prozentualer Anteil der Betriebstätte am Erfolg
$(1-b)$	prozentualer Anteil des Stammhauses am Erfolg

BA	Aufwendungen im Zusammenhang mit steuerfreien Erträgen (Refinanzierungsaufwendungen)
ΔBA	Veränderung der Aufwendungen im Zusammenhang mit steuerfreien Erträgen
BetBW	Beteiligungsbuchwert
ΔBMG	Veränderung der Bemessungsgrundlage
ΔBMG_t	Veränderung der Bemessungsgrundlage zum Zeitpunkt t
BW	Barwert der Steuerzahlungen in Aus- und Inland
ΔBW	Barwertdifferenz
ΔBW_{KapG}	Veränderung des Barwerts der Steuerzahlungen bei der Kapitalgesellschaftsalternative
$BW(S_A)$	Barwert der Steuerzahlungen im Ausland
$\Delta BW(S_A)$	Veränderung des Barwerts der Steuerzahlungen im Ausland
$BW(S_I)$	Barwert der Steuerzahlungen im Inland
$BW(S_{I(V)})$	Barwert der Steuerzahlungen im Inland zum Zeitpunkt V
$BW(\Delta S)$	Barwert der Steuerzahlungsdifferenz
BW_i	Buchwert des Wirtschaftsgutes i
BW_{A_i}	Buchwert des Wirtschaftsgutes i nach ausländischem Recht
$BW_{A(I)_i}$	Buchwert des Wirtschaftsgutes i nach inländischem Recht
DLAU	Dienstleistungsaufwendungen
$DLAU_{Rest}$	quotal aufteilbare Dienstleistungsaufwendungen

$DLAU_{BSt}$	Dienstleistungsaufwendungen der ausländischen Betriebstätte
$DLAU_{Stamm}$	Dienstleistungsaufwendungen des inländischen Stammhauses
e	effektive Grenzsteuerbelastung
$E(Z_t)$	Erwartungswert der Zahlungsüberschüsse
$E[u(Z_{tu})]$	Erwartungswert des Bernoullinutzens der Zahlungsüberschüsse
EK	Eigenkapital
ΔEK	Veränderung des Eigenkapitals
EK01	Eigenkapitalteile, die aus steuerfreien ausländischen Einkünften stammen
ΔEK01	Veränderung des EK01-Bestandes
$EK01_T$	EK01 der Tochterkapitalgesellschaft
$EK01_M$	EK01 der Mutterkapitalgesellschaft
EK02	sonstige Vermögensmehrungen, die der Körperschaftsteuer nicht unterliegen
EK04	Einlagen der Anteilseigner
$EK(s_I^{ka})$	Eigenkapitalteile, die mit dem Ausschüttungssteuersatz belastet sind
$\Delta EK(s_I^{ka})$	Veränderung des EK-Bestandes, der mit dem Ausschüttungssteuersatz belastet ist
$EK(s_I^{kn})$	Eigenkapitalteile, die mit dem Körperschaftsteuerthesaurierungssatz belastet sind

$\Delta EK(s_I^{kn})$	Veränderung des EK-Bestandes, der mit dem Körperschaftsteuerthesaurierungssatz belastet ist
ENT_t	Entnahmen der Periode t
ER	Erträge (ohne $GesER_{MP}$)
ER_A	Erträge der ausländischen Basisgesellschaft
ER_{BSt}	Erträge der ausländischen Betriebstätte
ER_{Stamm}	Erträge des inländischen Stammhauses
EW	Ertragswert
ΔEW	Ertragswertänderung
EW_s	Ertragswert nach Steuern
F^e	einkommensteuerliche Freibeträge
F_j^e	einkommensteuerliche Freibeträge des Gesellschafters j
F^{ge}	gewerbesteuerlicher Freibetrag
FB	spezieller Freibetrag
FE	Finanzerträge
FK	Fremdkapital
$FWähr_0$	Wert der Fremdwährung zum Zeitpunkt der Darlehensgewährung
$FWähr_t$	Wert der Fremdwährung zum Zeitpunkt t
g	Anteil des Gesellschafters an den Leistungsvergütungen
G	Gewinn vor Leistungsvergütungen

G_A	ausländischer Gewinn vor Leistungsvergütungen
$G_{A(BSt)}$	ausländischer Betriebstättengewinn
$G_{A(BSt_Y)}$	Gewinn einer anderen ausländischen Betriebstätte Y desselben Staates
$\Delta G_{A(BSt)}$	Veränderung des ausländischen Betriebstättengewinns
$G_{A(BSt)}^{DBA}$	Gewinn der ausländischen Betriebstätte bei DBA
$G_{A(IRL)}$	Gewinn der irischen Finanzierungsgesellschaft
$G_{A(IRL)_{beg}}$	begünstigter Gewinn der irischen Finanzierungsgesellschaft
$G_{A(IRL)_{Kap}}$	Gewinn der irischen Finanzierungsgesellschaft aus Zwischeneinkünften mit Kapitalanlagecharakter
$G_{A(KapG)}$	Gewinn der ausländischen Kapitalgesellschaft vor Leistungsvergütungen
$G_{A(NL)}$	Gewinn der niederländischen Finanzierungsgesellschaft
$G_{A(PersG)}$	Gewinn der ausländischen Personengesellschaft
$G_{A(PersG)}^{DBA}$	Gewinn der ausländischen Personengesellschaft bei DBA
G_{ges}	aufzuteilender Gesamtgewinn des Einheitsunternehmens
G_I	inländischer Gewinn vor Leistungsvergütungen
$G_{A(Stamm)}$	Gewinn des inländischen Stammhauses
$G_{A(Stamm)}^{DBA}$	Gewinn des inländischen Stammhauses bei DBA
G_L	Gewinnvorab
G_{Lj}	Gewinnvorab des Gesellschafters j
GA	Gewinnausschüttung

GA_t	Gewinnausschüttung zum Zeitpunkt t
GA_{allg}	Gewinnanteile, die aus sonstigen Zwischeneinkünften stammen
GA_{bes}	Gewinnanteile, die aus Zwischeneinkünften mit Kapitalanlagecharakter stammen
GA_{br}	Bruttogewinnausschüttung
$GA_{max.}$	ausschüttbarer Gewinn
GA_{01}^{EK}	Ausschüttung aus dem EK01
GA_E	Gewinnausschüttung der Enkelkapitalgesellschaft
GA_T	Gewinnausschüttung der Tochterkapitalgesellschaft
$GD_{FWähr}$	Gesellschafterdarlehen in Fremdwährung
$GesAU_{MP}$	Aufwendungen aus schuldrechtlichen Vereinbarungen mit dem Gesellschafter
$GesER_{MP}$	Erträge aus schuldrechtlichen Vereinbarungen mit dem Gesellschafter
h	Hebesatz in %
HB	Hinzurechnungsbetrag
HB_{allg}	Hinzurechnungsbetrag der allgemeinen Hinzurechnungsbesteuerung
ΔHB_{allg}	Veränderung des Hinzurechnungsbetrags der allgemeinen Hinzurechnungsbesteuerung
HB_{bes}	Hinzurechnungsbetrag der besonderen Hinzurechnungsbesteuerung
HB_{mod}	modifizierter Hinzurechnungsbetrag

i	Zinssatz/Laufindex für verschiedene Wirtschaftsgüter
$i_{(A)}$	ausländischer Zinssatz
$i_{(I)}$	inländischer Zinssatz
i_s	Zinssatz nach Steuern
$i_{s(A)}$	ausländischer Zinssatz nach Steuern
$i_{s(I)}$	inländischer Zinssatz nach Steuern
j	Laufindex für verschiedene Staaten/Gesellschafter
k	Anteil der Konzernfinanzierungseinkünfte an den Zwischeneinkünften mit Kapitalanlagecharakter
KapRZ	Kapitalrückzahlung
KW_s	Kapitalwert nach Steuern
$KW_{s(A)}$	Kapitalwert nach Steuern unter Berücksichtigung der Wiederanlage im Ausland
$KW_{s(I)}$	Kapitalwert nach Steuern unter Berücksichtigung der Wiederanlage im Inland
L	Leistungsvergütungen
ΔL	Differenz der Leistungsvergütungen
LG_A	Liquidationsgewinn aus der ausländischen Organisationseinheit
$LG_{A(I)}$	Liquidationsgewinn aus der ausländischen Organisationseinheit nach inländischen Vorschriften ermittelt
ΔLG	Anteil des Liquidationsgewinns, der aus der abweichenden Behandlung der rücküberführten Wirtschaftsgüter im Inland stammt

ΔLG_{SBV}	Zusätzlicher Liquidationsgewinn aus dem Sonderbetriebsvermögen
lim	Grenzziehungen
LQR	Liquidationsrate
LR	Leasingrate
LV_H	Verlust aus der Liquidation der Holdinggesellschaft
M^e	einkommensteuerliche Modifikationen gegenüber G
M^{ge}	gewerbesteuerliche Modifikationen gegenüber G
M^k	körperschaftsteuerliche Modifikationen gegenüber G
Max	Maximumbedingung
Min	Minimumbedingung
n	Ende des Planungszeitraumes
NAA	nicht abziehbare Aufwendungen
p	Anteil der Ausschüttung vom Gewinn
$p_B * BMG_B$	pauschal ermittelte Bemessungsgrundlage Belgien
$p_{CH} * G_{A(CH)}$	pauschal ermittelter Betriebstättengewinn Schweiz
$p_{NL} * G_{A(NL)}$	pauschal ermittelter Gewinn in den Niederlanden aus der schweizer Betriebstätte
q	Beteiligungsquote
q_E	Beteiligungsquote der Tochter an der Enkelgesellschaft
q_M	Beteiligungsquote der inländischen Gesellschafter an der Muttergesellschaft

q_T	Beteiligungsquote der Mutter- an der Tochtergesellschaft
q_s	Diskontierungsfaktor nach Steuern
q_s^{-t}	Diskontierungsfaktor nach Steuern des Zeitpunktes t
q_{St}	Anteil am Gewinn der Gesellschaft, der auf den stillen Gesellschafter entfällt
r	Rendite
r_s	Rendite nach Steuern
ΔR_f	freiwillige Verminderung der Reserve
R_T	Reserve für Risiken aus Finanzierungstätigkeiten
ΔR_v	Verminderung der Reserve wegen Verlusten
s	Steuersatz
s_A	ausländischer Steuersatz
$s_{A(BSt)}$	ausländischer Steuersatz für Betriebstätten
$s_{A(BSt)}^{erm}$	ermäßigter ausländischer Steuersatz für Betriebstätten
s_A^k	ausländischer Steuersatz für Kapitalgesellschaften
$s_{A(D)}^k$	Körperschaftsteuersatz am Standort einer Tochtergesellschaft in einem Drittland
$s_{A(E)}^k$	Körperschaftsteuersatz der Enkelgesellschaft
$s_{A(F)}^{ka}$	Körperschaftsteuergutschrift Frankreich
$s_{A(H)}^k$	Körperschaftsteuersatz am Standort der Holdinggesellschaft
$s_{A(GB)}^k$	Körperschaftsteuersatz Großbritannien

$s_{A(GB)}^{ka}$	Körperschaftsteuergutschrift Großbritannien
$s_{A(I)}$	ausländischer (inländischer) Steuersatz
s_B^k	Körperschaftsteuersatz Belgien
$s_{BSt(CH)}$	Steuersatz für Betriebstätten in der Schweiz
s_I	inländischer Steuersatz
s_I^{ek}	inländischer Durchschnitt- (=Grenz-) Einkommensteuersatz
Δs_I^{ek}	Veränderung des inländischen Einkommensteuersatzes
$s_{I_j}^{ek}$	inländischer Einkommensteuersatz des Gesellschafters j
$s_{I_t}^{ek}$	inländischer Einkommensteuersatz der Periode t
$s_{I(Y_I)}^{ek}$	Durchschnittsteuersatz bezogen auf die steuerpflichtigen (inländischen) Einkünfte
$s_{I(Y_A + Y_I)}^{ek}$	Durchschnittsteuersatz bezogen auf die Summe der steuerpflichtigen aus- und inländischen Einkünfte
$s_{I(zvE)}^{ek}$	Durchschnittsteuersatz bezogen auf das gesamte zu versteuernde Einkommen
$s_I^{ek_g}$	inländischer Einkommensteuersatz für gewerbliche Einkünfte
s_I^{ge}	inländischer effektiver Gewerbeertragsteuersatz
s_I^{ka}	inländischer Ausschüttungssteuersatz/Körperschaftsteuergutschrift
s_I^{kn}	inländischer Körperschaftsteuersatz
s_I^{VG}	besonderer Steuersatz für Veräußerungsgewinne
$s_{I(A)}$	inländischer (ausländischer) Steuersatz

XXXII

$s_{IRL}^{k_{erm}}$	ermäßigter Körperschaftsteuersatz Irland
$s_{IRL}^{k_{30\%}}$	auf 30% erhöhter Körperschaftsteuersatz Irland
s_{NL}^{k}	Körperschaftsteuersatz Niederlande
$s_{NL}^{k_{erm}}$	ermäßigter Körperschaftsteuersatz Niederlande
s_Q	Quellensteuersatz
$s_{Q(Div)}$	Quellensteuersatz für Dividenden
$s_{Q(Div_K)}$	Quellensteuersatz auf Dividenden an Kapitalgesellschaften
$s_{Q(Div_P)}$	Quellensteuersatz auf Dividenden an Personengesellschaften
$s_{Q(Div)_{D \to H}}$	Quellensteuersatz auf Dividenden von der Tochtergesellschaft in einem Drittstaat an die Holdinggesellschaft
$s_{Q(Div)_{D \to M}}$	Quellensteuersatz auf Dividenden von der Tochtergesellschaft in einem Drittstaat an die Muttergesellschaft
$s_{Q(Div)_{H \to M}}$	Quellensteuersatz auf Dividenden von der Holding- an die Muttergesellschaft
$s_{Q(Div)_{T \to H}}$	Quellensteuersatz auf Dividenden von der Tochter- an die Holdinggesellschaft
$s_{Q(Div)_{T \to M}}$	Quellensteuersatz auf Dividenden von der Tochter- an die Muttergesellschaft
$s_{Q(GB)}^{fik}$	fiktiver Quellensteuersatz Großbritannien bei grenzüberschreitender Körperschaftsteueranrechnung
$s_{Q(F)}$	(spezieller) Quellensteuersatz Frankreich
$s_{Q(I)}$	inländischer Quellensteuersatz
$s_{Q(L)}$	Quellensteuersatz für Leistungsvergütungen

$s_{Q(ZI)}$	Quellensteuersatz für Zinsen
stR_i	stille Reserven im Wirtschaftsgut i
stR_{A_i}	stille Reserven nach ausländischem Recht im Wirtschaftsgut i
$stR_{A(I)_i}$	stille Reserven nach inländischem Recht im Wirtschaftsgut i
S	Gesamtsteuerbelastung Aus- und Inland
ΔS	Veränderung der Gesamtsteuerbelastung Aus- und Inland
S_{PersG}	Kumulierte Ertragsteuerbelastung bei inländischer Mutterpersonengesellschaft
$S_{KapG(TH)}$	Kumulierte Ertragsteuerbelastung bei inländischer Mutterkapitalgesellschaft unter der Prämisse der Weiterausschüttung im Inland
$S_{KapG(GA)}$	Kumulierte Ertragsteuerbelastung bei inländischer Mutterkapitalgesellschaft unter der Prämisse der Thesaurierung im Inland
S_t	Steuerzahlungen der Periode t
ΔS_t	Veränderung der periodischen Steuerzahlungen
S_A	kumulierte ausländische Steuerbelastung
$S_{A\,max.}$	im Rahmen der Höchstbetragsregelung maximal anrechenbare ausländische Steuer
ΔS_A	Veränderung der ausländischen kumulierten Steuerbelastung
$\Delta S_{A(T)}$	Zusätzliche ausländische Steuerbelastung im Zeitpunkt T
$S_{A(Anr)}$	auf Antrag anrechenbare ausländische Steuer

$S_{A(BSt)}$	ausländische Steuerbelastung der Betriebstätte
$S_{A(BSt)max.}$	im Rahmen der Höchstbetragsregelung maximal anrechenbare ausländische Betriebstättensteuer
S_A^{anr}	anrechenbare Steuern von Verlustgesellschaften durch konsolidierte Besteuerung
S_A^k	ausländische Körperschaftsteuerbelastung
$S_{A(M)}^k$	Teil der ausländischen Körperschaftsteuer, die auf die Gewinnanteile der Muttergesellschaft entfallen
$S_{A(I)}$	ausländische (inländische) Steuerbelastung
$\Delta S_{A(I)}$	Veränderung der ausländischen (inländischen) Steuerbelastung
S_D	Steuern aus Drittstaaten
S_I	kumulierte inländische Steuerbelastung
ΔS_I	Veränderung der kumulierten inländischen Steuerbelastung
S_{I_t}	Inländische Steuerbelastung zum Zeitpunkt t
$S_{I(T)}$	Inländische Steuerbelastung zum Zeitpunkt T
S_I^{ek}	inländische Einkommensteuerbelastung der ausländischen Einkünfte
$S_I^{ek_g}$	inländische Einkommensteuerbelastung der ausländischen Einkünfte, die der Gewerbesteuer unterliegen
S_I^{ER}	inländische Ertragsteuerbelastung der ausländischen Einkünfte
$S_{I(Y_A+Y_I)}^{ek}$	Einkommensteuerbelastung bezogen auf die Summe der Einkünfte

$S_{I(zvE)}^{ek}$	Einkommensteuerbelastung bezogen auf das gesamte zu versteuernde Einkommen
$S_{I(P)}^{ek}$	kumulierte inländische Einkommensteuerbelastung der Gesellschafter einer Personengesellschaft
$S_{I(K)}^{ek}$	kumulierte inländische Einkommensteuerbelastung der Gesellschafter einer Kapitalgesellschaft
S_I^{ge}	inländische effektive Gewerbesteuerbelastung
$S_{I(P)}^{ge}$	inländische effektive Gewerbesteuerbelastung einer Kapitalgesellschaft
$S_{I(K)}^{ge}$	inländische effektive Gewerbesteuerbelastung einer Personengesellschaft
S_I^{ka}	inländische Ausschüttungssteuerbelastung
S_I^{kn}	inländische Körperschaftsteuertarifbelastung der ausländischen Einkünfte
$S_{I(K)}^{kn}$	Körperschaftsteuerbelastung einer Kapitalgesellschaft
$S_{I(A)}$	inländische (ausländische) Steuerbelastung
$\Delta S_{I(A)}$	Veränderung der inländischen (ausländischen) Steuerbelastung
$\Delta S_{I(Ges)}$	Veränderung der inländischen Steuerbelastung des Gesellschafters
S_Q	Quellensteuerbelastung
S_{Q_j}	Quellensteuerbelastung der Einkünfte aus dem Staate j
$S_{Q_{Max.}}$	im Rahmen der Höchstbetragsregelung maximal anrechenbare ausländische Quellensteuer
$S_{Q(Div)}$	Quellensteuerbelastung der Dividenden

$S_{Q(Div)_{max.}}$	im Rahmen der Höchstbetragsregelung maximal anrechenbare ausländische Quellensteuer auf Dividenden
$\Delta S_{Q(Div)_{max.}}$	Veränderung der im Rahmen der Höchstbetragsregelung maximal anrechenbare ausländische Quellensteuer auf Dividenden
$S_{Q(Div_K)}$	Quellensteuern auf Dividenden an Kapitalgesellschaften
$S_{Q(Div_P)}$	Quellensteuern auf Dividenden an Personengesellschaften
$S_{Q(Div)_{D \to H}}$	Quellensteuern auf Dividenden von der Tochtergesellschaft in einem Drittstaat an die Holdinggesellschaft
$S_{Q(Div)_{D \to M}}$	Quellensteuern auf Dividenden von der Tochtergesellschaft in einem Drittstaat an die Muttergesellschaft
$S_{Q(Div)_{H \to M}}$	Quellensteuern auf Dividenden von der Holding- an die Muttergesellschaft
$S_{Q(Div)_{T \to H}}$	Quellensteuern auf Dividenden von der Tochter- an die Holdinggesellschaft
$S_{Q(Div)_{T \to M}}$	Quellensteuern auf Dividenden von der Tochter- an die Muttergesellschaft
$S_{Q(I)}$	inländische Quellensteuerbelastung
$S_{Q(L)}$	ausländische Quellensteuerbelastung der Leistungsvergütungen
$S_{Q(L)_{max.}}$	im Rahmen der Höchstbetragsregelung maximal anrechenbare ausländische Quellensteuer auf Leistungsvergütungen
$S_{Q(ZI)}$	Quellensteuerbelastung der Zinsen
$S_{Q(ZI)_{max.}}$	im Rahmen der Höchstbetragsregelung maximal anrechenbare ausländische Quellensteuer auf Zinsen
$S_{Q(VG)}$	Quellensteuern auf den Veräußerungsgewinn

SF	tariflicher Abzug von der Steuerschuld
ΔSW	Substanzwertänderung
SZ	Schuldzinsen
SZ_{BSt}	Schuldzinsen der ausländischen Betriebstätte
SZ_{Stamm}	Schuldzinsen des inländischen Stammhauses
t	Zeitindex
$t(G_A)$	Gewinnentstehungszeitpunkt
$t(GA)$	Zeitpunkt der Gewinnausschüttung
$t(GAA)$	Zeitpunkt der Gewinnausschüttung vom Ausland ins Inland
$t(GAI)$	Zeitpunkt der Weiterausschüttung im Inland
$t(TH)$	Zeitpunkt der Thesaurierung
$t(THA)$	Zeitpunkt der Thesaurierung im Ausland
$t(THI)$	Zeitpunkt der Thesaurierung im Inland
$t(V_A)$	Verlustentstehungszeitpunkt
$t(VVT_A)$	Verlustberücksichtigungszeitpunkt
T	Liquidationszeitpunkt/Veräußerungszeitpunkt/Umwandlungszeitpunkt
$T(H)$	Liquidations-/Veräußerungszeitpunkt der Holdinggesellschaft
$T(T)$	Liquidations-/Veräußerungszeitpunkt der Tochtergesellschaft
TB	Tarifbelastung

TW_i	Teilwert des Wirtschaftsgutes i
TW_{A_i}	Teilwert des Wirtschaftsgutes i im Ausland
TWA	Teilwertabschreibung
TWA_t	Teilwertabschreibung zum Zeitpunkt t
u	Laufindex für verschiedene Wahrscheinlichkeiten
$u[Z_{tu}]$	Bernoullinutzen des Zahlungsüberschusses zum Zeitpunkt t
UE_{int}	Umsatzerlöse aus konzerninternen Lieferungen
ΔUE	Differenz der Umsatzerlöse
$ÜNG_A$	Übernahmegewinn nach ausländischem Recht ermittelt
$ÜNG_I$	Übernahmegewinn nach inländischem Recht ermittelt
$ÜNV_A$	Übernahmeverlust nach ausländischem Recht ermittelt
$ÜNV_I$	Übernahmeverlust nach inländischem Recht ermittelt
v_t	der je Periode durch den VVT berücksichtigte Anteil an V_A bzw. V_A^{VVT}.
V	Veräußerungszeitpunkt nach Umwandlung
V_A	ausländischer Verlust vor Leistungsvergütungen (Betrag ohne negatives Vorzeichen definiert)
$V_{A(BSt_X)}$	Verlust aus der ausländischen Betriebstätte X
$V_{A(Ges)}$	Anteil am Gesamtverlust, der auf den Gesellschafter entfällt
$V_{A(I)_t}$	ausländischer Verlust nach inländischem Recht ermittelt zum Zeitpunkt t
$V_{A(NL)}$	Verlust der niederländischen Finanzierungsgesellschaft

V_A^{ges}	gesamter Verlust einschließlich Leistungsvergütungen
V_A^{Verr}	verbleibender verrechenbarer Verlust
V_A^{VVT}	Verlustvortrag aus der ausländischen Organisationsform
VA_A	sofortiger Verlustausgleich und -abzug
$VA_{A(I)}$	sofortiger Verlustausgleich und -abzug nach inländischem Recht ermittelt
vE	verdecktes Einkommen
vEI	verdeckte Einlage
vEI_t	verdeckte Einlage zum Zeitpunkt t
ΔvEK	Veränderung des verwendbaren Eigenkapitals
VG	Veräußerungsgewinn
ΔVG	Differenz des Veräußerungsgewinns
vGA	verdeckte Gewinnausschüttung
VP	Veräußerungspreis
VRT_t	Verlustrücktrag zum Zeitpunkt t
w_u	Wahrscheinlichkeit des Eintritts eines Umweltzustandes u
$WarenAU_{int}$	Wareneinsatz aus konzerninternen Lieferungen
WG_{BW}	Buchwert der Wirtschaftsgüter
WG_{MP}	Marktpreis der Wirtschaftsgüter
Y	Einkünfte
$Y_{\S15}$	Einkünfte aus Gewerbebetrieb

XL

Y_A	ausländische Einkünfte
ΔY_A	Veränderung der ausländischen Einkünfte gegenüber einem zu definierenden Grundfall
Y_{A_j}	ausländische Einkünfte des Staates j
Y_{A_t}	ausländische Einkünfte zum Zeitpunkt t
$Y_{A(I)}$	ausländische Einkünfte nach inländischen Vorschriften ermittelt
$\Delta Y_{A(I)}$	zusätzliche ausländische Einkünfte nach inländischen Vorschriften ermittelt
$Y_{A(BSt)}^{DBA}$	Einkünfte aus der ausländischen Betriebstätte bei DBA
Y_I	inländische Einkünfte
ΔY_I	Veränderung der inländischen Einkünfte gegenüber einem zu definierenden Grundfall
$Y_{I(Stamm)}^{DBA}$	Einkünfte des inländischen Stammhauses bei DBA
z	Meßzahl der Gewerbesteuer
Z_t	Zahlungsüberschüsse der Periode t
Z_{tu}	Zahlungsüberschuß der Periode t bei Umweltzustand u
ZI	Zinsaufwand
ZI_{GF}	Zinsaufwand bei Gesellschafterfremdfinanzierung
ZI_{MP_A}	Zinsaufwand bei Finanzierung am ausländischen Kapitalmarkt
ZI_{MP_I}	Zinsaufwand bei Finanzierung am inländischen Kapitalmarkt

zko	Zins-/Kostenanteil einer Leasingrate je Periode ermittelt nach der Zinsstaffel- oder Barwertmethode
zko_t	Zins-/Kostenanteil einer Leasingrate ermittelt nach der Zinsstaffel- oder Barwertmethode der Periode t
Zko	gesamte Zinsen und Kosten während der Laufzeit
zvE	zu versteuerndes Einkommen
$\rightarrow$	logischer Zusammenhang wenn, dann

Abbildungs- und Tabellenverzeichnis

A Einleitung

A.1 Problemstellung

Aufgrund der rasanten Entwicklungen der Informations- und Kommunikationstechnologien wachsen bisher räumlich getrennte und damit abgegrenzte Märkte immer enger zusammen. Diese technische Entwicklung wird begleitet und gefördert von einer politischen Entwicklung: Nationale Staaten schließen sich zu supranationalen Wirtschaftsräumen zusammen. Die Vereinheitlichung und Angleichung bisher traditionell den Nationalstaaten vorbehaltenen zivil- und hoheitlichen Regelungsbereichen wird im Ergebnis eine erhebliche Reduzierung von Transaktionskosten zur Folge haben.

Damit existieren für Unternehmen Rahmenbedingungen, die den grenzüberschreitenden Austausch von Gütern und Dienstleistungen weiter fördern. Ferner ist es inzwischen fast schon selbstverständlich, daß in Deutschland ansässige Unternehmen bei der Formulierung ihrer strategischen Ziele nur noch in zweiter Linie ihren Heimatmarkt im Auge haben. Die jüngst erfolgte Bekanntgabe der geplanten Fusion zwischen Daimler Benz und Chrysler wird bald kein Einzelfall mehr sein.

Neben der Eroberung neuer Märkte zur Generierung von Umsatzwachstum können auch günstige Standortfaktoren ursächlich für eine ganz oder teilweise stattfindende Standortverlagerung in das Ausland sein. In beiden Fällen ist im Rahmen der Entscheidungsvorbereitung bei derartigen Grundsatzentscheidungen eine genaue Prüfung der Rahmenbedingungen des Zielstaates notwendig. Von erheblicher entscheidungsrelevanter Bedeutung wird dabei stets - schon angesichts der hohen Absolutzahlungen - das steuerliche Umfeld sein.

Schlußendlich fließen alle diese Rahmenbedingungen bewertet durch Zahlungsströme in ein finanzielles Vorteilhaftigkeitskalkül ein, mittels dessen ein Gesamturteil über das zur Entscheidung anstehende Investitionsvorhaben gefällt wird. Insoweit existiert in diesem Idealfall ein simultanes Entscheidungsmodell ohne Fixierung eines bestimmten Standortes, bei dem die Steuern als negative Zielzahlungskomponente entsprechend berücksichtigt sind.

Oftmals ist allerdings aus verschiedensten Gründen die Standortentscheidung bereits gefallen. Dann reduziert sich das Entscheidungsfeld erheblich: Im Rahmen einer Partialoptimierung können in diesen Fällen lediglich noch mögliche gegebene nationale steuerliche Handlungsparameter ausgewählt werden.

Umgekehrt kann es auch sein, daß Investitionsvorhaben hinsichtlich aller nicht-steuerlichen Rahmenbedingungen standortunabhängig sind. Da es dann möglich ist, betriebliche Funktionsbereiche an beliebigen Standorten anzusiedeln, stellen allein die steuerlichen Rahmenbedingungen den entscheidungsrelevanten Parameter dar, den es zu optimieren gilt.

Die jüngsten Steuerreformüberlegungen zielen darauf ab, die Attraktivität des Standorts Deutschland soweit es die steuerlichen Rahmenbedingungen betrifft, wieder zu steigern.[1] Insbesondere die Senkung der (Spitzen-)Steuersätze soll neue Wachstumsimpulse auslösen. Im Bereich der Kapitalgesellschaften sollen speziell durch Reduzierung der Ausschüttungssteuerbelastung sowie der Kapitalertragsteuer auch ausländische Kapitalgeber wieder dazu veranlaßt werden in Deutschland zu investieren.

In einem vollständig formulierten Steuerplanungsmodell muß sowohl die Bemessungsgrundlage als auch der darauf anzuwendende Steuersatz abgebildet sein, um die richtige Steuerbelastung zu ermitteln. Dennoch kommt lediglich dem Steuersatz in internationalen Steuerbelastungsvergleichen eine zentrale Rolle zu, weil die zur exakten Bemessungsgrundlagenermittlung notwendige Informationsgewinnung sehr zeitintensiv und damit teuer ist. Deshalb werden in der vorliegenden Arbeit nationale Bemessungsgrundlagendifferenzen erst in einem zweiten Schritt untersucht. Niedrige ausländische Steuersätze sind im Rahmen einer Standortentscheidung jedoch nur dann relevant, wenn dieses Steuerniveau nicht bei einem Gewinntransfer ins Inland verändert wird. Dies ist nach nationalem Recht üblicherweise der Fall. Beim Zusammentreffen einer entsprechend ungünstigen Konstellation kann die Situation eintreten, daß Auslandsgewinne einer kumulierten Ertragsteuerbelastung von 80 % und mehr unterliegen. Damit ist leicht nachvollziehbar, daß Unternehmen nach Gestaltungsmöglichkeiten suchen, diese hohen Belastungen zu reduzieren. Spätestens

---

1   Eine Zusammenfassung der bisherigen Schritte zur Reform der Unternehmensbesteuerung ist bei *Krebs*, Verbesserung der steuerlichen Bedingungen für den [Wirtschaftsstandort Deutschland], in: Crezelius u.a. (Hrsg.), Steuerrecht und Gesellschaftsrecht als Gestaltungsaufgabe: Festschrift für Franz Josef Haas zu Vollendung des 70. Lebensjahres, Herne - Berlin 1996, S. 213 ff. zu finden.

dann ergibt sich die zwingende Notwendigkeit einer grenzüberschreitenden, also internationalen Steuerplanung.[2]

A.2 Ziel und Aufbau der Untersuchung

Steuerplanung erfordert eine vollständige Quantifizierung der Steuerbelastung im Planungszeitraum: Daher werden in *Teil B* der Arbeit die Grundlagen für die internationale Steuerplanung geschaffen, indem das notwendige Instrumentarium zur quantitativen Abbildung des internationalen Steuerrechts entwickelt wird. Nur so ist es möglich, die Auswirkungen einzelner Instrumente auf die Steuerbelastung im Vergleich zu einer jeweils festzulegenden Referenzsituation exakt zu bestimmen.

Der kurze theoretische Überblick zu den Grundsätzen der internationalen Besteuerung zu Beginn des Grundlagenkapitels deutet bereits an, welche Schwierigkeiten aus dem Nebeneinander von Wohnsitz- und Quellenprinzip entstehen. Sämtliche Organisationsformen, in denen die grenzüberschreitende unternehmerische Tätigkeit ausgeübt werden kann, werden unter zivil- und steuerrechtlichen Gesichtspunkten in *Kapitel B.2* kurz beschrieben und abgegrenzt. Für die analytische Aufbereitung des geltenden Rechts zur Besteuerung ausländischer Gewinneinkünfte wird in *Kapitel B.3* von den steuerlichen Verhältnissen konkreter Standorte abstrahiert. Vereinfachend wird zunächst unterstellt, daß die nach inländischen Vorschriften ermittelten ausländischen Einkünfte mit der Steuerbemessungsgrundlage nach ausländischem Recht übereinstimmen. Zur Vorbereitung der Rechtsformentscheidung wird die Steuerbelastung für Perioden identischer Rahmenbedingungen erarbeitet. Vorrangiges Differenzierungskriterium ist die Erfolgssituation der ausländischen Organisationseinheit, da sich die Methoden zur Gewinn- bzw. Verlustberücksichtigung im Inland je nach Organisationsform sehr stark unterscheiden. Ferner muß berücksichtigt werden, ob abkommensrechtliche Besonderheiten zu beachten sind. Daher wird in der tabellenartigen Darstellung grundsätzlich zwischen dem Fall ohne DBA und dem DBA-Fall differenziert. Die Steuerbelastung wird jeweils in Abhängigkeit von den inländischen Methoden zur Vermeidung oder Verminderung der Doppelbesteuerung in allgemeiner analytischer Form vollständig abgebildet, wobei unter den gewählten Prämissen von der hier dominierten Abzugs-

---

2 Dazu bereits *Kormann*, Die [Steuerpolitik] der internationalen Unternehmung, 2. Auflage, Düsseldorf 1970. Einen aktuellen Überblick zur Aufgabenvielfalt der internationalen Steuerplanung verschafft *Müller*, [Steuermanagement] auf dem Weg der Globalisierung - Globalisierung, Integration, Shareholder Value, in: IStR 1996, S. 452 ff.

methode abstrahiert werden kann. Für sämtliche Kombinationen können die Steuerbelastungen in Aus- und Inland in allgemeiner Form abgelesen werden und durch Einsetzen der Steuersätze konkretisiert werden.

In *Kapitel B.4* wird die Prämisse identischer Bemessungsgrundlagen in Aus- und Inland aufgehoben. Bemessungsgrundlagendivergenzen können auf abweichende Bilanzierungs- und Bewertungsvorschriften, Steuerbefreiungen und Abzugsverbote nach ausländischem Recht zurückzuführen sein. Für die steuerlichen Konsequenzen im Inland ist es unerheblich, auf welchen konkreten Ursachen Bemessungsgrundlagenunterschiede dieser Art gegenüber dem Ausland beruhen, da alleine die Existenz solcher Abweichungen Auswirkungen auf die Methodenwahl haben kann. Die Analyse ist daher um die bisher unvorteilhafte Abzugsmethode zu erweitern. Sobald die inländische Bemessungsgrundlage das Produkt aus ausländischem Steuersatz und ausländischer Bemessungsgrundlage unterschreitet, ist die alternative Abzugsmethode vorteilhaft.

Strikt davon zu trennen sind Bemessungsgrundlagenunterschiede aufgrund inländischer Vorschriften, die unabhängig von deren konkretem Standort an die ausländische Organisationsform anknüpfen. Bereits für die Erfolgsabgrenzung gegenüber dem Ausland ist danach zu differenzieren, ob das Auslandsengagement in Form einer rechtlich unselbständigen Betriebstätte oder durch ein rechtlich selbständiges Unternehmen ausgeübt wird. Für Kapitalgesellschaften sind darüber hinaus spezielle Bestimmungen zu berücksichtigen, die sowohl auf die Höhe der ausländischen Einkünfte korrigierend einwirken als auch eine Korrektur der inländischen Einkünfte auslösen können.

Im Gegensatz zu Personengesellschaften, bei denen stets eine direkte Zurechnung zum Gesellschafter erfolgt, bedarf es für Kapitalgesellschaften einer zusätzlichen Analyse *(Kapitel B.5)* der Sonderregelungen bei mehrstufiger Beteiligungsstruktur.

Neben den periodischen Steuerzahlungen werden auch die Belastungen aperiodischer Vorgänge ermittelt. Mit der analytischen Darstellung der Steuerbelastung im Falle der Auflösung und Liquidation oder Veräußerung der ausländischen Organisationseinheit endet der Grundlagenteil mit dem *Kapitel B.6*.

Ausgewählte Gestaltungen zur Optimierung der Steuerbelastung werden in dem anschließenden *Steuerplanungsteil C* strukturiert nach verschiedenen Kriterien im Hinblick auf das Ausmaß der Steuerentlastung beurteilt. Schwerpunkte der Steuerplanung erstrecken sich neben der Rechtsformwahl auch auf die Finanzierungs- und Konzernstruktur. In Ergänzung zu den überwiegend verbalen Darstellungen in der Literatur werden die steuerlichen Auswirkungen durchgängig quantifiziert.

Nach einem kurzen Überblick zu den Methoden der Steuerplanung werden in *Kapitel C.1* zunächst die dem Steuerplanungsmodell zugrundeliegenden Prämissen dargestellt. Im anschließenden *Kapitel C.2* steht die Rechtsformentscheidung im Vordergrund. Unter der Annahme identischer Bemessungsgrundlagen wird das analytische Instrumentarium für sämtliche Alternativen in Multifaktoren zusammengefaßt. Der Multifaktor zeigt die Höhe der Gesamtsteuerbelastung in Prozentpunkten der ausländischen Erfolgsgröße an, wobei Ausschüttungsprämissen, Steuersatzverhältnisse und Methoden zur Vermeidung der Doppelbesteuerung variiert werden können. Die Handlungsalternativen zur Bestimmung der steueroptimalen Struktur eines internationalen Unternehmens erstrecken sich zum einen auf die (bereits gewählte oder noch zu bestimmende) Rechtsform im Inland, zum anderen auf die Organisationsform der grenzüberschreitenden Tätigkeit. Die Analyse stellt auf den Vergleich der Betriebsstättenalternative mit der Kapitalgesellschaftsalternative im Ausland ab. Für ausgewählte Umweltzustände kann so bestimmt werden, welche Organisationsform des ausländischen Engagements sich als steuerlich optimal erweist. Dazu werden für die Alternativen aus den entwickelten Multifaktoren Differenzsteuerbarwerte abgeleitet. Durch Vergleich der Barwertdifferenzen kann die steueroptimale - höchstens zweistufige - Konzernstruktur herausgefiltert werden.

Im Anschluß an die grundlegende Rechtsformentscheidung werden in *Kapitel C.3* die Möglichkeiten zur Partialoptimierung durch gezielte Gestaltung betrieblicher Funktionsbereiche untersucht. Dabei kann einerseits das internationale Steuergefälle, andererseits die mangelnde Abstimmung zwischen den Staaten zur Minimierung der Steuerbelastung genutzt werden. Erhebliche Steuervorteile können durch Finanzierungsgestaltung erreicht werden. Die für nationale Sachverhalte empfehlenswerte Gesellschafter-Fremdfinanzierung ist grenzüberschreitend von untergeordneter Bedeutung. Vielmehr kommt der zielgerichteten Ausnutzung von Qualifikationskonflikten eine zentrale Bedeutung zu. Durch Einsatz hybrider Finanzinstrumente kann es im Idealfall gelingen, in einem Staat abziehbare Betriebsausgaben zu erzeugen, während aus der Sicht des anderen Staates steuerfreie Unternehmensgewinne vorliegen. So können "weiße" Einkünfte geschaffen werden. Erst ab einer bestimmten Konzerngröße ist die Errichtung von Finanzierungszentren zu prüfen. Solche Gesellschaften erweisen sich erst dann als lohnend, wenn die nicht unerheblichen Kosten der Errichtung und Aufrechterhaltung des laufenden Geschäftsbetriebes durch Vorteile bei der Kapitalbeschaffung und Steuervergünstigungen überkompensiert werden. Von den konkreten Maßnahmen der Mittelbeschaffung und Mittelverwendung dieser Gesellschaften hängt es ab, ob und mit welchen Konsequenzen als Folge der Hinzurechnungsbesteuerung des Außensteuergesetzes die Einkünfte - trotz grundsätzlicher Freistellung - auch der inländischen Besteuerung unterliegen.

Eine weitere Teiloptimierung ist in mehrgliedrigen statischen Konzernstrukturen vorzunehmen. Vorteile im Personengesellschaftskonzern werden in *Kapitel C.4* Holdingkonstruktionen gegenübergestellt. Mangels Abschirmwirkung und unkalkulierbaren Haftungsrisiken findet die Personengesellschaft bei internationaler Tätigkeit zur wenig Beachtung. Obwohl in nahezu allen Industrienationen die Personengesellschaft sowohl gesellschafts- als auch steuerrechtlich bekannt ist, erfährt sie regelmäßig abkommensrechtlich keine gesonderte Behandlung. Die Rechtsunsicherheit in der Besteuerung ausländischer Personengesellschaften birgt Risiken, eröffnet gleichzeitig auch Chancen, die zu einer Minimierung der Steuerbelastung genutzt werden können.

Für den Einsatz von Holdinggesellschaften gibt es zahlreiche wirtschaftliche Gründe, die insbesonders mit der Konzernstruktur zusammenhängen. Der Standort einer Holdinggesellschaft ist nicht selten durch steuerliche Überlegungen dominiert. Durch eine zusätzliche Konzernebene können speziell bei internationaler Geschäftstätigkeit auch steuerliche Vorteile erzielt werden. Allerdings darf nicht übersehen werden, daß aufgrund der Komplexität der Rechtsordnungen auch die Gefahr von Steuermehrbelastungen besteht. Holdinggesellschaften können im Inland wie auch im Ausland gezielt zur Umleitung von Einkünften zur Inanspruchnahme (rechtsformspezifischer) steuerlicher Vergünstigungen zwischengeschaltet werden. Für die Anerkennung der Abschirmwirkung kommt es auf die Qualität der Beteiligungen und die Tätigkeiten der Holdinggesellschaft an. Auch hier droht bei niedriger Besteuerung im Ausland die steuerliche Erfassung im Inland durch die Hinzurechnungsbesteuerung.

Die statischen Untersuchungen werden im folgenden *Kapitel C.5* um "dynamische" Aspekte erweitert: Im Zeitablauf kann es im Hinblick auf das Gesamtoptimum vorteilhaft sein, eine Anpassung an veränderte Rahmenbedingungen vorzunehmen. So kann es durchaus sinnvoll sein, zusätzliche Konzernstufen zur Nutzung steuerlicher Standortvorteile einzurichten oder abzuschaffen. Daher sind auch die Möglichkeiten zur Veränderung der Konzernstruktur zu untersuchen. Umstrukturierungsmaßnahmen können zur Optimierung des

Unternehmenskaufs und zur Anpassung der Konzernstruktur genutzt werden. Obwohl sich in der Verlustphase die Betriebstätte oder die Personengesellschaft isoliert betrachtet als optimal erweist, muß unbedingt geprüft werden, welche Organisationsform nach Überschreiten der Gewinnschwelle dominiert. Ein Rechtsformwechsel ist nicht immer steuerneutral möglich. Daher sind zwingend die Steuerbelastungen aus dem Umstrukturierungsvorgang zu berücksichtigen. Eine freiwillige Aufdeckung stiller Reserven kann durchaus sinnvoll sein, wenn dafür ein ermäßigter Steuersatz gewährt wird. Dabei ist es für den Gesamteffekt entscheidend, ob und in welchem Zeitrahmen das so geschaffene Abschreibungspotential steuermindernd genutzt werden kann. Besondere Aufmerksamkeit sollte der steuerlichen Behandlung des Firmenwertes im Domizilstaat gewidmet werden.

Abschließend erfolgt eine Partialanalyse für den Fall der Beteiligung "konzernfremder" Gesellschafter. Sind Kooperationen (Joint Ventures) mit einem ausländischen Partner vorgesehen, kommt der Standortfrage des gemeinsamen Unternehmens die wichtigste Bedeutung zu. Je nach Körperschaftsteuersystem ist es nicht auszuschließen, daß sich zumindest einer, wenn nicht sogar beide Partner im Vergleich zur Ausgangssituation steuerlich schlechter stellen. Durch entsprechende vertragliche Gestaltung können aber auch solche Mehrbelastungen vermieden werden.

In der *Schlußbetrachtung* wird auf die schrittweise Vorgehensweise zur Optimierung der Gesamtsteuerbelastung im Planungszeitraum hingewiesen. Dazu werden für einen ausgewählten Planungszeitraum die periodischen Steuerbelastungen alternativer Gestaltungen berechnet und auf den Entscheidungszeitpunkt diskontiert. Eine optimale Gesamtstrategie kann nur für den konkreten Einzelfall entwickelt werden.

B Grundlagen internationaler Unternehmens- besteuerung und ihre Formalisierung

B.1 Besteuerung der Unternehmenstätigkeit deutscher Unternehmen im Ausland

B.1.1 Ursachen der Doppelbesteuerung

Anknüpfungspunkte der Besteuerung sind in allen Staaten sowohl *persönliche* als auch *sachliche* Kriterien. Durch das Nebeneinander von **Wohnsitz-** und **Quellenprinzip** können steuerliche Einkünfte in mehreren Staaten entstehen. Ein inländischer Steuerpflichtiger kann gleichzeitig Steuerausländer eines anderen Staates sein. Der Umfang der Steuerpflicht führt zu Überschneidungen.[1]

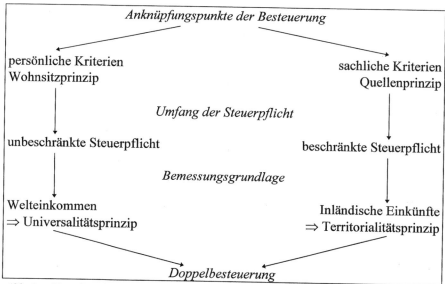

Abb. 1:   *Ursachen der Doppelbesteuerung*

---

1   Zu den Begriffen *Jacobs*, [Internationale Unternehmensbesteuerung]: Handbuch zur Besteuerung deutscher Unternehmen mit Auslandsbeziehungen, München 1995, S. 8 f; *Scheffler*, Besteuerung der grenzüberschreitenden [Unternehmenstätigkeit], München 1994, S. 16 f. Zum Sonderfall der Doppelansässigkeit Gliederungspunkt B.2.3.3.1.

Rechtliche Doppelbesteuerung liegt vor, wenn "derselbe Steuerpflichtige mit denselben Einkünften oder Vermögenswerten gleichzeitig in zwei oder mehreren Staaten zu gleichen oder vergleichbaren Steuern herangezogen wird."[2] Es besteht eine Identität von Steuersubjekt, Steuerobjekt, Zeitraum und Steuerart. Von dieser rein formal-juristischen Definition zu unterscheiden ist die *wirtschaftliche* Doppelbesteuerung.

Steuerpflichtige können ihre wirtschaftlichen Aktivitäten auch über unterschiedliche Steuersubjekte ausüben. Trotz Anerkennung der Steuerrechtsfähigkeit einer juristischen Person wird die Steuerbelastung im Ergebnis von der natürlichen Person, dem Anteilseigner getragen. Auch bei abweichendem Steuersubjekt können dieselben Einkünfte wirtschaftlich einer doppelten Belastung unterliegen. Für die Steuerplanung sind sämtliche Steuerbelastungen bis zum Entscheidungsträger relevant, unabhängig davon, welchem Subjekt sie rechtlich zugeordnet werden.

B.1.2 Ursachen der Minderbesteuerung

Trotz Anknüpfungsmerkmalen zweier Staaten kann es in vielen Fällen vorkommen, daß ein grenzüberschreitender Sachverhalt günstiger beurteilt wird als ein vergleichbarer nationaler Sachverhalt. Einerseits können national abweichende Besteuerungsgrundlagen zu effektiven Besteuerungslücken führen. Andererseits gibt das internationale Steuergefälle Anreize, Einkünfte in Niedrigsteuerländern entstehen zu lassen. Nur wenn der Transfer der im Ausland entstandenen Einkünfte ins Inland wegen der Methode zur Vermeidung der Doppelbesteuerung nicht zur Anpassung an das hohe inländische Steuerniveau zwingt, bleibt es beim niedrigen ausländischen Steuerniveau. Die gezielte Nutzung dieser Möglichkeiten zur Minderbesteuerung gehört auch zu den Aufgaben der internationalen Steuerplanung. Dabei darf der schmale Grad des gerade noch Zulässigen nicht überschritten werden.[3]

B.1.3 Das Normengeflecht des Internationalen Steuerrechts

Zur Ermittlung der Steuerbelastung bei internationaler Geschäftstätigkeit sind die Normen des "Internationalen Steuerrechts" zu beachten.[4] Da es kein staa-

---

2   *Jacobs*, Internationale Unternehmensbesteuerung, S. 5. Diese Definition ist auch im MA-Kommentar, Art. 23, Ziff. 1, in: *Vogel*, DBA-Kommentar [DBA], 3. Auflage, München 1996, Art. 23, Rz. 1 zu finden.

3   Ausführlich zu Begriff und Interpretationen *Scheffler*, Unternehmenstätigkeit, S. 36 ff.

4   Zu Begriff und Struktur *Vogel*, Internationales Steuerrecht, in: DStZ 1997, S. 269 ff.

tenübergreifendes Regelwerk gibt, sind die zahlreichen Einzelbestimmungen zu einem Normengeflecht zusammenzufügen. Selbst für die Mitgliedsstaaten der Europäischen Union (EU) existieren keine einheitlichen Lösungen zur Vermeidung der Doppelbesteuerung. Das der Steuererhebungshoheit zugrundeliegende Souveränitätsprinzip wird durch übergeordnete Regelungen nur bedingt tangiert. Die nachfolgende Übersicht gibt einen Überblick zu den Bestimmungen des Internationalen Steuerrechts:[5]

Internationales Steuerrecht i.w.S.			
Internationales Steuerrecht i.e.S.			*Innerstaatliches Außensteuerrecht*
allgemeines Völkerrecht	supranationales Recht	DBA (bilaterale Abkommen)	Inländische Steuernormen
↓	↓	↓	↓
Verbot steuerlicher Willkür	europäisches Gemeinschaftsrecht; z.B. Mutter-Tochter-Richtlinie[6], Fusionsrichtlinie[7]	Zuweisung von Besteuerungsrechten; gegenseitiger Steuerverzicht und Begrenzung der nationalen Steuerhoheit	regeln die Besteuerung von Ausländern und die Besteuerung von im Ausland realisierten Sachverhalten durch Steuerinländer

Vorrang

Vorrang

Tab. 1: Institutionen des Internationalen Steuerrechts

In § 2 AO ist der Vorrang völkerrechtlicher Verträge i.S.d. § 59 Abs. 2 Satz 1 GG kodifiziert, soweit sie unmittelbar anwendbares Recht geworden sind. Das durch Zustimmungsgesetz umgesetzte Abkommensrecht (Spalte 3) geht daher gegenüber dem übrigen innerstaatlichen Recht vor.[8] Doppelbesteuerungsabkommen (DBA) ordnen Besteuerungsrechte nur dem Grunde nach zu. Eine

---

5 Die Darstellung erfolgt in Anlehnung an *Scheffler*, Unternehmenstätigkeit, S. 9 ff.
6 Richtlinie Nr. 90/435/EWG des Rates über das gemeinsame Steuersystem der Mutter- und Tochtergesellschaften verschiedener Mitgliedstaaten vom 23.7.1990, Abl. EG Nr. 225, 6.
7 Richtlinie Nr. 90/434/EWG des Rates für das gemeinsame Steuersystem für Fusionen, Spaltungen, die Einbringung von Unternehmensteilen und den Austausch von Anteilen, die Gesellschaften verschiedener Mitgliedstaaten betreffen vom 23.7.1990, Abl. EG Nr. 225, 1.
8 Zum Verhältnis zwischen Abkommensrecht und innerstaatlichem Recht *Wassermeyer*, Vermeidung der [Doppelbesteuerung] im Europäischen Binnenmarkt, in: Lehner (Hrsg.), Steuerrecht im europäischen Binnenmarkt: Einfluß des EG-Rechts auf die nationalen Steuerrechtsordnungen, DStJG, Band 19, Köln 1996, S. 152 ff.

Konkretisierung des Besteuerungsumfangs erfolgt erst durch das übrige innerstaatliche Recht. Im Falle einer Überschneidung der Regelungsbereiche ist stets der geringere Besteuerungsanspruch auszuüben.

Dem Gemeinschaftsrecht (Spalte 2) ist auch das in innerstaatliches Recht umgesetzte Abkommensrecht untergeordnet. Soweit das Abkommensrecht gegen Gemeinschaftsrecht verstößt, kann sich der Steuerpflichtige unmittelbar auf das Gemeinschaftsrecht berufen.[9]

B.1.4 Qualifikationskonflikte

Das Nebeneinander verschiedener nationaler Rechtsordnungen und bilateraler Abkommen kann zu sogenannten **Qualifikationskonflikten** führen. Qualifikationskonflikte können auf unterschiedliche Ursachen zurückzuführen sein. Der Begriff wird in der Literatur sehr unterschiedlich verwendet.[10] In Übereinstimmung mit *Piltz*[11] wird hier von einem Qualifikationskonflikt gesprochen, wenn "zwei Staaten ein und denselben Sachverhalt steuerlich unterschiedlich behandeln." In nachfolgender Übersicht werden mögliche Erscheinungsformen abgegrenzt:

Qualifikationskonflikte i.w.S.			
subjektiver Qualifikationskonflikt		Einkünftequalifikationskonflikt	
im Vergleich zum Ausland abweichende *innerstaatliche* inländische Beurteilung des Rechtsgebildes	abweichende *abkommensrechtliche Behandlung* des Wirtschaftsgebildes als abkommensberechtigte Person durch die beteiligten Staaten (Qualifikationskonflikt i.e.S.)	im Vergleich zum Ausland abweichende *innerstaatliche* inländische Einkünftezuordnung	abweichende *abkommensrechtliche* Einkünftezuordnung[12] im DBA durch die beteiligten Staaten (Qualifikationskonflikt i.e.S.)

Tab. 2: Qualifikationskonflikte

---

9 *Ebd.*, S. 155 ff.

10 Vgl. *Hannes*, [Qualifikationskonflikte] im Internationalen Steuerrecht, Diss., Hamburg 1992, S. 129 ff., *Vogel*, DBA, Einl., Rz. 90 ff., *Debatin*, [Doppelbesteuerungsabkommen] und innerstaatliches Recht, in: DStR 1992, Beihefter 23, S. 7 f.

11 [Qualifikationskonflikte] im internationalen Steuerrecht unter besonderer Berücksichtigung von Personengesellschaften, in: Fischer (Hrsg.), Besteuerung internationaler Konzerne, Forum der Internationalen Besteuerung, Band 3, Köln 1993, S. 22.

12 Zu den Besteuerungsrechten der abkommensrechtlichen Einkunftsarten Tab. 3, S. 15.

Qualifikationskonflikte können im Falle der doppelten Erfassung der entsprechenden Einkünfte zu Mehrbelastungen führen; im Falle einer nur teilweisen Erfassung oder gar einer Nichterfassung der Einkünfte aber auch Minderbelastungen bewirken. Daher spricht man auch von "positiven" bzw. "negativen" Qualifikationskonflikten.[13]

B.1.5 Maßnahmen zur Beseitigung oder Verminderung der Doppelbesteuerung

B.1.5.1 Nationale (unilaterale) Bestimmungen

Steuerinländer unterliegen in Deutschland mit dem Welteinkommen der unbeschränkten Steuerpflicht (§§ 1, 2 EStG, § 1 Abs. 1, 2 KStG). Dazu gehören auch Einkünfte, die jenseits der deutschen Grenzen erzielt werden. Ob steuerlich relevante ausländische Einkünfte vorliegen, richtet sich danach, ob - isoliert betrachtet - eine Subsumtion unter eine der Einkunftsarten des § 34d EStG gelingt, wobei der Vorbehalt des § 34d Nr. 2a EStG zu beachten ist.[14] Nur dann kann die auf diese Einkünfte entfallende ausländische Steuer *dem Grunde nach* auf die inländische Steuer angerechnet werden. Weitere Anrechnungsvoraussetzungen sind in § 34c Abs. 1 EStG, § 26 Abs. 1 KStG geregelt:

- Subjektidentität;
- gleichartige Steuer;
- Identität des Abgabenzeitraums;
- festgesetzte und gezahlte und keinem Ermäßigungsanspruch mehr unterliegende Auslandssteuer.

Der *Umfang* der anrechenbaren ausländischen Steuer richtet sich nach einer Höchstbetragsregelung. Danach kommt die Auslandssteuer maximal bis zur Höhe der auf die ausländischen Einkünfte eines Staates durchschnittlich entfallenden inländischen Steuerbelastung zur Anrechnung (**per country limitation**). Ein Anrechnungsüberhang bleibt unberücksichtigt.

Alternativ kann beziehungsweise muß mangels Anrechnungsvoraussetzungen die Auslandssteuer bei der Ermittlung der Einkünfte abgezogen werden (§ 34c

---

13 Bspw. *Piltz*, Qualifikationskonflikte, S. 24.
14 Zur Reichweite der isolierenden Betrachtungsweise bei der Bestimmung der ausländischen Einkünfte *Jacobs*, Internationale Unternehmensbesteuerung, S. 178 ff.

Abs. 2, 3 EStG).[15] Diese Bestimmungen gelten für die Körperschaftsteuer entsprechend.[16]

Neben der *direkten* Anrechnung sieht das KStG auch die *indirekte* Steueranrechnung vor. Unter ganz bestimmten Voraussetzungen kann auf Antrag auch die auf Ausschüttungen entfallende ausländische Gewinnsteuer eines abweichenden Steuersubjekts auf die inländische Körperschaftsteuer angerechnet werden. § 26 Abs. 2 KStG verlangt *zusätzlich* folgende speziellen Tatbestandsmerkmale:

- unmittelbare Beteiligung an einer ausländischen Kapitalgesellschaft;
- Beteiligungsquote ≥ 10 % seit mindestens 12 Monaten;
- Gewinne stammen aus aktiver Tätigkeit (Ausnahme: ausländischen EU-Tochterkapitalgesellschaften wird die indirekte Anrechnung auch gewährt, wenn diese die Aktivitätsvoraussetzung nicht erfüllen[17]).

Eine Freistellung der ausländischen Einkünfte im Inland ist nach den nationalen Bestimmungen nicht vorgesehen. Bei den nationalen Maßnahmen handelt es sich nahezu ausschließlich um Methoden zur Verringerung der zweifachen Besteuerung in Quellen- und Wohnsitzstaat; eine vollständige Beseitigung der Doppelbesteuerung ist nicht immer gewährleistet.[18] Dabei werden die Zugriffsrechte der beteiligten Staaten als unveränderbares Datum akzeptiert.

B.1.5.2 Bilaterale Vereinbarungen

Zwei Vertragsstaaten können das Problem der Doppelbesteuerung auf abkommensrechtlichem Wege individuell regeln. Dabei werden in *Doppelbesteuerungsabkommen* die Zugriffsrechte der Vertragsstaaten abgestimmt. Die Abkommenstexte orientieren sich regelmäßig an dem OECD-Musterabkommen von 1977[19]. Von *Debatin*[20] wird das Abkommensrecht als Schrankenrecht inter-

---

15 Die Möglichkeiten Pauschalierung nach dem BMF-Schreiben vom 10.4.1984, IV C 6 - S 2293 - 11/84, BStBl I 1984, S. 252 und Erlaß nach § 34c Abs. 5 EStG werden nur aus Gründen der Vollständigkeit erwähnt.
16 § 26 Abs. 6 KStG.
17 § 26 Abs. 2a KStG.
18 Nur Gesellschaften mit Sitz in einem Entwicklungsland werden durch eine *fiktive* indirekte Anrechnung begünstigt (§ 26 Abs. 3 KStG). Diese wirkt wie eine Freistellung der ausländischen Einkünfte.
19 Zur Vermeidung der Doppelbesteuerung auf dem Gebiet der Steuern vom Einkommen und vom Vermögen, in: *Korn/Debatin*, [Doppelbesteuerung] - Sammlung der zwischen der Bundesrepublik Deutschland und dem Ausland bestehenden Abkommen über die Vermeidung der

pretiert, während *Vogel*[21] von Verteilungsnormen spricht. *Wassermeyer*[22] wertet die Bestimmungen aus der Sicht des innnerstaatlichen Rechts als sachliche Steuerbefreiungs- und Steuerermäßigungsvorschriften. Im Hinblick auf die Abgrenzung und Ausübung der durch DBA zugewiesenen Besteuerungsrechte können die unterschiedlichen Auffassungen zu abweichenden Interpretationen führen.

Eine Beschränkung des Besteuerungsrechts eines Staates impliziert die Zuweisung zum anderen Staate. Nach dem Grad der Beschränkung können folgende Gruppen unterschieden werden:

Besteuerungsrecht nach OECD-MA			
ausschließlich einem Staat zugeordnet	für einen Staat eingeschränkt		beiden Staaten gemeinsam zugeordnet
↓	dem Grunde nach	der Höhe nach	↓
	Umfang der BMG	Höhe des Steuersatzes	
"können nur"	"können insoweit"	"können auch - darf nicht übersteigen"	"können im anderen Staat"
•Unternehmensgewinne Art. 7 Abs. 1 Satz 1 •Lizenzgebühren Art. 12 Abs. 1 •Sonstige Veräußerungsgewinne Art. 13 Abs. 4 OECD-MA	**Betriebstättenvorbehalt** Art. 7 Abs. 1 Satz 2 OECD-MA	•Dividenden Art. 10 Abs. 2 •Zinsen Art. 11 Abs. 2 OECD-MA	•Einkünfte aus unbeweglichem Vermögen Art. 6 Abs. 1 **(Belegenheitsprinzip)** •Dividenden Art. 10 Abs. 1 •Zinsen Art. 11 Abs. 1 •Veräußerungsgewinne i.S.d. Art. 13 Abs. 1 und 2 OECD-MA
Methode überflüssig	Freistellungsmethode Art. 23A OECD-MA Anrechnungsmethode Art. 23B OECD-MA bei der Besteuerung im Wohnsitzstaat		

Tab. 3:   Überblick über ausgewählte Besteuerungsrechte nach OECD-MA

Doppelbesteuerung, 9. Auflage, München 1990, Band 1, Anhang A, S. 200 ff. überarbeitet und aktualisiert in den Jahren 1992 und 1995.
20   *Debatin*, Doppelbesteuerungsabkommen, S. 1 ff.
21   *Vogel*, DBA, Einl., Rz. 49 ff.
22   *Wassermeyer*, Doppelbesteuerung, S. 154.

Wegen der unterschiedlichen Rechtsfolgen, die mit den abkommensrechtlichen Einkunftsarten verbunden sind, kommt der Einkünftezuordnung eine zentrale Bedeutung zu. Wie bei einer Normenkollision zu verfahren ist, regelt das Abkommen selbst. Grundsätzlich wird durch Art. 7 Abs. 7 OECD-MA bei Unternehmensgewinnen den Spezialnormen Vorrang vor Art. 7 OECD-MA eingeräumt. Allerdings erfolgt in den Einzelvorschriften durch die Art. 10 Abs. 4 für Dividenden, Art. 11 Abs. 4 für Zinsen und Art. 12 Abs. 3 OECD-MA für Lizenzgebühren eine Zurückverweisung an Art. 7 OECD-MA (verlängerter Betriebstättenvorbehalt). Insoweit werden nur Einkünfte aus unbeweglichem Vermögen unabhängig von der Zuordnung zu einer Betriebstätte besteuert (Art. 6 Abs. 4 OECD-MA).[23] Weitaus schwieriger ist das Problem zu lösen, wenn unklar ist, welche Einkunftsart überhaupt betroffen ist. Ergibt sich aus dem konkreten DBA keine eindeutige Zuordnung einzelner Einkünfte zu einer Einkunftsart, muß das Abkommen sinngemäß ausgelegt werden. Dabei kann im Zweifel auf das innerstaatliche Recht zurückgegriffen werden.[24] Im Falle einer unterschiedlichen Auslegung eines Sachverhaltes unter Rückgriff auf das jeweilige nationale Recht kann es zu einem Qualifkationskonflikt kommen. Die Einkünfte werden aufgrund der isolierten Betrachtung der jeweiligen Staaten unterschiedlichen Einkunftsarten zugeordnet. Eine Verpflichtung zur Übernahme der Qualifikation eines Staates besteht für den anderen Staat nur, wenn das DBA ausdrücklich auf das nationale Recht des Quellenstaates verweist.[25]

Ob und inwieweit die durch DBA zugewiesenen Besteuerungsrechte von den Staaten genutzt werden können, richtet sich ausschließlich nach den innerstaatlichen Vorschriften. Keinesfalls können durch das DBA Besteuerungsansprüche begründet oder ausgedehnt werden.[26] Zur Vermeidung der Doppelbesteuerung sind die im DBA vorgeschriebenen Methoden anzuwenden. Die Technik richtet sich nach den Normen des nationalen Außensteuerrechts (§ 34c Abs. 6 Satz 2, § 32b Abs. 1 Nr. 3, § 26 Abs. 6 Satz 1 KStG).

---

23 Das sog. Belegenheitsprinzip geht dem Betriebstättenvorbehalt vor.
24 Ausführlich *Vogel*, DBA, Einl., Rz. 58 ff.
25 *Ebd.*, Einl., Rz. 89 ff.
26 Stellvertretend *Vogel*, DBA, Einl., Rz. 46.

B.1.6 Formalisierung der Verfahren zur Verminderung der Doppelbesteuerung

Von den im Gesetz vorgesehenen Verfahren werden nur die für alle Industrienationen gleichermaßen anwendbaren typischen Methoden behandelt.[27]

B.1.6.1 Direkte Anrechnung

Unter Berücksichtigung der Höchstbetragsregelung des § 34c Abs. 1 EStG kann die verbleibende inländische Steuerbelastung (S_{ek}^I) des auf die ausländischen Einkünfte entfallenden Anteils am zu versteuernden Einkommen wie folgt in allgemeiner analytischer Form quantifiziert werden:[28]

$$S_I^{ek} = \frac{S_{I(zvE)}^{ek}}{Y_A + Y_I} * Y_A - S_Q \geq 0$$

Anrechenbar ist die ausländische Steuer (S_Q) maximal bis zur Höhe der auf die ausländischen Einkünfte entfallenden inländischen Steuer. Dabei wird die nach dem zu versteuernden Einkommen ermittelte Einkommensteuer im Verhältnis der ausländischen Einkünfte (Y_A) zur Summe der Einkünfte ($Y_A + Y_I$) aufgeteilt. Dies entspricht dem Produkt aus **Durchschnittsteuersatz** bezogen auf den Anteil der ausländischen Einkünfte eines Staates am zu versteuernden Einkommen.[29] Da sich mit zunehmendem zu versteuernden Einkommen der Durschnittsteuersatz an den konstanten **Grenzsteuersatz** der oberen Proportionalzone (ab zvE $\geq$ 120.042 DM) annähert, kann vereinfachend mit dem Spitzengrenzsteuersatz gerechnet werden. Dabei wird die Entlastung aus dem Absolutglied vernachlässigt. Werden auch persönliche Abzugsbeträge des Steuerpflichtigen vernachlässigt, gilt näherungsweise zvE $\approx Y_A + Y_I$.

---

27 Zu den Verfahren im einzelnen, *Scheffler*, [Ausländische Einkünfte] innerhalb des körperschaftsteuerlichen Anrechnungsverfahrens, in: WiSt 1996, S. 119 - 126; *Reichert*, [Anrechnung], Abzug oder Pauschalierung ausländischer Steuern?, in: DB 1997, S. 131 - 135; *Henselmann*, Die [Verfahren] zur Minderung einer internationalen Doppelbesteuerung, in: SteuerStud 1996, S. 464 - 480.

28 Wegen der per country limitation müßte exakterweise anstelle von Y_A der Ausdruck Y_{A_j} bzw. anstelle von S_Q der Ausdruck S_{Q_j} geschrieben werden. Da stets nur ein Domizilland betrachtet wird, kann jedoch darauf verzichtet werden.

29 Der Durchschnittsteuersatz ist definiert als Quotient aus $s_{I(zvE)}^{ek} = \dfrac{S_{I(zvE)}^{ek}}{zvE}$. Zur Ermittlung des Anteils der ausländischen Einkünfte am zvE kann ebenso vom Verhältnis der ausländischen Einkünfte zur Summe der Einkünfte ausgegangen werden.

Mathematisch kann der Zusammenhang für die obere Proportionalzone wie folgt abgeleitet werden:

$$S_{I(Y_A+Y_I)}^{ek} = s_I^{ek} * \left[Y_A + Y_I\right] - SF$$

$$s_{I(Y_A+Y_I)}^{ek} = \frac{S_{I(Y_A+Y_I)}^{ek}}{Y_A + Y_I} = \frac{s_I^{ek} * \left[Y_A + Y_I\right] - SF}{Y_A + Y_I}$$

$$= s_I^{ek} - \frac{SF}{Y_A + Y_I}$$

Für $Y_A + Y_I \to \infty$ gilt $s_{I(Y_A+Y_I)}^{ek} = s_I^{ek}$

Daher kann sowohl für die Einkommensteuer als auch für die Körperschaftsteuer vereinfachend geschrieben werden:

$$S_I^{ek} = s_I^{ek} * Y_A - S_{Q_{max.}}$$

mit: $S_{Q_{max.}} = Min\left[s_Q * Y_A ; s_I^{ek(kn)} * Y_A\right]$

B.1.6.2   Abzugsmethode

Bei der alternativen Abzugsmethode mindert die Auslandssteuer lediglich die inländische Bemessungsgrundlage:

$$S_I^{ek(kn)} = s_I^{ek(kn)} * \left[Y_A - S_Q\right]$$

Identische positive Steuerbemessungsgrundlagen in Ausland und Inland vorausgesetzt, ist die Anrechnungsmethode stets dominant.[30] Unter dieser Prämisse kommt die Abzugsmethode nur zur Anwendung, wenn die Voraussetzungen für die Steueranrechnung nicht erfüllt sind.

Es gilt: $s_I^{ek(kn)} * \left[Y_A - S_Q\right] \geq s_I^{ek(kn)} * Y_A - S_{Q_{max.}}$

B.1.6.3   Indirekte Anrechnung

Sind die Voraussetzungen der direkten und der indirekten Anrechnung erfüllt, muß die Reihenfolge der Berücksichtigung der ausländischen Steuern geklärt

---

30   Eine ausführliche Analyse ist in Kapitel B.4, Gliederungspunkt B.4.2 zu finden.

werden. Nach § 26 Abs. 2 Satz 6 KStG wird ausdrücklich der direkten Anrechnung von Quellensteuern (S_Q) der Vorrang vor der indirekten Anrechnung von ausländischen Gewinnsteuern (S_A^k) eingeräumt. Ein Wahlrecht besteht nicht.

Anrechenbar ist nur der Teil der ausländischen Gewinnsteuer, der auf die Gewinnausschüttung an die Muttergesellschaft ($q*GA$) entfällt (Abschn. 76 Abs. 12 KStR):[31]

$$S_{A(M)}^k = s_A^k *[G_A - L]* \frac{q*GA}{(1-s_A^k)*[G_A - L]} = \frac{s_A^k *q*GA}{1-s_A^k}$$

Zur Ermittlung des Anrechnungshöchstbetrages ist ein sog. **Aufstockungsbetrag** (AB) zu ermitteln. Dabei handelt es sich um die nach § 26 Abs. 2 Satz 5 KStG den Gewinnanteilen der Muttergesellschaft hinzuzurechnende anrechenbare ausländische Gewinnsteuer (ausführlich Abschn. 76 Abs. 14 KStR):

$$AB = s_I^{kn} *[q*GA + AB] - S_Q = \frac{s_I^{kn} *q*GA - S_Q}{1-s_I^{kn}}$$

Dieser Aufstockungsbetrag wird damit zum Bestandteil der ausländischen Einkünfte. Die inländische Körperschaftsteuer (S_I^{kn}) ermittelt sich aus

$$S_I^{kn} = s_I^{kn} *[q*GA + AB_{max.}] - S_Q - AB_{max.}$$

mit: $AB_{max.} = Min\left[\frac{s_A^k *q*GA}{1-s_A^k} ; \frac{s_I^{kn} *q*GA - S_Q}{1-s_I^{kn}}\right]$

In der Gliederungsrechnung des verwendbaren Eigenkapitals der inländischen Muttergesellschaft müssen die ausländischen Einkünfte entsprechend ihrer **Tarifbelastung** aufgeteilt werden. Dazu gehört gem. § 27 Abs. 2 KStG nur die inländische Körperschaftsteuer.

---

31 Dabei wird unterstellt, daß keine Abweichungen zwischen Handels- und Steuerbilanzergebnis und Steuerbemessungsgrundlage bestehen und der ausschüttbare Gewinn mit dem Jahresüberschuß vor jeglicher Gewinnverwendung übereinstimmt (Abschn. 76 Abs. 13 KStR): $GA_{max.} = (1-s_A^k)*[G_A - L]$.

Die Tarifbelastung ergibt sich aus dem Quotienten von:

$$TB = \frac{S_I^{kn}}{q * GA - S_Q}$$

Insgesamt entsteht ein Zugang zum verwendbaren Eigenkapital von:

$$\Delta vEK = q * GA - S_Q - S_I^{kn}$$

Dieser Zugang ist je nach Tarifbelastung aufzuteilen:
(1) für $TB = 0$: $\Delta vEK = \Delta EK01$

(2) für $0 < TB < s_I^{ka}$: $\Delta EK(s_I^{ka}) = \dfrac{1 - s_I^{ka}}{s_I^{ka}} * S_I^{kn}$ und

$$\Delta EK01 = \Delta vEK - \Delta EK(s_I^{ka})$$

(3) für $s_I^{ka} < TB < s_I^{kn}$: $\Delta EK(s_I^{ka}) = \dfrac{S_Q + AB_{max.}}{\left(\dfrac{s_I^{kn}}{1 - s_I^{kn}} - \dfrac{s_I^{ka}}{1 - s_I^{ka}} \right)}$ [32] und

$$\Delta EK(s_I^{kn}) = \Delta vEK - \Delta EK(s_I^{ka})$$

B.1.6.4   Freistellung

Eine Freistellung der Auslandseinkünfte von der inländischen Besteuerung kann sich ausschließlich aufgrund eines DBA (Befreiungsmethode Art. 23A OECD-MA) ergeben. Nach den nationalen Vorschriften ist die DBA-Freistellung mit dem Progressionsvorbehalt nach § 32b Abs. 1 Nr. 3 EStG verbunden. Daraus kann eine zusätzliche inländische Steuerbelastung im Umfang $S_I^{ek} = \left[s_{I(Y_A + Y_I)}^{ek} - s_{I(Y_I)}^{ek} \right] * Y_I$ resultieren.

Je höher der Durchschnittsteuersatz ($s_{I(Y_I)}^{ek}$) bereits vor Berücksichtigung der ausländischen Einkünfte ist, desto geringer ist die Auswirkung des Progressionsvorbehaltes:

Für $Y_I \to \infty$ gilt $s_{I(Y_A + Y_I)}^{ek} - s_{I(Y_I)}^{ek} = \Delta s_I^{ek} \to 0$

---

32   Wobei hier $AB_{max.} = S_{A(M)}^k$. Für die aktuellen Steuersätze gilt: $77/30 * \left[S_Q + AB_{max.} \right]$.

Sowohl für die Körperschaftsteuer als auch für die Einkommensteuer ergibt sich unter obigen Voraussetzungen im Ergebnis:

$$S_I^{ek(kn)} = \Delta s_I^{ek(kn)} * Y_I = 0^{\,33}$$

Die freigestellten ausländischen Einkünfte sind auf der Ebene einer Kapitalgesellschaft in das EK01 einzustellen; darauf entfallende ausländische Quellensteuern sind zu subtrahieren:

- $\Delta EK01 = Y_A - S_Q$ für steuerfreie Betriebstätteneinkünfte
- $\Delta EK01 = q * GA - S_Q$ für steuerfreie Schachteldividenden.

B.1.7 Maßnahmen zur Vermeidung der Minderbesteuerung

Zur Eindämmung einer willkürlichen Verlagerung von Einkünften in Niedrigsteuerländer existieren in vielen Staaten zahlreiche Einzelvorschriften. Der Gesetzgeber versucht immer dann gegenzusteuern, wenn sich der Steuerpflichtige durch Sachverhaltsgestaltung der inländischen Besteuerung entziehen will, indem Steueranknüpfungspunkte dort geschaffen werden, wo günstige steuerliche Rahmenbedingungen anzutreffen sind. Wenn auch noch das DBA die Freistellung im Inland gewährleistet, gelingt sogar der Transfer zum niedrigen Steuersatz ins Inland.

Zahlreiche Einzelvorschriften und konkrete Tatbestandsmerkmale sollen die Möglichkeiten der Minderbesteuerung eindämmen. An dieser Stelle der Arbeit kann nur in einem stichwortartigen Überblick gezeigt werden, welche Art von Einzelmaßnahmen anzutreffen sind und an welche Sachverhalte angeknüpft wird. Weitere Erläuterungen sowie eine Formalisierung der steuerlichen Wirkungen einzelner Maßnahmen werden in den folgenden Kapiteln nachgeholt. Die Maßnahmen zur Einschränkung von Gewinnverlagerungen können wie folgt systematisiert werden:

(1) Vorschriften zur Erfolgsabgrenzung
- Orientierung konzerninterner Verrechnungspreise am **dealing-at-arm's-length-Prinzip**[34];
- Gewinnberichtigung bei unangemessenen Vergütungen;

---

33 Dennoch wird der Progressionsvorbehalt aus Gründen der Vollständigkeit in der folgenden Analyse aufgeführt.

34 D.h. es sind die Grundsätze des Drittvergleichs anzuwenden. Als Prüfungsmaßstab wird der Fremdvergleichspreis herangezogen. Das ist der Preis, den ein fremder Dritter für gleichartige Lieferungen oder Leistungen gezahlt hätte.

- Gewinnabgrenzung im Einheitsunternehmen wie zwischen unabhängigen Geschäftspartnern;
- Aufdeckung stiller Reserven bei der Überführung von Wirtschaftsgütern ins Ausland.

Diese Korrekturvorschriften schränken eine willkürliche Erfolgszuordnung ein. Gewinne sollen dort ausgewiesen und besteuert werden, wo sie auch tatsächlich entstehen.

(2) Aktivitätsklauseln
- Freistellung und indirekte Anrechnung nur bei aktiver Geschäftstätigkeit im Ausland;
- Verlustberücksichtigung nach § 2a EStG setzt aktive Tätigkeit voraus.

Nur Gewinne aus aktiven Tätigkeiten im Ausland sollen vor der Nachversteuerung im Inland geschützt werden. Passive Auslandstätigkeit wird hingegen auch bei der Verlustberücksichtigung nicht begünstigt.

(3) Aufhebung der Abschirmwirkung von ausländischen Tochterkapitalgesellschaften
- Zugriffsbesteuerung: Ausschüttungsfiktion; Hinzurechnungsbesteuerung mit/ohne DBA-Schutz;
- Durchgriffsbesteuerung: Ablehnung der rechtlichen Selbständigkeit einer Kapitalgesellschaft; unmittelbare Zurechnung beim Anteilseigner.

Da viele DBA auch für passive Tätigkeiten die Freistellung im Inland vorsehen, setzt der deutsche Gesetzgeber einseitig diesen DBA-Schutz ganz oder teilweise außer Kraft.

(4) Mißbrauchsvorschriften
- Mißbrauchsregelungen im DBA;
- Gestaltungsmißbrauch § 42 AO.

Als letzten Schutzmechanismus wird auf Mißbrauchsvorschriften zurückgegriffen, nach denen eine für den Steuerpflichtigen günstige Gestaltung in wesentlichen Punkten oder generell nicht anerkannt wird.

Die hier gewählte Reihenfolge der Abhandlung stellt auf den Grad der Einflußnahme der Korrekturmaßnahme ab. Während Vorschriften zur Erfolgsabgrenzung nur auf die Höhe der ausländischen Einkünfte korrigierend Einfluß nehmen, wird bei den anderen Maßnahmen die (alleinige) Besteuerung zum niedrigeren ausländischen Steuerniveau dem Grunde und/oder der Höhe nach nicht akzeptiert und mindestens auf die inländische Steuerbelastung angehoben.

Wo diese Maßnahmen im einzelnen anzutreffen sind, auf welchem rechtlichen Fundament sie stehen und wie sie wirken, wird in den folgenden Kapiteln ausführlich beschrieben. Bereits bei der Analyse ausgewählter Rechts- und Organisationsformen wird deutlich, daß es sich dabei um zentrale Bestimmungen und Regelungen der internationalen Unternehmensbesteuerung handelt.

B.2 Gesellschafts- und steuerrechtliche Behandlung ausgewählter Rechts- und Organisationsformen bei internationaler Unternehmenstätigkeit

An die gesellschaftsrechtliche Beurteilung der untersuchten Rechts- und Organisationsformen sowohl im Inland wie im Ausland knüpft grundsätzlich deren steuerliche Behandlung an. Jedoch können sich zwischen Inland und Ausland auch abweichende Beurteilungen ergeben. Die Rechtsformen im Ausland sind hinsichtlich der zivil- vor allem aber der steuerrechtlichen Konsequenzen nicht immer mit denen im Inland zu vergleichen. Merkmale der ausländischen Rechtsform können aufgrund der notwendigen Einordnung nach nationalen Vorschriften durchaus Kennzeichen einer abweichenden inländischen Rechtsform darstellen. Dadurch können auch sogenannte **hybride Gesellschaftsformen**[35] entstehen.

Die Gesellschaften werden nur in klassischer Form behandelt, weil in diesem Grundlagenteil die materiellen Auswirkungen der beiden Besteuerungskonzepte im Vordergrund stehen. Inländische Rechtsformkombinationen führen im Hinblick auf die Besteuerung der ausländischen Einkünfte - um die es hier ausschließlich geht - zu keinen abweichenden Ergebnissen gegenüber den Reinformen; auf eine explizite Darstellung kann daher verzichtet werden. Auch bei den ausländischen Organisationsformen wird in diesem Grundlagenteil auf eine Besprechung möglicher Mischformen verzichtet; die Analyse steuerlicher Vorteile durch Rechtsformkombinationen wird in dem Steuerplanungsteil Kapitel C behandelt. Unter diesen Einschränkungen erstrecken sich die zu untersuchenden Kombinationen inländischer Rechtsformen mit ausländischen Organisationsformen auf folgende Varianten:

---

35 Dabei handelt es sich um Mischformen, die in In- und/oder Ausland nicht eindeutig eingruppiert werden können, weil sie Merkmale verschiedener Rechtsformen aufweisen.

B.2.1 Übersicht über mögliche Kombinationen inländischer mit ausländischen Rechts- bzw. Organisationsformen

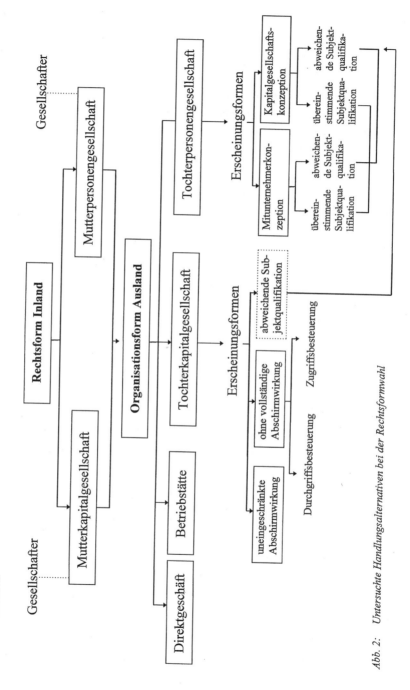

Abb. 2: Untersuchte Handlungsalternativen bei der Rechtsformwahl

B.2.2 Rechtsformen der Muttergesellschaft im Inland

B.2.2.1 Kapitalgesellschaft

B.2.2.1.1 Zivilrechtliche Besonderheiten

Kapitalgesellschaften besitzen als juristische Personen des Privatrechts eine **eigenständige Rechtsfähigkeit**.[36] Da die Organisationseinheit als solche Rechtssubjekt, also Träger von Rechten und Pflichten ist, muß streng zwischen der Gesellschaft und den durch Mitgliedschaftsrechte beteiligten Gesellschaftern differenziert werden. Das sog. **Trennungsprinzip** findet Anwendung.[37] Gesellschaftsgläubiger können i.d.R. nur auf das Vermögen der Gesellschaft zugreifen. Deshalb kommt den Vorschriften über die Kapitalaufbringung und -erhaltung grundlegende Bedeutung zu.[38] Die Gesellschafter sind vor direktem Gläubigerzugriff geschützt. Andererseits können zwischen der Kapitalgesellschaft und ihren Gesellschaftern Rechtsgeschäfte bzw. schuldrechtliche Verträge abgeschlossen werden. Diese Grundsätze gelten auch bei einer Einmanngesellschaft[39], wobei wegen der Personenidentität von Alleingesellschafter und Vertretungsorgan auf das Selbstkontrahierungsverbot gem. § 181 BGB zu achten ist.[40] Gleichfalls kommt der Gefahr der Durchgriffshaftung erhöhte Bedeutung zu.[41]

B.2.2.1.2 Steuerliche Besonderheiten

(1) Körperschaftsteuer
Kapitalgesellschaften mit Sitz oder Geschäftsleitung[42] im Inland sind gem. § 1 Abs. 1 Nr. 1 KStG mit dem **Welteinkommen** unbeschränkt steuerpflichtig. Sämtliche Einkünfte sind als **Einkünfte aus Gewerbebetrieb** zu behandeln.[43]

---

36   Vgl. § 1 AktG, § 13 GmbHG.
37   Z.B. *Kübler*, Gesellschaftsrecht, 4. Auflage, Heidelberg 1994, S. 38 ff.
38   Vgl. z.B. §§ 57, 62, 150, 222 ff. AktG bzw. §§ 30 - 32b GmbHG.
39   Die Einmanngesellschaft zählt nicht zu den Körperschaften, ist aber trotzdem juristische Person. Vgl. *Kübler*, Gesellschaftsrecht, S. 39.
40   In den Gesellschaftsvertrag muß daher die Befreiung vom Selbstkontrahierungsverbot zwingend aufgenommen werden.
41   Vgl. ausführlich *Schmidt*, Gesellschaftsrecht, 3. Auflage, Köln - Berlin - Bonn - München 1997, S. 224 ff. zur Durchgriffshaftung im allgemeinen und S. 1147 ff. zur Durchgriffshaftung bei der Einmanngesellschaft.
42   Vgl. hierzu die Ausführungen unter Gliederungspunkt B.2.3.3.1, wenn sich nur die Geschäftsleitung im Inland befindet.
43   § 8 Abs. 2 KStG.

Für die Ermittlung des Einkommens gelten die Vorschriften des EStG und des KStG. Das Steuerrecht folgt bei Rechtsgeschäften zwischen der Gesellschaft und ihren Mitgliedern grundsätzlich den zivilrechtlichen Vereinbarungen. Leistungen an die Gesellschafter können zu Betriebsausgaben, Leistungen von den Gesellschaftern zu Betriebseinnahmen führen. Ob und in welchem Umfang steuerlich Aufwendungen oder Erträge vorliegen, richtet sich danach, inwieweit eine betriebliche Veranlassung vorliegt. Gibt es Anhaltspunkte für eine Veranlassung durch das Gesellschafterverhältnis treten die Rechtsfolgen der **verdeckten Gewinnausschüttung** oder der **verdeckten Einlage** ein.[44] Zu diesem Themenbereich existiert eine kaum mehr überschaubare Anzahl von BFH-Urteilen; die wichtigsten Entscheidungen füllen inzwischen die Abschn. 31 bis 36a KStR.

Unbeschränkt steuerpflichtige Kapitalgesellschaften können unter den Voraussetzungen des § 8b KStG ausländische Beteiligungserträge steuerfrei von anderen unbeschränkt steuerpflichtigen Kapitalgesellschaften beziehen und Gewinne aus der Veräußerung von Anteilen an ausländischen Gesellschaften steuerfrei vereinnahmen.[45] Erst wenn solche Erträge die Ebene der Kapitalgesellschaft verlassen, wird die Besteuerung nachgeholt. Die Steuerbelastung kann bei ausreichender Ausstattung mit belastetem Eigenkapital wegen der Verwendungsfiktion des § 28 Abs. 3 KStG in die Zukunft geschoben werden.

Nichtabziehbare Aufwendungen werden im Rahmen der Einkommensermittlung hinzugezählt und vom belasteten Eigenkapital subtrahiert. Dadurch entsteht eine Definitivbelastung mit Körperschaftsteuer i.H.v. $\dfrac{s_I^{kn}}{1 - s_I^{kn}} * NAA$ bzw.

$\dfrac{s_I^{ka}}{1 - s_I^{ka}} * NAA.$[46]

Die Gesellschaft kann Gewinne thesaurieren oder an die Gesellschafter als Dividende ausschütten. Das Trennungsprinzip bewirkt, daß Verluste der Kapital-

---

44 Zu Begriff und Rechtsfolgen einer verdeckten Gewinnausschüttung/Einlage vgl. Kapitel B.4, Gliederungspunkt B.4.3.1.1.

45 Im Rahmen der Gliederungsrechnung werden diese steuerfreien Erträge gem. § 30 Abs. 2 Nr. 1 KStG in das EK01 eingestellt.

46 Ob aus den nichtabziehbaren Aufwendungen auf Gesellschaftsebene im Vergleich zur Gesellschafterebene eine höhere oder niedrigere Belastung resultiert, hängt vom persönlichen Steuersatz des Gesellschafters ab. Diese Differenz wird in der Literatur auch als "Schatteneffekt" bezeichnet. Vgl. *Wagner*, Zum ["Schatteneffekt"] der Vermögensteuer bei Kapitalgesellschaften, in: FR 1978, S. 480 f.

gesellschaft auf dieser Ebene nur im Wege des Verlustrück- bzw. -vortrages berücksichtigt werden können.[47] Eine unmittelbare Übertragung auf den Gesellschafter ist nur im Falle des Vorliegens der körperschaftsteuerlichen Organschaft möglich.[48] Außerdem kann der Gesellschafter unter bestimmten Voraussetzungen Verluste indirekt durch Abschreibung des Wirtschaftsgutes Beteiligung auf den niedrigeren Teilwert nutzen.[49]

(2) Gewerbesteuer

Die Tätigkeit der Kapitalgesellschaften wird kraft Rechtsform gem. § 2 Abs. 2 GewStG stets als Gewerbebetrieb behandelt.[50] Zur Ermittlung der Bemessungsgrundlage Gewerbeertrag wird das zu versteuernde Einkommen sowohl um in- als auch ausländische Beteiligungserträge gemindert; auch ausländische Betriebstättenerfolge werden eliminiert.[51] Dadurch wird die doppelte Belastung inländischer Erträge mit Gewerbesteuer beseitigt und auf den Inlandscharakter der Gewerbesteuer abgestellt.[52]

(3) Einkommensteuer

Im Unterschied zur Kapitalgesellschaft selbst können die Gesellschafter - wenn es sich um natürliche Personen handelt - auch aus den Rechtsgeschäften mit der Gesellschaft Einkünfte jeder Einkunftsart beziehen. Dadurch können gezielt Vorteile einzelner Einkunftsarten in Form von Freibeträgen oder Steuersätzen ausgenutzt werden. Die steuerliche Behandlung der Beteiligungserträge hängt entscheidend davon ab, ob sich die Beteiligung im Privat- oder Betriebsvermögen befindet und in welcher Höhe der Gesellschafter beteiligt ist. Für Beteiligungen im Privatvermögen gilt das **Zuflußprinzip**[53] Bei betrieblichen Mehrheitsbeteiligungen kann auch eine phasengleiche Aktivierung geboten sein.[54]

---

47   Als Alternative zum Anrechnungsverfahren, wird in der Literatur das Integrationsverfahren diskutiert. Zu den Möglichkeiten einer praktikablen Umsetzung *Wamsler*, Körperschaftsteuerliche [Integration] statt Anrechnung?, Diss., Lohmar - Köln 1998.

48   Zu den Voraussetzungen der körperschaftsteuerlichen Organschaft § 14 KStG.

49   Ausführlich dazu Kapitel B.4, Gliederungspunkt B.4.3.3.

50   *Glanegger/Güroff*, Gewerbesteuergesetz [GewStG], 3. Auflage, München 1994, § 2, Anm. 5 verwenden die Bezeichnung rechtsformabhängige Gewerbebetriebe.

51   § 8 Nr. 8, § 9 Nr. 2, 2a, 3, 7, 8 GewStG; außerdem § 8 Nr. 10 bzw. 12 GewStG.

52   Die Gewerbekapitalsteuer gehört inzwischen der Vergangenheit an. Dazu aktuell, *Karthaus*, Abschaffung der [Gewerbekapitalsteuer] ab 1.1.1998, in: DB 1997, S. 1887 f.

53   Zur Konkretisierung H 154 EStR, Stichwort "Zuflußzeitpunkt bei Gewinnausschüttungen".

54   BMF-Schreiben vom 3.12.1976, IV B 8 - S 2600 R - 225/76, BStBl I 1976, S. 679. BFH vom 19.2.1991, VIII R 106/87, BStBl II 1991, S. 569. Dazu auch *Schmidt*, EStG, § 5, Rz. 270, Stichwort "Dividendenansprüche". Mit dem Urteil vom 27.6.1996, Rs. C-234/94, DB 1996, S. 1400 hat der EuGH auch die handelsbilanzielle Zulässigkeit der phasengleichen Aktivierung von Gewinnansprüchen bejaht. Der BGH hält in dem anschließenden Urteil vom

Die Körperschaftsteuerbelastung wird mit Hilfe des körperschaftsteuerlichen Anrechnungsverfahrens durch die individuelle Steuerbelastung des Gesellschafters ersetzt.[55]

(4) Vermögensteuer

Mit dem Beschluß des BVerfG[56] vom 22.6.1995 ist die Vermögensteuer mit ihren bisherigen Rechtsgrundlagen ab dem 31.12.1996 für verfassungswidrig erklärt worden.[57] Der Gesetzgeber hat bislang von einer Neuregelung abgesehen. Daher fällt seit dem Veranlagungszeitraum 1997 keine Vermögensteuer mehr an.[58] Wie lange dieser Zustand anhalten wird, wird nicht zuletzt von der künftigen Zusammensetzung der Bundesregierung abhängen.[59]

(5) Erbschaftsteuer

Bei der Rechtsformwahl verlangt die Erbschaftsteuer zunehmende Beachtung. Seit den umfangreichen Änderungen durch das JStG 1997[60] ist die Übertragung von inländischem Betriebsvermögen die steuerlich dominante Variante.[61] Auch beim Erwerb wesentlicher Beteiligungen an inländischen Kapitalgesellschaften wird ein Freibetrag von 500.000 DM und vom verbleibenden Betrag ein Abschlag von 40 % gewährt. § 19a ErbStG sichert außerdem die günstige Steuerklasse I. Unterschiede bleiben bei der Ermittlung der Bemessungsgrundlage be-

---

12.1.1998, II ZR 82/93, WPg 1998, S. 375 die Aktivierung beim Alleingesellschafter sogar für geboten, wenn aufgrund des Jahresabschlusses der Tochtergesellschaft bereits über die Gewinnverwendung beschlossen wurde und der Abschluß der Muttergesellschaft noch nicht abschließend geprüft wurde.

55   Bei Ausschüttungen aus dem EK01 entfällt die Körperschaftsteueranrechnung, da gem. § 40 Nr. 1 KStG ausdrücklich keine Körperschaftsteuererhöhung herzustellen ist. Das ändert nichts an der Einkommensteuerpflicht dieser Ausschüttungen.

56   BVerfG vom 22.6.1995, 2 BvL 37/91, BVerfGE, 93, S. 121.

57   Keinesfalls besteht Einigkeit darüber, ob die Vermögensteuer nach Ablauf der genannten Frist noch für zurückliegende Veranlagungszeiträume (sog. Altfälle) erhoben werden darf. Bei rein formeller Auslegung des Beschlusses vom 22.6.1995 des BVerfG ist dies nicht auszuschließen. Ganz anderer Auffassung ist die Finanzverwaltung, die fortan die Altfälle veranlagt. So auch ausdrücklich im BMF-Schreiben vom 29.4.1997, IV B 8 - S 3530 - 2/97, GmbHR 1997, S. 496. Dieses wurde im Beschluß des BFH vom 18.6.1997, II B 33/97, BStBl II 1997, S. 515 ausdrücklich bestätigt.

58   Dies gilt auch für die Vermögensteuer der natürlichen Person.

59   Die Vermögensteuer wird hier nicht weiter behandelt.

60   vom 20.12.1996, BGBl I, S. 2049.

61   § 13a ErbStG. Betriebsvermögen einer ausländischen Betriebstätte eines inländischen Stammhauses ist nicht begünstigt. So ausdrücklich im Erlaß FinMin. Baden-Württemberg vom 17.6.1997 - S 3900/10 - Zweifelsfragen bei der Anwendung des § 13a und des § 19a ErbStG, in: DB 1997, Beilage 11, Tz. 5. Zu den Neuregelungen *Bareis/Elser*, [Analyse] des neuen Erbschaftsteuerrechts, in: DB 1997, S. 557 ff.; *Flick*, Beim Vergleich der Rechtsformen auch die [Erbschaftsteuer] beachten!, in: DB 1997, S. 844 ff.

stehen. Durch die Wertermittlung von Anteilen an Kapitalgesellschaften nach dem Stuttgarter Verfahren wird es regelmäßig zu höheren Wertansätzen im Vergleich zum Betriebsvermögen bewertet zu Steuerbilanzwerten im Rahmen der Bedarfsbewertung kommen.[62] Die Übertragung von nicht wesentlichen Beteiligungen, sowie von Anteilen an ausländischen Kapitalgesellschaften bleiben benachteiligt. Daher sollte ein unmittelbarer Erwerb ausländischer Beteiligungen sehr sorgfältig geprüft werden.

B.2.2.2   Personenunternehmen

B.2.2.2.1   Zivilrechtliche Besonderheiten

Vom hier verwendeten Begriff Personenunternehmen soll sowohl das Einzelunternehmen als auch die Personengesellschaft erfaßt sein. Die Personenvereinigung in Form der Personengesellschaft besitzt gem. § 124 HGB ebenfalls die Fähigkeit, Träger von Rechten und Pflichten zu sein. Allerdings gilt dies nur in eingeschränktem Umfang, weshalb in der Literatur[63] von der **relativen Rechtsfähigkeit** der Personengesellschaft gesprochen wird. Unstrittig erstreckt sich die Verselbständigung auf das Gesellschaftsvermögen und die Fähigkeit im eigenen Namen Rechtsgeschäfte abzuschließen. Dies gilt auch hinsichtlich schuldrechtlicher Vereinbarungen zwischen der Gesellschaft und ihren Gesellschaftern. Die Grenzen der Rechtssubjektivität kommen durch die unmittelbare, persönliche Haftung der Gesellschafter[64] zum Ausdruck.[65]

In der Praxis ist die Personengesellschaft aus haftungsrechtlichen[66] Überlegungen v.a. in der Gestalt der GmbH & Co. KG anzutreffen. Die Stellung des vollhaftenden Gesellschafters wird dabei von der Komlementär-GmbH eingenommen. Eine Vermögensbeteiligung ist nicht notwendig. Die Vergütung kann sich dann auf die Übernahme des Haftungsrisikos beschränken.[67]

---

62   § 12 Abs. 2 ErbStG i.V.m. § 11 Abs. 2 Satz 2 BewG.

63   Vgl. *Schmidt*, Gesellschaftsrecht, S. 219 ff. und die dort angegebene weiterführende Literatur.

64   Dies gilt bei der KG natürlich nur für die Komplementäre.

65   Vgl. *Schmidt*, Gesellschaftsrecht, S. 213 ff.

66   Vor Einführung des körperschaftsteuerlichen Anrechnungsverfahrens waren auch steuerliche Gründe für diese Rechtsformkombination ausschlaggebend.

67   Die Vergütung muß hinsichtlich Übernahme der Geschäftsführung, des Haftungsrisikos und des Kapitaleinsatzes angemessen sein. BFH vom 15.11.1967, IV R 139/67, BStBl II 1968, S. 152. Dazu auch *Brönner*, Gesellschaften, S. 286 f.

B.2.2.2.2 Steuerliche Besonderheiten

(1) Einkommensteuer

Trotz der zivilrechtlich begründeten relativen Rechtsfähigkeit wird die Personengesellschaft steuerlich nicht als eigenständiges Steuersubjekt akzeptiert. Als Steuersubjekt(e) werden vielmehr die an der Gesellschaft beteiligten natürlichen oder juristischen Personen erfaßt. Es gilt das **Transparenzprinzip**. Die Qualifikation der Einkünfte richtet sich nach der Tätigkeit der Personengesellschaft. Bei gewerblicher Betätigung beziehen die Gesellschafter in Höhe des anteiligen Gewinns gewerbliche Einkünfte nach § 15 Abs. 1 Nr. 2 EStG. Zivilrechtliche Vereinbarungen zwischen der Gesellschaft und den Gesellschaftern werden steuerlich nicht grundsätzlich anerkannt. Tätigkeits- und Nutzungsvergütungen dürfen den Gewinn nicht mindern; sie zählen ebenfalls zu den gewerblichen Einkünften. Diese Besonderheit erfordert eine zweistufige Gewinnermittlung bzw. -verteilung. Dabei wird das Gesamthandsergebnis unter Berücksichtigung der Leistungsvergütungen ermittelt und entsprechend dem gesellschaftsvertraglichen Gewinnverteilungsschlüssel auf die einzelnen Gesellschafter aufgeteilt. In einem zweiten Schritt findet dann die direkte Hinzurechnung der Leistungsvergütungen bei dem jeweils begünstigten Gesellschafter statt.[68]

(2) Gewerbesteuer

Da die Gewerbesteuer an den inländischen Gewerbebetrieb anknüpft, ist die Personengesellschaft bei gewerblicher Betätigung selbst Steuersubjekt. Die Hinzurechnungs- und Kürzungsvorschriften sind rechtsformunabhängig und finden daher entsprechend bei der Personengesellschaft Anwendung. Die Leistungsvergütungen können die Bemessungsgrundlage Gewerbeertrag nicht mindern. Im Unterschied zu den Kapitalgesellschaften werden bei der Ermittlung der Gewerbeertragsteuer jedoch Freibetrag und Staffeltarif berücksichtigt.[69]

(3) Erbschaftsteuer

Die erbschaftsteuerliche Begünstigung des § 13a ErbStG gilt nur, wenn inländisches Betriebsvermögen im Rahmen eines *gewerblichen* Betriebs, Teilbetriebs oder eines Mitunternehmeranteils übertragen wird. Die Praxis hat schnell erkannt, daß die Geprägegesetzgebung des § 15 Abs. 3 EStG als Instrument zur Herstellung der Gewerblichkeit genutzt werden kann.

---

68   Eine präzise Darstellung zur Ermittlung der gewerblichen Einkünfte findet sich bei *Brönner*, Gesellschaften, S. 163 ff.

69   § 11 Abs. 1 Nr. 1 und Abs. 2 Nr. 1 GewStG; sie werden im weiteren nicht problematisiert.

B.2.3   Formen der grenzüberschreitenden Unternehmenstätigkeit

Die Betätigung eines inländischen Mutterunternehmens im Ausland kann in unterschiedlicher Ausprägung und Intensität erfolgen. Zunächst ist darüber zu entscheiden, welche Organisationsform für die Geschäftstätigkeit im Ausland erforderlich ist; ob eine "feste Einrichtung" benötigt wird oder ob das Auslandsengagement durch Direktgeschäft (Außenhandel) abgewickelt werden kann.[70] Nur wenn im Ausland eine feste Einrichtung benötigt wird, ist zu prüfen, ob die Direktinvestition in Form einer unselbständigen Betriebstätte oder eines rechtlich selbständigen Tochterunternehmens erfolgen soll. Ein rechtlich selbständiges Unternehmen kann in der Rechtsform der Kapital- oder der Personengesellschaft geführt werden.

B.2.3.1   Direktgeschäft

Unter den Begriff Direktgeschäft werden sämtliche Leistungsbeziehungen mit einem ausländischen Abnehmer subsumiert, unter der Voraussetzung, daß das grenzüberschreitende Engagement ohne feste Einrichtung im Ausland erfolgt. Zu den Direktgeschäften gehören neben Warenlieferungen auch alle gewerblichen Dienstleistungen (u.a. Kapital- und Nutzungsüberlassung) sowie die gesellschaftsrechtliche Beteiligung bei einer Beteiligungsquote unter 10 %.[71]

Diese Form der grenzüberschreitenden Betätigung wird bei der Auswahl der Handlungsalternativen nicht explizit berücksichtigt. Dennoch sind die steuerlichen Konsequenzen von Direktgeschäften stets auch bei anderen Organisationsformen zu beachten.

B.2.3.2   Betriebstätte

Unter einer Betriebstätte wird im allgemeinen eine feste Geschäftseinrichtung verstanden, die nur wirtschaftlich verselbständigt ist, aber keine rechtliche

---

70   Dieser Abgrenzung kommt gerade in Zeiten weltweiter elektronischer Informationssysteme eine elementare Bedeutung zu. Können "virtuelle Kaufhäuser" wie bspw. Telefonverkauf, Internet als feste Einrichtung betrachtet werden? Erste Überlegungen sind bereits in der Literatur zu finden. Bspw. *Strunk*, Grenzüberschreitende Geschäftsaktivitäten durch das [Internet] als weißer Fleck der Besteuerung?, in: IStR 1997, S. 257 ff.; *Bernütz*, Ertragsbesteuerung grenzüberschreitender Internet-Transaktionen: Anknüpfung an eine deutsche Betriebstätte?, in: IStR 1997, S. 353 ff.

71   Vgl. *Jacobs*, Internationale Unternehmensbesteuerung, S. 145. Ob dem Ausland ein Quellenbesteuerungsrecht zusteht (und für welche Sachverhalte) richtet sich nach den nationalen Bestimmungen und dem einschlägigen DBA.

Selbständigkeit aufweist. Es handelt sich also lediglich um einen Betriebsteil, der sich räumlich getrennt vom Sitz des Unternehmens - im Ausland - befindet.[72] Die allgemeine Betriebstättendefinition im nationalen Recht findet sich in § 12 Satz 1 AO. Danach fällt unter den Begriff Betriebstätte "jede feste Geschäftseinrichtung oder Anlage, die der Tätigkeit eines Unternehmens dient". Die Qualifikation als Betriebstätte erfordert insbesondere die Nachhaltigkeit einer räumlich (festen) Einrichtung, die Verfügungsmacht des Unternehmers, sowie die unmittelbare Verbundenheit mit der (gewerblichen) Tätigkeit des Unternehmens.[73] Bei dem Positivkatalog des § 12 Satz 2 Nrn. 1 - 7 AO handelt es sich um eine *nicht abschließende* Aufzählung von Betriebstättensachverhalten.[74]

Im Abkommensrecht findet sich eine zu der nationalen Regelung abweichende Definition der Betriebstätte. Nach Art. 5 Abs. 1 OECD-MA ist unter einer Betriebstätte "eine feste Geschäftseinrichtung, durch die die Tätigkeit des Unternehmens ganz oder teilweise ausgeübt wird" zu verstehen. Der wesentliche Unterschied zum deutschen Außensteuerrecht besteht in der Begrenzung auf "qualitativ und quantitativ (im Original fett) bedeutsame gewerbliche Tätigkeiten"[75]. Hilfs- und Nebentätigkeiten erfüllen nach der abkommensrechtlichen Definition den Betriebstättenbegriff nicht. Ansatzpunkte zur Abgrenzung finden sich in dem Negativkatalog des Art. 5 Abs. 4 OECD-MA. Diese engere abkommensrechtliche Begriffsauslegung bzw. die Fassung im konkreten DBA hat bei der Beurteilung internationaler Sachverhalte Vorrang; die nationale Bestimmung gilt nur subsidiär.[76]

Für die Abgrenzung der Besteuerungsrechte der inländischen und der ausländischen Steuerbehörden spielt es eine zentrale Rolle, ob der Betriebstättentatbestand erfüllt wird.[77] Mit der ausländischen Betriebstätte wird das inländische Stammhaus im Quellenstaat beschränkt steuerpflichtig. Daher wird die Betriebstätte analog zur Rechtsform des inländischen Stammhauses besteuert. Betriebstätten unterliegen einem ausdrücklichen Diskriminierungsverbot.[78] Die Abgrenzung der Steuerbemessungsgrundlagen im Einheitsunternehmen hat

---

72 Daher auch die Bezeichnung "Internationales Einheitsunternehmen".
73 Vgl. *Klein/Orlopp*, Kommentar zur Abgabenordnung [AO], 5. Auflage, München 1995, § 12, Anm. 1 ff.
74 Hierzu ausführlich *Jacobs*, Internationale Unternehmensbesteuerung, S. 248 ff.
75 *Jacobs*, Internationale Unternehmensbesteuerung, S. 252.
76 Vgl. Kapitel B.1, Gliederungspunkt B.1.3.
77 Für den ständigen Vertreter i.S.d. § 13 AO bzw. den abhängigen Vertreter i.S.v. Art. 5 Abs. 5 OECD-MA gelten die steuerlichen Konsequenzen entsprechend.
78 Art. 24 Abs. 3 OECD-MA.

nach dem Prinzip der wirtschaftlichen Zugehörigkeit[79] zu erfolgen. Zur Beseitigung der Doppelbelastung finden die einschlägigen innerstaatlichen Vorschriften Anwendung.[80] Bei Existenz eines DBA ist zu beachten, daß die Betriebstätte
selbst nicht abkommensberechtigte Person sein kann.[81] Nach dem **DBA-**
Betriebstättenprinzip steht das Besteuerungsrecht regelmäßig dem ausländischen Staat zu, bei Freistellung im Inland.[82]

B.2.3.3   Tochterkapitalgesellschaft

B.2.3.3.1   Tochterkapitalgesellschaft mit uneingeschränkter Abschirm- wirkung

Kapitalgesellschaften gehören auch im Ausland zivilrechtlich grundsätzlich zur
Gruppe der juristischen Personen. Sie besitzen die selbständige Rechtsfähigkeit
und werden im Ansässigkeitsstaat i.d.R. als eigene unbeschränkt steuerpflichtige Subjekte behandelt.[83] Befindet sich bei ausländischem Sitz der Kapitalgesellschaft die Geschäftsleitung im Inland ist gem. § 1 Abs. 1 KStG von der unbeschränkten Steuerpflicht auszugehen. Daraus resultiert die **Doppelansässigkeit**
der Gesellschaft.[84]

Die Einordnung im Ausland ist jedoch keineswegs bindend für die Qualifikation der ausländischen Gesellschaft im Inland. Die steuerlichen Konsequenzen
im Inland richten sich nach dem Vorliegen inländischer Strukturmerkmale. Zur
Beurteilung der Gesellschaft mit Sitz[85] und Geschäftsleitung im Ausland, be-

79   BFH vom 20.7.1988, I R 49/84, BStBl II 1989, S. 140.

80   Dazu im einzelnen Kapitel B.1, Gliederungspunkt B.1.6.

81   Art. 1 i.V.m. Art. 3 OECD-MA.

82   Art. 7 Abs. 1 Satz 2 und Art. 22 i.V.m. Art. 23 A Abs. 1 OECD-MA; wobei einzelne DBA
      zusätzlich eine Aktivitätsklausel vorsehen. Zum Betriebstättenbegriff und -prinzip *Debatin*,
      Das [Betriebstättenprinzip] der deutschen Doppelbesteuerungsabkommen, in: DB 1989, S.
      1693 - 1694.

83   Vgl. *Mössner u.a.*, [Steuerrecht] international tätiger Unternehmen: Handbuch der Besteue-
      rung von Auslandsaktivitäten inländischer Unternehmen und von Inlandsaktivitäten ausländi-
      scher Unternehmen, Köln 1992, S. 454, E 107.

84   Zum Begriff und den steuerlichen Konsequenzen der Doppelansässigkeit *Raupach*, Steuerli-
      che Folgen der [Doppelansässigkeit], in: Haarmann (Hrsg.), Unternehmensstrukturen und
      Rechtsformen im Internationalen Steuerrecht, Forum der Internationalen Besteuerung, Band 7,
      Köln 1996, S. 28 - 57.

85   Fallen Gründungssitz und tatsächlicher Verwaltungssitz der Gesellschaft auseinander, so ist
      nach der in Deutschland vorherrschenden Sitztheorie für die Prüfung der Rechtsfähigkeit stets
      die Rechtsordnung des Landes maßgeblich, in dem sich der tatsächliche Verwaltungssitz be-
      findet. Von der Sitztheorie zu unterscheiden ist die Gründungstheorie, die nur auf die Rechts-

dient man sich dem sog. **Typenvergleich.**[86] Danach ist für die ausländische Gesellschaft zu prüfen, ob "eine Gesamtwürdigung der maßgebenden ausländischen Bestimmungen über die Organisation und Struktur der Gesellschaft ergibt, daß diese rechtlich und wirtschaftlich einer inländischen Kapitalgesellschaft oder einer juristischen Person des privaten Rechts gleicht."[87] Dann ist auch für die Behandlung im Inland von einem eigenständigen Steuersubjekt auszugehen. Inländische Anknüpfungsmerkmale entstehen nur, wenn durch die Tätigkeiten der Gesellschaft selbst ein Tatbestand der beschränkten Steuerpflicht verwirklicht wird.[88]

Wirtschaftsgebilde, deren Organisationsstruktur im Inland unbekannt ist, oder Rechtsformen, denen eigentlich aus inländischer Sicht die Rechtsfähigkeit versagt wird, können nach diesen Qualifikationskriterien trotzdem als Körperschaftsteuersubjekt behandelt werden.[89] Gleicht die ausländische Gesellschaft hinsichtlich Organisation und Struktur hingegen der Rechtsform einer inländischen Personengesellschaft kommt es zu einer abweichenden Subjektqualifikation.[90]

Anstelle bzw. neben den nationalen Bestimmungen müssen gegebenenfalls vorhandene abkommensrechtliche Vereinbarungen zur Beurteilung der ausländischen Gesellschaft herangezogen werden. Nach Art. 1 OECD-MA i.V.m. Art. 3 Nr. 1b) OECD-MA zählen auch Kapitalgesellschaften zu den abkommensberechtigten (juristischen) Personen, wenn sie in mindestens einem der Vertragsstaaten ansässig sind. Gemäß Art. 3 Nr. 1b) OECD-MA sind ausdrücklich auch solche Gesellschaften *abkommensberechtigt*, die lediglich für die Besteuerung als juristische Personen behandelt werden - also nur die Steuersubjekteigenschaft besitzen. Im Falle der Doppelansässigkeit der Gesellschaft gilt sie gem. Art. 4 Nr. 3 OECD-MA als in dem Staat ansässig, in dem sich der Ort

---

ordnung des Gründungsstaates (auch bei späterer Sitzverlegung) abstellt. Vgl. *Raupach*, Doppelansässigkeit, S. 41 ff. m.w.N.

86 Dieser geht bereits auf die Rechtsprechung des RFH vom 12.2.1930, VI A 899/27, RStBl 1930, S. 444 zurück. Vgl. auch die jüngere Rechtsprechung des BFH vom 23.6.1992, IX R 182/87, BStBl II 1992, S. 972.
87 Ebd., S. 974.
88 Bspw. kann die Kapitalgesellschaft eine inländische Betriebstätte unterhalten. Davon streng zu unterscheiden sind die Einkünfte des inländischen Gesellschafters aus der ausländischen Gesellschaft mit denen im Ausland die beschränkte Steuerpflicht entstehen kann.
89 Beispiele sind bei *Jacobs*, Internationale Unternehmensbesteuerung, S. 337 zu finden. Für die erste Kategorie wird die liechtensteinische Anstalt genannt; unter die zweite fällt die spanische Personengesellschaft.
90 Ausführlich Gliederungspunkt B.2.3.4.3.

ihrer tatsächlichen Geschäftsleitung befindet. Unstrittig handelt es sich um eine abkommensberechtigte Person, wenn beide Vertragsstaaten die Steuersubjekteigenschaft der Gesellschaft anerkennen. Probleme im Zusammenhang mit DBA treten nur dann auf, wenn einer der beiden Staaten aufgrund innerstaatlicher Vorschriften zu einer abweichenden Beurteilung gelangt. In solchen Fällen ist die einheitliche Anwendung des einschlägigen DBA nur gewährleistet, wenn der Qualifikation eines Landes Vorrang eingeräumt wird.[91]

B.2.3.3.2 Tochterkapitalgesellschaft ohne (vollständige) Abschirmwirkung

Sollte der Rechtstypenvergleich zum Ergebnis der Steuersubjekteigenschaft führen, ist ferner zu prüfen, ob andere nationale Bestimmungen die Anerkennung als eigenständige ausländische Kapitalgesellschaft - und damit die Abschirmwirkung - einschränken oder versagen. Dies ist regelmäßig der Fall, wenn Einkunftsquellen zur Erzielung von Steuervorteilen auf Gesellschaften in Niedrigsteuerländern übertragen werden, ohne daß diese Gesellschaften selbst aktive Tätigkeiten[92] ausüben. Man spricht dann von einer **Basisgesellschaft**[93].

Für die steuerliche Behandlung von ausländischen Basisgesellschaften im Inland sind zwei mögliche Rechtsfolgen zu trennen:

(1) Durchgriffsbesteuerung
Ist ein Tatbestand i.S.d. §§ 39, 41, 42 AO erfüllt, wird die ausländische Kapitalgesellschaft nicht als eigenständiges Steuersubjekt anerkannt. Es finden die Grundsätze der **Durchgriffsbesteuerung** Anwendung. Die Einkünfte und das Vermögen der ausländischen Einheit werden unmittelbar dem inländischen Gesellschafter zugerechnet. Im Zusammenhang mit der Nichtanerkennung von ausländischen Kapitalgesellschaften kommt der Mißbrauchsvorschrift § 42 AO zentrale Bedeutung zu. Grundsätzlich kann jeder Steuerpflichtige den für ihn

---

91 Dazu auch Gliederungspunkt B.2.3.4.3.
92 Zur Abgrenzung aktiver und passiver Tätigkeiten § 8 Abs. 1 und 2 AStG.
93 Im wesentlichen synonym verwendet wird auch der Begriff Zwischengesellschaft, der auch in § 8 AStG verankert ist. Vgl. zum Begriff Basisgesellschaft, *Mössner u.a.*, Steuerrecht, S. 531, E226, *Jacobs*, Internationale Unternehmensbesteuerung, S. 340. *Scheffler* verwendet den Begriff der Basisgesellschaft nur, wenn die Konsequenzen der Durchgriffsbesteuerung eintreten; für die Sachverhalte der Zugriffsbesteuerung spricht er von Zwischengesellschaften. *Scheffler*, Unternehmenstätigkeit, S. 284 ff.

optimalen Standort frei wählen. Nach Ansicht des BFH[94] findet diese Freiheit ihre Grenzen jedoch dort, wo für die Gründung einer Kapitalgesellschaft *weder wirtschaftliche noch sonst beachtliche Gründe* erkennbar sind und sie keine eigene wirtschaftliche Tätigkeit entfaltet.

(2) Zugriffsbesteuerung

Bei Vorliegen der Merkmale nach §§ 7, 8 AStG treten die Rechtsfolgen der **Zugriffsbesteuerung** ein.[95] In diesen Fällen bleibt die Steuersubjekteigenschaft und damit die Abschirmwirkung *dem Grunde nach* bestehen; das Trennungsprinzip wird jedoch durch eine *Ausschüttungsfiktion* durchbrochen. Diese bewirkt, daß Gewinne der ausländischen Gesellschaft unabhängig von deren Gewinnverwendungsentscheidung beim inländischen Gesellschafter erfaßt werden.[96]

Für Basisgesellschaften muß geklärt werden, welche Bedeutung der Durchgriffs- bzw. Zugriffsbesteuerung bei Existenz eines DBA zukommt. Nach ständiger Rechtsprechung des BFH[97] verdrängt ein DBA nicht die Grundsätze der Durchgriffsbesteuerung, da die DBA keine Vorschriften über die Zurechnung von Einkünften und Vermögen enthalten. Diese Regelungslücke ist durch innerstaatliches Recht zu schließen. Bei Tatbeständen i.S.d. §§ 39, 41 und 42 AO sind die Einkünfte und das Vermögen der ausländischen Gesellschaft dem Gesellschafter direkt zuzurechnen, da die Steuersubjekteigenschaft aus inländischer Sicht abgelehnt wird. Mangels Einkünfte der Basisgesellschaft entfällt eine Inanspruchnahme von Vergünstigungen nach DBA-Recht; sie genießt im

---

94　Grundlegend BFH vom 29.1.1975, I R 135/70, BStBl II 1975, S. 553, BFH vom 29.7.1976, VIII R 142/73, BStBl II 1977, S. 263, sowie bspw. BFH vom 5.3.1986, I R 201/82, BStBl II 1986, S. 496.

95　Der im AStG und vom BFH verwendete Begriff Hinzurechnungsbesteuerung ist synonym zu verwenden. Folgende Voraussetzungen der Hinzurechnungsbesteuerung müssen gem. §§ 7, 8 AStG erfüllt werden: Es muß sich um eine ausländische (eigenständige) Gesellschaft handeln, die zu mehr als der Hälfte durch unbeschränkt steuerpflichtige Gesellschafter beherrscht wird, im Ausland einer niedrigen Besteuerung (Ertragsteuerbelastung unter 30 %) unterliegt und passive Einkünfte erzielt. Seit dem StÄndG 1992 sind von der Hinzurechnungsbesteuerung auch Zwischeneinkünfte mit Kapitalanlagecharakter erfaßt, wenn ein unbeschränkt steuerpflichtiger Gesellschafter mindestens zu 10 % beteiligt ist (§ 7 Abs. 6 AStG). Vgl. hierzu ausführlich *Baumgärtel/Perlet*, Die [Hinzurechnungsbesteuerung], in: Maßbaum u.a. (Hrsg.), Die deutsche Unternehmensbesteuerung im europäischen Binnenmarkt, Neuwied 1994, S. 171 - 274.

96　Zum Verhältnis zwischen § 42 AO und §§ 7 ff. AStG vgl. BFH vom 10.6.1992, I R 105/89, BStBl II 1992, S. 1029.

97　BFH vom 29.1.1975, IR 135/70, BStBl II 1975, S. 553, BFH vom 29.7.1976, VIII R 142/73, BStBl II 1977, S. 263, BFH vom 9.12.1980, VIII R 11/77, BStBl II 1981, S. 339, BFH vom 5.3.1986, I R 201/82, BStBl II 1986, S. 496.

Ergebnis keinen Abkommensschutz.[98] Von dieser Ansicht ist der BFH in dem sog. Monaco-Urteil[99] abgewichen und hat die Anwendung der allgemeinen Mißbrauchsvorschrift § 42 AO auf *Steuerausländer* ausdrücklich verneint. Dies veranlaßte den Gesetzgeber zur Einführung des § 50d Abs. 1a EStG, der das mißbräuchliche Ausnutzen von DBA-Vergünstigungen (**treaty shopping**[100]) auch durch ausländische Anteilseigner verhindern soll. Danach ist ausländischen Gesellschaften der DBA-Schutz (bzw. auch die Entlastung gem. § 44d EStG) zu versagen, wenn die Gesellschafter bei unmittelbarer Zurechnung der Einkünfte die DBA-Entlastung nicht in Anspruch nehmen könnten, es sei denn, für die Zwischenschaltung der Gesellschaft liegen wirtschaftliche oder sonst beachtliche Gründe vor oder die ausländische Gesellschaft betreibt selbst eine eigene wirtschaftliche Tätigkeit.[101]

Nach den Grundsätzen der Zugriffsbesteuerung wird die Eigenständigkeit der ausländischen Basisgesellschaft nicht angetastet; die DBA-Entlastungen werden grundsätzlich gewährt. Die Ausschüttungsfiktion bewirkt, daß zusätzlich zu den tatsächlichen auch fingierte Ausschüttungen zu berücksichtigen sind. Nach § 10 Abs. 5 AStG sind die Regelungen eines DBA ausdrücklich auch auf den Hinzurechnungsbetrag anzuwenden. Die Hinzurechnungsbesteuerung läuft somit dann ins Leere, wenn das DBA-Schachtelprivileg verbunden mit der Freistellung im Inland unabhängig von einer Aktivklausel gewährt wird. Deshalb sollen nach § 10 Abs. 6 AStG die DBA-Vergünstigungen bei Zwischeneinkünften mit Kapitalanlagecharakter gerade nicht zur Anwendung kommen.

In der Literatur wird sowohl die über § 42 AO, § 50d Abs. 1a EStG, als auch die aufgrund der §§ 7 - 14 AStG ausgelöste Zurechnungsänderung von Unternehmensgewinnen zum Anteilseigner äußerst kritisch beurteilt, weil bilaterales

---

98 Vgl. *Jacobs*, Internationale Unternehmensbesteuerung, S. 354 ff.

99 BFH vom 29.10.1981, I R 89/80, BStBl II 1982, S. 150. Eine kritische Besprechung des Urteils findet sich bei *Selling*, Ausländische Holding-, Vermögens- und [Dienstleistungsgesellschaften] im Licht des § 42 AO, in: RIW 1991, S. 235 - 241.

100 Allgemein kann treaty shopping als gezielte Gestaltung zur Inanspruchnahme des DBA-Schutzes durch "fiktive" Ansässigkeit beschrieben werden. Dazu gehören beispielsweise sog. Briefkastenfirmen.

101 Zu den Voraussetzungen des § 51d Abs. 1a EStG im allgemeinen und im einzelnen *Flick*, Deutsche Aktivitäten von Ausländern über ausländische [Zwischengesellschaften] und die Mißbrauchsgesetzgebung des § 50d Abs. 1a EStG, in: IStR 1994, S. 223 - 225, sowie zu den Auslegungsfragen *Krabbe*, [Zweifelsfragen] zu § 50d Abs. 1a EStG, in: IStR 1995, S. 382 - 384.

Recht einseitig durch nationale Bestimmungen umgangen wird.[102] Dies wird auch als **treaty overriding** bezeichnet.

B.2.3.4   Tochterpersonengesellschaft

B.2.3.4.1   Rechtsfähigkeit und Besteuerungskonzeptionen

Für ausländische Personengesellschaften läßt sich die Frage der Rechtsfähigkeit nicht generell beantworten. Je nach Sitzstaat werden teilweise selbst klassische Erscheinungsformen der Personengesellschaft im Ausland wie juristische Personen behandelt und steuerlich als eigenständiges Subjekt erfaßt. Daher muß zur steuerlichen Gesamtwürdigung zunächst differenziert werden, ob das ausländische Recht - wie in Deutschland - der **Mitunternehmerkonzeption** folgt oder die eigenständige Besteuerung als Körperschaftsteuersubjekt vorsieht.[103] Selbst wenn das Ausland eine direkte Zurechnung von Gewinnen und Vermögen zum Gesellschafter vorschreibt, muß untersucht werden, ob nach den Gewinnermittlungsvorschriften des Auslandes Sondervergütungen an den Gesellschafter zum Abzug zugelassen sind. Trifft dies zu, erstreckt sich die beschränkte Steuerpflicht des Gesellschafters auch auf die Sondervergütungen, die im Ausland auch dem Quellenabzug unterliegen können.[104]

Für die inländische Besteuerung ist die Beurteilung ausschließlich nach inländischen Strukturmerkmalen vorzunehmen. Durch Anwendung der Grundsätze des Rechtstypenvergleichs kann das Wirtschaftsgebilde auch eine abweichende Subjektqualifikation erfahren.[105] Selbst wenn die Gesellschaft in Ausland und Inland als Mitunternehmerschaft besteuert wird, können Unterschiede in den Gewinnermittlungsvorschriften wie auch die Behandlung der Sondervergütungen eine Korrektur der inländischen Steuerbemessungsgrundlage auslösen.[106] Bei unterschiedlicher Subjektqualifikation treten zwei verschiedene Be-

---

102   Stellvertretend *Mössner u.a.*, Steuerrecht, S. 549 ff., E401 - E405 und S. 568 ff., E468 - E476; *Ritter*, Das [Steueränderungsgesetz 1992] und die Besteuerung grenzüberschreitender Unternehmenstätigkeit, in: BB 1992, S. 364; *Mössner*, [Probleme] und Zweifelsfragen bei der Regelung des "treaty shopping" (§ 50d Abs. 1a EStG), in: Fischer (Hrsg.), Besteuerung wirtschaftlicher Aktivitäten von Ausländern in Deutschland, Forum der Internationalen Besteuerung, Band 8, Köln 1995, S. 85 - 108.

103   Dazu *Jacobs*, Internationale Unternehmensbesteuerung, S. 433 ff. mit konkreten Beispielen.

104   Vgl. *Mössner u.a.*, Steuerrecht, S. 417, E 10. *Jacobs*, Internationale Unternehmensbesteuerung, S. 445 subsumiert die unterschiedliche Behandlung der Sondervergütungen unter den Begriff Steuerobjektqualifikation.

105   Hierzu bereits die Ausführungen unter B.2.3.3.1.

106   Vgl. *Jacobs*, Internationale Unternehmensbesteuerung, S. 446 f.

steuerungskonzepte nebeneinander. Die nationalen Maßnahmen zur Vermeidung oder Verminderung der Doppelbesteuerung müssen in solchen Fällen genau auf ihre Anwendbarkeit überprüft werden. Bei einer Qualifikation aus inländischer Sicht als Kapitalgesellschaft können Anrechnungsvorschriften mangels Subjektidentität sogar leerlaufen.[107]

Die vielfältigen Qualifikationsunterschiede bei der Besteuerung von Personengesellschaften werden unter Berücksichtigung der Abkommensebene noch wesentlich komplexer. Dies hat mehrere Gründe:

- Nach OECD-MA zählen Personengesellschaften nicht zu den abkommensberechtigten Personen, wenn sie die Voraussetzung der Ansässigkeit mangels unbeschränkter (eigenständiger) Steuerpflicht in einem Vertragsstaat nicht erfüllen.
- Die unterschiedliche Subjektqualifikation zweier Länder wirft die Frage auf, wie das Wirtschaftsgebilde für eine einheitliche Anwendung des Abkommensrechts zu qualifizieren ist.
- Aus der abkommensrechtlichen Qualifikation resultieren auch Konsequenzen für die Behandlung von Gewinnanteilen und Sondervergütungen beim Gesellschafter im Wohnsitzstaat.

B.2.3.4.2 Besteuerung bei übereinstimmender (einheitlicher) Subjektqualifikation

Wird die Gesellschaft *einheitlich* nach der *Mitunternehmerkonzeption* besteuert, sind nach OECD-MA ausschließlich die *Mitunternehmer abkommensberechtigt*, sofern sie das Kriterium der Ansässigkeit erfüllen. Dadurch können durchaus mehrere DBA nebeneinander zur Anwendung kommen. Probleme treten bei einheitlicher subjektiver Qualifikation hinsichtlich der Beurteilung von Sondervergütungen (Einkünftequalifikation) und bei der Behandlung von Drittstaatseinkünften auf. Daraus resultierende Doppelbelastungen könnten am einfachsten durch eine generelle mindestens aber eine partielle Abkommensberechtigung der Personengesellschaft gelöst werden. Diese Vorgehensweise erscheint wirtschaftlich betrachtet und verbunden mit der relativen Rechtsfähigkeit sachgerecht und angemessen. Dennoch wird von dieser Möglichkeit bislang in deutschen DBA wenig Gebrauch gemacht.[108] Gewinnanteile der Gesellschafter sind

---

107 Dazu *Mössner u.a.*, Steuerrecht, S. 415 f., E 7 und *Debatin*, Subjektiver Schutz unter [Doppelbesteuerungsabkommen], in: BB 1989, Beilage 2, S. 9.

108 Vgl. *Baranowski*, Zur Besteuerung der Einkünfte aus Beteiligungen an ausländischen [Personengesellschaften], in: IWB 1990, Fach 3, Gruppe 2, S. 550.

bei einheitlicher Anwendung der Mitunternehmerkonzeption nach Art. 7 OECD-MA als Betriebstätteneinkünfte zu behandeln. Qualifikationskonflikte im Zusammenhang mit Sondervergütungen werden nach Auffassung von Rechtsprechung[109] und Finanzverwaltung[110] für Zwecke der einheitlichen Abkommensanwendung durch Übernahme der Einkünftequalifikation des Quellenstaates gelöst. Man spricht deshalb von der **Qualifikationsverkettung**.[111] Durch diese Vorgehensweise können allerdings Besteuerungslücken nicht generell vermieden werden.[112] Im Schrifttum wird die Qualifikationsverkettung nur befürwortet, wenn diese nach dem Wortlaut des speziellen DBA tatsächlich vorgesehen ist.[113]

Im Falle der *einheitlichen* Besteuerung nach der *Kapitalgesellschaftskonzeption* gelten die Grundsätze für Kapitalgesellschaften mit uneingeschränkter Abschirmwirkung entsprechend.

B.2.3.4.3   Besteuerung bei abweichender Subjektqualifikation

Weitaus schwieriger ist die Frage der Qualifikation für die Anwendung eines DBA zu beantworten, wenn die Subjektqualifikation der Vertragsstaaten nach nationalen Vorschriften zu unterschiedlichen Ergebnissen führt. Sehr häufig ist der Fall anzutreffen, daß der Sitzstaat der Gesellschaft die Subjekteigenschaft anerkennt oder durch Option zur Disposition stellt, während im Inland an der Mitunternehmerkonzeption festgehalten wird.[114] Da das OCED-MA keine konkrete Bestimmung zur abkommensrechtlichen Behandlung einer nach nationalen Vorschriften unterschiedlich eingestuften Personengesellschaft enthält, muß geprüft werden, ob und wie das Wirtschaftsgebilde unter die speziellen ab-

---

109 BFH vom 27.2.1991, I R 15/89, BStBl II 1991, S. 444, BFH vom 26.2.1992, IR 85/91, BStBl II 1992, S. 937.

110 BMF-Schreiben vom 1.3.1988, IV C 5 - S 1301 USA-286/87, DB 1988, S. 680, Erlaß FinMin NRW vom 1.12.1986, S 1301 - USA 60 - V C 1, in: DB 1987, S. 24.

111 Vgl. *Debatin*, [System] und Auslegung der Doppelbesteuerungsabkommen, in: DB 1985, Beilage B. S. 4 f.; *Schaumburg*, [Internationales Steuerrecht]: Außensteuerrecht, Doppelbesteuerungsrecht, 2. Auflage, Köln 1998, S. 1195 f.

112 Beispiele sind bei *Piltz*, [Qualifikationskonflikte] im internationalen Steuerrecht, unter besonderer Berücksichtigung von Personengesellschaften, in: Fischer (Hrsg.), Besteuerung internationaler Konzerne, Forum der internationalen Besteuerung, Band 3, Köln 1993, S. 38 zu finden.

113 Dies setzt wie in Art. 23A Abs. 2 OECD-MA einen ausdrücklichen Verweis auf die Definitionen der Art. 10 bzw. 11 OECD-MA voraus. Dazu *Mössner u.a.*, Steuerrecht, S. 431 ff., E46 ff. mit konkreten Beispielen.

114 Der umgekehrte Fall, daß die Gesellschaft im Inland als juristische Person qualifiziert wird, ist wesentlich seltener anzutreffen.

kommensrechtlichen Begriffsdefinitionen subsumiert werden kann. Nach Art. 3 Abs. 1b) OECD-MA werden als Gesellschaften auch solche Rechtsträger angesehen, die nur für die Besteuerung wie juristische Personen behandelt werden. Für die abkommensrechtliche Qualifikation als Gesellschaft ist es ausreichend, daß die Steuersubjekteigenschaft von einem Vertragsstaat ausgeht; es muß sich dabei nicht um den Sitzstaat der Gesellschaft handeln. Für die Abkommensberechtigung ist darüber hinaus auf das Merkmal der Ansässigkeit i.S.d. Art. 4 OECD-MA abzustellen. Danach ist eine Gesellschaft ansässig, wenn sie in dem Vertragsstaat, der die Behandlung als eigenständiges Steuersubjekt vorsieht, die Voraussetzungen der unbeschränkten Steuerpflicht erfüllt.[115] Nach inzwischen · h.M.[116] schlägt die Abkommenssubjekteigenschaft zur Sicherstellung einer einheitlichen Abkommensanwendung auf beide Vertragsseiten bis auf die Gesellschafterebene durch. Den Vertragsstaaten bleibt es natürlich unbenommen, diesen sog. **subjektiven Qualifikationskonflikt** durch ausdrückliche Vereinbarungen im speziellen DBA zu lösen. Damit kann der Umfang der Abkommensberechtigung gezielt eingeschränkt oder ausgedehnt werden. Die Übernahme der Subjektqualifikation des Sitzstaates erstreckt sich auch auf die abkommensrechtliche Einkünftequalifikation. Beteiligungserträge sind daher für die Anwendung des Abkommens einheitlich nach dem Dividendenprinzip zu behandeln; die ausgeschütteten Gewinnanteile werden als Dividenden von der Quellenbesteuerung erfaßt. Für eine abweichende abkommensrechtliche Behandlung als Betriebstätteneinkünfte bleibt damit kein Raum.[117] Dennoch bleibt die nationale Wertung völlig unberührt.[118] Die steuerliche Beurteilung der Sondervergütungen richtet sich - wie im Fall der einheitlichen Anwendung der Mitunter-

---

115 Vgl. *Debatin*, Doppelbesteuerungsabkommen, S. 3 f., der auch den Sonderfall der Doppelansässigkeit behandelt. Nach dieser Vorgehensweise erhalten inländische Personengesellschaften (Sitz oder Geschäftsleitung im Inland) nicht die Abkommensberechtigung, selbst, wenn sie im Ausland als Steuersubjekt qualifiziert werden.

116 Vgl. *Jacobs*, Internationale Unternehmensbesteuerung, S. 444 und S. 451, *Debatin*, Doppelbesteuerungsabkommen, S. 5 f., *Knobbe-Keuk*, "[Qualifikationskonflikte]" im internationalen Steuerrecht der Personengesellschaften, in: RIW 1991, S. 314, *Schmidt*, Zur DBA-Anwendung und inländischen Steuerpflicht bei im Sitzstaat rechtsfähigen ausländischen [Personengesellschaften], in: IStR 1996, S. 17.

117 Vgl. *Debatin*, Doppelbesteuerungsabkommen, S. 8 f.

118 Aus deutscher Sicht liegen weiterhin zum Zeitpunkt der Gewinnentstehung Mitunternehmereinkünfte nach § 15 Abs. 1 Nr. 2 EStG vor. Für thesaurierte Gewinnanteile steht dem Inland jedoch abkommensrechtlich kein Besteuerungsrecht zu; es kommt nur der Progressionsvorbehalt zu Anwendung. Die Gewinnverwendung ist aus deutscher Sicht unerheblich; Dividenden werden als Entnahmen gewertet. Dazu *Debatin*, Doppelbesteuerungsabkommen, S. 8 f, *Greif*, Steuergestaltung einer international tätigen [Personengesellschaft], in: Haarmann (Hrsg.), Unternehmensstrukturen und Rechtsformen im Internationalen Steuerrecht, Forum der Internationalen Besteuerung, Band 7, Köln 1996, S. 99 f.

nehmerkonzeption - gegebenenfalls nach der Einkünftequalifikation des Sitzstaates.

Sollte der eher seltene Fall auftreten, daß abweichend vom Sitzstaat der Personengesellschaft von der Subjektqualifikation nach deutschem Recht ausgegangen wird, kann die Gesellschaft mangels eigenständiger Steuerpflicht im Sitzstaat nicht als abkommensberechtigte Person behandelt werden. Abkommensberechtigt bleiben ausschließlich die Gesellschafter. Die abkommensrechtliche Qualifikation als Betriebstätteneinkünfte führt materiell zur Freistellung im Inland, obwohl nach deutschem Recht Beteiligungserträge vorliegen.[119]

---

119 Vgl. *Debatin*, Doppelbesteuerungsabkommen, S. 9.

B.3 Formalisierung der laufenden Besteuerung der Rechts- und Organisationsformen bei internationaler Unternehmenstätigkeit

In diesem Kapitel geht es vorrangig um die vollständige analytische Aufbereitung des geltenden Rechts zur Besteuerung ausländischer Gewinneinkünfte. Da zunächst noch keine Einbeziehung der steuerlichen Verhältnisse konkreter Standorte erfolgt, wird für die jeweiligen ausländischen Organisationsformen die laufende steuerliche Behandlung dem Grunde nach, unter analoger Anwendung der inländischen steuerlichen Vorschriften, dargestellt. Es wird vereinfachend davon ausgegangen, daß die nach inländischen Vorschriften ermittelten ausländischen Einkünfte mit der Steuerbemessungsgrundlage nach ausländischem Recht übereinstimmen: $Y_A = Y_{A(I)}$. Abweichende ausländische Bemessungsgrundlagen werden somit vernachlässigt.[120] Die inländische Steuerbelastung wird jeweils in Abhängigkeit von den inländischen Methoden alternativ dargestellt. Dominante Alternativen werden (noch) nicht ausgeschieden. Die analytische Umsetzung erfolgt in allgemeiner Form.[121] Auf verbale Erläuterungen wird weitgehend verzichtet. Nur soweit sie für die Ableitung der formelmäßigen Zusammenhänge erforderlich sind, werden stichwortartig die wesentlichen Rechtsgrundlagen aufgeführt.[122]

Zur Vorbereitung auf die Rechtsformentscheidung wird nun die Steuerbelastung für Perioden identischer Rahmenbedingungen erarbeitet. Vorrangiges Differenzierungskriterium ist die Erfolgssituation der ausländischen Organisationseinheit, da sich die Methoden zur Gewinn- bzw. Verlustberücksichtigung im Inland je nach Organisationsform sehr stark unterscheiden. Ferner muß berücksichtigt werden, ob abkommensrechtliche Besonderheiten zu beachten sind. Daher wird grundsätzlich zwischen dem Fall ohne DBA und dem DBA-Fall auf der Grundlage des OECD-Modells differenziert. Alle Formen werden nachein-

---

120 Soweit die Abweichungen temporärer Natur sind, gleichen sie sich im Zeitablauf aus. Dennoch erstreckt sich die Ungenauigkeit der vereinfachenden Prämisse nicht nur auf den Zinseffekt, sondern vernachlässigt auch effektive Steuermehrbelastungen durch hohe Anrechnungsüberhänge. Im einzelnen dazu Kapitel B.4.

121 Im *Anhang C.1* sind für konkrete Steuersätze Beispiele zur methodenabhängigen Ermittlung der Gesamtsteuerbelastung zu finden, welche konkrete Ergebnisse der nachfolgend abgeleiteten Formeln aufzeigen sollen.

122 Verbale Darstellungen und Beispielsrechnungen zu den Grundzügen der internationalen Unternehmensbesteuerung gibt es genügend. Stellvertretend *Jacobs*, Internationale Unternehmensbesteuerung, S. 243 ff., *Scheffler*, Unternehmenstätigkeit, S. 178 ff. Verf. möchte mit dieser Formelschreibweise diese Grundzüge mathematisch abbilden. Ausführliche verbale Erläuterungen können in der Basisliteratur nachgelesen werden.

ander zuerst für die Gewinnsituation ohne DBA gegenübergestellt und dann um die Besonderheiten mit DBA ergänzt. Dieselbe Darstellung wird für den Verlustfall gewählt.

Unter Weiterführung der bisherigen rechtsformorientierten Gliederungsstruktur, können die weiteren Falldifferenzierungen wie folgt abgebildet werden. Querverbindungen zeigen, daß steuerlich gleichgelagerte Fälle vorliegen:[123]

---

123 Zu Kapitel B.3 existiert eine vollständige Strukturübersicht ("Faltplan"), in der zu jedem Einzelfall auch die analytischen Grundlagen zur Ermittlung der Gesamtsteuerbelastung untergliedert nach ausgewählten Kriterien angegeben werden. So können für jeden Einzelfall sofort die entsprechenden Formeln abgelesen werden. Dazu im einzelnen *Anhang B.1.*

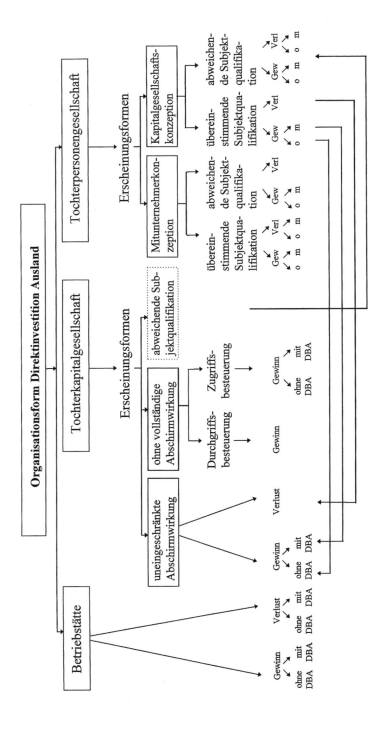

Abb. 3: Organisationsform der Direktinvestition im Ausland unter alternativen steuerlichen Rahmenbedingungen

B.3.1 Ertragsbesteuerung im Gewinnfall ohne DBA

B.3.1.1 Betriebstätte im Ausland

Steuerbelastung ausländischer Betriebstätten im Gewinnfall ohne DBA	
Quellenbesteuerung im Ausland	**Steuersubjekt:** beschränkte Steuerpflicht des inl. Stammhauses. **Steuerobjekt:** Erfolg der Betriebstätte (analog § 49 Abs. 1 Nr. 2a EStG) nach ausl. Vorschriften ermittelt (Nettoprinzip); Erfolgsabgrenzung nach dem Prinzip der wirtschaftlichen Zugehörigkeit. Dies gilt auch für Drittstaatseinkünfte[124]; Ausnahme: Zuordnung zu einer Unterbetriebstätte. **Steuerarten, BMG:** ESt analog § 50 Abs. 3 EStG; KSt analog § 23 Abs. 3 i.V.m. Abs. 2 KStG; evtl. Zulässigkeit der Anrechnung von Steuern aus Drittstaaten auch bei beschränkter Steuerpflicht (analog § 50 Abs. 6 EStG); ggfs. GewSt.
Steuerbelastung Ausland	$Y_A = G_A \geq 0$ $S_{A(BSt)} = s_{A(BSt)} * Y_A$
(Wohn)Sitzbesteuerung im Inland	**Steuersubjekt:** unbeschränkte Steuerpflicht des inl. Stammhauses. **Steuerobjekt:** Welteinkommen einschließlich ausl. Betriebstättenerfolge, nach inl. Vorschriften ermittelt (Ableitung aus der ausl. Buchführung ist gem. § 146 Abs. 2 AO zulässig). **Steuerarten, Berücksichtigung ausl. Steuern, BMG:** ESt; Anrechnungsmethode (§ 34c Abs. 1 EStG), Abzugsmethode (§ 34c Abs. 2 und 3 EStG - auch bei Steuern aus Drittstaaten); für die KSt gelten die Bestimmungen analog (vgl. § 26 Abs. 1 und Abs. 6 KStG); keine GewSt auf ausl. Betriebstättenerfolge wegen § 9 Nr. 3 i.V.m. § 8 Nr. 12 GewStG (Inlandscharakter).
Steuerbelastung Inland	Anrechnungsmethode: $S_I^{ek(kn)} = s_I^{ek(kn)} * Y_A - S_{A(BSt)_{max.}}$ Abzugsmethode: $S_I^{ek(kn)} = s_I^{ek(kn)} * \left[Y_A - S_{A(BSt)} \right]$

Tab. 4: Ertragsbesteuerung einer Betriebstätte im Gewinnfall ohne DBA

---

124 Dabei handelt es sich um Einkünfte, die aus Direktgeschäften in Drittstaaten stammen, der Betriebstätte zugeordnet werden und dort ggfs. ebenfalls mit Quellensteuern belastet sind.

B.3.1.2 Kapitalgesellschaft im Ausland

Steuerbelastung ausländischer Kapitalgesellschaften mit Abschirmwirkung im Gewinnfall ohne DBA	
Besteuerung der Gesellschaft im Ausland	**Steuersubjekt:** Kapitalgesellschaft ist eigenständiges Steuersubjekt; unbeschränkte Steuerpflicht im Sitzstaat. **Steuerobjekt:** Welteinkommen, nach ausl. Vorschriften ermittelt; Leistungsentgelte an den inl. Gesellschafter mindern i.d.R. die Bemessungsgrundlage. **Steuerarten, BMG:** KSt auf thesaurierte und ausgeschüttete Gewinne; klassisches System oder Anrechnungssystem; ggfs. GewSt.
Quellenbesteuerung der Gesellschafter im Ausland	**Steuersubjekt:** beschränkte Steuerpflicht der inl. Anteilseigner bzw. des Mutterunternehmens. **Steuerobjekt:** Gewinnausschüttungen der Tochterkapitalgesellschaft (analog § 49 Abs. 1 Nr. 5a EStG); dazu gehören auch verdeckte Gewinnausschüttungen nach ausl. Bestimmungen; Entgelte aus vertraglichen Vereinbarungen zwischen der Gesellschaft und ihren Gesellschaftern, soweit es sich z.B. um Zinsen oder Lizenzgebühren handelt (analog § 49 Abs. 1 Nr. 5 und 9 EStG).[125] **Steuerarten, BMG:** Quellensteuer (durch Steuerabzug) i.d.R. nach dem Bruttoprinzip.[126] Nach Art. 5 Abs. 1 i.V.m. Abs. 3 M-T-RL darf auf Dividenden von Tochtergesellschaften innerhalb der EU seit 1.7.1996 keine Quellensteuer erhoben werden, wenn die Muttergesellschaft bestimmte Voraussetzungen erfüllt (analog § 44d EStG).
Steuerbelastung Ausland	$S_A^k = s_A^k * [G_A - L]$ $S_{Q(Div)} = s_{Q(Div)} * q * GA$ und $S_{Q(L)} = s_{Q(L)} * g * L$ mit: $S_Q = S_{Q(Div)} + S_{Q(L)}$

---

125 Dabei handelt es sich um Direktgeschäfte. Leistungsvergütungen in Form von Arbeitslohn bleiben hier und bei der weiteren Analyse ausgeklammert, da es sich hierbei um einen äußerst komplexen speziellen Themenbereich handelt.

126 Analog § 43 EStG, § 50a Abs. 4 Nr. 3 EStG.

Steuerbelastung ausländischer Kapitalgesellschaften mit Abschirmwirkung im Gewinnfall ohne DBA	
Besteuerung der Gesellschaft im Inland	Wenn das Trennungsprinzip nicht durch andere Bestimmungen verdrängt wird, keine Besteuerung im Inland (Abschirmwirkung).
(Wohn)Sitzbesteuerung der Gesellschafter im Inland	**Steuersubjekt:** unbeschränkte Steuerpflicht der inl. Anteilseigner bzw. des Mutterunternehmens. **Steuerobjekt:** Welteinkommen einschließlich ausl. Beteiligungserträge (auch vGA) bzw. Leistungsentgelte (Zins- und Lizenzeinnahmen); gem. § 34d Nr. 2 EStG ausl. Gewerbliche Einkünfte des Mutterunternehmens; bei Gewinnausschüttungen grundsätzlich Zuflußprinzip, Konkretisierung des Anspruchs durch Gewinnverwendungsbeschluß; bei Mehrheitsbeteiligungen bereits mit Gewinnverwendungsvorschlag; es kann auch die "phasengleiche Vereinnahmung" geboten sein.[127] **Steuerarten, Berücksichtigung ausl. Steuern, BMG:**
(1) MU ist KapG:	KSt mit Anwendung der direkten Anrechnungsmethode (§ 26 Abs. 1 KStG i.V.m. § 34c Abs. 1 EStG) bzw. der Abzugsmethode (§ 26 Abs. 6 KStG i.V.m. § 34c Abs. 2, 3 EStG); für *Beteiligungserträge* besteht bei Vorliegen bestimmter Voraussetzungen die Möglichkeit der indirekten Anrechnung (§ 26 Abs. 2 KStG); speziell für Tochtergesellschaften innerhalb der EU greift die indirekte Anrechnung auch ohne Aktivitätsvorbehalt (§ 26 Abs. 2a KStG); i.V.m. der indirekten Anrechnung sind ausschüttungsbedingte Teilwertabschreibungen oder sonstige Gewinnminderungen bei der Einkommensermittlung hinzuzurechnen (§ 8b Abs. 6 KStG); grds. GewSt; nur bei Schachtelbeteiligung und aktiver Tätigkeit keine GewSt auf Beteiligungserträge wegen § 9 Nr. 7 GewStG; ggfs. Hinzurechnung von ausschüttungsbedingten Teilwertabschreibungen und abgezogenen ausländischen Steuern nach § 8 Nr. 10 und Nr. 12 GewStG;
(2) MU ist PersG:	ESt mit Anwendung der direkten Anrechnungsmethode (§ 34c Abs. 1 EStG) bzw. der Abzugsmethode (§ 34c Abs. 2, 3 EStG); keine Möglichkeit zur indirekten Steueranrechnung; gewerbesteuerliches Schachtelprivileg wie (1).

---

127 Vgl. FN 55.

Steuerbelastung ausländischer Kapitalgesellschaften mit Abschirmwirkung im Gewinnfall ohne DBA	
Steuerbela-stung Inland	$Y_A = q * p * (1 - s_A^k) * [G_A - L] + g * L$ $= q * GA + g * L$
(1) MU ist KapG:	direkte Anrechnung für Leistungsentgelte: $S_I^{ge} = s_I^{ge} * g * L$ und $S_I^{kn} = s_I^{kn} * [Y_A - S_I^{ge}] - S_{Q_{max.}}$ [128]
	Abzugsmethode für Leistungsentgelte: $S_I^{ge} = s_I^{ge} * [g * L - S_{Q(L)}]$ $= s_I^{ge} * (1 - s_{Q(L)}) * g * L$ und $S_I^{kn} = s_I^{kn} * [Y_A - S_Q - S_I^{ge}]$
	direkte und indirekte Anrechnung für Beteiligungserträge: $S_I^{kn} = s_I^{kn} * [q * GA + AB_{max.}] - S_{Q(Div)} - AB_{max.}$
(2) MU ist PersG:	Anrechnungsmethode: $S_I^{ge} = s_I^{ge} * g * L$ und $S_I^{ek} = s_I^{ek} * q * GA + s_I^{ek_g} * [g * L - S_I^{ge}] - S_{Q_{max.}}$ [129]

128 Strittig war, ob der in Kapitel B.1, Gliederungspunkt B.1.6.1 definierte Anrechnungshöchstbetrag wegen der inländischen Gewerbesteuer bei Direktgeschäften zu modifizieren ist in $S_{Q_{max}} = Min[S_Q; s_I^{kn} * [Y_A - S_I^{ge}]]$. So ausdrücklich in der Vfg. der OFD Frankfurt vom 29.8.1995, S-2293 A - 73 - St II 2a, in: FR 1996, S. 41. Dazu hat der BFH mit Urteil vom 9.4.1997, I R 178/94, DB 1997, S. 1600 inzwischen entschieden, daß als Folge der isolierenden Betrachtungsweise von den ausländischen Einkünften nur Aufwendungen abgezogen werden können, die auch bei den Einkünften aus Kapitalvermögen abziehbar wären. Die Gewerbesteuer erstreckt sich nach § 2 GewStG nur auf gewerbliche Einkünfte. Eine Zuordnung zu den ausländischen Einkünften kommt daher nicht in Betracht. Abweichend Vorinstanz Hessisches Finanzgericht vom 11.10.1994, 4-K-4306/86, EFG 1995, S. 317. Zum gleichen Ergebnis wie der BFH kommt *Raber*, Aktuelle [Probleme] im Zusammenhang mit der steuerlichen Behandlung von Auslandserträgen, in: DB 1995, S. 1882 m.w.N.

129 Da die Leistungsvergütungen der Gesellschaft im Inland gewerbeertragsteuerpflichtig sind, kommt dafür die Tarifbegrenzung nach § 32c EStG zur Anwendung. Die reduzierte Tarifbelastung mindert den Anrechnungshöchstbetrag entsprechend zu: $S_{Q_{max}} = Min[S_Q; s_I^{ek} * q * GA + s_I^{ek_g} * [g * L]]$. Kritisch dazu *Paus*, Auslegungs- und Gestaltungsfragen zum gespaltenen [Einkommensteuertarif] (Teil I), in: BB 1994, S. 2395.

Steuerbelastung ausländischer Kapitalgesellschaften mit Abschirmwirkung im Gewinnfall ohne DBA
Abzugsmethode: $S_I^{ge} = s_I^{ge} * \left[g * L - S_{Q(L)} \right]$ $\qquad = s_I^{ge} * (1 - s_{Q(L)}) * g * L$ und $\quad S_I^{ek} = s_I^{ek} * \left[q * GA - S_{Q(Div)} \right]$ $\qquad\qquad + s_I^{ek_g} * \left[g * L - S_{Q(L)} - S_I^{ge} \right]$

Tab. 5: Ertragsteuerbelastung einer Kapitalgesellschaft mit Abschirmwirkung im Gewinnfall ohne DBA

Steuerbelastung ausländischer Kapitalgesellschaften ohne Abschirmwirkung (Basisgesellschaften) im Gewinnfall ohne DBA	
(1) Durchgriffsbesteuerung: (Durchgriff auf den Gesellschafter)	
(Wohn)Sitz-besteuerung der Gesell-schafter im Inland	**Steuersubjekt:** unbeschränkte Steuerpflicht der inl. Anteilseigner bzw. des Mutterunternehmens. **Steuerobjekt:** Welteinkommen einschließlich sämtlicher Einkünfte, die auf die ausl. Gesellschaft verlagert werden sollten. **Steuerarten, Berücksichtigung ausl. Steuern, BMG:** steuerliche Behandlung der Sachverhalte so, als ob keine Basisgesellschaft eingeschaltet wurde; Einkünfte der Basisgesellschaft werden direkt dem Gesellschafter zugerechnet; Gründungskosten und Betriebsausgaben, die durch die Gestaltung veranlaßt sind, dürfen nicht abgezogen werden; nach h.M. mangels Subjektidentität keine Anrechnung der ausl. Steuer (in der Literatur wird die anteilige Steueranrechnung befürwortet, wenn es sich ohne Gestaltung über die Basisgesellschaft um ausl. Einkünfte i.S.d. § 34d EStG handeln würde)[130]; keine Kürzungsmöglichkeiten bei der GewSt.
Steuerbela-stung Inland	$Y_A = ER_A$ $S_I^{ge} = s_I^{ge} * Y_A$ $S_I^{ek_g(kn)} = s_I^{ek_g(kn)} * \left[Y_A - S_I^{ge} \right]$

Tab. 6: Abweichende Besteuerung für Kapitalgesellschaften ohne Abschirmwirkung im Gewinnfall ohne DBA - Durchgriffsbesteuerung

---

130 Stellvertretend *Jacobs*, Internationale Unternehmensbesteuerung, S. 379 m.w.N.

Steuerbelastung ausländischer Kapitalgesellschaften ohne Abschirmwirkung (Basisgesellschaften) im Gewinnfall ohne DBA *(2) Zugriffsbesteuerung: Abschirmwirkung für passive Einkünfte durch Ausschüttungsfiktion ausgehöhlt*	
(Wohn)Sitzbesteuerung der Gesellschafter im Inland	**Steuersubjekt:** unbeschränkte Steuerpflicht der inl. Anteilseigner bzw. des Mutterunternehmens. **Steuerobjekt:** Welteinkommen einschließlich passive Einkünfte der ausl. Zwischengesellschaft unter der Fiktion der Ausschüttung. **Steuerarten, Berücksichtigung ausl. Steuern, BMG:** An Stelle der tatsächlich ausgeschütteten Gewinnanteile ist gem. § 10 AStG ein Hinzurechnungsbetrag zu versteuern, der wie folgt zu ermitteln ist:[131]

+ passive Einkünfte der ausl. Gesellschaft (Zwischeneinkünfte)
- ausl. Ertrag- und Vermögensteuer, die zu Lasten der ausl.
  Gesellschaft erhoben und entrichtet worden sind
  (§ 10 Abs. 1 Satz 2 AStG) (= S_A)
- Verlustabzug (§ 10 Abs. 3 Satz 5 AStG)
= **Hinzurechnungsbetrag i.S. des § 10 Abs. 1 AStG**
  $$HB = G_A - S_A$$
- bezogene Gewinnanteile[132] (§ 11 Abs. 1 AStG), jedoch ohne
  Gewinnanteile, die aus Zwischeneinkünften mit Kapitalanlagecharakter[133] stammen; diese sind gem. § 11 Abs. 4 AStG
  steuerfrei zu stellen[134] (= GA)
+ Hinzurechnung der ausl. Steuern, die auf Antrag angerechnet
  werden sollen (§ 12 Abs. 1 AStG) (= $S_{A(Anr)}$)

---

131 Zu den Problemen im einzelnen *Baumgärtel/Perlet*, Hinzurechnungsbesteuerung, S. 204 ff.

132 In Höhe der Bardividende, d.h. vor Abzug von Quellensteuern. Vgl. *Baumgärtel/Perlet*, Hinzurechnungsbesteuerung, S. 215. Dies ist sachlich zutreffend, da die Besteuerung der Gewinnausschüttung unter Anrechnung der Quellensteuer erfolgt.

133 Diese sind in § 10 Abs. 6 Satz 2 AStG definiert als "Einkünfte der ausländischen Zwischengesellschaft, die aus dem Halten, der Verwaltung, Werterhaltung oder Werterhöhung von Zahlungsmitteln, Forderungen, Wertpapieren, Beteiligungen oder ähnlichen Vermögenswerten stammen." Nur die explizit im Gesetz vorgesehenen Ausnahmetatbestände verhindern die verschärfte Hinzurechnungsbesteuerung oder schwächen die Rechtsfolgen ab. Materielle Konsequenzen entstehen erst im DBA-Fall. Daher werden sie erst dort behandelt.

134 Eine darauf lastende Quellensteuer darf. gem. § 12 Abs. 3 AStG auf Antrag angerechnet oder abgezogen werden (= $S_{Q(Div)}$). Diese "Freistellung" hat eine andere Rechtsnatur als die DBA-Freistellung.

- Schachteldividenden der Zwischengesellschaft (§ 13 AStG), wenn sie von einer aktiv tätigen ausl. oder inl. (Enkel-) Kapitalgesellschaft stammen, soweit diese nicht bereits durch Bestimmungen des KStG bzw. des GewStG beim Mutterunternehmen begünstigt werden

± Hinzurechnung/Kürzung wegen nachgelagerter Zwischengesellschaften (§ 14 AStG)

= **modifizierter Hinzurechnungsbetrag**

$$HB_{mod} = HB - GA_{allg} + S_{A(Anr)}$$

Die auf die Zwischeneinkünfte entfallenden ausländischen Steuern können bei der Ermittlung des Hinzurechnungsbetrags abgezogen, auf Antrag auch angerechnet werden. Da in § 12 Abs. 1 i.V.m. § 10 Abs. 1 AStG ausdrücklich auf die bei der ausl. Gesellschaft erhobenen Steuern verwiesen wird, muß zwischen der direkten und der indirekten Anrechnung nicht differenziert werden.

Die Anrechnung hängt vielmehr vom Entrichtungszeitpunkt der Steuer ab.[135] Die Höchstbetragsregelung ist jedoch zu beachten. GewSt auf den Hinzurechnungsbetrag; ob auch für die GewSt die Zurechnung nach § 12 AStG relevant ist, ist strittig.[136]

---

135 § 12 Abs. 1 i.V.m. § 10 Abs. 1 Satz 2 AStG.

136 *Flick/Wassermeyer/Becker*, Kommentar zum [Außensteuerrecht], 5. Auflage, Köln 1990, § 12 AStG, Anm. 23a interpretieren § 12 AStG als alleinige Tarifvorschrift für die ESt/KSt. A.A. *Blümich/Menck*, Kommentar zum [EStG/KStG/GewStG], 15. Auflage, München 1997, § 12 AStG, Rz. 15, sowie *Wöhrle/Schelle/Gross*, Kommentar zum Außensteuergesetz (AStG), Stuttgart 1996, § 12, S. 148. U.U. kann es notwendig sein, für die ESt/KSt und für die GewSt jeweils getrennte HB zu ermitteln. Davon wird hier abstrahiert. Im folgenden wird wie im "Normalfall" auch von der Hinzurechnung der anzurechnenden ausländischen Steuern für die GewSt ausgegangen.

Steuerbelastung ausländischer Kapitalgesellschaften ohne Abschirmwirkung (Basisgesellschaften) im Gewinnfall ohne DBA *(2) Zugriffsbesteuerung: Abschirmwirkung für passive Einkünfte durch Ausschüttungsfiktion ausgehöhlt*	
Steuerbela-stung Inland	Abzug der ausl. Steuer bei der Ermittlung des Hinzurechnungsbetrages: $$S_I^{ge} = s_I^{ge} * \left[HB_{mod} - S_{A(Anr)} - S_{Q(Div)} \right]^{137}$$ $$S_I^{ek_g(kn)} = s_I^{ek_g(kn)} * \left[HB_{mod} - S_{A(Anr)} - S_{Q(Div)} - S_I^{ge} \right]$$ Anrechnungsmethode: $$S_I^{ge} = s_I^{ge} * HB_{mod}$$ $$S_I^{ek_g(kn)} = s_I^{ek_g(kn)} * \left[HB_{mod} - S_I^{ge} \right] - \left[S_{A(Anr)} + S_{Q(Div)} \right]_{max.}$$ Da es sich nur um eine fiktive Vermögensmehrung handelt, muß das vEK bei KapG durch Verminderung des EK02 entsprechend angepaßt werden.[138]

Tab. 7: Abweichende Besteuerung für Kapitalgesellschaften ohne Abschirmwirkung im Gewinnfall ohne DBA - Zugriffsbesteuerung

---

137 Dabei handelt es sich um die Quellensteuer auf die fiktiv "freigestellten" Gewinnanteile nach § 11 Abs. 4 AStG.
138 Abschn. 83 Abs. 2 Nr. 1 KStR.

B.3.1.3 Personengesellschaft im Ausland

Steuerbelastung ausländischer Personengesellschaften im Gewinnfall ohne DBA *(1) Mitunternehmerkonzeption*	
Besteuerung der Gesellschaft im Ausland	Die Personengesellschaft selbst ist mangels eigenständiger Subjekteigenschaft bei den Personensteuern nicht steuerpflichtig; durch Betriebstättentatbestand regelmäßig Gewerbesteuersubjekt (analog § 2 Abs. 1 und 2 GewStG).
Quellenbesteuerung der Gesellschafter im Ausland	**Steuersubjekt:** beschränkte Steuerpflicht der inl. Anteilseigner bzw. des Mutterunternehmens. **Steuerobjekt:** Nur *sachlicher* Anknüpfungspunkt der Besteuerung; am Ort der Geschäftsleitung ist regelmäßig der Betriebstättentatbestand erfüllt; der Anteilseigner wird mit seinem Anteil am Erfolg der Gesellschaft (analog § 49 Abs. 1 Nr. 2a EStG) besteuert; Gewinnermittlung nach ausl. Vorschriften (i.d.R. Nettoprinzip); fallen die Sondervergütungen bzw. Leistungsentgelte wegen der Abzugsfähigkeit nicht unter die gewerblichen Einkünfte, erfolgt die Besteuerung unter der jeweiligen Einkunftsart nach dem Bruttoprinzip (z.B. analog § 49 Abs. 1 Nr. 5 oder 6 EStG). Das Prinzip der wirtschaftlichen Zugehörigkeit verhindert im Rahmen der beschränkten Steuerpflicht die ausschließliche Erfassung von Einkunftsquellen, die aus der Sicht des Sitzstaates nur aus originär inl. Quellen stammen. Ohne Berechtigung zur Anrechnung kann es bei Drittstaatseinkünften zu Doppelbelastungen kommen. **Steuerarten, BMG:** ESt analog § 50 Abs. 3 EStG bzw. KSt analog § 23 Abs. 3 i.V.m. Abs. 2 KStG auf den Anteil an den gewerblichen Einkünften; bei Drittstaatseinkünften finden teilweise die nationalen Methoden zur Verminderung der Doppelbesteuerung auch für beschränkt Steuerpflichtige Anwendung (analog § 50 Abs. 6 EStG); evtl. Quellensteuer auf anerkannte Leistungsentgelte.
Steuerbelastung Ausland	*ohne* steuerliche Anerkennung von Leistungsvergütungen $$Y_A = q*[G_A - G_L] + g*G_L$$ $$S_{A(BSt)} = s_{A(BSt)} * Y_A$$ *mit* steuerlicher Anerkennung von Leistungsvergütungen $$Y_A = q*[G_A - L] + g*L$$

Steuerbelastung ausländischer Personengesellschaften im Gewinnfall ohne DBA *(1) Mitunternehmerkonzeption*	
	$S_{A(BSt)} = s_{A(BSt)} * q * [G_A - L]$ $S_{Q(L)} = s_{Q(L)} * g * L$ (evtl. unter Anrechnung der Quellensteuern von Drittstaaten $-S_D$ auf $S_{A(BSt)}$)
	übereinstimmende Qualifikation im Inland als Personengesellschaft
(Wohn)Sitzbesteuerung der Gesellschafter im Inland	**Steuersubjekt:** unbeschränkte Steuerpflicht der inl. Anteilseigner bzw. des Mutterunternehmens. **Steuerobjekt:** Welteinkommen einschließlich Gewinnanteile der ausl. Personengesellschaft; Sondervergütungen gehören unabhängig von der Behandlung im Ausland zu den gewerblichen Einkünften i.S.d. § 15 Abs. 2 EStG. **Steuerarten, Berücksichtigung ausl. Steuern, BMG:** ESt mit Anwendung der Anrechnungsmethode (§ 34c Abs. 1 EStG) und der Abzugsmethode (§ 34c Abs. 2 und 3 EStG); für die KSt gelten die Bestimmungen analog (vgl. § 26 Abs. 1 und Abs. 6 KStG); auch beim Abzug von Sondervergütungen als Betriebsausgaben im Ausland dürfen nach h.M. die ausl. Quellensteuern angerechnet werden; keine Anrechnung von Quellensteuern aus einem Drittstaat bei den Mitunternehmern, weil der anteilige Gewinn (und damit auch die anteiligen Drittstaatseinkünfte) nur mittelbar über die Beteiligung dem Mitunternehmer zugerechnet werden. Für Steuern aus Drittstaaten wird nur der Steuerabzug nach § 34c Abs. 3 EStG gewährt;[139] wegen § 9 Nr. 2 i.V.m. § 8 Nr. 12 GewStG keine GewSt (Inlandscharakter).[140]
Steuerbelastung Inland	*ohne* steuerliche Anerkennung von Leistungsvergütungen $Y_A = q * [G_A - G_L] + g * G_L$ Anrechnungsmethode: $S_I^{ek(kn)} = s_I^{ek(kn)} * Y_A - S_{A(BSt)_{max}}$

---

139 Vgl. *Jacobs*, Internationale Unternehmensbesteuerung, S. 464 f.
140 Dies gilt unabhängig von der steuerlichen Anerkennung im Ausland auch für die Leistungsvergütungen, da sich die Beurteilung im Inland ausschließlich nach inländischen Besteuerungsmerkmalen richtet. Grundlegend BFH vom 10.6.1987, I R 301/83, BStBl II 1987, S. 816; ausdrücklich BFH vom 27.2.1991, I R 15/89, BStBl II 1991, S. 444. A.A. *Glanegger/Güroff*, GewStG, § 9 Nr. 2, Anm. 5, die die Kürzung nur auf Gewinnteile i.S.d. § 15 Abs. 1 Nr. 2 1. HS EStG anwenden. Für die Analyse wird von der Zulässigkeit einer vollständigen Kürzung ausgegangen.

Abzugsmethode:

$$S_I^{ek(kn)} = s_I^{ek(kn)} * \left[Y_A - S_{A(BSt)} \right]$$

mit steuerlicher Anerkennung von Leistungsvergütungen

$$Y_A = q * \left[G_A - L \right] + g * L$$

Anrechnungsmethode:

$$S_I^{ek} = s_I^{ek} * Y_A - \left[S_{A(BSt)} + S_{Q(L)} \right]_{max.}$$

Abzugsmethode:

$$S_I^{ek} = s_I^{ek} * \left[Y_A - S_{A(BSt)} - S_{Q(L)} \right]$$

Konsequenzen bei abweichender Subjektqualifikation der Gesellschaft im Inland: Personengesellschaft besitzt im Ausland keine Rechtssubjektivität; aus inländischer Sicht gilt die Kapitalgesellschaftskonzeption; nach h.M. mangels Subjektidentität keine Anrechnung der ausländischen Gewinnsteuer nach § 34c EStG; Quellensteuer auf im Ausland abzugsfähige Leistungsentgelte ist aufgrund der Subjektidentität anrechenbar; nur "ausgeschüttete" Gewinnanteile (Entnahmen) werden im Inland besteuert.[141]

$$S_I^{ek(kn)} = s_I^{ek(kn)} * (1 - s_{A(BSt)}) * p * q * \left[G_A - L \right]$$

$$+ s_I^{ek(kn)} * g * L - S_{Q(L)_{max.}}$$

Tab. 8:   Ertragsbesteuerung einer Personengesellschaft im Gewinnfall ohne DBA
- Mitunternehmerkonzeption

---

141   Vgl. *Mössner u.a.*, Steuerrecht, S. 415 f., E7.

Steuerbelastung ausländischer Personengesellschaften im Gewinnfall ohne DBA	
(2) Kapitalgesellschaftskonzeption	
Besteuerung der Gesellschaft im Ausland	**Steuersubjekt:** Personengesellschaft ist eigenständiges Steuersubjekt; unbeschränkte Steuerpflicht im Sitzstaat. **Steuerobjekt:** Welteinkommen, nach ausl. Vorschriften ermittelt (incl. Drittstaatseinkünften); Leistungsentgelte an den inl. Gesellschafter mindern i.d.R. die Bemessungsgrundlage. **Steuerarten, BMG:** KSt auf thesaurierte und ausgeschüttete Gewinne; klassisches System oder Anrechnungssystem; keine Probleme mit Steueranrechnung bei Drittstaatseinkünften, da im Rahmen der unbeschränkten Steuerpflicht sämtliche Maßnahmen zur Vermeidung von Doppelbelastungen anwendbar sind; ggfs. GewSt.
Quellenbesteuerung der Gesellschafter im Ausland	**Steuersubjekt:** beschränkte Steuerpflicht der inl. Anteilseigner bzw. des Mutterunternehmens. **Steuerobjekt:** Gewinnausschüttungen der Personengesellschaft (analog § 49 Abs. 1 Nr. 5 EStG); Entgelte aus vertraglichen Vereinbarungen zwischen der Gesellschaft und ihren Gesellschaftern, soweit es sich z.B. um Zinsen oder Lizenzgebühren handelt (§ 49 Abs. 1 Nr. 5 und 9 EStG). **Steuerarten, BMG:** Quellensteuer (durch Steuerabzug) i.d.R. nach dem Bruttoprinzip.
Steuerbelastung Ausland	$$S_A^k = s_A^k * [G_A - L]$$ $$S_{Q(Div)} = s_{Q(Div)} * q * GA \text{ bzw. } S_{Q(L)} = s_{Q(L)} * g * L$$ $$\text{mit: } S_Q = S_{Q(Div)} + S_{Q(L)}$$

übereinstimmende Qualifikation im Inland als Kapitalgesellschaft

Besteuerung der Gesellschaft im Inland	Da aus inl. Sicht eine Kapitalgesellschaft vorliegt, keine Besteuerung thesaurierter Gewinne im Inland.
(Wohn)Sitzbesteuerung der Gesellschafter im Inland	**Steuersubjekt:** unbeschränkte Steuerpflicht der inl. Anteilseigner bzw. des Mutterunternehmens. **Steuerobjekt:** Welteinkommen einschließlich Gewinnausschüttungen der ausl. Personengesellschaft bzw. (Sonder-)Vergütungen;

	Steuerarten, Berücksichtigung ausl. Steuern, BMG: keine Unterschiede zur Kapitalgesellschaft B.3.1.2.
Steuerbela-stung Inland	keine Unterschiede zur Kapitalgesellschaft B.3.1.2.

Konsequenzen bei abweichender Subjektqualifikation der Gesellschaft im Inland: Personengesellschaft wird im Ausland zumindest für die Besteuerung als eigenständiges Rechtssubjekt behandelt; aus inländischer Sicht gilt die Mitunternehmerkonzeption; Besteuerung thesaurierter und ausgeschütteter Gewinnanteile im Inland. Dabei ist die Anrechnung der im Ausland auf den Gewinn der Gesellschaft erhobenen Steuer möglich, da die maßgebliche Subjektidentität allein auf die inländische Betrachtung abstellt; die Quellensteuer auf Gewinnausschüttungen wird unabhängig vom Zeitraum der Erhebung als zusätzliche Steuer auf den bezogenen Gewinnanteil berücksichtigt;[142] kein Anwendungsbereich der indirekten Anrechnung, da nach inländischer Qualifikation keine Kapitalgesellschaft vorliegt.

$$S_I^{ek(kn)} = s_I^{ek(kn)} * \left[q * \left[G_A - L \right] + g * L \right] - S_{A_{max.}}$$

$$\text{mit: } S_{A_{max.}} = \text{Min} \begin{bmatrix} s_A^k * q * \left[G_A - L \right] + s_{Q(L)} * g * L \\ + s_{Q(Div)} * (1 - s_A^k) * p * q * \left[G_A - L \right]; \\ s_I^{ek(kn)} * \left[q * \left[G_A - L \right] + g * L \right] \end{bmatrix}$$

Tab. 9: Ertragsbesteuerung einer Personengesellschaft im Gewinnfall ohne DBA - Kapitalgesellschaftskonzeption

---

142 Vgl. *Jacobs*, Internationale Unternehmensbesteuerung, S. 365 f.

B.3.2 Ertragsbesteuerung im Gewinnfall mit DBA

B.3.2.1 Betriebstätte im Ausland

Steuerbelastung ausländischer Betriebstätten im Gewinnfall mit DBA	
Abkommensberechtigung: Betriebstätte selbst kann nicht abkommensberechtigte Person sein, sondern nur das inl. Stammhaus (vgl. Art. 3 OECD-MA).	
Quellenbesteuerung im Ausland	**Besteuerungsrechte:** Erfolg der Betriebstätte nach Art. 7 Abs. 1 Satz 2 OECD-MA (Betriebstättenvorbehalt); Erfolgsabgrenzung nach dem Prinzip der wirtschaftlichen Zugehörigkeit konkretisiert durch Art. 7 Abs. 2 OCED-MA; Einkünfte aus Drittstaaten werden gem. Art. 21 Abs. 2 OECD-MA der Betriebstätte zugerechnet, soweit sie tatsächlich dort anfallen; Ausnahmen: Unterbetriebstätten, Einkünfte aus unbeweglichem Vermögen (Belegenheitsprinzip Art. 6 Abs. 1 i.V.m. Abs. 4 OECD-MA).
Steuerbelastung im Ausland	$Y_A = G_A$ $S_{A(BSt)} = s_{A(BSt)} * Y_A$
Wohnsitzbesteuerung im Inland	**Besteuerungsrechte:** Trotz Betriebstättenprinzip Berücksichtigung ausländischer Betriebstättenerfolge notwendig, wegen Progressionsvorbehalt (§ 32b Abs. 1 Nr. 3 EStG; auch bei der inl. Erfolgsabgrenzung Anwendung des Prinzips der wirtschaftlichen Zugehörigkeit (Art. 7 Abs. 2 OECD-MA). **Steuerarten, Berücksichtigung ausl. Steuern, BMG:** Freistellung mit Progressionsvorbehalt (Art. 7 Abs. 1 i.V.m. Art. 23A Abs. 1, 3 OECD-MA); in manchen DBA setzt Freistellung *aktive* Tätigkeit voraus; *passive* Betriebstätten sind dann wie im Fall ohne DBA B.3.1.1 zu behandeln; für Zwischeneinkünfte mit Kapitalanlagecharakter, die in einer ausl. (aktiven) Betriebstätte anfallen, ist nach § 20 Abs. 2 AStG an Stelle der Freistellung nur die Anrechnung der ausländischen Steuer zu gewähren (Begründung: Gleichstellung mit ausländischen Gesellschaften)[143]; wegen der analogen Anwendung des DBA bei der GewSt keine GewSt auf ausl. Betriebstättenerfolge; bei Aktivitätsvorbehalt im DBA keine GewSt wegen § 9 Nr. 3 i.V.m. § 8 Nr. 12 GewStG.

---

143 Vgl. Gliederungspunkt B.3.2.2.

Steuerbelastung ausländischer Betriebstätten im Gewinnfall mit DBA	
Steuerbela-stung Inland	
(1) Stamm-haus ist KapG:	Freistellung führt zu EK 01 (§ 30 Abs. 2 Nr. 1 KStG); bei Ausschüttung keine Ausschüttungsbelastung (§ 40 Satz 1 Nr. 1 KStG).
(2) Stamm-haus ist PersG:	Freistellung mit Progressionsvorbehalt $S_I^{ek} = \Delta s_I^{ek} * Y_I$ wobei: $\lim \Delta s_I^{ek} * Y_I \to 0$

Tab. 10: *Ertragsbesteuerung einer Betriebstätte im Gewinnfall mit DBA*

B.3.2.2 Kapitalgesellschaft im Ausland

Steuerbelastung ausländischer Kapitalgesellschaften mit Abschirmwirkung im Gewinnfall mit DBA	
Abkommensberechtigung: bei Ansässigkeit der (juristischen) Person in mind. Einem Vertragsstaat (Art. 1 i.V.m. Art. 3 Abs. 1a, b und Art. 4 OECD-MA); Ansässigkeit setzt zwingend die unbeschränkte Steuerpflicht voraus; bei Doppelansässigkeit der Gesellschaft ist der Ort der Geschäftsleitung ausschlaggebend (Art. 4 Abs. 3 OECD-MA).	
Besteuerung der Gesellschaft im Ausland	**Besteuerungsrechte:** nach Art. 7 Abs. 1 OECD-MA werden Unternehmensgewinne im Ansässigkeitsstaat besteuert; Ausnahme: Betriebstättenvorbehalt.
Quellenbesteuerung der Gesellschafter im Ausland	**Besteuerungsrechte:** Begrenzung der Quellensteuer durch das DBA: • für Beteiligungserträge (dies gilt auch für vGA) auf 15 % (Art. 10 Abs. 2b OECD-MA) • bei Schachtelbeteiligungen ≥ 25 % (MU muß Kapitalgesellschaft sein) auf 5 % (Art. 10 Abs. 2a OECD-MA) • für Tochtergesellschaften innerhalb der EU gilt unabhängig die Senkung der Quellensteuer gem. Art. 5 Abs. 1 i.V.m. Abs. 3 M-T-RL auf Null • für Zinsen sieht Art. 11 Abs. 2 OECD-MA eine Begrenzung auf 10 % der Bruttoentgelte vor • für Lizenzen ist keine Quellensteuerbegrenzung vorgesehen (Art. 12 OECD-MA).[144]
Besteuerung der Gesellschaft im Inland	keine Besteuerung.

---

[144] Dennoch sehen viele deutsche DBA eine Quellensteuerbegrenzung auch für Lizenzen vor. Vgl. bei *Vogel*, DBA, Art. 12, Rz. 25 die Abkommensübersicht.

Steuerbelastung ausländischer Kapitalgesellschaften mit Abschirmwirkung im Gewinnfall mit DBA	
(Wohn)Sitzbesteuerung der Gesellschafter im Inland	**Besteuerungsrechte:** Beteiligungserträge (auch vGA) der Tochterkapitalgesellschaft (Art. 10 Abs. 1 OECD-MA) und Entgelte aus vertraglichen Vereinbarungen der Gesellschaft und ihren Gesellschaftern, soweit es sich um Zinsen oder Lizenzgebühren handelt (Art. 11 Abs. 1, Art. 12 Abs. 1 OECD-MA). **Steuerarten, Berücksichtigung ausl. Steuern, BMG:** für Leistungsentgelte sieht Art. 23A Abs. 2 sowie Art. 23B Abs. 1 OECD-MA die Anrechnungsmethode vor; die Durchführung der Besteuerung richtet sich nach den nationalen Vorschriften (vgl. § 34c Abs. 6 EStG, § 26 Abs. 6 KStG).
(1) MU ist KapG:	Die Behandlung der Beteiligungserträge richtet sich nach der Rechtsform des MU: fast ausnahmslos internationales Schachtelprivileg (= Freistellung) für Erträge aus Schachtelbeteiligungen ($\geq$ 25 %, eventuell Aktivitätsvorbehalt); Senkung der Schwelle durch § 8b Abs. 5 KStG auf 10 %; wegen Freistellung keine Anrechnung der ausl. Quellensteuer; indirekte Anrechnung nach § 26 Abs. 2a KStG, wenn Aktivklausel nicht erfüllt ist (Auffangnorm); wegen der analogen Anwendung des DBA bei der GewSt keine GewSt auf Schachteldividenden; Ausdehnung des internationalen Schachtelprivilegs ab Mindestbeteiligung von 10 % (§ 9 Nr. 8 GewStG); im übrigen wie im Fall ohne DBA B.3.1.2.
(2) MU ist PersG:	keine Unterschiede zum Fall ohne DBA B.3.1.2.
Steuerbelastung Inland	$$Y_A = q * p * (1 - s_A^k) * \left[G_A - L \right] + g * L$$ $$= q * GA + g * L$$ direkte Anrechnung für Leistungsentgelte: $$S_I^{ge} = s_I^{ge} * g * L$$ $$S_I^{ek_g(kn)} = s_I^{ek_g(kn)} * \left[L - S_I^{ge} \right] - S_{Q(L)_{max.}}$$ nach h.M. auch bei DBA ohne Einkunftsartenlimitierung;[145]

---

145 D.h. daß Anrechnungshöchstbeträge **nicht** für jede Einkunftsart gesondert zu ermitteln sind. Stellvertretend *Vogel*, DBA, Art. 23, Rz. 168 m.w.N. So auch Vfg. OFD Rostock vom 25.10.1995 - S 22943 - O/95 - St 241, in: FN-IDW 1996, S. 67.

Steuerbelastung ausländischer Kapitalgesellschaften mit Abschirmwirkung im Gewinnfall mit DBA	
	Abzugsmethode für Leistungsentgelte: $$S_I^{ge} = s_I^{ge} * \left[g * L - S_{Q(L)} \right]$$ $$= s_I^{ge} * (1 - s_{Q(L)}) * g * L$$ $$S_I^{ek_g(kn)} = s_I^{ek_g(kn)} * \left[Y_A - S_Q - S_I^{ge} \right]$$
(1) MU ist KapG:	DBA-Schachtelprivileg: Freistellung der Beteiligungserträge führt zu EK 01; ausl. Quellensteuer und Ausschüttungs-KSt werden definitiv;
(2) MU ist PersG:	wie im Fall ohne DBA B.3.1.2.

Tab. 11: *Ertragsbesteuerung einer Kapitalgesellschaft mit Abschirmwirkung im Gewinnfall mit DBA*

Steuerbelastung ausländischer Kapitalgesellschaften ohne Abschirmwirkung	
(Basisgesellschaften)	
(1) Durchgriffsbesteuerung: (Durchgriff auf den Gesellschafter)	
Abkommensberechtigung: zumindest aus deutscher Sicht keine Abkommensberechtigung; existiert im Ausland keine Mißbrauchsklausel kann die Gesellschaft die DBA-Vergünstigungen am jeweiligen Standort nutzen.	
(Wohn)Sitzbesteuerung der Gesellschafter im Inland	wie im Fall ohne DBA B.3.1.2.
Steuerbelastung Inland	$Y_A = ER_A$ $$S_I^{ge} = s_I^{ge} * Y_A$$ $$S_I^{ek_g(kn)} = s_I^{ek_g(kn)} * \left[Y_A - S_I^{ge} \right]$$

Tab. 12: Abweichende Besteuerung für Kapitalgesellschaften ohne Abschirmwirkung im Gewinnfall mit DBA - Durchgriffsbesteuerung

Steuerbelastung ausländischer Kapitalgesellschaften ohne Abschirmwirkung	
(Basisgesellschaften)	
(2) Zugriffsbesteuerung: Abschirmwirkung für passive Einkünfte durch Ausschüttungsfiktion ausgehöhlt	
Abkommensberechtigung: Inanspruchnahme der DBA-Vergünstigungen nur bei ausdrücklichem Hinweis im AStG möglich.	
(Wohn)Sitzbesteuerung der Gesellschafter im Inland	**Steuerarten, Berücksichtigung ausl. Steuern, BMG:** Grundsätzlich werden die Vorschriften der Zugriffsbesteuerung durch DBA nicht berührt (§ 20 Abs. 1 AStG); jedoch sind auf den Hinzurechnungsbetrag gem. § 10 Abs. 5 AStG die DBA-Bestimmungen anzuwenden; Gehört die Beteiligung an der Zwischengesellschaft zu einer *ausländischen Betriebstätte*, fällt auch der Hinzurechnungsbetrag unter die DBA-Freistellung.
(1) MU ist KapG:	Der Hinzurechnungsbetrag wird nach dem DBA-Schachtelprivileg - sofern keine Aktivklausel vorgesehen ist - freigestellt;

66

	Schachteldividenden einer *aktiv* tätigen ausl. oder inl. (Enkel-)Kapitalgesellschaft sind vom Hinzurechnungsbetrag auszunehmen, wenn sie auch bei direktem Bezug durch das Mutterunternehmen unter das DBA-Schachtelprivileg fallen würden (§ 13 AStG). Dasselbe gilt für Hinzurechnungsbeträge aufgrund nachgelagerter Zwischengesellschaften (§ 14 Abs. 4 Satz 1 AStG). Auf die im Hinzurechnungsbetrag enthaltenen Zwischeneinkünfte mit Kapitalanlagecharakter sind gem. § 10 Abs. 6 AStG ausdrücklich die DBA-Bestimmungen **nicht** anzuwenden. Für diesen Teil des Hinzurechnungsbetrages $$HB_{bes.} = HB - HB_{allg.}$$ werden die Abkommensvergünstigungen überlagert. Wie bereits im Fall ohne DBA erwähnt, dürfen Gewinnausschüttungen vom Hinzurechnungsbetrag nicht gekürzt werden; diese sind nach § 11 Abs. 4 Satz 2 AStG steuerfrei. Dies bewirkt, daß bei solchen Einkünften der Zugriffsbesteuerung nicht durch DBA-begünstigte Ausschüttungen entgangen werden kann. Quellensteuern auf die fiktiv steuerfrei gestellten Gewinnanteile können angerechnet oder abgezogen werden (§ 12 Abs. 3 AStG).
(2) auch für PersG:	Fallen die Zwischeneinkünfte mit Kapitalanlagecharakter in einer ausländischen Betriebstätte an, tritt ebenfalls an die Stelle der DBA-Freistellung die Anrechnung der ausl. Steuern (§ 20 Abs. 2 AStG).
Steuerbelastung Inland *(1) MU ist KapG:*	**allgemeine** Hinzurechnungsbesteuerung: DBA-Schachtelprivileg gilt auch für den Hinzurechnungsbetrag $$HB_{allg} - GA_{allg} = HB_{mod} - HB_{bes} - S_{A(Anr)};$$ mangels Vermögensmehrung resultiert daraus jedoch kein Zugang zum EK 01;[146]
(2) MU ist PersG:	wie im Fall ohne DBA B.3.1.2.

---

146 So ausdrücklich *Portner*, Anwendung des § 3c EStG auf den [Hinzurechnungsbetrag] nach AStG, in: IStR 1996, S. 288.

für (1) und (2):	**besondere** Hinzurechnungsbesteuerung[147]: Abzug der ausl. Quellensteuer auf die "freigestellten" Gewinnanteile: $$S_I^{ge} = s_I^{ge} * \left[HB_{bes} - S_{Q(Div)} \right]$$ $$S_I^{ek_g(kn)} = s_I^{ek_g(kn)} * \left[HB_{bes} - S_{Q(Div)} - S_I^{ge} \right]$$ Anrechnung der ausl. Quellensteuer auf die "freigestellten" Gewinnanteile: $$S_I^{ge} = s_I^{ge} * HB_{bes}$$ $$S_I^{ek_g(kn)} = s_I^{ek_g(kn)} * \left[HB_{bes} - S_I^{ge} \right] - S_{Q(Div)_{max.}}$$

Tab. 13: *Abweichende Besteuerung für Kapitalgesellschaften ohne Abschirmwirkung im Gewinnfall mit DBA - Zugriffsbesteuerung*

---

147 Die Sonderbestimmung des § 10 Abs. 6 Satz 3 AStG für Konzernfinanzierungseinkünfte wird erst unter Kapitel C.3, Gliederungspunkt C.3.2.4.2 behandelt.

B.3.2.3 Personengesellschaft im Ausland

Steuerbelastung ausländischer Personengesellschaften im Gewinnfall mit DBA	
(1) Mitunternehmerkonzeption	
Abkommensberechtigung: mangels unbeschränkter Steuerpflicht in mind. einem Vertragsstaat keine Abkommensberechtigung der Personengesellschaft; daher ist auf die Ansässigkeit der einzelnen Mitunternehmer (Art. 1 i.V.m. Art. 3 Abs. 1a, b und Art. 4 OECD-MA) abzustellen; die Beteiligung an der ausl. Personengesellschaft wird wie ein inländisches Unternehmen i.S.d. Art. 3 Abs. 1c OECD-MA mit einer Betriebstätte i.S.d. Art. 5 OECD-MA im Ausland behandelt;[148] bei unterschiedlichem Wohnsitz der Mitunternehmer können durchaus mehrere DBA nebeneinander Anwendung finden.	
Besteuerung der Gesellschaft im Ausland	mangels Steuersubjekteigenschaft und Abkommensberechtigung können der Personengesellschaft keine Besteuerungsrechte zugewiesen werden; entsprechende Anwendung des Betriebstättenprinzips.
Quellenbesteuerung der Gesellschafter im Ausland	**Besteuerungsrechte:** Mitunternehmer werden mit dem jeweiligen Anteil am Erfolg (ggfs. einschließlich Sondervergütungen) der *gewerblich* tätigen Gesellschaft nach Art. 7 OECD-MA besteuert; davon zu trennen sind Einkünfte, die der Gesellschafter direkt (nicht über die Personengesellschaft) aus dem Quellenstaat bezieht; für Zinsen, Dividenden oder Lizenzen (Art. 7 Abs. 7 i.V.m. Art. 10 Abs. 4, Art. 11 Abs. 4, Art. 12 Abs. 3 OECD-MA) bzw. für Einkünfte aus Drittstaaten (Art. 21 Abs. 2 OECD-MA) gilt der (verlängerte) Betriebstättenvorbehalt. Ausnahme: Unterbetriebstätten, Einkünfte aus unbeweglichem Vermögen (Belegenheitsprinzip Art. 6 Abs. 1 OECD-MA).
	Sind Sondervergütungen bzw. Leistungsentgelte bei der Gewinnermittlung als Betriebsausgaben abzugsfähig, werden die Besteuerungsrechte entsprechend der jeweiligen Einkunftsart zugewiesen und begrenzt; z.B. Begrenzung der Quellensteuer auf Zinsen gem. Art. 11 Abs. 2 OECD-MA.
	Problem: keine Anrechnung der Quellensteuer auf Drittstaatseinkünfte beim Gesellschafter mit Wohnsitz außerhalb des

---

148 Vgl. *Jacobs*, Internationale Unternehmensbesteuerung, S. 479.

Steuerbelastung ausländischer Personengesellschaften im Gewinnfall mit DBA	
(1) Mitunternehmerkonzeption	
	Domizilstaates der Personengesellschaft mangels Ansässigkeit; evtl. im konkreten DBA gelöst über die Ansässigkeitsbestimmungen für Personengesellschaften bzw. durch eine partielle Abkommensberechtigung für Zwecke der Quellensteuerentlastung.
Steuerbelastung im Ausland	*ohne* steuerliche Anerkennung von Leistungsvergütungen $$Y_A = q * [G_A - G_L] + g * G_L$$ $$S_{A(BSt)} = s_{A(BSt)} * Y_A$$ *mit* steuerlicher Anerkennung von Leistungsvergütungen $$Y_A = q * [G_A - L] + g * L$$ $$S_{A(BSt)} = s_{A(BSt)} * q * [G_A - L]$$ $$S_{Q(L)} = s_{Q(L)} * g * L$$

übereinstimmende Qualifikation im Inland als Personengesellschaft

(Wohn)Sitzbesteuerung der Gesellschafter im Inland	**Besteuerungsrechte:** faktisch kein Besteuerungsrecht für Gewinnanteile der ausl. Personengesellschaft; nach nationalem Recht gehören Sondervergütungen gem. § 15 Abs. 1 Nr. 2 EStG unabhängig von der Behandlung im Ausland bzw. der abkommensrechtlichen Behandlung stets zu den gewerblichen Einkünften.

Problem: werden die Sondervergütungen im Ausland als Betriebsausgaben abgezogen, im Inland als Betriebstätteneinkünfte freigestellt, entstehen weder im Ausland noch im Inland steuerpflichtige Einkünfte. Es wird höchstens eine begrenzte Quellensteuer erhoben. Zur Vermeidung der Nichtbesteuerung sind Rechtsprechung und Finanzverwaltung bestrebt[149], der abkommensrechtlichen Qualifikation des Quellenstaates zu folgen.

Steuerarten, Berücksichtigung ausl. Steuern, BMG: Freistellung mit Progressionsvorbehalt (Art. 7 Abs. 1 i.V.m. Art. 23A Abs. 1, 3 OECD-MA); Drittstaatseinkünfte werden durch den verlängerten Betriebstättenvorbehalt ebenfalls freigestellt (selbst wenn es sich beim Drittstaat um den Wohnsitzstaat

---

149 So z.B. BFH vom 27.2.1991, I R 15/89, BStBl II 1991, S. 444; Erlaß FinMin NRW vom 1.12.1986, in: DB 1987, S. 24.

	eines Mitunternehmers handelt, müssen bei konsequenter Anwendung des Betriebstättenprinzips aus dem Inland bezogene Einkünfte der ausländischen Personengesellschaft zugeordnet werden)[150]; bei unterschiedlicher Behandlung der Sondervergütungen wird als Konsequenz der Rechtsprechung von den gewerblichen Einkünften nur der Gewinnanteil freigestellt, während für die Sondervergütungen lediglich die Anrechnung der ausl. Steuer in Betracht kommt;[151] wegen der analogen Anwendung des DBA bei der GewSt keine GewSt auf ausl. Betriebstättenerfolge; bei aktiver Tätigkeit und für die Leistungsvergütungen keine GewSt wegen § 9 Nr. 2 i.V.m. § 8 Nr. 12 GewStG.
Steuerbelastung Inland *(1) Stammhaus ist KapG:*	*ohne* steuerliche Anerkennung von Leistungsvergütungen Freistellung führt zu EK 01 (§ 30 Abs. 2 Nr. 1 KStG); bei Ausschüttung keine Ausschüttungsbelastung (§ 40 Satz 1 Nr. 1 KStG).
(2) Stammhaus ist PersG:	Freistellung mit Progressionsvorbehalt $$S_I^{ek} = \Delta s_I^{ek} * Y_I \text{ wobei: } \lim \Delta s_I^{ek} * Y_I \to 0$$
für (1) und (2):	*mit* steuerlicher Anerkennung von Leistungsvergütungen Freistellung nur für den Gewinnanteil $q*[G_A - L]$; für die Leistungsvergütungen gilt bei Anrechnung $$S_I^{ek(kn)} = s_I^{ek(kn)} * g * L - S_{Q(L)_{max.}}$$ und für die Abzugsmethode $$S_I^{ek(kn)} = s_I^{ek(kn)} * \left[g * L - S_{Q(L)} \right]$$

Konsequenzen bei abweichender Subjektqualifikation der Gesellschaft im Inland: Personengesellschaft besitzt im Ausland keine Rechtssubjektivität; aus inländischer Sicht gilt die Kapitalgesellschaftskonzeption. Es bleibt bei der abkommensrechtlichen Qualifikation als Betriebstätteneinkünfte. Daraus resul-

---

150   Vgl. *Jacobs*, Internationale Unternehmensbesteuerung, S. 482.
151   Analytisch Kapitel B.4, Gliederungspunkt B.4.2.

Steuerbelastung ausländischer Personengesellschaften im Gewinnfall mit DBA
(1) Mitunternehmerkonzeption
tiert aus inländischer Sicht eine Freistellung von "Beteiligungserträgen" (mit Progressionsvorbehalt): $$S_I^{ek(kn)} = \Delta s_I^{ek} * Y_I + s_I^{ek(kn)} * g * L - S_{Q(L)_{max.}}$$

Tab. 14: Ertragsbesteuerung einer Personengesellschaft im Gewinnfall mit DBA - Mitunternehmerkonzeption

Abkommensberechtigung: da gem. Art. 3 Abs. 1b) OECD-MA auch "Rechtsträger, die für die Besteuerung wie juristische Personen behandelt werden" abkommensrechtlich als Gesellschaft angesehen werden, ist auch eine Personengesellschaft abkommensberechtigt, wenn sie in mind. einem Vertragsstaat unbeschränkt steuerpflichtig ist.

Besteuerung der Gesellschaft im Ausland	kein Unterschied zur Kapitalgesellschaft B.3.2.2.
Quellenbesteuerung der Gesellschafter im Ausland	**Besteuerungsrechte:** Begrenzung der Quellensteuer durch das DBA wie unter B.3.2.2; besondere Vergünstigungen bei Schachtelbeteiligungen sind u.U. ausschließlich für Kapitalgesellschaften, hingegen nicht für sonstige juristische Personen anwendbar.[152]
Steuerbelastung Ausland	$S_A^k = s_A^k * [G_A - L]$ $S_{Q(Div)} = s_{Q(Div)} * q * GA$ bzw. $S_{Q(L)} = s_{Q(L)} * g * L$ mit: $S_Q = S_{Q(Div)} + S_{Q(L)}$

übereinstimmende Qualifikation im Inland als Kapitalgesellschaft

Besteuerung der Gesellschaft im Inland	kein Unterschied zu Kapitalgesellschaft B.3.2.2.
(Wohn)Sitzbesteuerung der Gesellschafter im Inland	kein Unterschied zu Kapitalgesellschaft B.3.2.2.
Steuerbelastung Inland	kein Unterschied zur Kapitalgesellschaft B.3.2.2.

---

152 Mit Beispielen *Vogel*, DBA, Art. 10, Rz. 74, 91.

Konsequenzen bei abweichender Subjektqualifikation der Gesellschaft im Inland: Personengesellschaft wird im Ausland zumindest für die Besteuerung als eigenständiges Rechtssubjekt behandelt; aus inländischer Sicht gilt die Mitunternehmerkonzeption. Da die Abkommenssubjekteigenschaft auch auf die Beurteilung im Inland durchschlägt[153], fallen Gewinnausschüttungen unter die abkommensrechtliche Dividendenregelung (Art. 10 Abs. 3 OECD-MA). Das Besteuerungsrecht des Inlandes kann erst bei Zufluß der Gewinnausschüttung einsetzen; d.h. thesaurierte Gewinne bleiben von der Besteuerung ausgenommen. Wegen der sog. Qualifikationsverkettung ist das Betriebstättenprinzip nicht anwendbar. Da aus inl. Sicht weiterhin von der Mitunternehmerkonzeption auszugehen ist, kann das abkommensrechtliche Besteuerungsrecht nicht ausgeübt werden, weil die Gewinnausschüttungen nach den nationalen Bestimmungen als Entnahmen qualifiziert werden.[154] Im Inland werden daher nur thesaurierte Gewinne durch den Progressionsvorbehalt erfaßt.[155] Die Zuordnung der Besteuerungskompetenz bei unterschiedlicher Beurteilung der Sondervergütungen erfolgt zur Sicherstellung einer einheitlichen Abkommensanwendung nach der Qualifikation des Sitzstaates (bei Anrechnung der ausl. Quellensteuer).

$$S_I^{ek(kn)} = \Delta s_I^{ek} * Y_I + s_I^{ek(kn)} * g * L - S_{Q(L)_{max.}}$$

Tab. 15: Ertragsbesteuerung einer Personengesellschaft im Gewinnfall mit DBA
* - Kapitalgesellschaftskonzeption*

---

153 Vgl. Gliederungspunkt B.2.3.4.3.
154 BFH vom 16.11.1989, IV R 143/85, BStBl II 1990, S. 204.
155 Vgl. *Debatin*, Doppelbesteuerungsabkommen, S. 8f. A.A. *Schmidt*, Personengesellschaften, S. 18 f.

B.3.3 Ertragsbesteuerung im Verlustfall ohne DBA

B.3.3.1 Betriebstätte im Ausland

Steuerbelastung ausländischer Betriebstätten im Verlustfall ohne DBA	
Verlustbe-rücksich-tigung im Ausland	Verlustabzug durch Rück- bzw. Vortrag analog § 50 Abs. 1 EStG; kein Verlustausgleich mit Einkünften, die dem Steuerabzug unterliegen (analog § 50 Abs. 2 EStG); ggfs. Verlustvortrag bei der GewSt (analog § 10a GewStG).
Steuermin-derung im Ausland	V_A (Betrag ohne negatives Vorzeichen definiert) $$V_A^{VVT} = V_A - VA_A$$ $$-S_{A(BSt)} = -s_{A(BSt)} * VA_A$$
Verlustbe-rücksich-tigung im Inland	Das Welteinkommen Umfaßt sämtliche positiven und negativen Einkünfte. Nur negative Einkünfte einer gewerblichen ausl. Betriebstätte dürfen wie inländische Verluste ausgeglichen und abgezogen werden, wenn sie ausschließlich oder fast ausschließlich[156] einer *aktiven* Tätigkeit i.S.d. § 2a Abs. 2 Satz 1 EStG entstammen. Sonst dürfen die in § 2a Abs. 1 EStG abschließend aufgeführten negativen ausl. Einkünfte und Gewinnminderungen ausdrücklich nur mit Einkünften *derselben* Art aus *demselben* Staat ausgeglichen werden.

Eine doppelte Verlustberücksichtigung in Aus- und Inland wird durch die Anrechnungsmethode verhindert; zum Zeitpunkt der Verlustberücksichtigung im Ausland fällt die anrechenbare ausl. Steuer geringer und demzufolge die inl. Steuerbelastung wieder entsprechend höher aus; § 9 Nr. 3 GewStG gilt auch für ausl. Betriebstättenverluste. |
| *Steuermin-derung im Inland* | $$Y_A = V_A$$ $$-S_I^{ek(kn)} = -s_I^{ek(kn)} * Y_A$$ |

Tab. 16: Ertragsbesteuerung einer Betriebstätte im Verlustfall ohne DBA

---

156 Gem. Abschn. 76 Abs. 9 KStR dürfen die passiven Anteile nicht mehr als 10 % betragen (Freigrenze).

B.3.3.2 Kapitalgesellschaft im Ausland

Steuerbelastung ausländischer Kapitalgesellschaften mit Abschrimwirkung im Verlustfall ohne DBA	
Verlustbe-rücksich-tigung im Ausland	**Gesellschaftsebene:** Verlustabzug nach den nationalen Vorschriften (analog § 10d EStG; ggfs. § 10a GewStG). **Gesellschafterebene:** Bruttoprinzip bei Quelleneinkünften.
Steuermin-derung im Ausland	$V_A^{ges} = V_A + L$ $V_A^{VVT} = V_A^{ges} - VA_A$ $- S_A^k = -s_A^k * VA_A$ $S_{Q(L)} = s_{Q(L)} * g * L$
Verlustbe-rücksich-tigung im Inland	**Gesellschaftsebene:** keine Besteuerung im Inland. **Gesellschafterebene:** mangels Anerkennung einer "grenzüberschreitenden Organschaft" keine direkte Verlustberücksichtigung möglich;[157] indirekte Verlustberücksichtigung bei *nachhaltigen* Verlusten durch Teilwertabschreibung auf den Beteiligungsbuchwert;[158] Voraussetzung: ausl. Körperschaft übt ausschließlich oder fast ausschließlich im Verlustjahr und in den vorangegangenen fünf Jahren eine aktive Tätigkeit i.S.d. § 2a Abs. 2 Satz 1 EStG aus;[159] davon zu unterscheiden sind ausschüttungsbedingte Teilwertabschreibungen, die nach § 8b Abs. 6 KStG i.V.m. der indirekten Anrechnung zu neutralisieren sind; führen mehrere Ursachen zu einer Verminderung des Beteiligungsbuchwertes, ist davon auszugehen, daß zunächst andere Gründe als die Gewinnausschüttung zur Teilwertabschreibung geführt haben;[160] die verlustbedingte Teilwertabschreibung wirkt sich auch bei der GewSt aus; § 8 Nr. 10 GewStG gilt nur für ausschüttungsbedingte Teilwertabschreibungen.

---

157 Vgl. Kapitel C.4, Gliederungspunkt C.4.3.4.
158 Zu den Voraussetzungen und der Abgrenzung zu Anlaufverlusten im einzelnen Kapitel B.4, Gliederungspunkt B.4.3.3.2.
159 § 2a Abs. 2 Satz 2 EStG. Sonst kann die Gewinnminderung nur nach § 2a Abs. 1 EStG durch Verrechnung mit positiven Einkünften aus demselben Land und derselben Art berücksichtigt werden.
160 Abschn. 41 Abs. 18 KStR.

Steuerbelastung ausländischer Kapitalgesellschaften mit Abschrimwirkung im Verlustfall ohne DBA	
Steuermin- *derung im* *Inland*	$-S_I^{ge} = -s_I^{ge} * TWA$ $-S_I^{ek_g(kn)} = -s_I^{ek_g(kn)} * \left[TWA - S_I^{ge}\right]$ $\rightarrow -S_I^{ER} = \left[-s_I^{ek_g(kn)} - s_I^{ge} + s_I^{ek_g(kn)} s_I^{ge}\right] * TWA$ mit: $\sum_{t=1}^{T} TWA_t \leq BetBW$ direkte Anrechnung für Leistungsentgelte: $S_I^{ge} = s_I^{ge} * g * L$ $S_I^{ek_g(kn)} = s_I^{ek_g(kn)} * \left[L - S_I^{ge}\right] - S_{Q(L)_{max.}}$ Abzugsmethode für Leistungsentgelte: $S_I^{ge} = s_I^{ge} * \left[g * L - S_{Q(L)}\right]$ $= s_I^{ge} * (1 - s_{Q(L)}) * g * L$ $S_I^{ek_g(kn)} = s_I^{ek_g(kn)} * \left[Y_A - S_Q - S_I^{ge}\right]$

Tab. 17: Ertragsbesteuerung einer Kapitalgesellschaft mit Abschirmwirkung im Verlustfall ohne DBA[161]

---

161 Im Verlustfall ist das Fehlen der Abschirmwirkung steuerlich unerheblich, da im Falle der Hinzurechnungsbesteuerung die Ausschüttungsfiktion ins Leere läuft, bei der Zugriffsbesteuerung unabhängig vom Erfolg an die Erträge angeknüpft wird. Dies gilt gleichermaßen für den DBA-Fall.

B.3.3.3 Personengesellschaft im Ausland

Steuerbelastung ausländischer Personengesellschaften im Verlustfall ohne DBA	
(1) Mitunternehmerkonzeption	
Verlustbe-rücksich-tigung im Ausland	**Gesellschaftsebene:** ggfs. Verlustvortrag bei der GewSt (analog § 10a GewStG), sonst kein Steuersubjekt. **Gesellschafterebene:** Verlustabzug analog § 50 Abs. 1 EStG; kein Verlustausgleich mit Einkünften, die dem Steuerabzug unterliegen (analog § 50 Abs. 2 EStG).
Steuermin-derung im Ausland	*ohne* steuerliche Anerkennung von Leistungsvergütungen $$V_{A(Ges)} = q * \left[V_A + G_L \right] - g * G_L$$ $$V_A^{VVT} = V_{A(Ges)} - VA_A$$ $$-S_{A(BSt)} = -s_{A(BSt)} * VA_A$$ *mit* steuerlicher Anerkennung von Leistungsvergütungen $$V_{A(Ges)} = q * \left[V_A + L \right]$$ $$V_A^{VVT} = V_{A(Ges)} - VA_A$$ $$-S_{A(BSt)} = -s_{A(BSt)} * VA_A$$ $$S_{Q(L)} = s_{Q(L)} * g * L$$
übereinstimmende Qualifikation im Inland als Personengesellschaft	
Verlustbe-rücksich-tigung im Inland	Unmittelbare Verlustberücksichtigung beim Gesellschafter, wenn es sich um negative Einkünfte einer gewerblichen ausl. Betriebstätte handelt, in der ausschließlich oder fast ausschließlich eine aktive Tätigkeit i.S.d. § 2a Abs. 2 Satz 1 EStG ausgeübt wird; allerdings Berücksichtigung der Verlustbegrenzung gem. § 15a Abs. 5 Nr. 3 EStG auch für Gesellschafter einer ausl. Personengesellschaft, deren Haftung der eines Kommanditisten entspricht; die Verlustbegrenzung nach § 15a EStG hat Auswirkungen auf die Höhe der ausl. Einkünfte eines Landes im Rahmen der Anrechnungsmethode. Unterhält die ausl. Personengesellschaft neben der Auslandsbetriebstätte auch eine Inlandsbetriebstätte, muß wegen der späteren Verrechnung mit Gewinnen differenziert werden, wo der Verlust tatsächlich angefallen ist.[162]

---

162 Vgl. *Jacobs*, Internationale Unternehmensbesteuerung, S. 474 ff. mit ausführlichen Beispielen.

	Keine Auswirkung bei der GewSt, wegen der Hinzurechnung gem. § 8 Nr. 8 GewStG.
Steuerminderung im Inland	*(1) ohne Begrenzung nach § 15a EStG:* *ohne* steuerliche Anerkennung von Leistungsvergütungen $$Y_A = q * [V_A + G_L] - g * G_L$$ $$-S_I^{ek(kn)} = -s_I^{ek(kn)} * Y_A$$ *mit* steuerlicher Anerkennung von Leistungsvergütungen $$Y_A = q * [V_A + L] - g * L$$ $$-S_I^{ek(kn)} = -s_I^{ek(kn)} * Y_A$$ *(2) mit Begrenzung nach § 15a EStG:* *ohne* steuerliche Anerkennung von Leistungsvergütungen $$V_A^{Verr} = q * [V_A + G_L] - VA_{A(I)}$$ $$-S_I^{ek(kn)} = -s_I^{ek(kn)} * [VA_{A(I)} - g * G_L]^{163}$$ bei Verrechnung mit späteren Gewinnen $$-\Delta Y_A = Min[V_A^{Verr}; q * [G_A - G_L]]^{164}$$ mit: $Y_A \geq 0$ *mit* steuerlicher Anerkennung von Leistungsvergütungen $$V_A^{Verr} = q * [V_A + L] - VA_{A(I)}$$ $$-S_I^{ek(kn)} = -s_I^{ek(kn)} * [VA_{A(I)} - g * L]$$ bei Verrechnung mit späteren Gewinnen $$-\Delta Y_A = Min[V_A^{Verr}; q * [G_A - L]]$$ mit: $Y_A \geq 0$

[163] Nur ein nach Berücksichtigung des § 15a Abs. 1 EStG ausgleichs- bzw. abzugsfähiger Verlust darf mit Gewinnen aus dem Sonderbetriebsvermögen saldiert werden. BMF-Schreiben vom 15.12.1993, IV B 2 - S 2241a - 57/93, BStBl I 1993, S. 976.

[164] Auch bei der späteren Verlustverrechnung mit Gewinnen ist die Trennung zwischen Gesellschaftsvermögen und Sonderbetriebsvermögen zu berücksichtigen. Kritisch hierzu, *Schmidt*, Kommentar zum Einkommensteuergesetz [EStG], 16. Auflage, München 1997, § 15a, Rz. 103-105 und 109.

Steuerbelastung ausländischer Personengesellschaften im Verlustfall ohne DBA
(1) Mitunternehmerkonzeption
Konsequenzen bei abweichender Subjektqualifikation der Gesellschaft im Inland: wegen eigenständiger Subjekteigenschaft aus inl. Sicht keine unmittelbare Verlustberücksichtigung im Inland.

Tab. 18: Ertragsbesteuerung einer Personengesellschaft im Verlustfall ohne DBA - Mitunternehmerkonzeption

Steuerbelastung ausländischer Personengesellschaften im Verlustfall ohne DBA
(2) Kapitalgesellschaftskonzeption
übereinstimmende Qualifikation im Inland als Kapitalgesellschaft
keine Unterschiede zur Kapitalgesellschaft B.3.3.2.
Konsequenzen bei abweichender Subjektqualifikation der Gesellschaft im Inland: keine Unterschiede bei der Verlustberücksichtigung, da nach inl. Betrachtungsweise das mit der Kapitalgesellschaft verbundene Trennungsprinzip nicht greift; die doppelte Verlustberücksichtigung im Ausland und im Inland wird durch die Anrechnungsmethode gelöst.

Tab. 19: Ertragsbesteuerung einer Personengesellschaft im Verlustfall ohne DBA - Kapitalgesellschaftskonzeption

B.3.4 Ertragsbesteuerung im Verlustfall mit DBA

B.3.4.1 Betriebstätte im Ausland

Steuerbelastung ausländischer Betriebstätten im Verlustfall mit DBA	
Verlustberücksichtigung im Ausland	da das Besteuerungsrecht dem Ausland zusteht, erfolgt auch dort die Verlustberücksichtigung nach den nationalen Bestimmungen; wie im Fall ohne DBA B.3.3.1.
Steuerminderung im Ausland	wie im Fall ohne DBA B.3.3.1.
Verlustberücksichtigung im Inland	Das DBA-Betriebstättenprinzip erstreckt sich auch auf negative Einkünfte; Anwendung des negativen Progressionsvorbehaltes; aus systematischen Überlegungen darüber hinaus keine Verlustberücksichtigung im Inland; dennoch sieht § 2a Abs. 3 EStG für Verluste aus gewerblicher Tätigkeit einer ausl. Betriebstätte[165] Verlustausgleich und -abzug vor, wenn ohne DBA-Freistellung die Verlustberücksichtigung zulässig wäre **und** zuerst eine Verrechnung mit positiven Betriebstätteneinkünften desselben Staates erfolgt. Der so angesetzte ausl. Verlust ist wieder hinzuzurechnen, sobald aus dem ausl. Staat insg. positive Betriebstätteneinkünfte erzielt werden;[166] daher lediglich Steuerstundung; effektive Steuerminderung nur, wenn im Betriebstättenstaat eine interperiodische Verlustberücksichtigung *rechtlich* oder *tatsächlich* nicht möglich ist.[167] Bei **beiden** Möglichkeiten müssen die Voraussetzungen des § 2a Abs. 2 EStG (Aktivitäts-/ Produktivitätsklausel) erfüllt sein.[168] Der Steuerpflichtige kann die für ihn günstigste Variante wählen; im Progressionsbereich

---

165 Es muß sich um eine Betriebstätte i.S.d. § 12 AO handeln. *Schmidt*, EStG, § 2a, Rz. 64.

166 Dabei ist es unerheblich, ob es sich um laufenden Gewinn oder einen begünstigten Veräußerungsgewinn handelt. BFH vom 30.4.91, VIII R 68/86, BStBl II 1991, S. 873 und BFH vom 8.3.1989, X R 181/87, BStBl II 1989, S. 541.

167 Konkretisierend Vfg. OFD Frankfurt vom 13.6.1996, S 2118 a A - 6 - St II 2a, in: DStR 1996, S. 1528.

168 Für § 2a Abs. 3 EStG resultiert dies aus dem Verweis in § 2a Abs. 3 EStG, wo es heißt "... Verlust, der sich nach den Vorschriften des inländischen Steuerrechts bei diesen Einkünften ergibt, ...". Sind Verluste aufgrund nationaler Bestimmungen von der Berücksichtigung ausgeschlossen, kann auch der negative Progressionsvorbehalt nicht mehr greifen. Vgl. *Schmidt*, EStG, § 2a, Rz. 66 und 74, § 32b, Rz. 22.

ist es daher sinnvoll, zu überprüfen, welche Methode der Verlustberücksichtigung im Einzelfall vorteilhaft ist.[169]

Sieht das konkrete DBA nur die Anrechnung der ausl. Steuer vor oder ist die (vom DBA abweichende) Aktivitätsklausel des § 2a Abs. 2 Satz 1 EStG nicht erfüllt, Verlustberücksichtigung nur wie im Fall ohne DBA unter B.3.3.1[170]; keine GewSt wegen Freistellung (auch bei Antrag nach § 2a Abs. 3 EStG); bei Aktivitätsvorbehalt oder Anrechnung wegen § 9 Nr. 3 i.V.m. § 8 Nr. 12 GewStG.

Steuerminderung im Inland *(2) Stammhaus ist PersG:* *für (1) und (2)*	*(1) negativer Progressionsvorbehalt (nur relevant, wenn inl. Stammhaus PersG ist):* $$-S_I^{ek} = -\Delta s_I^{ek} * Y \quad \text{wobei: } \lim \Delta s_I^{ek} * Y_I = 0$$ **oder** *(2) § 2a Abs. 3 EStG (trotz DBA-Freistellung) Steuerstundung im Umfang:* $$Y_A = V_A$$ $$-S_I^{ek(kn)} = -s_I^{ek(kn)} * Y_A$$ Hinzurechnung bei späteren Gewinnen $$+ \Delta Y_A = Min\left[G_{A(BSt)}; Y_A\right]$$
(2) Stammhaus ist KapG:	Die im Entstehungsjahr nicht sofort ausgeglichenen Verluste werden vom EK02 abgezogen (Abschn. 89 Abs. 8 KStR);[171]

Tab. 20: Ertragsbesteuerung einer Betriebstätte im Verlustfall mit DBA

---

169 Der internationale Verlustausgleich kann temporär zur doppelten Verlustberücksichtigung in In- und Ausland führen, was in Anbetracht von Ertragsteuersätzen über 50 % leicht zu einer Steuererstattung von mehr als dem gesamten Verlust führen kann. Kritisch dazu *Jacobs*, Internationale Unternehmensbesteuerung, S. 292 f., der im Falle des Verlustrücktrages im Ausland die Anwendung des § 2a Abs. 3 EStG ausschließt.

170 H 185 EStR, Stichwort "Ausländische Verluste"; BFH vom 17.10.1990, I R 182/87, BStBl II 1991, S. 136. Dies gilt auch für den negativen Progressionsvorbehalt.

171 Liegen die Voraussetzungen des § 2a Abs. 3 EStG nicht vor oder wird ein Antrag nach § 2a Abs. 3 EStG nicht gestellt, müssen die ausl. Verluste vom EK01 abgezogen werden (Abschn. 83 Abs. 1 Satz 2 KStG).

B.3.4.2 Kapitalgesellschaft im Ausland

Steuerbelastung ausländischer Kapitalgesellschaften mit Abschirmwirkung im Ver- · lustfall mit DBA
keine Unterschiede zum Fall ohne DBA B.3.3.2.

Tab. 21: Ertragsbesteuerung einer Kapitalgesellschaft mit Abschirmwirkung im Verlustfall mit DBA

B.3.4.3 Personengesellschaft im Ausland

Steuerbelastung ausländischer Personengesellschaften im Verlustfall mit DBA (1) Mitunternehmerkonzeption	
Verlustbe-rücksich-tigung im Ausland	wie im Fall ohne DBA B.3.3.3.
Steuermin-derung/be-lastung im Ausland	wie im Fall ohne DBA B.3.3.3.
übereinstimmende Qualifikation im Inland als Personengesellschaft	
Verlustbe-rücksich-tigung im Inland	Trotz Betriebstättenprinzip Verlustberücksichtigung beim Ge-sellschafter durch negativen Progressionsvorbehalt oder nach § 2a Abs. 3 EStG, wenn es sich um negative Einkünfte einer gewerblichen ausl. Betriebstätte handelt, in der ausschließlich oder fast ausschließlich eine aktive Tätigkeit i.S.d. § 2a Abs. 2 Satz 1 EStG ausgeübt wird; auch hier Berücksichtigung der Verlustbegrenzung gem. § 15a Abs. 5 Nr. 3 EStG für Gesell-schafter an der ausl. Personengesellschaft deren Haftung der eines Kommanditisten entspricht, da der Verlust unter Berück-sichtigung der inländischen Vorschriften zu ermitteln ist. Wenn die ausl. Personengesellschaft neben der Auslandsbe-triebstätte noch eine Inlandsbetriebstätte unterhält, muß auch bei Anwendung des § 2a Abs. 3 EStG stets eine verursachungsge-rechte Erfolgsabgrenzung erfolgen. Keine Auswirkung bei der

	GewSt wegen Freistellung (auch bei Antrag nach § 2a Abs. 3 EStG); bei Aktivitätsvorbehalt oder Anrechnung wegen § 8 Nr. 8 GewStG.
Steuermin-derung im Inland	*(1) ohne Begrenzung nach § 15a EStG:* *ohne* steuerliche Anerkennung von Leistungsvergütungen $Y_A = q * [V_A + G_L] - g * G_L$ *(1.1) negativer Progressionsvorbehalt für* Y_A: $- S_I^{ek} = - \Delta s_I^{ek} * Y$ wobei: $\lim \Delta s_I^{ek} * Y_I = 0$ **oder** *(1.2) § 2a Abs. 3 EStG:* $- S_I^{ek(kn)} = -s_I^{ek(kn)} * Y_A$ spätere Hinzurechnung wegen freigestellter Gewinne $+ \Delta Y_A = \text{Min}[q * [G_A - G_L] + g * G_L ; Y_A]$ *mit* steuerlicher Anerkennung von Leistungsvergütungen $Y_A = q * [V_A + L] - g * L$ *(1.1) negativer Progressionsvorbehalt für* $q * [V_A + L]$: $- S_I^{ek} = - \Delta s_I^{ek} * Y$ wobei: $\lim \Delta s_I^{ek} * Y_I = 0$ **oder** *(1.2) § 2a Abs. 3 EStG:* $- S_I^{ek(kn)} = -s_I^{ek(kn)} * q * [V_A + L]$ für die Leistungsvergütungen gilt bei Anrechnung $S_I^{ek(kn)} = s_I^{ek(kn)} * g * L - S_{Q(L)_{max.}}$ und für die Abzugsmethode $S_I^{ek(kn)} = s_I^{ek(kn)} * [g * L - S_{Q(L)}]$ spätere Hinzurechnung wegen freigestellter Gewinne $+ \Delta Y_A = \text{Min}[q * [G_A - L]; q * [V_A + L]]$ [172] *(2) mit Begrenzung nach § 15a EStG:* *ohne* steuerliche Anerkennung von Leistungsvergütungen

---

172 Darunter fallen nach § 2a Abs. 3 Satz 3 EStG nur die nach dem Abkommen freigestellten Einkünfte. Sondervergütungen sind nur im Falle der Steuerfreiheit durch DBA bei den Verlusten und der späteren Hinzurechnung zu berücksichtigen. Vgl. *Schmidt*, EStG, § 2a, Rz. 60.

Steuerbelastung ausländischer Personengesellschaften im Verlustfall mit DBA
(1) Mitunternehmerkonzeption

$$V_A^{Verr} = q*[V_A + G_L] - VA_{A(I)}$$

(2.1) negativer Progressionsvorbehalt für $VA_{A(I)} - g*G_L$:

$$-S_I^{ek} = -\Delta s_I^{ek} * Y \quad \text{wobei: } \lim \Delta s_I^{ek} * Y_I = 0$$

oder

(2.2) § 2a Abs. 3 EStG:

$$-S_I^{ek(kn)} = -s_I^{ek(kn)} * [VA_{A(I)} - g*G_L]$$

spätere Hinzurechnung wegen freigestellter Gewinne wie ohne Begrenzung nach § 15a EStG, aber erst

$$+\Delta Y_A = \text{wenn} [q*[G_A - G_L] + g*G_L > Y_A]$$

⇒ dies ist auf die verrechenbaren Verluste zurückzuführen.

mit steuerlicher Anerkennung von Leistungsvergütungen

$$V_A^{Verr} = q*[V_A + L] - VA_{A(I)}$$

(2.1) negativer Progressionsvorbehalt für $VA_{A(I)}$:

$$-S_I^{ek} = -\Delta s_I^{ek} * Y \quad \text{wobei: } \lim \Delta s_I^{ek} * Y_I = 0$$

oder

(2.2) § 2a Abs. 3 EStG:

$$-S_I^{ek(kn)} = -s_I^{ek(kn)} * VA_{A(I)}$$

für die Leistungsvergütungen gilt bei Anrechnung

$$S_I^{ek(kn)} = s_I^{ek(kn)} * L - S_{Q(L)_{max.}}$$

und für die Abzugsmethode

$$S_I^{ek(kn)} = s_I^{ek(kn)} * [L - S_{Q(L)}]$$

spätere Hinzurechnung wegen freigestellter Gewinne wie ohne Begrenzung nach § 15a EStG, aber erst

$$+\Delta Y_A = \text{wenn} [q*[G_A - L] > q*[V_A + L]]$$

⇒ dies ist auf die verrechenbaren Verluste zurückzuführen.

Konsequenzen bei abweichender Subjektqualifikation der Gesellschaft im Inland: wegen eigenständiger Subjekteigenschaft aus inl. Sicht keine Verlustberücksichtigung im Inland.

Tab. 22: *Ertragsbesteuerung einer Personengesellschaft im Verlustfall mit DBA*
   - Mitunternehmerkonzeption

Steuerbelastung ausländischer Personengesellschaften im Verlustfall mit DBA
(2) Kapitalgesellschaftskonzeption

übereinstimmende Qualifikation im Inland als Kapitalgesellschaft
keine Unterschiede zur Kapitalgesellschaft B.3.3.2.

Konsequenzen bei abweichender Subjektqualifikation der Gesellschaft im Ausland: keine Unterschiede bei der Verlustberücksichtigung, da nach inl. Betrachtungsweise das mit der Kapitalgesellschaft verbundene Trennungsprinzip nicht greift; keine doppelte Verlustberücksichtigung da § 2a Abs. 3 EStG nur dann eine endgültige Entlastung bewirkt, wenn im Ausland kein Verlustrücktrag möglich ist.

Tab. 23: Ertragsbesteuerung einer Personengesellschaft im Verlustfall mit DBA
* - Kapitalgesellschaftskonzeption*

B.4 Die Wirkungen abweichender nationaler Besteuerungsgrundlagen und ihre Formalisierung

Die bisherige Annahme identischer Bemessungsgrundlagen in Aus- und Inland stellt eine realitätsferne Prämisse dar; sie muß aufgehoben werden. Eine exakte Ermittlung der Bemessungsgrundlagendifferenzen, setzt Detailkenntnisse der standortabhängigen ausländischen Steuerrechtsgrundlagen voraus. Eine Berücksichtigung der jeweiligen landesspezifischen Regelungen würde den Rahmen dieser Arbeit sprengen, zumal die Standortbestimmung für operative Geschäftsfelder nicht Gegenstand der Untersuchung ist. Bemessungsgrundlagenunterschiede dieser Art können auf abweichende Bilanzierungs- und Bewertungsvorschriften, Steuerbefreiungen und Abzugsverbote nach *ausländischem* Recht zurückzuführen sein. Für die steuerlichen Konsequenzen im Inland ist es unerheblich, auf welchen konkreten Ursachen solche Bemessungsgrundlagendifferenzen gegenüber dem Ausland beruhen, da alleine die Existenz solcher Abweichungen Auswirkungen auf die Methodenwahl hat. Die standortunabhängige Darstellung kann daher fortgesetzt werden.

Strikt davon zu trennen sind Bemessungsgrundlagenunterschiede aufgrund *inländischer* Vorschriften, die unabhängig von deren konkretem Standort an die ausländische Organisationsform anknüpfen. Bereits für die Erfolgsabgrenzung gegenüber dem Ausland ist danach zu differenzieren, ob das Auslandsengagement in Form einer rechtlich unselbständigen Betriebstätte oder durch eine rechtlich selbständiges Unternehmen ausgeübt wird. Für rechtlich selbständige Kapitalgesellschaften sind darüber hinaus spezielle Bestimmungen zu berücksichtigen, die sowohl auf die Höhe der ausländischen Einkünfte korrigierend einwirken als auch eine Korrektur der inländischen Einkünfte auslösen können. Ab diesem Kapitel weicht der Anspruch auf Vollständigkeit der Konzentration auf dominante Methoden.[173]

B.4.1 Grundsätze der Erfolgsabgrenzung

Die Überlegungen zur Erfolgsabgrenzung müssen den Auswirkungen abweichender Gewinnermittlungsvorschriften vorangestellt werden, weil speziell für das Einheitsunternehmen zuerst das Zuordnungsproblem gelöst werden muß, bevor Bilanzierungs- und Bewertungsunterschiede von Interesse sind. Anderer-

---

173 Für das internationale Einheitsunternehmen und für international verbundene Unternehmen existieren ebenfalls gesonderte Strukturübersichten, in denen die analytischen Grundlagen zur Ermittlung der Gesamtsteuerbelastung für alle in diesem Kapitel behandelten Einzelfälle zusammengefaßt werden. Vgl. dazu auch im *Anhang B.2*

seits werden durch die Befolgung der nationalen Grundsätze zur Erfolgsabgrenzung abweichende Bemessungsgrundlagen erst erkennbar.

B.4.1.1 Erfolgsabgrenzung beim internationalen Einheitsunternehmen

Der ausländische Betriebstättenerfolg muß vom Erfolg des inländischen Stammhauses abgegrenzt werden, obwohl nur ein Steuersubjekt vorliegt. Dies erfolgt regelmäßig unter der **Fiktion der Selbständigkeit** der Betriebstätte. Der Grundgedanke der Selbständigkeit der Betriebstätte ist auch in Art. 7 Abs. 2 OECD-MA explizit verankert. Von Rechtsprechung und Literatur wird die Erfolgsabgrenzung nach der direkten Methode präferiert, bei der die Wirtschaftsgüter und der Erfolg nach der **tatsächlichen wirtschaftlichen Zugehörigkeit** zugeordnet werden. Technisch erfordert dies getrennte Rechenwerke, obwohl nach deutschem Recht für eine Auslandsbetriebstätte keine gesonderte Buchführungspflicht vorgeschrieben ist.[174]

Obwohl schuldrechtliche Vereinbarungen keine steuerliche Wirkung entfalten, muß durch eine **verursachungsgerechte Erfolgsabgrenzung** sichergestellt werden, daß Gewinnverlagerungen ausgeschlossen sind und gleichzeitig nicht gegen das Realisationsprinzip verstoßen wird.[175] Dabei ist es grundsätzlich unerheblich, von wem die Aufwendungen getragen werden und ob sie im In- oder im Ausland anfallen.[176]

Geschäftsbeziehungen mit dem Ausland sind nach § 1 Abs. 1 AStG nach dem Fremdvergleichsmaßstab abzuwickeln. Zur Fixierung des Fremdvergleichspreises ist je nach Sachverhalt die Preisvergleichs-, die Wiederverkaufspreis- oder die Kostenaufschlagsmethode anzuwenden.[177] Die Methodenwahl kann unter dem Gesichtspunkt der Gewinnverlagerung in den niedriger besteuernden Staat speziell bei DBA-Freistellung wichtige Bedeutung erlangen.

Die Erfolgsabgrenzung *dem Grunde nach* knüpft an die Vermögenszuordnung an. Aus der direkten Zuordnung einzelner aktiver und passiver Wirtschaftsgüter

---

174 BFH vom 20.7.1988, I R 49/84, BStBl II 1989, S. 140. Vgl. auch *Steuerfachausschuß*, [Einzelfragen] zur Gewinn- und Vermögensabgrenzung bei Betriebstätten, in: FN-IDW 1996, S. 225, sowie *Jacobs*, Internationale Unternehmensbesteuerung, S. 319.

175 *Ebd.*, S. 304 ff.

176 BFH vom 20.7.1988, I R 49/84, BStBl II 1989, S. 142.

177 Eine ausführliche Beschreibung der Voraussetzungen und Anwendungsbereiche der Standardmethoden findet sich bei *Jacobs*, Internationale Unternehmensbesteuerung, S. 706 ff. mit Hinweisen auf die Behandlung von Spezialfällen.

zur Betriebstätte resultiert ein Saldo, der entweder als Eigenkapitalanteil (Dotationskapital) oder als Fremdkapital interpretiert werden muß. Fremdmittel, die für die Bedürfnisse der Betriebstätte extern zugeführt werden, gelten unabhängig davon, ob sie von der Betriebstätte selbst beschafft oder vom Stammhaus durchgeleitet wurden, uneingeschränkt als Fremdkapital. Dasselbe gilt für Quasiverbindlichkeiten aus Innenumsätzen zwischen Stammhaus und Betriebstätte. Darüber hinaus handelt es sich grundsätzlich um eine elementare unternehmerische Freiheit des Stammhauses, über die Finanzausstattung einer Betriebstätte zu entscheiden, solange keine unangemessenen Steuerverlagerungen zu befürchten sind. Nach Auffassung der Rechtsprechung werden daher weitere Fremdmittel anerkannt, soweit es sich tatsächlich um Drittverbindlichkeiten handelt und diese einen Bezug zur Betriebstätte aufweisen.[178] Im Umfang des nach diesen Kriterien zugeordneten anteiligen Fremdkapitals mindern ausschließlich die Zinsaufwendungen an Dritte (SZ_{BSt}) den Betriebstättenerfolg, unabhängig davon, ob sie bei der Betriebstätte oder beim Stammhaus anfallen. Diese Grundsätze sind analog auf zur Nutzung überlassene Wirtschaftsgüter anzuwenden, da es unerheblich ist, ob sich das Dotationskapital aus finanziellen Mitteln oder aus Gegenständen zusammensetzt. Nutzungsentgelte an das Stammhaus dürfen den Betriebstättenerfolg nicht mindern.[179] Erbringt das inländische Stammhaus *spezielle* Dienstleistungen ($DLAU_{BSt}$) für die Betriebstätte, so sind auch dort die tatsächlichen Aufwendungen zu berücksichtigen; *allgemeine* Dienstleistungsaufwendungen ($DLAU_{Rest}$) dürfen auch nach einer erfolgsabhängigen Quote (b und 1-b) aufgeteilt werden.[180]

---

178 BFH vom 25.6.1986, II R 213/83, BStBl II 1986, S. 785.

179 Kritisch hierzu *Jacobs*, Internationale Unternehmensbesteuerung, S. 313 f., *Steuerfachausschuß*, Einzelfragen, S. 228 ff., die sich dafür aussprechen, den gesamten Lieferungs- und Leistungsverkehr nach dem dealing-at-arm's-length-Grundsatz abzugrenzen.

180 Eine Abgrenzung umlagefähiger von nicht umlagefähigen Aufwendungen findet sich bei *Dahnke*, Betriebsstättenbesteuerung: Zuordnung von [Generalunkosten] des ausländischen Stammhauses gegenüber der inländischen Betriebsstätte, in: IStR 1996, S. 475-478.

Diese Aufteilungsgrundsätze können wie folgt zusammengefaßt werden:

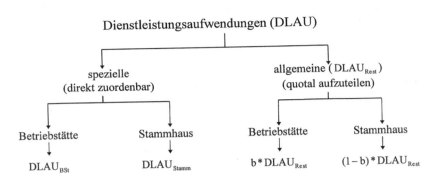

Abb. 4: *Aufteilungsgrundsätze für Dienstleistungsaufwendungen im Einheitsunternehmen*

Anders verhält es sich bei dem internen Lieferverkehr zwischen Stammhaus und Betriebstätte. Solche *innerbetrieblichen Transaktionen*, die zum laufenden Geschäftsbetrieb der Betriebstätte zählen, werden zu Fremdvergleichspreisen abgerechnet ($WarenAU_{int} / UE_{int}$).[181] Auch die *Überführung von Wirtschaftsgütern* in eine ausländische Betriebstätte führte nach Ansicht von Rechtsprechung und Finanzverwaltung in der Vergangenheit zur Gewinnrealisation, da ansonsten die zum Zeitpunkt der Überführung enthaltenen stillen Reserven der inländischen Besteuerung entzogen werden (finale Entnahmelehre)[182]. Einer Gewinnrealisierung auf der Basis dieser Entstrickungsgrundsätze mangelt es jedoch am Gewinnrealisierungstatbestand: Mangels Außenumsatz kann höchstens ein Ersatzrealisationstatbestand vorliegen. Da die Wirtschaftsgüter aber den betrieblichen Bereich nicht verlassen, ist auch der Entnahmetatbestand nicht erfüllt.[183] Nach der von der Finanzverwaltung inzwischen praktizierten Lösung[184] sind deshalb Wirtschaftsgüter in eine ausländische Betriebstätte grundsätzlich zum Fremdvergleichspreis zu überführen, wenn die Einkünfte aus

---

181 Einschränkend *Debatin*, Betriebsstättenprinzip (Teil II), S. 1742 f.

182 Ansätze dieser Entstrickungstheorie gehen bereits auf die Rechtsprechung aus dem Jahre 1936 (RFH vom 21.10.1936, VI A 473/35, RStBl 1937, S. 424) zurück. Über die weitere Entwicklung und zur Kritik an diesen Grundsätzen *Schaumburg*, Internationales Steuerrecht, S. 1181 ff.

183 Eine allgemeine Analyse der finalen Auslegung des Entnahmetatbestandes im Hinblick auf die Sicherstellung der Besteuerung stiller Reserven findet sich bei *Kempka*, Systemkonforme steuerliche Behandlung stiller Reserven bei der grenzüberschreitenden [Überführung von Wirtschaftsgütern] zwischen Stammhaus und Betriebstätte, in: StuW 1995, S. 243 f.

184 BMF-Schreiben vom 12.2.1990, IV C 5-S 1300-21/90, BStBl I 1990, S. 72-73.

der Betriebstätte durch ein DBA freigestellt sind. Die Besteuerung im Inland kann jedoch durch Bildung eines Ausgleichspostens ($AP = WG_{MP} - WG_{BW}$) bis zur tatsächlichen Realisierung der stillen Reserven (ausgedrückt durch den Faktor a) hinausgeschoben werden. Aus systematischen Überlegungen müßte diese Vorgehensweise analog für den Nicht-DBA-Fall gelten, da auch bei der Anrechnungsmethode der inländische Steueranspruch gemindert oder gar völlig reduziert wird.[185] In Übereinstimmung mit der Rechtsprechung[186] dürfen Wirtschaftsgüter in diesem Fall weiterhin zum Buchwert überführt werden (WG_{BW}). Aus Sicht des Steuerpflichtigen besteht allerdings auch bei niedrigerem Steuersatzniveau kein Anreiz, die Besteuerung stiller Reserven ins Ausland zu verlegen, da die Anrechnungsmethode die Besteuerung zum höheren inländischen Steuersatz sicherstellt.

Diese Grundsätze der Erfolgsabgrenzung können allgemein formuliert werden als:

$$G_{ges} = ER - AU - SZ - DLAU$$

davon entfallen auf die ausländische Betriebstätte bei Existenz eines DBA mit Freistellung

$$G_{A(BSt)}^{DBA} = ER_{BSt} - AU_{BSt} - SZ_{BSt} - DLAU_{BSt} - b * DLAU_{Rest}$$
$$- WarenAU_{int} - a * WG_{MP}$$

dem inländischen Stammhaus werden zugeordnet

$$G_{I(Stamm)}^{DBA} = ER_{Stamm} - AU_{Stamm} - SZ_{Stamm} - DLAU_{Stamm}$$
$$- (1 - b) * DLAU_{Rest} + UE_{int} + [WG_{MP} - WG_{BW} - (1 - a) * AP]$$

mit: $0 \leq a \leq 1$; für den Fall, daß es sich um nicht abnutzbares Anlagevermögen handelt gilt a=0, für Umlaufvermögen gilt a=1.

Für den Fall *ohne DBA* werden mangels Realisation stiller Reserven bei Überführung von Wirtschaftsgütern die Gleichungen modifiziert zu

$$G_{A(BSt)} = ER_{BSt} - AU_{BSt} - SZ_{BSt} - DLAU_{BSt} - b * DLAU_{Rest}$$
$$- WarenAU_{int} - a * WG_{BW}$$

---

185 Zu diesem Ergebnis kommen auch *Kempka*, Überführung von Wirtschaftsgütern, S. 248 f., sowie *Kaminski*, Ertragsteuerliche Konsequenzen bei der Überführung von Wirtschaftsgütern in eine ausländische Betriebsstätte, in: DStR 1996, S. 1797.
186 BFH vom 16.7.1969, I 266/65, BStBl II 1970, S. 175. Dies gilt auch für die GewSt; Abschn. 39 Abs. 1 Satz 16 GewStG.

$$G_{I(Stamm)} = ER_{Stamm} - AU_{Stamm} - SZ_{Stamm} - DLAU_{Stamm}$$
$$- (1-b) * DLAU_{Rest} + UE_{int}$$

Da die ausländischen Betriebstättengewinne unmittelbar dem inländischen Stammhaus zugerechnet werden, gilt in beiden Fällen:

$$Y_{A(BSt)}^{DBA} = G_{A(BSt)}^{DBA} \text{ bzw. } Y_{A(BSt)} = G_{A(BSt)}$$

Die Erfolgsermittlung nach inländischen Vorschriften erfolgt in inländischer Währung. Gewinne oder Verluste aus der Währungsumrechnung werden dem Erfolg der ausländischen Betriebstätte zugeordnet und können nicht mit den inländischen Einkünften verrechnet werden. Bei DBA-Freistellung finden sie daher im Ergebnis keine Berücksichtigung.[187] Bei der Anrechnungsmethode beeinflussen sie als Bestandteil der ausländischen Einkünfte den Anrechnungshöchstbetrag.[188]

B.4.1.2 Erfolgsabgrenzung gegenüber ausländischen Kapitalgesellschaften

Die Erfolgs- und Vermögensabgrenzung ist bei international verbundenen Unternehmen[189] wegen der zumindest teilweisen Rechtsfähigkeit der Unternehmensträger vorrangig nach der rechtlichen, in Ausnahmefällen nach der wirtschaftlichen Zugehörigkeit vorzunehmen (analog § 39 AO). Da von der Buchführungspflicht (analog § 140 AO i.V.m. §§ 6, 238 HGB) jedes selbständige Unternehmen erfaßt wird, liegen auch die technischen Voraussetzungen für die direkte Erfolgsermittlung vor.

Schuldrechtliche Vereinbarungen zwischen einer Kapitalgesellschaft und ihren Gesellschaftern sind - international übereinstimmend - *dem Grunde nach* anerkannt. Korrekturen sind nur dann erforderlich, wenn solche Vertragsgestaltungen *der Höhe nach* nicht dem Fremdvergleichsmaßstab entsprechen. Dies gilt auch für den Lieferverkehr zwischen verbundenen Unternehmen.[190]

187 BFH vom 16.2.1996, I R 43/95, BStBl II 1997, S. 128.
188 So ausdrücklich *Malinski*, [Währungsschwankungen] und Steueranrechnung nach § 34c EStG, in: IWB Gruppe 3, S. 1007.
189 Der Begriff "verbundene Unternehmen" ist in § 15 AktG definiert. Dazu auch FN 361.
190 Vgl. *Jacobs*, Internationale Unternehmensbesteuerung, S. 410 f.

Leistungsvergütungen, die vom inländischen Mutterunternehmen stammen, sind daher dem Gewinn der ausländischen Tochterkapitalgesellschaft hinzuzurechnen ($+ \text{GesER}_{MP}$), Leistungsvergütungen an das Mutterunternehmen sind entsprechend zu subtrahieren ($- \text{GesAU}_{MP}$). Für den Gewinn der ausländischen Kapitalgesellschaft gilt somit:

$$G_{A(KapG)} \pm L = ER - AU + \text{GesER}_{MP} - \text{GesAU}_{MP}$$

Die Kapitalgesellschaft entfaltet aufgrund der rechtlichen Selbständigkeit eine Abschirmwirkung. Beim inländischen Anteilseigner entstehen neben dem unmittelbaren Bezug von Leistungsvergütungen im Regelfall weitere Einkünfte nur dann, wenn Gewinnausschüttungen vorgenommen werden. Unter der Bedingung, daß keine handelsrechtlichen Ausschüttungsrestriktionen vorliegen, kann für den Fall der Vollausschüttung im Vergleich zur Thesaurierung auf der Ebene der ausländischen Tochterkapitalgesellschaft ($Y_{A(KapG)} = 0$) definiert werden:

$$\Delta Y_{A(KapG)} = \left[G_{A(KapG)} - L \right] * (1 - s_A^k) = GA$$

B.4.1.3 Erfolgsabgrenzung gegenüber ausländischen Personengesellschaften

Bei der Personengesellschaft gilt das Prinzip der rechtlichen und wirtschaftlichen Zugehörigkeit für das Gesamthandvermögen und für das Sonderbetriebsvermögen.[191] Schuldrechtliche Vereinbarungen zwischen der Personengesellschaft und ihren Mitunternehmern werden in manchen Staaten auch steuerlich anerkannt. Unabhängig von der steuerlichen Anerkennung solcher Vereinbarungen muß eine verursachungsgerechte Erfolgszuordnung sichergestellt sein. Deshalb finden auch hier die beim Einheitsunternehmen beschriebenen Grundsätze zur Gewinn- und Vermögensabgrenzung Anwendung, soweit Unterbetriebsstätten existieren aber auch zwischen der Personengesellschaft und ihren Gesellschaftern in ihrer Funktion als Mitunternehmer.[192]

Davon zu unterscheiden ist der Lieferungs- und Leistungsverkehr zwischen der mit Teilrechtsfähigkeit ausgestatteten ausländischen Personengesellschaft und dem ebenfalls mindestens teilrechtsfähigen inländischen Mutterunternehmen.

---

191 *Ebd.*, S. 498 ff.
192 Unter Berücksichtigung der Besonderheiten bei der Personengesellschaft bedeutet dies, daß Übertragungen vom Sonderbetriebsvermögen ins Gesamthandvermögen und Übertragungen zwischen den Sonderbetriebsvermögen der Gesellschafter mangels Außenumsatz wie Übertragungen zwischen Stammhaus und Betriebsstätte behandelt werden.

Die Übertragung von (Einzel)Wirtschaftsgütern vom Betriebsvermögen des inländischen Mitunternehmers (Muttergesellschaft) auf die ausländische Personengesellschaft fällt nach Ansicht des BFH[193] nicht unter § 15 Abs. 1 Nr. 2 Satz 1 HS 2 EStG. Ein entgeltlicher Übertragungsvorgang ist daher als Veräußerungs- bzw. Anschaffungsgeschäft zu behandeln; bei unentgeltlicher Übertragung und bei der Übertragung gegen Gewährung von Gesellschaftsrechten (Einbringung) ist es strittig, ob weiterhin von einer gewinnrealisierenden Entnahme zum Teilwert auszugehen ist[194] oder ob auch hier bei DBA-Freistellung die für die Betriebstätte entwickelte Methode der aufgeschobenen Gewinnrealisierung zum Fremdvergleichspreis entsprechend angewendet werden kann.[195] Eine mögliche Differenz zwischen Teilwert und Fremdvergleichspreis kann vernachlässigt werden.[196] Im Nicht-DBA-Fall bleibt es bei der Möglichkeit der Buchwertübertragung bzw. bei der Einbringung beim Wahlrecht zwischen Buch-, Zwischen- und Teilwert.[197]

Geht man davon aus, daß die Finanzverwaltung die Grundsätze zur Gewinnrealisierung bei der Überführung von Wirtschaftsgütern auch bei unentgeltlichen Übertragungen und bei Einbringungsvorgängen für sachgerecht hält, ist die Erfolgszuordnung mit der einer Betriebstätte identisch.

Es gilt: $G_{A(PersG)}^{DBA} = G_{A(BSt)}^{DBA}$ bzw. $G_{A(PersG)} = G_{A(BSt)}$

$$G_{A(PersG)} = ER_{BSt} - AU_{BSt} - SZ_{BSt} - DLAU_{BSt} - b * DLAU_{Rest}$$
$$- WarenAU_{int} - a * WG_{BW}$$

$$G_{A(PersG)}^{DBA} = ER_{BSt} - AU_{BSt} - SZ_{BSt} - DLAU_{BSt} - b * DLAU_{Rest}$$
$$- WarenAU_{int} - a * WG_{MP}$$

Für den Fall der steuerlichen Anerkennung von "Sondervergütungen" i.S.d. § 15 Abs. 1 Nr. 2 EStG kann eine Erfolgsverschiebung eintreten, weil solche

---

193 BFH vom 28.1.1976, I R 84/74, BStBl II 1976, S. 744.
194 BMF-Schreiben vom 20.12.1977, IV B 2 - S 2241 - 231/77, BStBl I 1978, S. 8., [Mitunternehmererlaß], Tz. 55 (65).
195 Dieser Ansicht auch *Jacobs*, Internationale Unternehmensbesteuerung, S. 505 f.
196 Wenngleich Fälle denkbar sind, in denen der Fremdvergleichspreis (= potentieller Einzelveräußerungspreis) vom Teilwert (das ist nach § 9 BewG "der Betrag, den ein Erwerber des ganzen Unternehmens im Rahmen des Gesamtkaufpreises für das einzelne Wirtschaftsgut ansetzen würde") abweicht.
197 Mitunternehmererlaß, Tz. 57 ff.

Vereinbarungen dem Fremdvergleichsmaßstab entsprechen müssen. Die Vergütungen sind damit von den tatsächlichen Aufwendungen gegenüber Dritten entkoppelt und können auch einen angemessenen Gewinnaufschlag enthalten. Davon betroffen sind in der Gleichung Schuldzinsen (SZ_{BSt}), sowie sonstige spezielle Dienstleistungen ($DLAU_{BSt}$). Diese sind durch die vereinbarte (angemessene) Vergütung zu ersetzen ($GesAU_{MP}$).

Die Erfolgsdifferenz im Vergleich zum Fall ohne Abzug von Sondervergütungen ergibt sich als:

$$\Delta\left[G_{A(PersG)}^{DBA} - L\right] = \Delta\left[G_{A(PersG)} - L\right] = +SZ_{BSt} + DLAU_{BSt} - GesAU_{MP}$$

B.4.2 Konsequenzen abweichender Bemessungsgrundlagen für die Besteuerung ausländischer Betriebstätten

Die Gewinnermittlung ist zunächst nach den jeweiligen Bestimmungen des Belegenheitsstaates vorzunehmen. Für Zwecke der Besteuerung im Inland muß der *Betriebstättenerfolg* an abweichende inländische Vorschriften angepaßt werden ($Y_{A(I)}$). Neben den handels- und steuerrechtlichen Bilanzierungs- und Bewertungsvorschriften sind auch die allgemeinen Regelungen zur Einkommensermittlung (bspw. die §§ 4 Abs. 5 EStG, 10 KStG, die den Umfang des Betriebsausgabenabzugs regeln) zu beachten. Gewinne und Verluste, die die notwendige Währungsumrechnung mit sich bringt, werden regelmäßig den ausländischen Betriebstätteneinkünften zugeordnet. Diese Anpassungen können dazu führen, daß - je nach Methode - Aufwendungen und Erträge, die ausschließlich auf inländische Bestimmungen zurückzuführen sind, steuerlich überhaupt keine Berücksichtigung finden oder sich auf den Anrechnungsumfang der ausländischen Steuer auswirken. Dies impliziert auch, daß die Totalgewinne im Planungszeitraum differieren können.

Für die *Betriebstättenalternative* sind folgende Fälle zu unterscheiden:

(1) Freistellungsmethode:
Abweichende inländische Bestimmungen wirken sich in der laufenden Periode nur über den Progressionsvorbehalt aus und entfalten ansonsten keine steuerliche Wirkung.

(2) Anrechnungsmethode:
Aufgrund der begrenzten Anrechnung muß geprüft werden, ob die alternative Abzugsmethode zu einer niedrigeren Steuerbelastung führt. Dies ist dann der Fall, wenn die höchstens anrechenbare ausländische Steuer kleiner ist als die Steuerentlastung aus der zusätzlichen Minderung der Bemessungsgrundlage durch den ausländischen Steuerbetrag. Folgende Bedingung muß erfüllt sein:

$$s_I^{ek(kn)} * Y_{A(I)} - S_{A(BSt)_{max.}} > s_I^{ek(kn)} * \left[Y_{A(I)} - S_{A(BSt)} * Y_A \right]$$

$$\text{mit: } S_{A(BSt)_{max.}} = Min\left[s_{A(BSt)} * Y_A ; s^{ek(kn)} * Y_{A(I)} \right]$$

Für $S_{A(BSt)_{max.}} = s_{A(BSt)} * Y_A$ kann obige Bedingung nie erfüllt werden.

Die Abzugsmethode ist daher nur dann vorteilhaft, wenn die Höchstbetragsregelung greift. Die Ungleichung wird modifiziert zu:[198]

$$s_I^{ek(kn)} * Y_{A(I)} - s_I^{ek(kn)} * Y_{A(I)} > s_I^{ek(kn)} * Y_{A(I)} - s_I^{ek(kn)} s_{A(BSt)} * Y_A$$

$$\rightarrow \quad -s_I^{ek(kn)} * Y_{A(I)} > -s_I^{ek(kn)} s_{A(BSt)} * Y_A$$

$$\rightarrow \quad Y_{A(I)} < s_{A(BSt)} * Y_A$$

Erst wenn die abweichende inländische Bemessungsgrundlage der ausländischen Einkünfte geringer ist als die Auslandssteuerbelastung, lohnt sich der Übergang zur Abzugsmethode.

Aufgrund dieses Zusammenhangs kann exakt beurteilt werden, welche Methode vorteilhaft ist. In der folgenden Übersicht werden für alternative Steuersatzverhältnisse die Gesamtsteuerbelastungen ermittelt. Dabei wird für den Fall $Y_A \neq Y_{A(I)}$ die jeweils dominante Methode dargestellt und dem Ausgangsfall $Y_A = Y_{A(I)}$ durch Ermittlung der Steuerbetragsdifferenz (ΔS) gegenübergestellt.

---

198 Gewerbesteuerliche Konsequenzen der Abzugsmethode können vernachlässigt werden, da gem. § 8 Nr. 12 GewStG die im Rahmen der Einkunftsermittlung abgezogene ausländische Steuer wieder hinzugerechnet werden muß, soweit die ausländischen Gewinne oder Gewinnanteile nach § 9 GewStG gekürzt werden.

Die Gesamtsteuerbelastung ändert sich bei abweichenden inländischen Gewinnermittlungsvorschriften für die *Betriebstätte* zu:[199]

Steuersatz-verhältnis	$Y_A = Y_{A(I)}$	$Y_A \neq Y_{A(I)}$
$s_I^{ek(kn)} > s_{A(BSt)}$ **und** $s_I^{ek(kn)} < s_{A(BSt)}$	*Freistellungsmethode* $$S = s_{A(BSt)} * Y_A + \Delta s_{I(Y_A)}^{ek} * Y_I$$	*Freistellungsmethode* $$S = s_{A(BSt)} * Y_A + \Delta s_{I(Y_{A(I)})}^{ek} * Y_I$$ $$\Delta S = \left[\Delta s_{I(Y_{A(I)})}^{ek} - \Delta s_{I(Y_A)}^{ek}\right] * Y_I \to 0$$ *Anrechnungsmethode* $Y_{A(I)} \geq s_{A(BSt)} * Y_A$ **für:** $\boxed{s_I^{ek(kn)} * Y_{A(I)} \geq s_{A(BSt)} * Y_A}$ $$S = s_I^{ek(kn)} * Y_{A(I)}$$ $$\Delta S = s_I^{ek(kn)} * \left[Y_{A(I)} - Y_A\right]$$ *Abzugsmethode* $Y_{A(I)} < s_{A(BSt)} * Y_A$ $$S = s_I^{ek(kn)} * \left[Y_{A(I)} - s_{A(BSt)} * Y_A\right] + s_{A(BSt)} * Y_A$$ $$\Delta S = s_I^{ek(kn)} * \left[Y_{A(I)} - Y_A - s_{A(BSt)} * Y_A\right] + s_{A(BSt)} * Y_A$$
$s_I^{ek(kn)} > s_{A(BSt)}$	*Anrechnungsmethode* $$S = s_I^{ek(kn)} * Y_A$$	

199 Wobei für den Fall des inländischen Stammhauses in der Rechtsform der Kapitalgesellschaft nur die Thesaurierungsalternative dargestellt wird. Die Gesamtsteuerbelastung verändert sich für den Ausschüttungsfall unabhängig von der Methode auf:

$$S = s_{A(BSt)} * Y_A + s_I^{ek} * \left[Y_{A(I)} - s_{A(BSt)} * Y_A\right] * Y_A \to \Delta S = s_I^{ek} * \left[Y_{A(I)} - Y_A\right].$$

$s_I^{ek(km)} < s_{A(BSt)}$ $S = s_{A(BSt)} * Y_A$	**für:** $s_I^{ek(km)} * Y_{A(I)} \geq s_{A(BSt)} * Y_A$ $S = s_I^{ek(km)} * Y_{A(I)}$ $\Delta S = s_I^{ek(km)} * \left[Y_{A(I)} - Y_A\right]$ $\quad - \left[s_{A(BSt)} - s_I^{ek(km)}\right] * Y_A$ $\quad = s_I^{ek(km)} * Y_{A(I)} - s_{A(BSt)} * Y_A$ **für:** $s_I^{ek(km)} * Y_{A(I)} < s_{A(BSt)} * Y_A$; $\Delta S = 0$ $S = s_{A(BSt)} * Y_A$	$S = s_I^{ek(km)} * \left[Y_{A(I)} - s_{A(BSt)} * Y_A\right]$ $\quad + s_{A(BSt)} * Y_A$ $\Delta S = s_I^{ek(km)} * \left[Y_{A(I)} - s_{A(BSt)} * Y_A\right]$

Tab. 24: *Kumulierte Ertragsteuerbelastung bei abweichenden inländischen Gewinnermittlungsvorschriften*

Einen Sonderfall abweichender Gewinnermittlungsvorschriften stellt die steuerliche Behandlung von Sondervergütungen bei der *Personengesellschaftsalternative* dar. Daher ist eine weitere Differenzierung erforderlich, wenn Sondervergütungen im Ausland steuerlich als Betriebsausgaben anerkannt werden, im Inland hingegen unter § 15 Abs. 1 Nr. 2 EStG subsumiert werden. Die aus der unterschiedlichen Einkünftequalifikation resultierenden Konsequenzen können formal wie folgt dargestellt werden.[200]

(1) Anrechnungsmethode:
Trotz abweichender Einkünftezuordnung im Ausland ist die ausländische Quellensteuer auf die Sondervergütungen im Inland anrechenbar. Es gilt:

$$S = s_{A(BSt)} * q * [G_A - L] + s_{Q(L)} * g * L + s_I^{ek(kn)} * Y_{A(I)} - S_{A\,max.}$$

wobei $Y_{A(I)} = q * [G_A - L] + g * L$

$$\text{mit: } S_{A_{max.}} = Min \begin{bmatrix} s_{A(BSt)} * q * [G_A - L] + s_{Q(L)} * g * L; \\ s_I^{ek(kn)} * Y_{A(I)} \end{bmatrix}$$

Für $S_{A(BSt)} > S_I^{ek(kn)} > S_{Q(L)}$ beträgt die Änderung der Gesamtsteuerbelastung durch die Sondervergütungen

$$\Delta S = (-s_{A(BSt)} + s_I^{ek(kn)}) * g * L;$$

für $S_{Q(L)} < S_{A(BSt)} < S_I^{ek(kn)}$ beträgt $\Delta S = 0$, weil durch die Anrechnungsmethode stets das höhere inländische Steuerniveau hergestellt wird.

(2) Freistellungsmethode:
Ist die abkommensrechtliche Einkünftequalifikation des Quellenstaates auch für die abkommensrechtliche Einkünftequalifikation im Wohnsitzstaat maßgeblich, gilt:[201]

---

200 Im Inland werden keine gewerbesteuerlichen Konsequenzen ausgelöst, da auch die Sondervergütungen von der Kürzungsvorschrift nach § 9 Nr. 2 GewStG erfaßt werden.

201 Erfolgt keine Übernahme der abkommensrechtlichen Qualifikation der Sondervergütungen im Wohnsitzstaat, werden sämtliche Einkünfte, die von der ausländischen Personengesellschaft stammen, unter Progressionsvorbehalt freigestellt ⇒ Qualifikationskonflikt.

$$S = s_{A(BSt)} * q * [G_A - L] + s_{Q(L)} * g * L + \Delta s_I^{ek} * Y_I$$
$$+ s_I^{ek(kn)} * g * L - S_{Q(L)_{max.}}$$

Die Einkünftezuordnung aus nationaler Sicht wird dadurch nicht tangiert.

Die Änderung der Gesamtsteuerbelastung durch die Sondervergütungen beträgt unabhängig von $S_{A(BSt)}$ für $S_I^{ek(kn)} > S_{Q(L)}$:

$$\Delta S = (-s_{A(BSt)} + s_I^{ek(kn)}) * g * L$$

Bei der Organisationsform *Kapitalgesellschaft* sind abweichende inländische Bestimmungen unerheblich, weil die Gesellschaft selbst im Inland nicht steuerpflichtig ist. Dafür sind auf Gesellschafterebene spezielle Korrekturvorschriften zu beachten.

B.4.3 Spezielle Korrekturvorschriften für ausländische Tochterkapitalgesellschaften

B.4.3.1 Ergebniskorrektur bei verbundenen Unternehmen

Der steuerlich **dem Grunde nach** anerkannte Leistungsaustausch zwischen einer Kapitalgesellschaft und ihren Gesellschaftern birgt bei international verbundenen Unternehmen die Gefahr von Gewinnverlagerungen zwischen den beteiligten Staaten. Daher werden solche Vereinbarungen regelmäßig **der Höhe nach** einer Überprüfung durch die Finanzverwaltung unterzogen und bei Bedarf korrigiert. Ergebniskorrekturen zwischen verbundenen Unternehmen können einerseits aufgrund allgemeiner nationaler Bestimmungen erforderlich sein, andererseits aufgrund spezieller Vorschriften des Außensteuerrechts. Außerdem sieht das OECD-Musterabkommen eine Gewinnkorrekturklausel vor. Da verschiedene Korrekturbestimmungen i.d.R. auch unterschiedliche Rechtsfolgen auslösen, muß zunächst deren sachlicher Anwendungsbereich, sowie deren Verhältnis zueinander geklärt werden.[202] Exemplarisch werden dazu die deutschen Regelungen herangezogen, wobei eine analoge Anwendung im Ausland unterstellt wird.

B.4.3.1.1 Verdeckte Gewinnausschüttung - verdeckte Einlage

Nach § 8 Abs. 3 Satz 2 KStG dürfen verdeckte Gewinnausschüttungen das Einkommen nicht mindern. Begriff und Merkmale einer verdeckten Gewinnausschüttung hat der BFH in ständiger Rechtsprechung definiert und weiterentwikkelt.[203] Bei einer *verdeckten Gewinnausschüttung* nimmt die vorteilsgewährende Kapitalgesellschaft eine Vermögensminderung in Kauf bzw. es wird eine Vermögensmehrung verhindert; im entgegengesetzten Fall - der *verdeckten Einlage* - wird der Tochterkapitalgesellschaft ein Vorteil gewährt.[204] In beiden Fällen muß eine **Veranlassung durch das Gesellschaftsverhältnis** vorliegen. Der auch im Gesetz verwendete Begriff verdeckte "Gewinnausschüttung" ist irreführend, weil der Abflußzeitpunkt nicht zwingend mit dem Zeitpunkt der Einkommensminderung übereinstimmen muß. Daher muß hinsichtlich der Rechtsfolgen zwischen *verdecktem Einkommen* und verdeckter Gewinnaus-

---

202 Eine kurze präzise Abhandlung gibt *Günkel*, Die Prüfung der steuerlichen [Verrechnungspreise] durch den Abschlußprüfer, in: WPg 1996, S. 840 ff.

203 Vgl. die Zusammenfassung der Grundsätze der aktuellen Rechtsprechung in Abschn. 31 KStR. Zur Definition der vGA vgl. auch *Wassermeyer*, Zur neuen Definition der [verdeckten Gewinnausschüttung], in: GmbHR 1989, S. 298-301 und zu einzelnen Urteilen *ders.*, Stand der [Rechtsprechung] zur verdeckten Gewinnausschüttung, in: Stbg 1996, S. 481-486.

204 Vgl. Abschn. 36a KStR.

schüttung differenziert werden. Das Rechtsinstitut der verdeckten Einlage erstreckt sich (spätestens seit dem Beschluß des Großen Senats)[205] ausdrücklich *nicht* auf Erfolgsbeiträge. Im Unterschied dazu können verbilligte oder unentgeltliche Nutzungsüberlassungen Gegenstand einer verdeckten Gewinnausschüttung sein.

Folgendes Schaubild soll die Zusammenhänge verdeutlichen und denkbare Sachverhalte aufzeigen:[206]

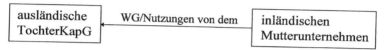

zu hohes Entgelt: vE/vGA
zu geringes Entgelt: vEI (NICHT bei Nutzungen)

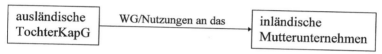

zu hohes Entgelt: vEI (NICHT bei Nutzungen)
zu geringes Entgelt: vE/vGA

Hat eine Überprüfung ergeben, daß die Voraussetzungen dieser Rechtsinstitute vorliegen, so stellen sich Rechtsfolgen stets auf Gesellschafts- **und** Gesellschafterebene ein.[207]

---

205 BFH vom 26.10.87, GrS 2/86, BStBl II 1987, S. 348. Bei grenzüberschreitenden Sachverhalten kann diese Vorgehensweise zu Besteuerungslücken führen. Daher wird in der Literatur eine zu den nationalen Sachverhalten abweichende Behandlung als Einlage vorgeschlagen. Zur Diskussion *Ebenroth/Fuhrmann*, Gewinnverlagerungen durch [Unterpreislieferungen] im transnationalen Konzern, in: DB 1989, S. 1103 f.
206 Dazu auch die Fallkonstellationen zur verdeckten Gewinnausschüttung bei *Jacobs*, Internationale Unternehmensbesteuerung, S. 413 ff.
207 Grundsätzlich gibt es keine Vorschriften über die "angemessene" Kapitalausstattung ausländischer Tochtergesellschaften. Durch Gesellschafter-Fremdfinanzierung können Ertragsteuerbemessungsgrundlagen gezielt verlagert werden. Daher wird in vielen Ländern mittels Sonderbestimmungen einer übermäßigen Fremdfinanzierung - gemessen an vorgegebenen Eigen-/Fremdkapitalrelationen - entgegengewirkt. Nach deutschem Recht werden Vergütungen für Fremdkapital, das von wesentlich beteiligten, nicht-anrechnungsberechtigten Anteilseignern stammt, aufgrund des § 8a KStG unabhängig von den bisher besprochenen Regelungen ebenfalls als verdeckte Gewinnausschüttungen behandelt, soweit die dort fixierten Relationen überschritten werden. Da die Rechtsfolgen aus § 8a KStG an die steuerliche Behandlung der

Analytische Darstellung der Rechtsfolgen

- *Behandlung der verdeckten Gewinnausschüttung*

(1) bei der vorteilsgewährenden ausländischen Tochterkapitalgesellschaft

(1.1) Verdecktes Einkommen:[208]

$$\Delta S_A = s_A^k * vGA$$

Es findet ausschließlich eine Einkommenserhöhung im Umfang der unangemessenen Vermögensminderung statt; der Abfluß, sowie die damit verbundene Quellensteuererhebung im Umfang $s_{Q(Div)} * vGA$[209] tritt erst zu einem späteren Zeitpunkt ein.

(1.2) Verdeckte Gewinnausschüttung:[210]

$$\Delta S_A = s_A^k * vGA + (1 - s_A^k) * s_{Q(Div)} * \frac{vGA}{1 - s_A^k} - s_{Q(L)} * \Delta L$$

$$= s_A^k * vGA + s_{Q(Div)} * vGA - s_{Q(L)} * \Delta L$$

Die im Rahmen der beschränkten Steuerpflicht im Ausland erhobene Quellensteuerbelastung der Leistungsvergütungen wird ersetzt durch die Körperschaft und Quellensteuer auf die Gewinnausschüttung. Wenn die vGA analog zum deutschen Recht als Bardividende behandelt wird, ist die tatsächliche Ausschüttung größer als die aus der Einkommenserhöhung mögliche (sog. Divergenzeffekt).[211] Bemessungsgrundlage für die Quellensteuer ist daher die vGA. Weitere Steuermehrbelastungen können entstehen, wenn für diese Ausschüttung bisher steuerfrei gespeicherte Eigenkapitalteile verwendet werden müssen.

Fremdfinanzierung anknüpfen, wird an dieser Stelle der Arbeit auf eine detaillierte Betrachtung verzichtet. Eine ausführliche Analyse erfolgt im Zusammenhang mit der steuerlichen Optimierung durch Finanzierungsgestaltung. Insoweit kann auf die dortigen Ausführungen verwiesen werden: Kapitel C.3, Gliederungspunkt C.3.4.

208   In der formelmäßigen Darstellung wird dennoch die Bezeichnung vGA gewählt. Die Einkommenserhöhung im Ausland führt möglicherweise auch zu einer Erhöhung anderer Ertragsteuern wie bspw. der GewSt. Es kann weiterhin davon ausgegangen werden, daß die Erfolgsabgrenzungsgrundsätze bei der Betriebsstättenalternative zu vergleichbaren Bemessungsgrundlagen im Ausland führen. Daher werden diese Effekte auch im folgenden vernachlässigt.

209   Zur Herleitung vgl. die nachfolgenden Ausführungen.

210   Aus dem Aufdecken der vGA resultiert $- \Delta L$; $[G_A - L]$ steigt entsprechend. Bei Ausschüttung tritt die Quellensteuerbelastung bezogen auf die Bar=Bruttoausschüttung hinzu. Der erhöhte vEK-Abgang kann zu weiteren körperschaftsteuerlichen Konsequenzen führen, wenn nicht ausreichend belastetes EK zur Verfügung steht.

211   Kritisch hierzu *Bareis*, Die notwendige Reform der Körperschaftsteuer: Systembereinigungen und Vereinfachungen, in: Bundessteuerberaterkammer (Hrsg.), Steuerberaterkongreß-Report, München 1987, S. 53 ff.

104

Im Umfang der Differenz liegt wirtschaftlich betrachtet eine ungeplante, vorgezogene Gewinnausschüttung vor.[212]

(2) bei der vorteilsempfangenden inländischen Muttergesellschaft[213]
Hat der Gesellschafter bereits ΔUE bzw. ΔL als Zufluß erhalten, wird die vGA als Bardividende behandelt.

Es gilt: vGA = -ΔUE   bzw. $-\Delta L \rightarrow \Delta(Y_I + Y_A) = 0$[214];
das gewerbesteuerliche Schachtelprivileg gilt auch für vGA.[215]

(2.1) direkte Anrechnung

$$\Delta S_I = s_I^{ek(kn)} * vGA - S_{Q(Div)_{max.}}$$
$$- (s_I^{ek_g(kn)} + s_I^{ge} - s_I^{ek_g(kn)} s_I^{ge}) * \Delta L(UE) + S_{Q(L)_{max.}}$$

(2.2) direkte und indirekte Anrechnung

$$\Delta S_I = s_I^{kn} * [vGA + AB_{max.}] - S_{Q(Div)} - AB_{max.}$$
$$- (s_I^{kn} + s_I^{ge} - s_I^{kn} s_I^{ge}) * \Delta L(UE) + S_{Q(L)_{max.}}$$

Aus der einseitigen Korrektur (Einkommenserhöhung im Ausland bei unverändertem inländischen Einkommen) der ausländischen Bemessungsgrundlage resultiert eine Steuermehrbelastung, die nur bei indirekter Anrechnung gemildert oder beseitigt werden kann. Wegen der Umqualifizierung von Leistungsvergütungen in Dividenden entsteht jedoch ein gewerbesteuerlicher Vorteil. Aus der Sicht einer inländischen Mutterpersonengesellschaft wird die zusätzliche Ge-

---

212 Vgl. hierzu die Fallbetrachtungen bei *Marx/Bohlen/Weber*, Steuerwirkungen und [Divergenzeffekte] infolge verdeckter Gewinnausschüttungen, in: DB 1996, S. 2397-2403.
213 Die nachfolgend dargestellte Rechtsfolge tritt nicht ein, wenn die Tochtergesellschaft Leistungen zu unangemessen niedrigen Entgelten erbringt. Die Fiktion des Zuflusses müßte mit einer Rückflußfiktion in Form der verdeckten Einlage einhergehen. Dies hat der BFH ausdrücklich abgelehnt. BFH vom 28.1.1981, I R 10/77, BStBl II 1981, S. 612; BFH vom 26.10.1987, GrS 2/86, BStBl II 1988, S. 348.
214 Direktgeschäfte (= ΔUE), soweit sie nicht unter den Katalog des § 34d EStG fallen, werden den inländischen Einkünften zugeordnet. Quellensteuern sind mangels beschränkter Steuerpflicht im Ausland nicht zu berücksichtigen $\rightarrow S_{Q(UE)} = 0$. Hat die Muttergesellschaft Wirtschaftsgüter zu einem unangemessen niedrigen Entgelt erworben, tritt wegen der erfolgswirksamen Erhöhung der Anschaffungskosten die hier dargestellte Bemessungsgrundlagenneutralität erst über den Warenverbrauch bzw. über erhöhte Abschreibungen ein: $vGA = +\Delta A_0 \rightarrow \Delta(Y_I + Y_A) = +vGA$.
215 Vgl. *Glanegger/Güroff*, GewStG, § 9 Nr. 2a, Anm. 5.

winnsteuerbelastung der ausländischen Tochterkapitalgesellschaft definitiv und erhöht somit die Gesamtsteuerbelastung.

Entgegen der hier vereinfachend getroffenen Annahme, muß nach innerstaatlichem Recht keinesfalls eine mit dem Ausland übereinstimmende Umqualifikation sowohl dem Grunde als auch der Höhe nach erfolgen. Art und Ausmaß der Gewinnkorrektur richten sich nach den jeweiligen nationalen Vorschriften der betroffenen Staaten.[216] Wird die Umqualifikation des Auslandes nicht oder nur teilweise übernommen, lassen sich wirtschaftliche Doppelbesteuerungen oder Besteuerungslücken nicht vermeiden.

Die Gesamtwirkung einer solchen Gewinnkorrektur hängt
→vom Verhältnis der ausländischen Steuersätze,
→von der jeweiligen innerstaatlichen Beurteilung,
→von der Rechtsform des inländischen Mutterunternehmens
und von den Anrechnungsmöglichkeiten im Inland ab.

• *Behandlung der verdeckten Einlage*[217]

(1) bei der vorteilsempfangenden ausländischen Tochterkapitalgesellschaft
Die verdeckte Einlage als Folge von *Unterpreislieferungen* an die Tochtergesellschaft führt zunächst zu einer *erfolgsneutralen* Erhöhung der Kapitalrücklage. Zu einer steuerlich wirksamen Einkommensminderung kommt es erst, wenn die betroffenen Wirtschaftsgüter verbraucht werden:[218]

$$\Delta BW(S_A) = \sum_{t=1}^{n} \left[-s_A^k * a_t * vEI \right] * q_s^{-t}$$

mit: $0 \leq a \leq 1$; für den Fall, daß es sich um nicht abnutzbares Anlagevermögen handelt gilt a=0, für Umlaufvermögen gilt a=1.

---

216 Vgl. *Piltz*, [Besteuerung umqualifizierter Zinsen] im Empfängerstaat, in: Piltz/Schaumburg (Hrsg.), Unternehmensfinanzierung im internationalen Steuerrecht, Forum der internationalen Besteuerung, Band 9, Köln 1995, S. 117 f.

217 Der BFH-Beschluß vom 9.6.1997, GrS 1/94, DB 1997, S. 1693 tangiert die Rechtsfolgen der hier behandelten Fälle nicht, da ausschließlich betriebliche Beteiligungen vorliegen. Zu dem Beschluß im einzelnen *Groh*, Ist die [verdeckte Einlage] ein Tauschgeschäft?, in: DB 1997, S. 1683 ff.

218 Beim Umlaufvermögen wird die Ergebniswirksamkeit durch den Wareneinsatz, bei abnutzbaren Anlagevermögen über erhöhte Abschreibungen ausgelöst. Verzichtet das Mutterunternehmen auf Forderungen gegenüber der Tochtergesellschaft, tritt die Einkommensminderung mit dem Forderungsverzicht ein. Dabei kann es sich auch um Nutzungsentgelte handeln; BFH vom 24.5.1984, I R 166/78, BStBl II 1984, S. 747.

Haben *Überpreislieferungen* an die Muttergesellschaft zur verdeckten Einlage geführt, erfolgt die Berichtigung der Umsatzerlöse sofort *erfolgswirksam*:

$$\Delta S_A = -s_A^k * vEI$$

(2) bei der vorteilsgewährenden inländischen Muttergesellschaft

Im ersten Fall führt die verdeckte Einlage zu einer *erfolgswirksamen* Erhöhung des Beteiligungsbuchwertes, woraus folgt: $\Delta Y_I = vEI$

$$\Delta S_I = (s_I^{ek_g(kn)} + s_I^{ge} - s_I^{ek_g(kn)} s_I^{ge}) * vEI$$

Diese Steuerbelastung ist jedoch nicht endgültig; sie wird mit Veräußerung/Liquidation der Tochtergesellschaft spätestens durch die Berücksichtigung des erhöhten Beteiligungsbuchwertes ausgeglichen.[219] Zum Zinseffekt aus der vorgezogenen Besteuerung kann ein Steuersatzeffekt hinzutreten, wenn die Veräußerung der Beteiligung steuerfrei oder zu einem ermäßigten Steuersatz erfolgt.[220] Dieser Zusammenhang kann wie folgt dargestellt werden:

$$\Delta BW(S_I) = \sum_{t=1}^{T} \left[(s_I^{ek_g(kn)} + s_I^{ge} - s_I^{ek_g(kn)} s_I^{ge}) * vEI \right]_t * q_s^{-t}$$
$$- \left[s_I^{VG} * \Delta VG \right]_T * q_s^{-T}$$

wobei: $0 \leq s_I^{VG} \leq (s_I^{ek_g(kn)} + s_I^{ge} - s_I^{ek_g(kn)} s_I^{ge})$

und: $\sum_{t=1}^{T} vEI_t = \Delta VG$

Im zweiten Fall erhöht die verdeckte Einlage die Anschaffungskosten und den Beteiligungsbuchwert *erfolgsneutral*. Erfolgswirkungen entstehen erst durch Verbrauch der Wirtschaftsgüter:

$$\Delta BW(S_I) = \sum_{t=1}^{T} \left[-(s_I^{ek_g(kn)} + s_I^{ge} - s_I^{ek_g(kn)} s_I^{ge}) * a_t * vEI \right] * q_s^{-t}$$

---

219 In diesem Zeitpunkt wirkt sich auch eine nicht aufgedeckte verdeckte Einlage gewinnerhöhend im Rahmen der "Endabrechnung" aus.
220 Vgl. dazu Kapitel B.6, Gliederungspunkt B.6.2.2.

B.4.3.1.2 Gewinnberichtigung nach § 1 AStG

Für Einkunfts**minderungen** im Inland, die aus grenzüberschreitenden **Geschäftsbeziehungen**[221] zu nahestehenden Personen resultieren, sieht § 1 AStG eine Gewinnkorrektur nach dem Prinzip des "dealing-at-arm's-length" vor. Von dieser Berichtigungsnorm werden auch Erfolgsbeiträge erfaßt. Der sachliche Anwendungsbereich ist damit weiter als der der verdeckten Einlage. Nach Ansicht der Finanzverwaltung ist bei einer Kollision der Abgrenzungsregelungen § 1 AStG nur subsidiär - d.h. im Falle der verdeckten Nutzungseinlage - anzuwenden.[222]

Die Rechtsfolgen aus der Gewinnberichtigung nach § 1 AStG stimmen im Ergebnis mit den Rechtsfolgen einer verdeckten Einlage bei der vorteilsgewährenden Muttergesellschaft überein. Allerdings ergeben sich Unterschiede hinsichtlich der technischen Abwicklung. Berichtigungen nach § 1 AStG sind stets außerhalb der Bilanz durchzuführen.[223] Deshalb ist die Gliederung des verwendbaren Eigenkapitals entsprechend anzupassen. Damit die Anrechnung der Körperschaftsteuer auf den Berichtigungsbetrag gewährleistet ist, wird ein Zugang zum $EK(s_I^{kn})$ i.H.v. $(1 - s_I^{kn}) * \Delta Y_I$ fingiert, der durch einen Abgang beim EK02 i.H.v. $-\Delta Y_I$ korrigiert wird.[224] Die materielle Gleichbehandlung zur verdeckten Einlage entsteht durch gewinnmindernde Berücksichtigung des Berichtigungsbetrags bei der Veräußerung/Liquidation.[225] Eine Teilwertabschreibung auf den Berichtigungsbetrag ist hingegen ausgeschlossen.[226]

Nach Ansicht der Finanzverwaltung soll aus der Gewinnerhöhung im Inland keine wirtschaftliche Doppelbelastung resultieren. Daher soll eine frühzeitige Information des Steuerpflichtigen hinsichtlich der geplanten Einkünftekorrektur erfolgen, damit dieser gegenüber der ausländischen Behörde über eine entspre-

---

221 Nicht zu den Geschäftsbeziehungen gehört hingegen die Zuführung von Nominalkapital, vgl. *Blümich/Menck*, EStG/KStG/GewStG, § 1 AStG, Rz. 24.

222 BMF-Schreiben vom 23.2.1983, Grundsätze für die Prüfung der Einkunftsabgrenzung bei international verbundenen Unternehmen [(Verwaltungsgrundsätze)], IV C - S 1341 - 4/83, BStBl I 1983, S. 218, Tz. 1.1.3. und 1.3.1.2. A.A. *Jacobs*, Internationale Unternehmensbesteuerung, S. 423 f.

223 Verwaltungsgrundsätze, Tz. 8.1.1.c). A.A. *Baranowski*, Besteuerung von Auslandsbeziehungen, 2. Auflage 1996, Herne - Berlin, S. 313 ff., Tz. 775-778.

224 Vgl. Abschn. 83 Abs. 2 Nr. 1 KStR; mit Beispielen *Jacob/Hörmann*, Steuersystematische Grundlagen der [Ergebniskorrektur] im internationalen Konzern, in: BB 1991, S. 736 f.

225 Verwaltungsgrundsätze, Tz. 8.3.2.

226 Dies wird damit begründet, daß es sich bei dem Berichtigungsbetrag um fiktive Einkünfte handle; BFH vom 30.5.1990, I R 97/88, BStBl II 1990, S. 875.

chende Gewinnberichtigung verhandeln kann.[227] Die ausländische Behörde ist jedoch keineswegs verpflichtet, die Einkünfte entsprechend zu verringern.

B.4.3.1.3 Gewinnberichtigung nach Art. 9 OECD-MA

Die meisten DBA enthalten in Anlehnung an Art. 9 OECD-MA auch eine Berichtigungsvorschrift für verbundene Unternehmen. Die Anwendung dieser Vorschrift setzt eine unmittelbare oder mittelbare Leitungs-, Kontroll- oder Kapitalbeteiligung voraus.[228] Die Korrektur erfolgt nach dem im Abkommensrecht gängigen dealing-at-arm's-length-Maßstab. Zur Vermeidung wirtschaftlicher Doppelbelastungen sieht Art. 9 Abs. 2 OECD-MA die **korrespondierende Gewinnberichtigung** vor. Diese ökonomisch wünschenswerte Bestimmung scheitert an der Übernahme in zahlreichen DBA mit der Begründung, daß ohne die Gefahr von Sanktionen ein Anreiz zu Gewinnverschiebungen geschaffen wird.[229] Innerhalb der EU gewährleistet die Schiedsverfahrenskonvention[230] seit dem 1.1.1995 eine Einigung in beiden Vertragsstaaten.

Da aufgrund eines DBA Steueransprüche nicht begründet, sondern lediglich beschränkt werden, ist eine Gewinnberichtigung daher nur nach Maßgabe der innerstaatlichen Regelungen vorzunehmen.[231] Deren sachlicher Anwendungsbereich ist jedoch einzuschränken, soweit er über die Berichtigungsvoraussetzungen[232] des Art. 9 Abs. 1 OECD-MA hinausgeht. Dies ist auch dann der Fall, wenn die steuerliche Anerkennung weitere Kriterien voraussetzt. Allein wegen der Nichtbeachtung bspw. formeller Erfordernisse darf daher eine Gewinnkorrektur nicht vorgenommen werden.[233]

Analytische Darstellung der Rechtsfolgen

Die steuerliche Behandlung der Gewinnzurechnung erfolgt ausschließlich nach den nationalen Bestimmungen. Bei analoger Anwendung der deutschen Vorschriften kann die Korrektur (Erstberichtigung) im Staat der *vorteilsgewährenden* Gesellschaft für das Aus- wie auch das Inland in allgemeiner Form als

---

227 Verwaltungsgrundsätze, Tz. 1.2.5.
228 Die Anwendung von Art. 11 Abs. 6 OECD-MA scheidet aus, weil dessen sachlicher Anwendungsbereich gesellschaftsrechtliche Verbindungen nicht erfaßt.
229 Vgl. *Vogel*, DBA, Art. 9, Rz. 47.
230 Art. 4 Nr. 1 EG-Gewinnberichtigungsabkommen, Richtlinie Nr. 90/436/EWG des Rates über die Beseitigung der Doppelbesteuerung im Falle von Gewinnberichtigungen zwischen verbundenen Unternehmen vom 20.8.1990, Abl. Nr. L 225, 10.
231 Vgl. *Vogel*, DBA, Art. 9, Rz. 16, 44 und 45.
232 Vgl. zu den Voraussetzungen im einzelnen *Vogel*, DBA, Art. 9, Rz. 18 ff.
233 Vgl. *Jacobs*, Internationale Unternehmensbesteuerung, S. 429.

$$\Delta S_{A(I)} = (s_{A(I)} - s_{Q(L)}) * \Delta L \quad \text{bzw.} \quad \Delta S_{A(I)} = s_{A(I)} * \Delta UE$$
$$\text{mit: } s_A = s_A^k + s_{Q(Div)} \quad \text{und} \quad s_I = s_I^{ek_g(kn)} + s_I^{ge} - s_I^{ek_g(kn)} s_I^{ge\ 234}$$

dargestellt werden.

Für die korrespondierende Gewinnberichtigung schreibt Art. 9 Abs. 2 OECD-MA nur vor, daß "der andere Staat eine entsprechende **Änderung** *(im Original nicht fett)* der dort von diesen Gewinnen erhobenen Steuer" vornimmt. Eine bestimmte Methode ist nicht vorgesehen. Im Kommentar zum Musterabkommen werden verschiedene Möglichkeiten genannt:

(1) Gegenberichtigung[235]
(1.1) Änderung der Veranlagung:
Nach dieser Methode wird spiegelbildlich zur Erstberichtigung der Gewinn gemindert

$$\Delta S_{I(A)} = s_{I(A)} * (-\Delta L) + S_{Q(L)_{max.}} \quad \text{bzw.} \quad \Delta S_{I(A)} = s_{I(A)} * (-\Delta UE)$$

(1.2) Methode der "indirekten Steueranrechnung":
Obwohl das Erfordernis der Subjektidentität nicht erfüllt wird, wird die Steuer auf die Gewinnerhöhung im anderen Vertragsstaat angerechnet

$$\Delta S_{I(A)} = -s_{A(I)} * \Delta L + S_{Q(L)_{max.}} \quad \text{bzw.} \quad \Delta S_{I(A)} = -s_{A(I)} * \Delta UE$$

Durch beide Maßnahmen wird ausschließlich der Steueranspruch korrigiert, ohne daß die Vermögensverlagerung steuerlich zugeordnet und abgewickelt wird.

(2 Sekundäre Berichtigung[236]
Das Ziel der sekundären Berichtigung besteht in der Abwicklung der Vermögensverlagerung nach Maßgabe der abkommensrechtlichen Vorschriften. Das hat zur Konsequenz, daß der Zufluß bzw. Abfluß entsprechend den Grundsätzen zur verdeckten Gewinnausschüttung und verdeckten Einlage zu behandeln ist. Ein sachgerechtes Ergebnis läßt sich nur erzielen, wenn verdeckte Gewinnausschüttungen übereinstimmend unter die Dividendenvorschrift subsumiert

---

234 Bzw. $s_I^{ek_g(kn)} + 0{,}5s_I^{ge} - s_I^{ek_g(kn)} 0{,}5s_I^{ge}$ bei Dauerschuldzinsen.

235 MA-Kommentar, Art. 9, Ziff. 7, in: *Vogel*, DBA, Art. 9, Rz. 61, zur konkreten Vorgehensweise Rz. 79 ff.

236 MA-Kommentar, Art. 9, Ziff. 8, in: *Vogel*, DBA, Rz. 62, sowie Rz. 82 f.

werden.[237] Sieht das DBA zur Beseitigung der Doppelbelastung die Anrechnungsmethode vor, kann auf die Ausführungen zur verdeckten Gewinnausschüttung verwiesen werden. Diese sind zu ergänzen, wenn das DBA beim Dividendenempfänger die Freistellung[238] vorsieht. Im Ergebnis werden durch Gegenberichtigung und sekundäre Berichtigung steuerpflichtige Leistungsentgelte (Umsatzerlöse) in steuerfreie Dividendenerträge "umgewandelt".[239] Es gilt: $S_I = 0$.

Da in vielen DBA abweichend zum OECD-MA keine korrespondierende Gewinnberichtigung vorgesehen ist, besteht auch keine generelle rechtliche Verpflichtung zur vollständigen oder teilweisen Übernahme der Umqualifikation. Auch zwischen DBA-Staaten gilt der Grundsatz, daß sowohl die innerstaatliche als auch die abkommensrechtliche Qualifikation völlig unabhängig voneinander getroffen werden darf. Wird die Umqualifikation nicht nachvollzogen, bleibt es bei der ursprünglichen Qualifikation im Inland; die aus der Umqualifikation resultierenden Quellensteuern im Ausland werden dann angerechnet.

B.4.3.1.4 Besonderheiten von Ergebniskorrekturen im Rahmen der Hinzurechnungsbesteuerung

Einer gesonderten Betrachtung bedarf es bei verdeckten Gewinnausschüttungen, soweit sie von Zwischengesellschaften stammen. In der Literatur wird die Frage kontrovers diskutiert, ob und zu welchem Zeitpunkt verdeckte Gewinnausschüttungen nach dem Wortlaut des § 11 Abs. 1 AStG zur einer Kürzung des Hinzurechnungsbetrages führen. Verdeckte Gewinnausschüttungen gelten regelmäßig bereits in dem Wirtschaftsjahr in dem sie anfielen als bezogen. Der Hinzurechnungsbetrag gilt hingegen erst nach Ablauf des maßgebenden Wirtschaftsjahres als zugeflossen. Diese zeitversetzte Zuflußfiktion führt bei strikter Anwendung der gesetzlichen Bestimmungen immer dann zu endgültigen Doppelbesteuerungen im Inland, wenn im Jahr der verdeckten Gewinnausschüttung und in den vorhergegangenen vier Jahren keine kürzungsfähigen Hinzurechnungsbeträge existieren.[240] In der Literatur wird einhellig die Auffassung ver-

---

237 Die Subsumtion verdeckter Gewinnausschüttungen unter den Dividendenartikel ist unumstritten. Vgl. MA-Kommentar, Art. 10, Zi ff. 28, in: *Vogel*, DBA, Art. 10, Rz. 178.

238 Es wäre aber auch denkbar, daß speziell für verdeckte Gewinnausschüttungen "nur" die Anrechnungsmethode vorgesehen ist.

239 Vgl. das Beispiel bei *Jacob/Hörmann*, Ergebniskorrektur, S. 738.

240 Ein Beispiel findet sich bei *Maas*, [Vorabausschüttungen] und verdeckte Gewinnausschüttungen in Fällen der Hinzurechnungsbesteuerung nach dem Außensteuergesetz, in: BB 1989, S. 269 f.

treten, daß eine Doppelbesteuerung aus dem Nebeneinander von Ausschüttungs- und Hinzurechnungsbesteuerung vom Gesetzgeber nicht beabsichtigt ist. *Maas* schließt die nach seiner Ansicht bestehende verdeckte "Gesetzeslücke" durch teleologische Reduktion.[241] Für *Köhler* existiert kein Doppelbesteuerungsproblem, weil seiner Ansicht nach vGA bei der Hinzurechnungsbesteuerung nicht steuerbar sind.[242]

Die verschärfte Hinzurechnungsbesteuerung für Zwischeneinkünfte mit Kapitalanlagecharakter macht eine Trennung der schädlich passiven von den unschädlich passiven Einkünften notwendig. Gewinnkorrekturen fallen wegen ihrer gesellschaftrechtlichen Abstammung vollständig aus den passiven Einkünften heraus. Maßgebliche relative Grenzen können dadurch leicht verändert werden.[243]

---

241 *Ebd.*, S. 271.
242 *Köhler*, [Verdeckte Gewinnausschüttungen] und Vorabausschüttungen bei ausländischen Zwischengesellschaften, in: RIW 1989, S. 471 f.
243 Gestaltungsempfehlungen zu den "alten" Relationen gibt *Flick*, Der Einfluß von [Gewinnkorrekturen] bei der neuen Hinzurechnungsbesteuerung für Zwischeneinkünfte mit Kapitalanlagecharakter, in: IStR 1993, S. 12 f.

B.4.3.2 Betriebsausgabenabzug bei Auslandseinkünften

Aus den Regelungen in den DBA zur Vermeidung bzw. Verminderung der Doppelbesteuerung resultieren für den Staat, der sein Besteuerungsrecht einschränkt oder ganz darauf verzichtet, weitere Steuerausfälle, wenn inländische Betriebsausgaben, deren Existenz auf ausländische Erträge zurückzuführen ist, in uneingeschränktem Umfang im Inland zum Abzug zugelassen werden. Die steuerliche Erfassung in dem einen Vertragsstaat ginge dann mit einem "doppelten" Steuerverzicht in dem anderen Vertragsstaat einher. Dieses Ungleichgewicht könnte nur beseitigt werden, wenn solche Betriebsausgaben mittels Verrechnungspreisen der ausländischen Tochtergesellschaft zugerechnet werden könnten. Originäre Gesellschafterkosten - dazu gehören Aufwendungen für Erwerb, Finanzierung und Verwaltung der Beteiligung - dürfen aufgrund der internationalen Verrechnungspreisgrundsätze nicht weiterbelastet werden.[244] In der Literatur spricht man daher auch von "vagabundierenden Kosten", die steuerlich nirgendwo anerkannt werden.[245]

B.4.3.2.1 Besonderheiten bei steuerfreien DBA-Schachtelbeteiligungen

Nach deutschem Recht (§ 3c EStG) dürfen Ausgaben, **soweit** sie in unmittelbarem Zusammenhang mit steuerfreien Einnahmen stehen, nicht als Betriebsausgaben abgezogen werden. Die hieraus für ausländische steuerfreie Erträge resultierenden Konsequenzen werden in Rechtsprechung und Literatur kontrovers diskutiert. Unterschiedliche Auffassungen bestehen in folgenden Punkten:

- hinsichtlich der generellen Anwendbarkeit der Regelung auf "steuerfreie" ausländische Erträge, die im Unterschied zu klassischen steuerfreien (inländischen) Erträgen bereits einer ausländischen Steuer unterworfen wurden;
- ferner ist unklar, ob in den DBA-Bestimmungen unter dem üblicherweise verwendeten Begriff Dividende "Dividendeneinnahmen" oder "Dividendeneinkünfte" zu verstehen sind und wie der Begriff Bruttobetrag zu interpretieren ist;
- außerdem bestehen Ungereimtheiten in der Abgrenzung zwischen der herkömmlichen Betriebsausgabendefinition und dem zusätzlichen Erfordernis eines unmittelbaren wirtschaftlichen Zusammenhangs.

---

244 Verrechnungspreisgrundsätze für multinationale Unternehmen und Steuerverwaltungen [OECD-Verrechnungspreisbericht 1995], Köln 1997, Anm. 7.6 ff., Verrechnungspreise und multinationale Unternehmen: Bericht des Steuerausschusses der OECD [OECD-Bericht 1979], Köln 1981, Ziff. 154.
245 Z.B. *Raber*, Aktuelle [Probleme] im Zusammenhang mit der steuerlichen Behandlung von Auslandserträgen, in: DB 1995, S. 1883; o.V., Diskussionsbeitrag, [Aufwandsabzug] bei internationalen Einkünften, in: FR 1995, S. 369.

All diese Punkte führen derzeit zu der Befürchtung, daß der Betriebsausgaben-abzug im Zusammenhang mit begünstigten Schachteldividenden im Inland weiter eingeschränkt wird. Auch mit Einführung des § 8b EStG konnte diese Rechtsunsicherheit nicht beseitigt werden.

Zur "Klärung" dieser Fragen hat u.a. das Finanzministerium Baden-Württemberg eine Verfügung[246] erlassen, wonach sich die Freistellung auf "Einkünfte" bezieht, weshalb Finanzierungs- und Verwaltungskosten für die ausländische Beteiligung vollständig vom Betriebsausgabenabzug ausgeschlossen sind. Kurioserweise bezieht sich das Finanzministerium auf das Urteil des FG Baden-Württemberg vom 8.9.1994[247], in dem ein vollständiges Abzugsverbot gerade verneint wird. Der BFH hat nun in seinen jüngsten Entscheidungen vom 29.5.1996[248] seine bisherige Rechtsprechung bestätigt und begründet wie folgt:

- Der Begriff Dividenden oder Einkünfte aus Dividenden muß in einem ab-kommensrechtlichen Sinne als *Einnahmen* interpretiert werden; unter der Be-zeichnung Bruttobetrag der Dividende ist ein Betrag *vor Abzug* der Quellen-steuer zu verstehen; die DBA-Freistellung bezieht sich daher auf die Divi-dendeneinnahmen *nach Abzug* der ausländischen Quellensteuer;
- aus der Anwendung des § 3c EStG entsteht kein Verbot zum Betriebsausga-benabzug, wenn keine steuerfreien Schachteldividenden vorliegen;
- der erforderliche unmittelbare wirtschaftliche Zusammenhang ist dem Grun-de und der Höhe nach nur dann gegeben, wenn und soweit Dividenden flie-ßen;[249]
- bei Refinanzierungsaufwendungen kommt es außerdem darauf auf an, ob das Darlehen *tatsächlich* zum Erwerb der Beteiligung verwendet wurde;[250]

---

246 Vfg. der OFD Stuttgart vom 24.2.1995, S 2293 A - 66 - St 32, IStR 1995, S. 190.

247 III K 294/91, EFG 1995, S. 181.

248 BFH vom 29.5.1996 - I R 15/94, BStBl II 1996, S. 57, I R 167/94, BStBl II 1996, S. 60, I R 21/95, BStBl II 1996, S. 63. Inhaltlich übereinstimmend BMF-Schreiben vom 20.1.1997, IV C 5 - S 1300 - 176/96, BStBl I 1997, S. 99.

249 Der erforderliche unmittelbare wirtschaftliche Zusammenhang ist dabei im Einzelfall zu über-prüfen. Nur ein mittelbarer Zusammenhang ist bspw. gegeben, wenn die Betriebsausgaben ohne Bezug zu Einnahmen stehen oder auch einen Bezug zu steuerpflichtigen Einnahmen aufweisen. Eine Zusammenstellung und Beurteilung einzelner Aufwandstypen anhand der BFH-Rechtsprechung findet sich bei *Ritter*, [Steuerfreiheit] ausländischer Schachteldividen-den, in: BB 1994, S. 511 ff.

250 BFH vom 4.7.1990, GrS 2-3/88, BStBl II 1990, S. 817, wonach bei der Prüfung der unmittel-baren wirtschaftlichen Veranlassung ausschließlich auf die tatsächliche Darlehensverwendung abgestellt wird.

- eine teleologische Reduktion der Rechtsfolge aus § 3c EStG für steuerfreie ausländische Dividenden mit der Konsequenz des uneingeschränkten Betriebsausgabenabzugs wird mangels Initiative des Gesetzgebers verneint; auch nach dem Kommentar zum Musterabkommen soll es den Vertragsstaaten überlassen bleiben, aufgrund nationaler Vorschriften Abzüge zu regeln.[251]
- Die Begünstigung nach § 8b KStG steht in unmittelbarem Sachzusammenhang mit dem DBA-Schachtelprivileg bzw. erweitert sogar dessen Anwendungsbereich. Ein Abzugsverbot für Refinanzierungsaufwendungen wie auch für Teilwertabschreibungen[252] würde die Begünstigungsnorm völlig unterlaufen.

Die Bestätigung der bisherigen Rechtsprechung durch den BFH und die Umsetzung durch die Finanzverwaltung führt sicherlich nur vorübergehend zur Beruhigung der Diskussion. Der Gesetzgeber hatte bereits im Entwurf zum Jahressteuergesetz 1996[253] die Änderung des § 3c EStG in Richtung vollständiges Abzugsverbot unmittelbar zurechenbarer Betriebsausgaben vorgesehen; dies ist jedoch am Vermittlungsausschuß gescheitert. Daher kann nicht ausgeschlossen werden, daß der Gesetzgeber auch künftig bestrebt sein wird, die gegenwärtige Rechtslage zu verschärfen.

B.4.3.2.2 Sonstige Kapitalbeteiligungen und andere Schachtelbeteiligungen

Für alle anderen Beteiligungen[254] an ausländischen Kapitalgesellschaften wird die Doppelbesteuerung durch Anrechnung der ausländischen Quellensteuer nur vermindert. In welchem Umfang die Quellensteuer zur Anrechnung gelangt, richtet sich nach den im DBA verwendeten Begriffen und nach § 34c Abs. 1 EStG bzw. § 26 Abs. 1 KStG. Üblicherweise wird der Begriff Dividende nach der abkommensrechtlichen Bestimmung als *Einkünfte* aus Dividenden interpretiert. Werden die Einkünfte aus Dividenden im Rahmen einer gewerblichen Tätigkeit erzielt, kommen ausschließlich solche Aufwendungen zum Abzug, die "im Sinne der direkten Gewinnermittlungsmethode einen Bezug zu der Erzielung der Dividenden haben."[255] Auch für die Bestimmung des Anrechnungs-

---

251 MA-Kommentar, Art. 23, Ziff. 43, in: *Vogel*, DBA, Art. 23, Rz. 59.
252 Hierzu auch Abschn. 41 Abs. 18 KStR.
253 BT-Drucksache 13/1686 vom 13.6.1995, S. 10 f.
254 Z.B. bei Streubesitz zu Kapitalanlagezwecken oder wenn die Beteiligung von einer Personengesellschaft gehalten wird.
255 BFH vom 16.3.1994, I R 42/93, BStBl II 1994, S. 799 (801); d.h. es muß sich um einkunftsartspezifischen Aufwand handeln. Bei den Einkünften aus Kapitalvermögen i.S.d. § 34d Nr. 6

höchstbetrags gem. § 34c Abs. 1 EStG sind bei der Ermittlung der ausländischen Einkünfte alle inländischen Betriebsausgaben zu berücksichtigen, die mit den Auslandseinkünften in direktem wirtschaftlichem Zusammenhang stehen.[256] Das hat zur Konsequenz, daß Refinanzierungskosten zum Erwerb einer Beteiligung von den ausländischen Einkünften abgezogen werden müssen; Teilwertabschreibungen auf die Beteiligung werden auch hier bei der Ermittlung der inländischen Einkünfte verrechnet.[257] Eine analoge Anwendung des § 3c EStG sowie eine globale Zurechnung von Aufwendungen lehnt der BFH ausdrücklich ab.[258]

Für alle nicht steuerbefreiten Schachteldividenden kann auf Antrag gem. § 26 Abs. 2 KStG die ausländische Körperschaftsteuer bei Vorliegen bestimmter Voraussetzungen im Inland angerechnet werden. Für die Ermittlung des Aufstockungsbetrags sind die begünstigten Gewinnanteile ebenfalls mit dem Nettobetrag anzusetzen.[259]

B.4.3.2.3 Auswirkungen des eingeschränkten Betriebsausgabenabzugs auf die Ertragsteuerbelastung

Aus der aktuellen Rechtslage können nun die ertragsteuerlichen Folgen im einzelnen abgeleitet werden. Bei steuerfreien DBA-Schachteldividenden mindern nur die übersteigenden Betriebsausgaben die inländische Bemessungsgrundlage. Handelt es sich dabei um Dauerschuldzinsen, sind diese nach § 8 Nr. 1 GewStG zur Hälfte hinzuzurechnen. Im Rahmen der körperschaftsteuerlichen Gliederungsrechnung sind auch die steuerfreien *Einkünfte* in das EK01 einzustellen;[260] bei übersteigenden Betriebsausgaben betragen die steuerfreien Einkünfte Null.

Für alle anderen Beteiligungen an ausländischen Kapitalgesellschaften greift nur das gewerbesteuerliche Schachtelprivileg. Dafür ist zunächst der Kürzungsbetrag nach § 9 Nr. 7 GewStG zu ermitteln. Dabei stellt sich die Frage, ob die

---

EStG sind dies nur solche Aufwendungen, die auch als Werbungskosten absetzbar wären, jedoch unter Berücksichtigung der Gewinnermittlungsvorschriften, die auch für die inländischen Einkünfte gelten. Korrigierend, jedoch ohne materielle Konsequenzen BFH vom 9.4.1997, I R 178/94, DB 1997, S. 1600.

256 R 212b EStR.
257 Vgl. *Schmidt*, EStG, § 34d, Rz. 4.
258 BFH vom 16.3.1994, I R 42/93, BStBl II 1994, S. 799.
259 Abschn. 76 Abs. 15 KStR.
260 Vgl. *Krabbe*, Betriebsausgaben, S. 245. Abschn. 83 Abs. 5 und Abschn. 85 Abs. 3 Nr. 1 KStR.

Kürzungsvorschrift brutto oder netto (d.h. nach Abzug der durch die Beteiligung verursachten Betriebsausgaben) zu verstehen ist und ob auch negative Kürzungen - also faktisch Hinzurechnungen - entstehen können.[261] Um eine Gleichbehandlung mit DBA-Schachtelbeteiligungen zu erzielen, muß der Kürzungsumfang auf die positiven *Einkünfte* aus der Beteiligung begrenzt bleiben; eine faktische Hinzurechnung wäre systemwidrig.[262] Übersteigende Finanzierungsaufwendungen führen wiederum zur hälftigen Hinzurechnung nach § 8 Nr. 1 GewStG.

Analytisch wird die Steuermehrbelastung gegenüber dem **Grundfall** - d.h. *vor* Zuordnung der Betriebsausgaben zu den ausländischen Erträgen - dargestellt.[263] Aus der Zuordnung der Betriebsausgaben zu den *inländischen* Einkünften resultiert eine Steuerentlastung im Umfang

$$S_I = -(s_I^{ek_g(kn)} + 0,5s_I^{ge} - s_I^{ek_g(kn)} 0,5s_I^{ge}) * BA$$

Die abweichende Verrechnung mit den *ausländischen* Einkünften, erfordert weitere Falldifferenzierungen:

(1)   Dividende $(q * GA = Y_A) > Betriebsausgaben$[264]

$\rightarrow Y_{A(I)} = Y_A - BA > 0$ $und - \Delta Y_I = BA$

(1.1)   Freistellung durch Schachtelprivileg:

$$\Delta S_I = (s_I^{kn} + 0,5s_I^{ge} - s_I^{kn} 0,5s_I^{ge}) * BA$$

(1.2)   direkte Anrechnung:

$$\Delta S_I = (s_I^{ek_g(kn)} + 0,5s_I^{ge} - s_I^{ek_g(kn)} 0,5s_I^{ge}) * BA - s_I^{ek(kn)} * BA + \Delta S_{Q(Div)_{max.}}$$

$$= (s_I^{ek_g(kn)} - s_I^{ek(kn)} + 0,5s_I^{ge} - s_I^{ek_g(kn)} 0,5s_I^{ge}) * BA + \Delta S_{Q(Div)_{max.}}$$

---

261 Vgl. *Flick/Wassermeyer/Becker*, Außensteuerrecht, § 9 Nr. 7 GewStG, Anm. 10b-14, wobei die Bezeichnung "brutto" vor Abzug von Quellensteuern, jedoch ohne den Aufstockungsbetrag nach § 26 Abs. 2 KStG zu verstehen ist; *Krabbe*, [Betriebsausgaben] im Zusammenhang mit ausländischen Schachtelbeteiligungen, in: DB 1994, S. 245; a.A. *Blümich/Gosch*, EStG/KStG/GewStG, § 9 GewStG, Rz. 213, 154, die generell eine Saldierung ablehnen.

262 So auch der BFH vom 29.5.1996, I R 167/94, BStBl II 1996, S. 60.

263 Ist das inländische Mutterunternehmen eine Kapitalgesellschaft wird vollständige Thesaurierung der ausländischen Einkünfte unterstellt.

264 Wobei hier unterstellt wird, daß es sich um Refinanzierungsaufwendungen mit Dauerschuldcharakter handelt. Dazu auch das Beispiel im *Anhang C.2.1.*

mit: $S_{Q(Div)_{max.}} = Min\left[s_{Q(Div)} * Y_A ; s_I^{ek(kn)} * Y_{A(I)}\right]$

und $0 \leq \Delta S_{Q(Div)_{max.}} \leq s_I^{ek(kn)} * BA$

(1.3) direkte und indirekte Anrechnung:
$\Delta S_I = (s_I^{kn} + 0{,}5 s_I^{ge} - s_I^{kn} 0{,}5 s_I^{ge}) * BA$

$\qquad - s_I^{kn} * \left[BA + \Delta AB_{max.}\right] + \Delta S_{Q(Div)} + \Delta AB_{max.}$

mit: $AB_{max.} = Min\left[\dfrac{s_A^k * Y_A}{1 - s_A^k} ; \dfrac{s_I^{kn} * Y_{A(I)} - S_{Q(Div)}}{1 - s_I^{kn}}\right]$

und $0 \leq \Delta AB_{max.} \leq \dfrac{s_I^{kn} * BA}{1 - s_I^{kn}}$

Eine gewerbesteuerliche Mehrbelastung entsteht auch hier, da sich die Kürzungsvorschrift § 9 Nr. 7 GewStG auf $Y_{A(I)} = Y_A - BA$ bezieht. Die Zuordnung zu den ausländischen Einkünften wirkt sich außerdem auf die Anrechnungshöchstbeträge aus.

(2) Dividende $(q * GA = Y_A)$ < Betriebsausgaben
$\qquad \rightarrow Y_{A(I)} = 0$

(2.1) Freistellung durch Schachtelprivileg:
Es gilt: $- \Delta Y_I = Y_A - s_{Q(Div.)} * Y_A$

$\Delta S_I = (s_I^{kn} + 0{,}5 s_I^{ge} - s_I^{kn} 0{,}5 s_I^{ge}) * \left[Y_A - s_{Q(Div)} * Y_A\right]$

(2.2) direkte Anrechnung:
Es gilt: $- \Delta Y_I = Y_A$

$\Delta S_I = (s_I^{ek_g(kn)} + 0{,}5 s_I^{ge} - s_I^{ek_g(kn)} 0{,}5 s_I^{ge}) * Y_A - s_I^{ek(kn)} * Y_A + S_{Q(Div)_{max.}}$

(2.3) direkte und indirekte Anrechnung:
Es gilt: $- \Delta Y_I = Y_A$

$\Delta S_I = (s_I^{kn} + 0{,}5 s_I^{ge} - s_I^{kn} 0{,}5 s_I^{ge}) * Y_A$

$\qquad - s_I^{kn} * \left[Y_A + AB_{max.}\right] + S_{Q(Div)} + AB_{max.}$

Die ausländische Quellensteuer kommt im Inland nicht mehr zur Anrechnung, da wegen $Y_{A(I)} = 0$ keine inländische Steuer auf die ausländischen Einkünfte entfällt; gleichfalls reduziert sich der Aufstockungsbetrag im Rahmen der indirekten Anrechnung auf Null.

(2.3)   Abzugsmethode:

Wegen $Y_{A(I)} = 0$ wird die alternative Abzugsmethode vorteilhaft. Die ausländische Quellensteuer kann dabei wenigstens von der Bemessungsgrundlage im Inland abgezogen werden. Die Steuerbelastung kann gegenüber der Anrechnungsmethode um

$$\Delta S_I = -(s_I^{ek_g(kn)} + 0{,}5 s_I^{ge} - s_I^{ek_g(kn)} 0{,}5 s_I^{ge}) * \left[s_{Q(Div)} * Y_A \right]$$

gesenkt werden.

Veränderungen im verwendbaren Eigenkapital:

Durch die Zuordnung von ursprünglich inländischen Betriebsausgaben zu den ausländischen Erträgen verändert sich das vEK:

- bei *Freistellung* im Umfang
  - $\Delta EK01 = \Delta BA$ **und**
  - $+ \Delta EK(s_I^{kn}) = 1 - (s_I^{kn} + 0{,}5 s_I^{ge} - s_I^{kn} 0{,}5 s_I^{ge}) * \Delta BA$

- bei *Anrechnung* sinkt die inländische Tarifbelastung; die Aufteilungsrechnung führt zu einer Verschiebung von den höher zu den niedriger bzw. nicht belasteten EK-Töpfen. Dafür resultiert aus der Erhöhung der inländischen Einkünfte ein erhöhter Zugang zum $EK(s_I^{kn})$.

B.4.3.3 Teilwertabschreibungen auf Auslandsbeteiligungen

Bei Auslandsgesellschaften treten zum allgemeinen Unternehmerrisiko häufig weitere landesspezifische Risiken hinzu, die den Wert der Beteiligung beeinträchtigen können.[265] Wie bereits mehrfach erwähnt, besteht nur über eine Teilwertabschreibung auf den Beteiligungsbuchwert die Möglichkeit, Verluste ausländischer Kapitalgesellschaften im Inland zum Abzug zu bringen. Beteiligungen im Anlagevermögen sind in Übereinstimmung mit den handelsrechtlichen Vorschriften nach § 6 Abs. 1 Nr. 2 EStG mit den Anschaffungs- oder Herstellungskosten, alternativ zum niedrigeren Teilwert anzusetzen. Diesem Abschreibungswahlrecht steht weder handels- noch steuerrechtlich eine Zuschreibungspflicht gegenüber.[266] Daher führt eine Teilwertabschreibung wirtschaftlich betrachtet zu einer Vorwegnahme von Verlusten, die ansonsten spätestens zum Zeitpunkt der Veräußerung der Anteile oder Liquidation der Gesellschaft eintreten. Die Bezeichnung "doppelte Verlustberücksichtigung"[267] ist daher irreführend.

B.4.3.3.1 Voraussetzungen für die steuerliche Anerkennung von Teilwertabschreibungen

Wie die nachfolgende Übersicht zeigt, können Teilwertabschreibungen auf Auslandsbeteiligungen steuerlich nur uneingeschränkt verrechnet werden, wenn die ausländische Kapitalgesellschaft aktive Tätigkeiten i.S.d. § 2a Abs. 2 EStG zum Gegenstand hat. Folgende Differenzierungen sind zu beachten:

---

265 Dazu gehören neben allgemeinen üblichen wirtschaftlichen oder politischen Risiken auch Währungsrisiken, Transferverbote etc. Vgl. hierzu ausführlich *Piltz*, [Teilwertabschreibungen] auf Beteiligungen an Kapitalgesellschaften, Institut "Finanzen und Steuern" e.V., Heft 123, Bonn, April 1985, S. 111 ff.

266 Wobei auch noch im Entwurf eines Steuerreformgesetzes (StRG) 1998, BT-Drucksache 13/7775 vom 30.5.1997 das Wertaufholungsgebot vorgesehen war. Die jüngsten Änderungen nach der Beschlußempfehlung des Vermittlungsausschusses zu dem Gesetz zur Fortsetzung der Unternehmenssteuerreform, BT-Drucksache 13/8325 vom 4.8.1997 sehen **keine** Neuregelung zu § 6 EStG vor.

267 So z.B. *Dötsch/Buyer*, [Teilwertabschreibung] auf Organbeteiligungen - Die Grenzen der körperschaftsteuerlichen Anerkennung -, in: DB 1991, S. 13.

Unmittelbare Beteiligung: Ausländische Kapitalgesellschaft übt *keine aktive* Tätigkeit i.S.d. § 2a Abs. 2 Satz 1 EStG aus:	Unmittelbare Beteiligung: Ausländische Kapitalgesellschaft übt *aktive* Tätigkeit i.S.d. § 2a Abs. 2 Satz 1 EStG aus:
⇓	⇓
TWA gem. § 2a Abs. 1 Nr. 3a) EStG darf inländische Einkünfte nicht mindern; nur Ausgleich mit Einkünften *derselben* Art aus *demselben* Staat.	TWA gem. § 2a Abs. 2 Satz 2 i.V.m. § 2a Abs. 1 Nr. 3a EStG führt zur Minderung der *inländischen* Einkünfte.
⇑	⇑
Mittelbare Beteiligung: Eine *ausländische* Zwischenholding, ist ebenfalls nur passiv tätig, auch wenn sie an einer aktiv tätigen ausländischen Kapitalgesellschaft beteiligt ist und die Beteiligungsquote 25 % unterschreitet (§ 2a Abs. 2 Satz 1 2. HS EStG). .	**Mittelbare Beteiligung:** Nach § 2a Abs. 2 Satz 1 2. HS EStG wird die Tätigkeit einer *ausländischen* Zwischenholding (dies gilt auch für eine Landes- bzw. Funktionsholding i.S.d. § 8 Abs. 2 AStG) als Bewirkung gewerblicher Leistungen betrachtet und damit den aktiven Tätigkeiten zugeordnet, wenn sie mind. 25 % der Anteile einer aktiv tätigen ausländischen Kapitalgesellschaft hält.
Entsprechendes gilt auch für eine *inländische* Zwischenholding (§ 2a Abs. 1 Nr. 7a) EStG.	Bei *inländischer* Zwischenholding TWA ohne Einschränkungen.

Tab. 25: Anerkennung von Teilwertabschreibungen

Teilwertabschreibungen sind grundsätzlich auch bei Existenz eines DBA steuerlich anerkannt. Eine Privilegierung von Schachteldividenden ändert daran nichts, sofern in Übereinstimmung mit Art. 13 Abs. 4 OECD-MA das Besteuerungsrecht für Veräußerungsgewinne dem Staat zugewiesen ist, in dem der Gesellschafter unbeschränkt steuerpflichtig ist. Nur wenn dem Sitzstaat der Gesellschaft das ausschließliche Besteuerungsrecht für sämtliche positiven und negativen **Einkünfte** aus der Beteiligung zusteht, können im Inland keine Aufwendungen zum Abzug gebracht werden.[268] Etwas anderes gilt, wenn sich die

---

268 BFH vom 9.12.1981, I R 78/80, BStBl II 1982, S. 243. Vgl. *Ebling*, Der [Teilwert] von Beteiligungen an ausländischen Kapitalgesellschaften im Anlagevermögen, in: DStR 1990, S. 330 f.

DBA-Regelung ausdrücklich nur auf Gewinne oder Verluste aus der Veräußerung von Vermögenswerten bezieht. In einem solchen Fall kann eine Teilwertabschreibung trotz des Besteuerungsrechts des Sitzstaates bei Veräußerung im Inland anerkannt werden.[269] Dies ist deshalb zu betonen, da es hierbei tatsächlich zu einer *endgültigen* doppelten Verlustberücksichtigung kommt; die Teilwertabschreibung im Inland wird endgültig, da die Veräußerungsgewinnermittlung im Ausland ohne Berücksichtigung der Entwicklung des inländischen Buchwertes erfolgt.[270]

B.4.3.3.2 Bestimmungsfaktoren für die Höhe der Teilwertabschreibung auf Auslandsbeteiligungen

In der Literatur wird die Ermittlung des Teilwerts einer Beteiligung als "ein Spezialfall der Unternehmensbewertung"[271] gesehen. Daher ist in Übereinstimmung mit der h.M.[272] auch der Teilwert einer Beteiligung unter Ertragswertgesichtspunkten zu bestimmen; wobei der **Zerschlagungswert** die Wertuntergrenze bestimmt. Der **Ertragswert** richtet sich nach den zukünftigen Zahlungsüberschüssen auf Gesellschaftsebene. Aus der Sicht des Anteilseigners repräsentieren diese zukünftigen zahlungswirksamen Erfolge nur dann das für ihn aus dem Unternehmen "Herausholbare", wenn Vollausschüttung unterstellt wird. Diese Prämisse kann dann als erfüllt angesehen werden, wenn der Anteilseigner beispielsweise aufgrund seiner Beteiligungsquote über die Gewinnverwendung unmittelbar oder mittelbar entscheiden kann.[273] Bei Minderheitsbeteiligungen führt diese Annahme bereits dann zu überhöhten Ertragswerten, wenn die tatsächliche Ausschüttung unter der maximal möglichen bleibt, oder im Extremfall erst mit Liquidation oder Veräußerung zufließt.[274]

Wie die nachfolgende Analyse zeigt, folgt der BFH den betriebswirtschaftlichen Erkenntnissen nur am Rande. Der BFH orientiert sich vielmehr an einem

---

269 BFH vom 19.9.1973, I R 170/71, BStBl II 1973, S. 873. Vgl. *Schulze zur Wiesche*, Teilwertabschreibungen, S. 388; *Piltz*, Teilwertabschreibungen, S. 123.

270 Vgl. *Kaufmann*, [Ausschüttungsbedingte Teilwertabschreibungen] auf Auslandsbeteiligungen, in: RIW 1989, S. 808.

271 *Piltz*, Teilwertabschreibungen, S. 37.

272 Grundlegend *Moxter*, [Grundsätze] ordnungsmäßiger Unternehmensbewertung, 2. Auflage, Wiesbaden 1983, S. 9., *Dirrigl*, Die Bewertung von [Beteiligungen] an Kapitalgesellschaften - Betriebswirtschaftliche Methoden und steuerlicher Einfluß -, Diss., Hamburg 1988, S. 82.

273 Bei geringerer Ausschüttung muß davon ausgegangen werden, daß sich der Investor bei Wiederanlage im Unternehmen mindestens dieselbe Rendite verspricht wie bei Anlage des Ausschüttungsbetrages außerhalb der ausländischen Kapitalgesellschaft.

274 Vgl. *Dörner*, [Teilwertabschreibungen] auf GmbH-Anteile - Teil I, in: INF 1995, S. 229.

nicht allgemein definierten, nur durch Einzelfallregelungen abgrenzbaren **Substanzwert**.[275] Die zeitlich unbefristete Steuerstundungsmöglichkeit durch die Abschreibung auf den niedrigeren Teilwert wird an sehr restriktive Voraussetzungen geknüpft. Dabei spielt die Abgrenzung von **Fehlmaßnahmen** zu **Anlaufverlusten** eine wesentliche Rolle. Aus der BFH-Rechtsprechung können folgende Kriterien zusammengestellt werden:

- Eine Teilwertabschreibung ist nur gerechtfertigt, wenn der Wert der Beteiligung *tatsächlich* gesunken ist. Da ein rational handelndes Wirtschaftssubjekt nichts zu verschenken hat, entspricht der Teilwert einer Beteiligung zum Zeitpunkt der Anschaffung grundsätzlich den Aufwendungen zum Erwerb der Beteiligung, also den Anschaffungs- oder Herstellungskosten. Zu jedem Bilanzstichtag ist der Bilanzwert durch einen Vergleich mit den Wiederbeschaffungskosten zu überprüfen; die Tatsache, daß das durch die Beteiligung repräsentierte Unternehmen Verluste erwirtschaftet, ist noch kein Indiz für einen gesunkenen Teilwert, da sich dieser auch nach den *Ertragsaussichten* und der *funktionalen Bedeutung* des Beteiligungsunternehmens richtet.[276]

- *Steuerlich unbeachtliche Anlaufverluste* liegen vor, "wenn das Unternehmen nach seiner Gründung nach betriebswirtschaftlichen Grundsätzen voraussehbar in naher Zukunft nachhaltig mit Gewinn arbeiten wird."[277]. Für ausländische Kapitalgesellschaften wird bis zum Erreichen der Gewinnschwelle ein Zeitraum von **5 Jahren** widerlegbar unterstellt.[278]

- Davon zu trennen sind *Fehlmaßnahmen*, bei denen sich ex post herausstellt, daß wertbestimmende Faktoren falsch eingeschätzt wurden und nachhaltig Verluste erlitten werden.[279]

- Die Tatsache, daß vom Gesellschafter Finanzierungsmaßnahmen ergriffen werden, interpretiert der BFH als Indiz für künftige Gewinnaussichten.[280] Allerdings schließt eine Erhöhung des Beteiligungsbuchwertes infolge einer (verdeckten) Einlage nicht grundsätzlich aus, daß gleichzeitig eine Teilwert-

---

275 Diesen Begriff verwendet der BFH in seinem Urteil vom 7.11.1990, I R 116/86, BStBl II 1991, S. 342 und führt aus, daß er damit "das zu Wiederbeschaffungskosten bewertete Vermögen" der Kapitalgesellschaft meint. *Ammelung/Pletschacher/Jarothe*, Die [Teilwertabschreibung] auf GmbH-Beteiligungen, in: GmbHR 1997, S. 99 differenzieren ausdrücklich zwischen Substanz- und Vermögenswert. Die Aussage, daß der BFH vom Vermögenswert ausgeht, kann nicht nachvollzogen werden.
276 BFH vom 27.7.1988, I R 104/84, BStBl II 1989, S. 274 f. mit weiteren Urteilen.
277 BFH vom 23.9.1969, I R 71/67, BStBl II 1970, S. 87; So auch bereits BFH vom 29.5.1968, I 46/53, BStBl II 1968, S. 692.
278 So auch BFH vom 27.7.1988 ab S. 275f.
279 BFH vom 31.10.1978, VIII R 124/74, BStBl II 1979, S. 108.
280 BFH vom 20.5.1965, IV 49/65, BStBl III 1965, S. 503.

abschreibung erforderlich wird, da es nicht auszuschließen ist, daß werterhöhende und wertmindernde Umstände zusammentreffen.[281]

Aufgrund dieser Kriterien ist es äußerst schwierig, in den ersten fünf Jahren eine Abschreibung auf den niedrigeren Teilwert zu belegen. Da sich einerseits der Teilwert am Ertragswert der Beteiligung orientiert, kann aufgrund von Substanzminderungen durch Verluste noch keine Verminderung des Beteiligungsbuchwertes begründet werden. Andererseits berechtigt auch ein gesunkener Ertragswert nicht zu einer Teilwertabschreibung, solange keine Minderung der Substanz zu verzeichnen ist.[282] Nach Auffassung des BFH ist somit wegen der Verminderung nur einer dieser beiden Größen nicht immer eine Teilwertabschreibung gerechtfertigt.[283]

Zusammenfassend kann festgehalten werden, daß in der Anlaufphase die Teilwertvermutung nur widerlegt werden kann, wenn der Beweis gelingt, daß der *objektive Wert* der Beteiligung geringer war, als die tatsächlich aufgewendeten Anschaffungs- oder Herstellungskosten.[284] Außerhalb der Anlaufphase wird die Teilwertabschreibung anerkannt, wenn nachgewiesen werden kann, daß die Wiederbeschaffungskosten unter die Anschaffungskosten gesunken sind. Als mögliches Indiz für gesunkene Wiederbeschaffungskosten nennt der BFH den "Verlust eines großen Teiles des Grund- oder Stammkapitals eines Unternehmens"[285]. Daher ist von einer am Substanzwert orientierten Rechtsprechung auszugehen;[286] in der Literatur wird deshalb auch von der **verlustbedingten**

---

281 BFH vom 9.3.1977, I R 203/74, BStBl II 1977, S. 515.

282 Vgl. dazu das Beispiel bei *Oesterle/Gauß*, Betriebswirtschaftliche Überlegungen zur [Teilwertabschreibung] auf Beteiligungen an Kapitalgesellschaften in der Rechtsprechung des BFH, in: WPg 1991, S. 324.

283 Dabei unterstellt der BFH eine unveränderte funktionale Bedeutung der Tochterkapitalgesellschaft. Zum Verhältnis zwischen Substanz- und Ertragswertminderungen *Küting/Kessler*, Teilwertabschreibungen auf Beteiligungen unter besonderer Berücksichtigung der höchstrichterlichen Finanzrechtsprechung, in: GmbHR 1995, S. 351 f.

284 Bei neugegründeten Unternehmen wird es schwierig sein, glaubhaft zu machen, daß sich die Erwartungen des Investors nicht erfüllt haben; evtl. könnten Investitionsanträge Aufschluß über den der Investition zugeordneten Erwartungswert geben. Beim Unternehmenserwerb existieren häufig vom Wirtschaftsprüfer testierte Unternehmensbewertungen, in denen die kaufpreisbestimmenden Faktoren beziffert werden; in diesen Fällen könnte es leichter gelingen, die Teilwertvermutung zu widerlegen. So auch *Oesterle/Gauß*, Teilwertabschreibung, S. 327; *Piltz*, Teilwertabschreibung, S. 73 ff.

285 BFH vom 23.9.1969, I R 71/67, BStBl II 1970, S. 87 (89). Ein gefallener Börsenkurs begründet hingegen nicht zwingend einen niedrigeren Teilwert; BFH vom 7.11.1990, I R 116/86, BStBl II 1991, S. 342.

286 Vgl. *Oesterle/Gauß*, Teilwertabschreibung, S. 322 f.

Teilwertabschreibung gesprochen.[287] Maßnahmen der Kapitalzuführung zum Zwecke der Sanierung mit dem Ziel der Wiederherstellung der Rentabilität bestärken den BFH in seiner Ansicht, daß der Investor weiterhin mit reellen Geschäftschancen rechnet. Davon zu trennen sind Finanzierungsmaßnahmen, die beispielsweise zur Abwendung eines drohenden Konkurses notwendig werden. In diesem Fall kann die Teilwertabschreibung nicht versagt werden.[288]

Ob **spezielle Auslandsrisiken** eine Wertminderung von Auslandsbeteiligungen rechtfertigen, wird im Schrifttum unterschiedlich behandelt.[289] Weitgehende Einigkeit besteht darüber, daß bei Erwerb einer Beteiligung bereits existente Risiken keine Teilwertabschreibung begründen. Einer näheren Betrachtung bedarf es hingegen, wenn sich die Rahmenbedingungen im Zeitablauf verändern. Speziell bei Wechselkursänderungen sind in der Literatur verschiedene Auffassungen anzutreffen, obwohl bei Abwertungen einer Fremdwährung ein klassischer Fall gesunkener Wiederbeschaffungskosten vorliegt:[290] Wechselkursabwertungen werden auf inflationäre Entwicklungen im Belegenheitsstaat zurückgeführt, die sich in einer entsprechenden Erhöhung des Börsenkurses oder aber direkt in höheren Nominalwerten des Vermögens niederschlagen. Per Saldo kommt es daher aufgrund dieser Betrachtungsweise zu keiner Wertminderung der Auslandsbeteiligung.[291] Dem ist entgegenzuhalten, daß diese unterstellte Wirkungskette an mehreren Stellen unterbrochen werden kann. So stellt *Müller-Dott*[292] fest, daß inflationären Tendenzen häufig durch Preisstopps begegnet wird und die notwendige Nominalwerterhöhung nicht bei allen Vermögensarten gleichermaßen zu verzeichnen ist. Gleichfalls wird bei dieser Argumentation übersehen, daß eine Überprüfung des Beteiligungsbuchwertes (zumindest auch) unter Ertragswertgesichtspunkten zu erfolgen hat. Für den Investor kommt es ganz entscheidend darauf an, in welcher **realen** Höhe sich Erträge aus dem Auslandsengagement entwickeln. Nur danach sollte beurteilt

---

287 So z.B. *Dörner*, Teilwertabschreibungen - Teil II, S. 261.
288 BFH vom 9.3.1977, BStBl II 1977, S. 515 (516). Kritisch hierzu *Piltz*, [Teilwertabschreibungen], S. 83 ff.
289 Befürworter der Teilwertabschreibung z.B. *Piltz*, [Teilwertabschreibungen], S. 111 ff; *Müller-Dott*, [Teilwertabschreibung] auf Auslandsbeteiligungen, in: FR 1987, S. 489 ff.; ablehnend *Schulze zur Wiesche*, [Teilwertabschreibungen] auf Auslandsbeteiligungen, in: FR 1987, S. 385 ff.
290 Aber auch bei Transferverboten ist es umstritten, ob sich der innere Wert der Beteiligung durch reinvestierte Gewinne erhöht oder ob eine Verwendungsbeschränkung von ausländischen Gewinnen als wertmindernder Faktor beurteilt werden muß. Vgl. die Argumentation von *Piltz*, Teilwertabschreibungen, S. 116 f.
291 So z.B. *Schulze zur Wiesche*, Teilwertabschreibungen, S. 386.
292 Teilwertabschreibung, S. 490.

werden, ob sich der *innere Wert der Beteiligung* als Folge der Abwertung verändert hat.[293]

B.4.3.3.3 Ausschüttungsbedingte Teilwertabschreibung

Gewinnausschüttungen rechtfertigen im Regelfall keine Teilwertabschreibung auf einen niedrigeren Beteiligungsbuchwert. Es können jedoch Sachverhalte konstruiert werden, in denen Gewinnausschüttungen eine Minderung des Teilwertes zur Folge haben können: Wurden im Kaufpreis offene Rücklagen vergütet <u>und</u> werden diese im Anschluß an einen Anteilserwerb ausgeschüttet, so sinkt dadurch der Substanzwert der Beteiligung. **Soweit** diese Minderung der Substanz nicht durch den Ertragswert oder aufgrund von Verbundvorteilen ausgeglichen werden kann, darf eine ausschüttungsbedingte Teilwertabschreibung vorgenommen werden.[294] Wie *Piltz*[295] an einem Beispiel demonstriert, muß der Ertragswert keinesfalls im Umfang der Gewinnausschüttung sinken. Die Ertragswertminderung stimmt betragsmäßig nur dann mit der Gewinnausschüttung überein, wenn die interne Verzinsung des Unternehmens gleichgeblieben ist.[296]

Im Zusammenhang mit steuerfreien oder begünstigten Schachteldividenden (DBA-Freistellung oder indirekte Anrechnung) werden ausschüttungsbedingte Teilwertabschreibungen gem. § 8b Abs. 6 KStG bei der Gewinnermittlung grundsätzlich versagt. Die Einführung dieser Bestimmung hat zu erheblicher Kritik geführt. Es wird argumentiert, daß die Privilegierung von Schachteldividenden bei Ausschüttung an eine natürliche Person vollständig rückgängig gemacht wird. Aus diesem Grunde wird in der Literatur vertreten, daß es durch die Nichtanerkennung von ausschüttungsbedingten Teilwertabschreibungen zu einer "endgültigen Verdoppelung des steuerlichen Nachteils"[297] kommt, wenn die Anteile von einer Kapitalgesellschaft gehalten werden. *Simon* stellt sogar eine "Dreifachbelastung"[298] des ursprünglichen Erfolgs der ausländischen

---

293 So sollte wohl auch das RFH-Urteil vom 18.8.1943 VI 152/43, RStBl 1943, S. 710 verstanden werden.
294 Vgl. *Herrmann/Heuer/Raupach*, EStG/KStG, § 6 EStG, Anm. 815.
295 Teilwertabschreibungen, S. 87 ff.
296 Diesen Fall meint wohl auch *Dörner*, Teilwertabschreibungen, Teil II, S. 262 f., der jedoch zu der unzutreffenden Schlußfolgerung kommt, daß die Ertragswertminderung der Gewinnausschüttung nur bei einem Ertragswert von Null entspricht.
297 So bspw. *Kaufmann*, Ausschüttungsbedingte Teilwertabschreibungen, S. 808.
298 *Simon*, [Ausschüttungsbedingte Teilwertabschreibungen] und Gewinnminderungen auf Beteiligungen an ausländischen Kapitalgesellschaften im Einkommen- und Körperschaftsteuergesetz (Teil I), in: IStR 1995, S. 45.

Tochtergesellschaft fest. An nachfolgendem Beispiel wird analysiert, worauf die Mehrbelastungen im einzelnen zurückzuführen sind:

Bilanz ausländische TKapG zum 31.12.01 - in GE			
übriges Vermögen	200	gezeichnetes Kapital	200
Kasse	300	Gewinnrücklagen	300
	500		500

Eine inländische Kapitalgesellschaft (MKapG) erwirbt Ende 01 sämtliche Anteile an der TKapG zu 600 GE vom alleinigen Anteilseigner (Veräußerer). Anfang 02 schüttet die TKapG 300 GE aus. Die MKapG vereinnahmt die Gewinnausschüttung aufgrund eines DBA-Schachtelprivilegs steuerfrei ($s_{Q(Div)} = 0$). Eine ausschüttungsbedingte Teilwertabschreibung wird wegen § 8b Abs. 6 KStG nicht anerkannt.

Steuerliche Konsequenzen bei der MKapG und bei Weiterausschüttung an eine natürliche Person:

- Das EK01 erhöht sich zunächst um 300 GE;
- im Falle der Ausschüttung des EK01 ist keine Ausschüttungsbelastung herzustellen;
- beim Gesellschafter ist die Bar(=Brutto)ausschüttung voll der Einkommensteuer zu unterwerfen; ein Körperschaftsteuer-Anrechnungsanspruch existiert nicht.

Der Veräußerer muß den Veräußerungserlös abzgl. dem Buchwert seiner Anteile (hier nach §§ 16 Abs. 1 Nr. 1, 34 Abs. 1 EStG) zum ermäßigten Steuersatz versteuern, es sei denn, er kann wegen § 8b Abs. 2 KStG den Veräußerungsgewinn steuerfrei vereinnahmen.[299]

Zusammenfassend kann festgehalten werden, daß die Steuerbelastung mit der einer natürlichen Person bzw. den Gesellschaftern einer Personengesellschaft auf ausländische Dividendeneinkünfte identisch ist. Abweichungen ergeben sich nur, wenn die Ausschüttungen mit Quellensteuer belastet sind. Im Vergleich zur Besteuerung *inländischer* Einkünfte ist hier eine *erste* (bereits bekannte) Mehrbelastung festzustellen, weil die ausländische Körperschaftsteuer gegenüber der natürlichen Person im Inland stets definitiv wird.

---

[299] Zur Optimierung der Steuerbelastung bei Anteilsveräußerung Kapitel B.6, Gliederungspunkt B.6.2.2.

Steuerliche Konsequenzen bei Anteilsveräußerung Ende 02 zu 300 GE:
- Es entsteht ein wegen § 8b Abs. 6 KStG steuerlich unbeachtlicher Veräußerungsverlust von 300 GE.

Die Nichtanerkennung der ausschüttungsbedingten Teilwertabschreibung führt wie die Nichtberücksichtigung von Verlusten aus der Veräußerung der Beteiligung zu einem endgültigen Nachteil, da per Saldo 300 GE beim Anteilseigner versteuert werden, obwohl tatsächlich **keine** Vermögensmehrung eingetreten ist. Insoweit entsteht jetzt auch im Vergleich zur Personengesellschaftsalternative im Inland in der Totalperiode eine *zweite* steuerliche Mehrbelastung, deren Barwert vom Ausschüttungszeitpunkt an die natürliche Person im Inland abhängt.

Wie die Analyse zeigt, führt in solchen Fällen das Schachtelprivileg bei einer Gesamtbetrachtung zu einer endgültigen Steuermehrbelastung. Diesen Nachteil kann der Erwerber nur vermindern, wenn er auf die mit der Schachtelbeteiligung verbundenen "Privilegien" verzichtet. Im Nicht-DBA-Fall ist dies einfach, da die indirekte Anrechnung antragsgebunden ist.[300] Wegen der Priorität völkerrechtlicher Bestimmungen besteht nach h.M.[301] aber keine Möglichkeit, auf eine DBA-Begünstigung zu verzichten.[302] Insoweit können die nationalen Rechtsfolgen aus dem DBA-Schachtelprivileg nur vermieden werden, wenn die konkreten Voraussetzungen nicht erfüllt werden.

B.4.3.3.4 Quantifizierung der Steuerentlastung durch Teilwertabschreibung

(1) Verlustbedingte Teilwertabschreibung
- Fehlmaßnahme: Die Ertragsteuerentlastung entsteht im Umfang der "Überzahlung", sobald der Nachweis einer Fehlmaßnahme gelingt. Dazu muß das Ausmaß des Irrtums über einzelne kaufpreisbestimmende Faktoren quantifiziert werden. Bereits eingetretene Verluste können dazu Anhaltspunkte liefern.

$$\Delta S_{I_t} = -(s_I^{ek_g(kn)} + s_I^{ge} - s_I^{ek_g(kn)} s_I^{ge}) * TWA_t$$

für: t = 1,2,3,...5.

300 § 26 Abs. 2 Satz 1 KStG.
301 Vgl. *Tipke/Kruse*, Kommentar zur AO 1977 und FGO [AO/FGO], 16. Auflage, Köln 1996, Komm. zu § 2 AO, Tz. 1b.
302 Zur Analyse der Literaturauffassungen *Simon*, Ausschüttungsbedingte Teilwertabschreibung (Teil II), S. 102 f. m.w.N.

- Anlaufverluste: berechtigen nicht zu einer Teilwertabschreibung; innerhalb der ersten fünf Jahre wird widerlegbar vermutet, daß es sich um Anlaufverluste handelt.

$$\Delta S_{I_t} = 0$$

für: $t = 1,2,3,...5$.

- Gesunkene Wiederbeschaffungskosten sind auf Substanz- und/oder Ertragswertänderungen zurückzuführen.[303] Eine Teilwertabschreibung richtet sich nach dem Verhältnis beider Größen, wobei der BFH der Vermögensminderung die größere Bedeutung beimißt. Wie sich dieser Zusammenhang auf die Höhe der anzuerkennenden Teilwertabschreibung auswirkt, kann anhand folgender Fallunterscheidungen allgemein formuliert werden:

Fall 1: $-\Delta SW$; $\Delta EW=0$ ---> keine TWA

Fall 2: $-\Delta EW$; $\Delta SW=0$ ---> keine TWA

Fall 3: $-\Delta SW \leq -\Delta EW$ ---> TWA $= \Delta SW$

Fall 4: $-\Delta SW \geq -\Delta EW$ ---> TWA $= \Delta EW$

Die Steuerentlastung wird im Regelfall frühestens nach der Anlaufphase gewährt. Daher gilt:

$$\Delta S_{I_t} = -(s_I^{ek_g(kn)} + s_I^{ge} - s_I^{ek_g(kn)} s_I^{ge}) * TWA_t$$

für: $t = 6,7,8,...n$

oder ausgedrückt als Barwertdifferenz

$$\Delta BW_{KapG} = -\sum_{t=6}^{n} \left[(s_I^{ek_g(kn)} + s_I^{ge} - s_I^{ek_g(kn)} s_I^{ge}) * TWA_t \right] * q_s^{-t}$$

mit: $\sum_{t=6}^{n} TWA_t \leq BetBW$

(2) Teilwertabschreibung wegen spezieller Auslandsrisiken

Das Problem liegt hier in der Durchsetzung einer Teilwertabschreibung dem Grunde nach, da explizit von einem unbeeinflußten inneren Wert der Beteiligung ausgegangen wird.

$$\Delta S_{I_t} = 0$$

für: $t = 1,2,3,...n$.

---

303 Es wird davon abstrahiert, daß ein Ausgleich durch funktionale Vorteile erfolgt.

(3) Ausschüttungsbedingte Teilwertabschreibung

Die Höhe der ausschüttungsbedingten Teilwertabschreibung muß nicht immer den ausgeschütteten Rücklagen entsprechen. Ist ΔEW nicht im gleichen Umfang gesunken, fällt die Abschreibung entsprechend geringer aus.[304]

Eine Quantifizierung der Auswirkungen der ausschüttungsbedingten Teilwertabschreibung muß unter Berücksichtigung der Rechtsform der inländischen Muttergesellschaft erfolgen.

- *Mutterunternehmen ist Personengesellschaft:* Unter der Voraussetzung, daß für Gewinnanteile das gewerbesteuerliche Schachtelprivileg in Anspruch genommen wird, sind ausschüttungsbedingte Teilwertabscheibungen gem. § 8 Nr. 10 GewStG wieder hinzuzurechnen. Die Steuerentlastung reduziert sich auf

$$\Delta S_{I_t} = -s_I^{ek_g} * TWA_t$$

für: $t = 1,2,3,...n.$

- *Mutterunternehmen ist Kapitalgesellschaft:* Die ausschüttungsbedingte Teilwertabschreibung wird bei Anwendung der *Freistellungsmethode* und bei *indirekter Anrechnung* versagt.

$$\Delta S_{I_t} = 0$$

für: $t = 1,2,3,...n.$

Durch Verzicht auf die *indirekte Anrechnung* kann eine Steuerentlastung im Umfang

$$\Delta S_{I_t} = AB_{max.} * (1 - s_I^{kn}) - s_I^{kn} * TWA_t$$

für: $t = 1,2,3,...n.$
realisiert werden.

Gelingt der Verzicht auf *Freistellung*, wird die Steuerentlastung aufgrund der Abschreibung durch die Steuerbelastung auf die Schachteldividende reduziert:

---

304 Kann die Ausschüttung wie im Beispiel unter Gliederungspunkt B.4.3.3.3 aus "Kasse" erfolgen, bleibt der Ertragswert konstant, da mit dem Vermögensabgang kein Verzicht auf Erträge einer verzinslichen Reinvestition verbunden ist; werden bspw. Finanzanlagen aufgelöst, hängt die Ertragswertminderung vom Verhältnis der Verzinsung der konkreten Finanzanlage zu der internen Verzinsung des Unternehmens ab, die sich aus dem Durchschnitt aller Investitionen - auch der Finanzanlagen - ergibt.

$$\Delta S_{I_t} = (s_I^{kn} * q * GA - S_{Q(Div)_{max.}}) - s_I^{kn} * TWA_t$$

für: t = 1,2,3,...n.

In beiden Fällen ist jedoch zu berücksichtigen, daß zumindest in Höhe der ausschüttungsbedingten Teilwertabschreibung ein steuerfreier Veräußerungsgewinn ausgeschlossen ist. Eine abschließende Beurteilung dieser Verzichtsmaßnahmen ist daher erst möglich, wenn feststeht, ob, in welcher Höhe und zu welchem Zeitpunkt ein Veräußerungsgewinn entsteht.

B.4.3.4 Mittelzuführung in Form von Gesellschafter-Fremdkapital

Auch wenn die - infolge ausbleibender Gewinne oder durch Verluste - eingetretene Finanzierungslücke vom Gesellschafter durch Fremdkapital gedeckt wird, muß zum Zeitpunkt der Kapitalzuführung davon ausgegangen werden, daß der Investor weiterhin von seinen Ertragserwartungen überzeugt ist. Eine Teilwertabschreibung auf den Beteiligungsbuchwert kommt damit nicht in Betracht.

Werden im Anschluß an die Verstärkung des Betriebskapitals weitere Verluste erlitten, ist auch die Werthaltigkeit der Darlehensforderung zu jedem Bilanzstichtag zu überprüfen. Dabei ist für den Einzelfall nach den tatsächlichen Verhältnissen auf die *Durchsetzbarkeit der Darlehensforderung* abzustellen. Nur wenn gegenüber den Fremdgläubigern mit keiner bevorzugten Rückzahlung zu rechnen ist, ist die Darlehensforderung unter Berücksichtigung des Ausfallrisikos zu bewerten.[305] Ist aufgrund der Verhältnisse am Bilanzstichtag die Leistungsfähigkeit des Schuldners objektiv auch unter Berücksichtigung von Sicherheiten mit Zweifeln behaftet, sind die Voraussetzungen für eine Teilwertabschreibung gegeben.[306] Eine gemeinsame bilanzielle Beurteilung von Beteiligung und Forderung ist aus Gründen der Einzelbewertung abzulehnen. Als Folge nachhaltiger Verluste ist stets zunächst von einer Aufzehrung des Eigenkapitals auszugehen. Erst dann stellt sich die Frage nach der Wahrscheinlichkeit und dem Ausmaß des Ausfallrisikos auch unter Berücksichtigung der künftigen

---

305 Eine korrespondierende Bewertung bei Gläubiger und Schuldner ist dabei nicht geboten; RFH vom 6.5.1936, VI A 8/35, RStBl 1936, S. 861.

306 Dazu bedarf es keiner festgestellten Zahlungsunfähigkeit; es ist ausreichend, daß ein ordentlicher Kaufmann auch unter going-concern-Aspekten eine vollständige Rückzahlung für unwahrscheinlich hält. Vgl. *Beck'scher Bilanz-Kommentar*: der Jahresabschluß nach Handels- und Steuerrecht; Konzernabschluß, Prüfung, Offenlegung; §§ 238 und 339 HGB, von Budde u.a., 3. Auflage, München 1995, § 253, Rz. 569 ff., 597.

Erträge.[307] Eine abweichende Beurteilung könnte geboten sein, wenn Wertberichtigungen wegen Länderrisiken oder wegen Wechselkursschwankungen notwendig werden. Im Unterschied zur Teilwertabschreibung auf den Beteiligungsbuchwert kommen für solche Risiken regelmäßig Abschreibungen auf den niedrigeren Teilwert der Forderung in Betracht.[308]

Es gilt: $\Delta S_{I_t} = -(s_I^{ek_g(kn)} + s_I^{ge} - s_I^{ek_g(kn)} s_I^{ge}) * TWA_t$

für den gesamten Planungszeitraum t = 1,2,3,...n.

Für den Fall, daß auf die Darlehensforderung verzichtet wird, kommt es durch das Rechtsinstitut der verdeckten Einlage zu einer erfolgsneutralen Erhöhung des Beteiligungsbuchwertes.[309] Eine Teilwertabschreibung kann auch hier nur begründet werden, wenn der Forderungsverzicht wegen drohender Überschuldung geboten war.

---

307 Vgl. zur Kritik an der vom RFH (vom 31.10.1933, I A 393/31, RStBl 1934, S. 686) vorgeschlagenen Zusammenrechnung mit Beispiel *Herrmann/Heuer/Raupach*, Kommentar zum Einkommensteuer- und Körperschaftsteuergesetz [EStG/KStG], 21. Auflage, Köln 1996, § 6 EStG, Anm. 922.
308 Vgl. *Beck'scher Bilanz-Kommentar*, HGB, § 253, Rz. 573.
309 Vgl. Abschnitt 36a Abs. 1 KStR.

B.5 Besteuerung bei mehrstufiger Beteiligungsstruktur

Das nationale Recht sieht nur für *Kapitalgesellschaften* Sonderbestimmungen vor, die für die Besteuerung ausländischer Einkünfte bei **mehrstufigem Aufbau** zu beachten sind. Dies hängt damit zusammen, daß bei der Kapitalgesellschaft strikt zwischen der Gesellschafts- und der Gesellschafterebene getrennt wird. Bei der Personengesellschaft erübrigen sich entsprechende Regelungen, weil stets eine direkte Zurechnung zum Gesellschafter erfolgt.

B.5.1 Generelle Regelungen im Rahmen der inländischen Ertragsbesteuerung

Die deutsche Rechtsordnung enthält Vorschriften, die sowohl die Besteuerung von Gewinnausschüttungen aus *nacheinandergeschalteten ausländischen Gesellschaften* regeln, als auch auf die *Weiterleitung innerhalb inländischer Beteiligungsstufen* Einfluß nehmen.

B.5.1.1 Ausdehnung der Schachtelvergünstigungen auf ausländische Enkelgesellschaften

Das *gewerbesteuerliche* Schachtelprivileg begünstigt auch den mehrstufigen Aufbau. Nach § 9 Nr. 7 GewStG dürfen Gewinnanteile von Enkelgesellschaften unter bestimmten Voraussetzungen ebenfalls vom Gewerbeertrag gekürzt werden.[310]

Gleichfalls sieht § 26 Abs. 5 KStG vor, daß die Schachtelvergünstigungen für *aktive ausländische Enkelgesellschaften* entsprechend gelten, wenn die Einkünfte aus der Beteiligung an der Tochtergesellschaft nicht bereits begünstigt werden.[311] Dabei werden Gewinnausschüttungen, die von der *Enkel-* über die *Tochter-* an die *Mutterkapital*gesellschaft fließen so behandelt, als wären sie im Umfang der *mittelbaren* Beteiligung[312] direkt an die Muttergesellschaft geflossen. Die begünstigten Gewinnausschüttungen ermitteln sich als

---

310 Zur Mindestbeteiligungsquote BFH vom 21.8.1996, I R 186/94, BStBl II 1997, S. 434.
311 Abschn. 76 Abs. 18 KStR.
312 Im Steuerrecht erfolgt die Berechnung der mittelbaren Beteiligungsquote stets durch Multiplikation der unmittelbaren Beteiligungsquoten auf den einzelnen Stufen; z.B. Abschn. 76 Abs. 19 KStR. Kritisch zur multiplikativen Ermittlung von Beteiligungsquoten im Konzern *Eisele/Kratz*, Der Ausweis von Anteilen außenstehender Gesellschafter im mehrstufigen Konzern, in: zfbf 1997, S. 291 ff.

$$GA = Min\left[GA_T * \frac{q_E GA_E}{[G_A - L]_T}; q_E GA_E\right]$$

Würden die Gewinnanteile bei *direkter* Ausschüttung an die Muttergesellschaft unter das *DBA-Schachtelprivileg* fallen, so gilt dieses auch bei mittelbarer Beteiligung. Es gilt: $S_I = 0$

Liegen nur die Voraussetzungen der *indirekten Anrechnung* vor, kann die ausländische Gewinnsteuer wie folgt berücksichtigt werden:

$$S_I = s_I^{kn} * (q_T * GA + AB_{max.}) - S_{Q(Div)_{T \to M}} - AB_{max.}$$

wobei: $AB = Min\left[\dfrac{q_T * s_{A(E)}^k * GA}{1 - s_{A(E)}^k}; \dfrac{s_I^{kn} * q_T * GA - S_{Q(Div)_{T \to M}}}{1 - s_I^{kn}}\right]$

Eine Quellensteuer auf Gewinnausschüttungen der Enkelin ist nicht anrechenbar; hingegen kommt eine Quellensteuer der Tochtergesellschaft zur Anrechnung.[313]

B.5.1.2 Weiterleitung von Auslandserträgen im Inland

Nach § 8b Abs. 1 KStG können Ausschüttungen aus dem EK01 an inländische unbeschränkt steuerpflichtige Kapitalgesellschaften ohne Herstellen der Ausschüttungsbelastung weitergeleitet werden. Der Kapitalertragsteuerabzug entfällt jedoch nicht.[314] Beim Empfänger bleiben diese Ausschüttungen bei der Einkommensermittlung außer Ansatz; sie werden in das EK01 eingestellt. Die Kapitalertragsteuer wird angerechnet oder erstattet (§§ 36 Abs. 2 Nr. 2, 44b EStG).
Es gilt: $EK01_T = EK01_M$

B.5.1.3 Die "mehrstufige" verdeckte Gewinnausschüttung

Werden Vermögensvorteile einem *mittelbar beteiligten Gesellschafter* gewährt, ist die vGA auf allen Beteiligungsebenen durchzurechnen. Das körperschaftsteuerliche Anrechnungsverfahren stellt die Einmalbesteuerung bei "Durchschüttung" bis zur begünstigten Gesellschaft sicher. Werden Vermö-

---

313 Abschn. 76 Abs. 25 KStR.
314 § 43 Abs. 1 Nr. 1 EStG.

134

gensvorteile einer *Schwestergesellschaft* zugewendet, stellt sich die Frage, wie solche Vermögensverlagerungen technisch abgewickelt werden. Dazu hat der Große Senat[315] entschieden, daß von der **Fiktion einer vGA** an die *unmittelbar beteiligte Gesellschaft* mit direkter Weiterleitung an die *begünstigte Gesellschaft* auszugehen ist. Auch wenn die Voraussetzungen der verdeckten Einlage nicht vorliegen, werden gleich hohe Aufwendungen angenommen. Im Ergebnis kommt es zu einer Besteuerung des Körperschaftsteueranrechnungsanspruchs bei der Muttergesellschaft.

Bei *grenzüberschreitender Unternehmenstätigkeit* sind diese Grundsätze entsprechend anzuwenden, es sei denn, die Voraussetzungen für die Annahme einer vGA liegen auf der nächsthöheren Stufe nicht vor. Dieser Fall kann bereits dadurch eintreten, daß für die nachfolgende Kapitalgesellschaft aufgrund ihrer Ansässigkeit das Recht eines anderen Staates Anwendung findet: Der deutsche § 8a KStG ist beispielsweise nicht mehr einschlägig, wenn die Tochterkapitalgesellschaft bereits im Ausland ansässig ist. Aber selbst bei im Inland ansässiger Tochtergesellschaft sind bei unmittelbarer Darlehensgewährung einer ausländischen Muttergesellschaft an die inländische Enkelkapitalgesellschaft mangels tatsächlicher Zuführung von Fremdkapital die Tatbestandsvoraussetzungen nicht erfüllt. Daher wird in der Literatur vorgeschlagen, die Weiterleitung von der Tochter- an die ausländische Mutterkapitalgesellschaft als Zinsaufwendungen und nicht als Ausschüttungen zu behandeln.[316]

Selbst wenn auch nach dem Recht des Ansässigkeitsstaates der nächsthöheren Konzernstufe eine vGA vorliegt, hängen die Rechtsfolgen von der Behandlung verdeckter Vermögensverlagerungen im Empfängerstaat ab. Generelle Aussagen können standortunabhängig nur unter einschränkenden Prämissen getroffen werden.[317]

B.5.1.4 Teilwertabschreibungen bei mittelbarer Beteiligung

Teilwertabschreibungen auf Beteiligungen an Kapitalgesellschaften können grundsätzlich auf jeder Beteiligungsstufe steuerlich geltend gemacht werden, sofern eine tatsächliche Wertminderung der *unmittelbaren* Beteiligung nachgewiesen werden kann. Dazu sind Wertminderungen und Wertsteigerungen aus Beteiligungen nachgelagerter Kapitalgesellschaften zu saldieren. Bei mehreren

---

315 vom 26.10.1987, GrS 2/86, BStBl II 1988, S. 348.
316 Vgl. *Wassermeyer*, Anteilseignerbegriff, S. 107 f.
317 Dazu bereits unter B.4.3.1.1.

Konzernstufen können so Verluste von der Verlustentstehungsgesellschaft durch die auf jeder Stufe zulässige Teilwertabschreibung (sofern kein Ausgleich durch Wertsteigerungen zu berücksichtigen ist) bis zur obersten Ebene durchgereicht werden. Durch die Berücksichtigung auf mehreren Konzernstufen werden Verluste temporär - bis zur Veräußerung/Liquidation der verlustträchtigen Kapitalgesellschaft - steuerlich wirksam vervielfacht; dies wird auch als Kaskadeneffekt bezeichnet.

Bei internationaler Verflechtung setzt die gewinnmindernde Berücksichtigung von Teilwertabschreibungen auf Auslandsbeteiligungen eine *aktive* Tätigkeit der Gesellschaft voraus. Diese Voraussetzung kann durch eine *Inlandsholding* nach § 2a Abs. 1 Nr. 7a EStG ausdrücklich nicht umgangen werden.[318] Das Zwischenschalten einer *Auslandsholding* ist nur unter den Voraussetzungen des § 2a Abs. 2 Satz 1 2. HS EStG unschädlich: sie muß zu mind. 25 % *unmittelbar* an den *aktiv tätigen ausländischen* (Verlust-)Gesellschaften beteiligt sein; das Halten von Beteiligungen an *inländischen* Gesellschaften ist nicht begünstigt. Dies hat für die Teilwertabschreibung auf die im Inland gehaltene Beteiligung an der Holding zur Konsequenz, daß Verluste aus mittelbaren Beteiligungen und Inlandsbeteiligungen unberücksichtigt bleiben und somit auf der Ebene der Holding "versickern". Im Ergebnis wird nach nationalem Recht ausschließlich die zweistufige Struktur im Ausland begünstigt[319], da das Halten mittelbarer Beteiligungen und Inlandsbeteiligungen unter die nicht begünstigten passiven Tätigkeiten fällt.

B.5.2   Zusatzbestimmungen bei Niedrigbesteuerung im Ausland

B.5.2.1   Begünstigte Gewinnanteile der Zwischengesellschaft

Enthalten die *passiven Einkünfte* einer Zwischengesellschaft auch Gewinnausschüttungen von einer *aktiv tätigen ausländischen Kapitalgesellschaft*, darf der Hinzurechnungsbetrag um diese Gewinnanteile gekürzt werden oder wird die indirekte Steueranrechnung gewährt. Voraussetzung für die Inanspruchnahme von § 13 Abs. 1 AStG ist, daß die Vergünstigung auch bei direktem Bezug der Gewinnausschüttung gewährt würde und nicht bereits aufgrund der übrigen

---

318   Zur Kritik an dieser Regelung *Maßbaum*, Steuerliche Berücksichtigung von [Verlusten] ausländischer Betriebsstätten und Tochtergesellschaften bei inländischen Müttern, in: Maßbaum u.a. (Hrsg.), Die deutsche Unternehmensbesteuerung im europäischen Binnenmarkt: Besteuerungsgrundlagen und grenzüberschreitende Steuerplanung in Deutschland, Neuwied 1994, S. 360.

319   *Ebd.*, S. 369.

nationalen Regelungen erfolgt. Gleichfalls sind Gewinnanteile vom Hinzurechnungsbetrag auszunehmen, wenn sie von einer unbeschränkt steuerpflichtigen Kapitalgesellschaft stammen (§ 13 Abs. 2 AStG). Dasselbe gilt für entsprechende Veräußerungsgewinne.[320]

B.5.2.2 Weitere Untergesellschaften

Nachgeschaltete Zwischengesellschaften teilen das Schicksal ihrer Obergesellschaft. Die anteiligen Einkünfte dieser Gesellschaften erhöhen daher ebenfalls den Hinzurechnungsbetrag bei Kürzung um die tatsächlichen Ausschüttungen. Diese Grundsätze gelten auch für weitere nachgelagerte Beteiligungsstufen.[321]

B.5.2.3 Zwischeneinkünfte mit Kapitalanlagecharakter

Zu den Zwischeneinkünften mit Kapitalanlagecharakter gehören grundsätzlich auch Einkünfte, die aus dem Halten von Beteiligungen stammen. Nach § 10 Abs. 6 Satz 2 Nr. 2 AStG sind davon ausdrücklich solche Einkünfte ausgenommen, die von Gesellschaften stammen, an denen die Zwischengesellschaft (Holding) zu mind. 10 % beteiligt ist. Dabei ist es unerheblich, ob diese Gesellschaften aktiv oder passiv tätig sind. Diese Ausnahmeregelung verhindert, daß Zwischeneinkünfte bei mehrstufigem Konzernaufbau mehrfach belastet werden und so möglicherweise Steuerbelastungen von über 100 % entstehen.[322]

---

320 § 13 Abs. 3 AStG.
321 § 14 Abs. 1-3 AStG. Ausführlich dazu *Baumgärtel/Perlet*, Hinzurechnungsbesteuerung, S. 225 ff.
322 *Ebd.*, S. 246 f. mit Beispielen. Davon betroffen sind sämtliche Holdinggesellschaften, die die Voraussetzungen des § 8 Abs. 2 AStG nicht erfüllen.

B.6 Besteuerung bei Beendigung der Unternehmenstätigkeit im Ausland

Bei der Entscheidung für eine bestimmte Organisationsform der ausländischen Tätigkeit muß je nach Planungshorizont auch die Steuerbelastung bei Beendigung des Engagements einbezogen werden. Liegt der Aufgabezeitpunkt (T) vor oder spätestens am Ende des Planungszeitraumes (n) muß die Analyse zwingend um die Steuerbelastung bei Aufgabe erweitert werden.

B.6.1 Auflösung und Liquidation der ausländischen Organisationseinheit

B.6.1.1 Steuerbelastung bei Auflösung der ausländischen Betriebstätte

Die Überführung, Veräußerung oder Entnahme der Wirtschaftsgüter sind die letzten wirtschaftlichen Aktivitäten, die der Auslandsbetriebstätte zugerechnet werden. Zunächst ist für den Fall *ohne DBA* zu prüfen, wie das ausländische Recht einen solchen aperiodischen Vorgang steuerlich bewertet. Existiert eine zu § 49 Abs. 1 Nr. 2a EStG vergleichbare Vorschrift, sind die aus der Auflösung resultierenden Einkünfte der ausländischen Quellensteuer zu unterwerfen. Eventuell werden Tarifvergünstigungen gewährt.

$$S_A = s_{A(BSt)} * LG_A;$$

Dies gilt entsprechend für $LG_A < 0$, soweit Verlustausgleichspotential besteht. Ein Verlustvortrag scheidet bei isolierter Betrachtung einer Betriebstätte aus.

Nach deutschem Recht können die Wirtschaftsgüter wieder zu Buchwerten ins Inland zurückgeführt werden.[323] Ein Gewinnrealisierungstatbestand wird nur durch Veräußerung oder Entnahme der Wirtschaftsgüter ausgelöst. Bei Weiternutzung durch das inländische Stammhaus erfolgt eine Gewinnrealisation nur indirekt über das verminderte Abschreibungsvolumen.

Daher umfaßt der nach inländischen Vorschriften ermittelte Auflösungsgewinn ($LG_{A(I)} = LG_A - \Delta LG$) regelmäßig nicht die in den überführten Wirtschaftsgütern enthaltenen stillen Reserven. Gewerbesteuerlich ist der Vorgang unbeachtlich.[324]

---

323   Analog zum Überführungsvorgang. Vgl. Kapitel B.4, Gliederungspunkt B.4.1.1.
324   § 2 Abs. 1, § 9 Nr. 3 GewStG bzw. Abschn. 39 Abs. 5 GewStR.

Es gilt: $S_I = s_I^{ek(kn)} * LG_{A(I)} - S_{A(BSt)_{max.}}$

mit: $S_{A(BSt)_{max.}} = Min\left[s_{A(BSt)} * (LG_A - \Delta LG); s_I^{ek(kn)} * LG_{A(I)}\right]$[325]

Für $LG_{A(I)} < 0$ kann die ausländische Steuer nur abgezogen werden, falls $LG_A > 0$;[326] die Steuererstattung entsteht im Liquidationsjahr, soweit die Verluste innerperiodisch oder per Verlustrücktrag ausgeglichen werden.[327]

Es gilt: $S_I = s_I^{ek(kn)} * (-LG_{A(I)} - S_{A(BSt)})$

Ist das inländische Mutterunternehmen eine *Personengesellschaft*, können in den Fällen des § 16 Abs. 1 Nr. 1 EStG die Vergünstigungen der §§ 16, 34 EStG in Anspruch genommen werden.[328]

Es gilt: $S_I = 0,5s_I^{ek(kn)} * LG_{A(I)} - S_{A(BSt)_{max.}}$

mit: $S_{A(BSt)_{max.}} = Min\left[s_{A(BSt)} * (LG_A - \Delta LG); 0,5s_I^{ek(kn)} * LG_{A(I)}\right]$

Für den Fall, daß ein *DBA* existiert, ist zu untersuchen, wem das Besteuerungsrecht für Gewinne aus der Auflösung der Betriebstätte zusteht. Nach Art. 13 Abs. 2 OECD-MA dürfen auch diese Gewinne im Betriebstättenstaat besteuert werden. Nach dem DBA-Betriebstättenprinzip wird die Doppelbesteuerung in aller Regel durch *Freistellung* im Inland beseitigt.

Vor Anwendung der Tarifvorschriften ist zu prüfen, zu welchem Wert eine Rückführung der Wirtschaftsgüter ins Inland möglich ist. Analog zu der Vorgehensweise bei der Überführung von Wirtschaftsgütern *in* die ausländische Betriebstätte erfolgt auch hier die Rückübertragung zum Fremdvergleichspreis, wobei ein noch vorhandener Ausgleichsposten aus der Überführung von Wirtschaftsgütern aus dem Inland erfolgs*neutral* aufzulösen ist.[329]

---

325 Die auf die stillen Reserven der übertragenen Wirtschaftsgüter entfallende ausländische Steuer kann im Inland nicht angerechnet werden, weil zu dieser Zeit keine entsprechenden steuerpflichtigen Betriebstätteneinkünfte vorliegen. Vgl. *Jacobs*, Internationale Unternehmensbesteuerung, S. 616.

326 Der Steuerabzug kann in bestimmten Fällen auch für $LG_{A(I)} > 0$ vorteilhaft sein. Dazu Kapitel B.4 Gliederungspunkt B.4.2.

327 Im Falle des Verlustvortrages ist die Zeitkomponente zu berücksichtigen.

328 Davon ausgenommen sind Gewinne, die aus der Veräußerung einzelner Wirtschaftsgüter an den Gesellschafter stammen, soweit dieser in seiner Eigenschaft als Erwerber an dem Betriebsvermögen in das die Wirtschaftsgüter überführt wurden, beteiligt ist. § 16 Abs. 3 Satz 2 EStG.

329 BMF-Schreiben vom 12.2.1990, S. 73, Tz. 5.

Eine zusätzliche inländische Steuerbelastung tritt auch bei *Stammunternehmen* in der Rechtsform der *Personengesellschaft* nicht ein, da der Progressionsvorbehalt ausdrücklich **nicht** auf außerordentliche ausländische Einkünfte anzuwenden ist.[330] Die Tarifvorschriften § 34 Abs. 1 und § 32b EStG schließen sich gegenseitig aus. Es gilt: $S_I = 0$.

Verbleibt aus der Auflösung der Betriebstätte ein Verlust, kann dieser gem. § 2a Abs. 3 EStG trotz DBA-Freistellung im Inland abgezogen werden, wenn im Ausland keine Verlustausgleichsmöglichkeit mehr besteht.

B.6.1.2 Auflösung und Liquidation der ausländischen Kapitalgesellschaft

B.6.1.2.1 Steuerbelastung auf der Ebene der Kapitalgesellschaft

Die Konsequenzen der Liquidation einer Kapitalgesellschaft vollziehen sich aufgrund des Trennungsprinzips stets auf zwei Ebenen. Der *Liquidationsgewinn auf Gesellschaftsebene* wird ausschließlich im ausländischen Staat besteuert: $S_A = s_A^k * LG_A$.

Dies gilt entsprechend für Liquidationsverluste, soweit Verlustausgleichspotential besteht.

B.6.1.2.2 Steuerbelastung der inländischen Gesellschafter

Ob die Liquidationsrate $LQR = q * \left[(1 - s_A^k) * LG_A + GA + KapRZ \right]$

im Fall *ohne DBA* im Rahmen der *beschränkten Steuerpflicht* des inländischen Gesellschafters der ausländischen Quellenbesteuerung unterliegt, hängt davon ab, wie das nationale Recht des Ansässigkeitsstaates der Gesellschaft diese Zahlungen an den Gesellschafter einstuft. Wird analog zum deutschen Recht zwischen der Rückzahlung von Nennkapital oder EK04 und Gewinnverwendung differenziert, handelt es sich nur bei der zweitgenannten Kategorie um quellensteuerpflichtige Kapitalerträge. Gleichfalls liegen dann auch Dividenden i.S.d. Art. 10 Abs. 3 OECD-MA vor. Für diesen Teil der Liquidationsraten kann daher eine (begrenzte) Quellensteuer erhoben werden.[331]

---

330 § 32b Abs. 2 Nr. 2 EStG.
331 Für den Fall, daß im nationalen Recht und/oder im konkreten DBA der gesamte Liquidationsgewinn analog zu einem Veräußerungsgewinn i.S.d. Art. 13 Abs. 4 OECD-MA behandelt wird, steht das Besteuerungsrecht ausschließlich dem (Wohn-)Sitzstaat des Gesellschafters zu;

Die ausländische Gesamtsteuerbelastung erhöht sich auf

$$S_A = \left[s_A^k + (1 - s_A^k) * s_{Q(Div)} \right] * q * LG_A + s_{Q(Div)} * q * GA$$

Unabhängig von der Existenz eines DBA-Schachtelprivi-legs können *Mutter-kapitalgesellschaften* wegen § 8b Abs. 2 KStG den Gewinn aus der Liquidation der ausländischen Kapitalgesellschaft (Liquidationsrate abzgl. Buchwert der Beteiligung) im Inland steuerfrei vereinnahmen. Dies gilt auch für die Gewerbesteuer.[332] Davon sind die in früheren Jahren vorgenommenen steuerwirksamen Teilwertabschreibungen abzuziehen; d.h. dieser Teil des Liquidationsgewinns wird im Inland steuerpflichtig.[333/334]

$$S_I = (s_I^{kn} + s_I^{ge} - s_I^{kn} s_I^{ge}) * \sum_{t=1}^{T} TWA_t$$

Ist das Mutterunternehmen eine *Personengesellschaft*, muß grundsätzlich der gesamte Liquidationsgewinn von den Gesellschaftern versteuert werden. Auch wenn sich die Beteiligung im Gesamthandsvermögen einer Personengesellschaft befindet, wird das Tatbestandsmerkmal der Veräußerung einer 100 %-Beteiligung an einer Kapitalgesellschaft (§ 16 Abs. 1 Nr. 1 KStG) als erfüllt angesehen.[335] Für den Liquidationsgewinn kann die Tarifbegünstigung nach § 34 Abs. 1 EStG jedoch nur soweit in Anspruch genommen werden, als keine abschließende Gewinnausschüttung vorliegt. Eine Belastung mit Gewerbesteuer wird durch § 9 Nr. 7 GewStG nicht verhindert, da diese Kürzungsvorschrift ausdrücklich nicht für Gewinnanteile aus der Auflösung der Gesellschaft gilt.[336]

$$S_I = s_I^{ek} * \left[(1 - s_A^k) * q * LG_A + q * GA \right] - S_{Q(Div)_{max.}}$$

$$+ (0,5 s_I^{ek} + s_I^{ge} - 0,5 s_I^{ek} s_I^{ge}) * \left[q * KapRZ - BetBW \right]$$

---

ein Quellenbesteuerungsrecht besteht insoweit nicht. MA-Kommentar, Art. 13, Ziff. 31, in: *Vogel*, DBA, Art. 13, Rz. 80 und Art. 10, Rz. 202, 215.

332 Vgl. *Hundt*, Standortsicherungsgesetz: [Außensteuerliche Änderungen] - Einfügung von § 8b KStG sowie Änderungen des § 26 KStG, des UmwStG und des AStG (Teil II), in: DB 1993, S. 2099.

333 Auch dann, wenn die Teilwertabschreibung nur nach § 2a Abs. 1 Nr. 3a) EStG berücksichtigt werden konnte oder mit einem Liquidationsgewinn erst verrechnet werden kann. Dazu *Förster*, Steuerfreie [Veräußerung] von Auslandsbeteiligungen nach § 8b KStG, in: DB 1994, S. 389 f.

334 Zum Stundungseffekt durch Teilwertabschreibung vgl. das Beispiel im *Anhang C.2.2.*

335 R 139 Abs. 3 Satz 7 EStR.

336 Daher unterliegt zumindest der einkommensteuerlich begünstigte Teil des Gewinns der Gewerbesteuer. Für den Teil der Liquidationsrate, der als abschließende Gewinnausschüttung behandelt wird, darf m.E. die Kürzung jedoch nicht verwehrt werden.

Der zweite Teil der Gleichung ist nur dann größer als Null, wenn in der Vergangenheit eine Teilwertabschreibung vorgenommen wurde. Obwohl sich die Minderung des Beteiligungsbuchwertes ursprünglich zum vollen kombinierten Ertragsteuersatz ausgewirkt hat, wird die Nachversteuerung nur zum halben durchschnittlichen Einkommensteuersatz nachgeholt.

Unabhängig von der unterschiedlichen Behandlung der Liquidationsgewinne bleiben Verluste im Zusammenhang mit der Liquidation beim Gesellschafter unter den Voraussetzungen des § 2a Abs. 2 i.V.m. Abs. 1 Nr. 3b EStG berücksichtigungsfähig.

Für LQR < BetBW gilt:

$$S_I = -(s_I^{ek_g(kn)} + s_I^{ge} - s_I^{ek_g(kn)} s_I^{ge}) * \left[LQR - BetBW - S_{Q(Div)} \right]$$

Für *Mutterkapitalgesellschaften* sind jedoch Liquidationsverluste, die auf Gewinnausschüttungen zurückzuführen sind, gem. § 8b Abs. 6 Nr. 2 KStG hinzuzurechnen; dies gilt für die Gewerbesteuer unabhängig von der Rechtsform (§ 8 Nr. 10 GewStG).

B.6.1.3 Steuerbelastung bei Betriebsaufgabe der ausländischen Personengesellschaft

Da Gewinne und Verluste einer Personengesellschaft stets *direkt* dem Gesellschafter zugerechnet werden, wird der Gesellschafter auch mit dem Aufgabegewinn im Ausland *beschränkt steuerpflichtig*. Es sind die Ausführungen zur Betriebstätte entsprechend anzuwenden.

Ohne DBA kann die Rückführung der Wirtschaftsgüter in ein Betriebsvermögen steuerneutral erfolgen. Weitere Abweichungen zwischen aus- und inländischem Aufgabeerfolg können aus der deutschen Besonderheit des Sonderbetriebsvermögens resultieren. Da im Ausland Sonderbetriebsvermögen weitgehend unbekannt sind und schuldrechtliche Vereinbarungen zwischen der Personengesellschaft und ihren Gesellschaftern häufig auch steuerlich anerkannt werden, können sich erhebliche Gewinndifferenzen (= ΔLG_{SBV}) einstellen. Je nach Art des Wirtschaftsgutes kann durch den Veräußerungstatbestand die beschränkte Steuerpflicht ausgelöst werden.[337]

---

337 Vgl. *Piltz*, Veräußerung von [Sonderbetriebsvermögen] unter den Doppelbesteuerungsabkommen (OECD-Musterabkommen und DBA-Schweiz), in: IStR 1996, S. 458.

$$S_A = s_{A(BSt)} * q * LG_A + s_{Q(L)} * g * \Delta LG_{SBV}$$

Der Aufgabegewinn ist nach § 16 Abs. 1 Nr. 2 EStG begünstigt und wird bei den inländischen Gesellschaftern der *Mutterpersonengesellschaft* ermäßigt besteuert.[338] Noch nicht verrechnete Verluste i.S.d. § 15a EStG mindern den anteiligen Aufgabegewinn.[339]

Es gilt: $S_I = 0{,}5 s_I^{ek} * \left[q * LG_{A(I)} - V_A^{Verr} \right] - S_{A(BSt)_{max.}}$

mit: $S_{A(BSt)_{max.}} = Min \left[\begin{array}{l} s_{A(BSt)} * q * (LG_A - \Delta LG) + s_{Q(L)} * g * \Delta LG_{SBV} ; \\ 0{,}5 s_I^{ek} * (q * LG_{A(I)} - V_A^{Verr}) \end{array} \right]$

Mutterkapitalgesellschaften werden keine Tarifvergünstigungen bei der Körperschaftsteuer gewährt; der Aufgabegewinn ist wie laufender Gewinn zu versteuern:

Es gilt: $S_I = s_I^{kn} * \left[q * LG_{A(I)} - V_A^{Verr} \right] - S_{A(BSt)_{max.}}$

mit: $S_{A(BSt)_{max.}} = Min \left[\begin{array}{l} s_{A(BSt)} * q * (LG_A - \Delta LG) + s_{Q(L)} * g * \Delta LG_{SBV} ; \\ s_I^{kn} * (q * LG_{A(I)} - V_A^{Verr}) \end{array} \right]$

Gewerbesteuer fällt nicht an.[340] Aufgabeverluste sind analog zum Betriebstättenfall zu behandeln.

Da die Personengesellschaft keine Abkommensberechtigung besitzt, findet im DBA-Fall auch bei der Aufgabe das Betriebstättenprinzip Anwendung. Dem Quellenstaat steht nach Art. 13 Abs. 2 OECD-MA das Besteuerungsrecht zu. Die Überführung der Wirtschaftgüter erfolgt zum Teilwert, alternativ zum Fremdvergleichspreis.[341] Aufgabegewinne aus der Veräußerung oder Überführung von Wirtschaftsgütern des Sonderbetriebsvermögens werden aus deutscher Sicht den Einkünften i.S.d. Art. 13 Abs. 2 OECD-MA zugeordnet, sofern das Sonderbetriebsvermögen *tatsächlich* zur Betriebstätte gehört. Nach dem Recht des Sitzstaates kann möglicherweise eine abweichende Zuordnung ge-

---

338 R 139 Abs. 4 EStR.
339 R 138d Abs. 4 i.V.m. H 138d EStR. Diese Behandlung ist schlüssig, da ein negatives Kapitalkonto bei der Ermittlung des Aufgabegewinns hinzugerechnet wird.
340 Abschn. 39 Abs. 3 GewStR.
341 Vgl. die Ausführungen in Kapitel B.4, Gliederungspunkt B.4.1.3.

boten sein, weshalb ein Qualifikationskonflikt entstehen kann.[342] Ohne Qualifikationsverkettung beträgt die Steuerbelastung im Inland wie im Betriebstättenfall $S_I = 0$.

Gewillkürtes Sonderbetriebsvermögen kann das Erfordernis der tatsächlichen Zugehörigkeit definitionsgemäß nie erfüllen. Daher sind solche Veräußerungsgewinne unter die anderen Bestimmungen des Art. 13 OECD-MA zu subsumieren.[343]

---

342 Weitere Konflikte sind bei abweichender Subjektqualifikation denkbar. Vgl. das Bsp. bei *Jacobs*, Internationale Unternehmensbesteuerung, S. 626.
343 Ausführlich mit Beispielen *Piltz*, Sonderbetriebsvermögen, S. 460.

B.6.2 Veräußerung der ausländischen Organisationseinheit

B.6.2.1 Steuerbelastung bei Veräußerung der ausländischen Betriebstätte

Der Veräußerungsgewinn ermittelt sich analog zum Liquidationsgewinn aus der Differenz von Veräußerungserlös und der Summe der Buchwerte der veräußerten Wirtschaftsgüter. Sofern das innerstaatliche Recht des Quellenstaates wie auch das deutsche Recht den Sachverhalt der Veräußerung einer Betriebstätte dem Fall der Liquidation gleichstellt, ermitteln sich die Steuerbelastungen wie im Fall der Auflösung der Betriebstätte. Wird ein nach DBA freigestellter Veräußerungsgewinn zur Nachversteuerung i.S.d. § 2a Abs. 3 Satz 3 EStG herangezogen, kann dafür die Tarifbegünstigung nicht in Anspruch genommen werden.[344] Die Tarifbegünstigung wird nur gewährt, soweit der Veräußerer nicht selbst am Erwerb beteiligt ist.[345]

B.6.2.2 Steuerbelastung bei Veräußerung der Anteile an der ausländischen Kapitalgesellschaft

Die Anteilsveräußerung spielt sich im Unterschied zur Liquidation ausschließlich auf Gesellschafterebene ab. Es handelt sich lediglich um einen Wechsel im Gesellschafterkreis, der für die Kapitalgesellschaft selbst steuerlich unerheblich ist.

Der Gewinn aus der Veräußerung von Anteilen an Kapitalgesellschaften kann im Ausland eventuell Quellensteuern im Rahmen der beschränkten Steuerpflicht auslösen.[346] Abkommensrechtlich dürfen solche Veräußerungsgewinne ausschließlich im Ansässigkeitsstaat des Veräußerers besteuert werden (Art. 13 Abs. 4 OECD-MA).[347]

---

344 BFH vom 16.11.1989, IV R 143/85, BStBl II 1990, S. 204. Entsprechendes müßte auch für den Gewinn aus der Auflösung gelten.

345 § 16 Abs. 2 Satz 3 EStG. Damit soll die tarifbegünstigte Aufstockung bei einem Veräußerer verhindert werden, der gleichzeitig am Erwerb beteiligt ist - sog. "Aufstockungsmodelle". Dazu ausführlich *Groh*, Der erwerbende Veräußerer - Zur Tarifbegünstigung des Veräußerungsgewinns nach § 16 Abs. 2 und 3 EStG -, in: DB 1996, S. 2356 ff.

346 Analog § 49 Abs. 1 Nr. 2e) EStG. Dies gilt wegen der isolierenden Betrachtungsweise nach § 49 Abs. 2 EStG auch wenn sich die Anteile in einem ausländischen Betriebsvermögen befinden.

347 Es sei denn, die Beteiligung gehört zu einer ausländischen Betriebstätte. Dann greift vorrangig Art. 13 Abs. 2 OECD-MA.

Für die Gesellschafter einer inländischen *Mutterpersonengesellschaft* zählen Gewinne aus der Anteilsveräußerung grundsätzlich zu den steuerpflichtigen Einkünften. Sie gehen auch in den Gewerbeertrag ein, da die einschlägigen Kürzungsvorschriften nur für Gewinnanteile gelten. Im Ausland anfallende Quellensteuern können angerechnet werden.

Für $S_{Q(VG)} = 0$ gilt: $S_I = (s_I^{ek} + s_I^{ge} - s_I^{ek} s_I^{ge}) * VG$

Bei Veräußerung einer 100 %-Beteiligung werden für die Einkommensteuer die Vergünstigungen der §§ 16, 34 EStG unter der Einschränkung des § 16 Abs. 2 Satz 3 EStG gewährt. Gewerbesteuerlich wird keine Vergünstigung gewährt.[348] Die inländische Steuerbelastung reduziert sich auf:

$S_I = (0{,}5 s_I^{ek} + s_I^{ge} - 0{,}5 s_I^{ek} s_I^{ge}) * VG$

Ist VP < BetBW kann der Veräußerungsverlust unter den Einschränkungen des § 2a Abs. 1, 2 EStG berücksichtigt werden. Nur ausschüttungsbedingte Verluste müssen bei der Gewerbesteuer gem. § 8 Nr. 10 GewStG wieder hinzugerechnet werden.

Muttergesellschaften in der Rechtsform der *Kapitalgesellschaft* können den Gewinn aus der Veräußerung von Anteilen an ausländischen Kapitalgesellschaften wiederum nach § 8b Abs. 2 KStG steuerfrei vereinnahmen. Wie im Fall der Liquidation wird dadurch erreicht, daß die Vergütung für gespeicherte (versteuerte oder unversteuerte) Gewinne wie die Gewinnausschüttung selbst auch steuerfrei bleibt. Lediglich in Höhe steuerlich bereits geltend gemachter Teilwertabschreibungen muß die Versteuerung nachgeholt werden:

$$S_I = (s_I^{kn} + s_I^{ge} - s_I^{kn} s_I^{ge}) * \sum_{t=1}^{T} TWA_t$$

Veräußerungsverluste können nach Maßgabe der allgemeinen steuerlichen Vorschriften (unter Beachtung der Einschränkung nach § 2a EStG) berücksichtigt werden. Ausschüttungsbedingte Veräußerungsverluste sind davon ausdrücklich ausgenommen (§ 8b Abs. 6 Nr. 2 KStG). Dies gilt entsprechend für die Gewerbesteuer.

Für VP < BetBW gilt:

$$S_I = (s_I^{ek_g(kn)} + s_I^{ge} - s_I^{ek_g(kn)} s_I^{ge}) * [-VG]$$

---

348 Abschn. 40 Abs. 1 Nr. 1 Satz 14 GewStR.

B.6.2.3 Steuerbelastung bei Veräußerung der Anteile an der ausländischen Personengesellschaft

Im deutschen Recht wird die Veräußerung von Personengesellschaftsanteilen analog zum Aufgabevorgang behandelt. Der Veräußerungsgewinn ergibt sich aus der Differenz von Veräußerungspreis und dem Buchwert der Anteile. Muß ein negatives Kapitalkonto durch den ausscheidenden Gesellschafter aufgrund der Stellung als Kommanditist oder einer gesonderten Vereinbarung im Gesellschaftsvertrag nicht ausgeglichen werden, erhöht sich in diesem Umfang der Veräußerungsgewinn.[349] Noch nicht verrechnete Verluste eines Kommanditisten können gewinnmindernd berücksichtigt werden. Nicht veräußertes Sonderbetriebsvermögen wird entweder mit Gewinnrealisation ins Privatvermögen oder in ein anderes Betriebsvermögen überführt. Nur ohne DBA-Freistellung kann die Rückführung in ein inländisches Betriebsvermögen zu Buchwerten erfolgen.

Die Tarifbegünstigung wird bei der Veräußerung eines Mitunternehmeranteils sogar gewährt, wenn nur ein Teil der Beteiligung veräußert wird.[350] Entnahmegewinne aus der Überführung von Sonderbetriebsvermögen ins Privatvermögen gehören zum steuerbegünstigten Veräußerungsgewinn. Eine Überführung von Wirtschaftsgütern des Sonderbetriebsvermögens in ein anderes Betriebsvermögen verhindert die begünstigte Veräußerungsgewinnbesteuerung im ganzen.[351] Die Steuerbelastungen können den Ausführungen zur Aufgabebesteuerung bzw. Veräußerungsbesteuerung bei Betriebstätten entnommen werden.

---

349 BFH vom 26.5.1981, IV R 47/78, BStBl II 1981, S. 795.
350 R 139 Abs. 4 EStR.
351 BFH vom 19.3.1991, VIII R 76/87, BStBl II 1991, S. 635. Abweichende Literaturauffassungen bei *Schmidt*, EStG, § 16, Rz. 113, 407.

C Steuerplanung bei internationaler Unternehmenstätigkeit

In der Literatur[1] besteht weitgehend Einigkeit darüber, daß zu den zentralen Anforderungen an ein Steuersystem die Kriterien **Gleichmäßigkeit** und **Entscheidungsneutralität der Besteuerung** gehören. Die Forderung nach Gleichmäßigkeit der Besteuerung findet ihren Ursprung in Art. 3 Abs. 1 GG. Danach sollen *gleiche* wirtschaftliche Sachverhalte steuerlich auch *gleich* belastet werden. Steuerliche Belastungsunterschiede, die allein auf die rechtliche Organisationsform zurückzuführen sind, sind sachlich nicht gerechtfertigt.[2] Eine entscheidungsneutrale oder kurz steuerneutrale Besteuerungskonzeption liegt vor, wenn sich die Alternativenwahl des Steuerpflichtigen innerhalb eines bestehenden Handlungsrahmens durch die Berücksichtigung von Steuern nicht verändert.[3] Auch die Entscheidung für eine bestimmte Rechts- oder Organisationsform soll durch die Besteuerung nicht verzerrt werden. Beide Forderungen wären erfüllt, wenn unabhängig vom Rechtskleid einer Gesellschaft, das aus verschiedenen nichtsteuerlichen Gründen gewählt werden kann, der Entscheidungsträger gleich besteuert wird. Dazu gehören sämtliche juristischen als auch wirtschaftlichen steuerlichen Belastungen. Unabhängig von der Anerkennung eines Rechtssubjekts wird zur Überprüfung stets von einem Durchgriff auf den tatsächlichen Entscheidungsträger, die natürliche Person ausgegangen. Konsequenzen der Überwälzbarkeit von Steuerbelastungen (ökonomische Inzidenz) können im Rahmen dieser Analyse nicht quantifiziert werden.[4]

Die mangelnde **Rechtsformneutralität** im deutschen Steuerrecht ist auf das Nebeneinander zweier völlig unterschiedlicher Besteuerungskonzeptionen zurückzuführen. Nach dem nur für Kapitalgesellschaften gültigen **Trennungsprinzip** wird das Gebilde der juristischen Person zivil- und steuerrecht-

---

1   Stellvertretend *Elschen*, [Entscheidungsneutralität], Allokationseffizienz und Besteuerung nach der Leistungsfähigkeit - Gibt es eine gemeinsames Fundament der Steuerwissenschaften?, in: StuW 1991, S. 99 ff.; *Schneider*, [Investition], Finanzierung und Besteuerung, 7. Auflage, Wiesbaden 1992, S. 193 ff.; *Wagner*, Der gesellschaftliche [Nutzen] einer betriebswirtschaftlichen Steuervermeidungslehre, in: Finanzarchiv 1986, S. 32 ff. Dazu auch die Analyse von *Thiede*, Ökonomische Analyse der [Körperschaftsbesteuerung] bei ausländischen Einkünften, Diss., Köln 1994, S. 7 ff. Über das Verhältnis und die Reihenfolge zu den weiteren Anforderungen soll hier nicht diskutiert werden. Zu den Prinzipien aus steuerjuristischer Sicht ausführlich *Tipke/Lang*, Steuerrecht, 15. Auflage, Köln 1996, S. 77 ff.
2   A.A. *Schneider*, Investition, S. 744 ff.
3   *Ebd.*, S. 193.
4   Vgl. *Musgrave/Musgrave/Kullmer*, Die öffentlichen [Finanzen] in Theorie und Praxis, Band 2, 5. Auflage, Tübingen 1993, S. 37 ff.

lich anerkannt. Damit wird eine Verselbständigung der Kapitalgesellschaft an sich fingiert. Der Eigentümer der Gesellschaftsrechte kann gleichzeitig Entscheidungsorgan sein. Dennoch wird nur in Ausnahmefällen auf die natürliche Person durchgegriffen.[5] So können wirtschaftlich gleiche Sachverhalte je nach Rechts- oder Organisationsform zu völlig unterschiedlichen steuerlichen Konsequenzen führen.

C.1 Voraussetzungen und Methoden internationaler (grenzüberschreitender) Steuerplanung

Weder die Besteuerung nationaler Sachverhalte noch die Besteuerung internationaler Sachverhalte ist entscheidungsneutral geregelt. Je nach Eigenschaft des **Steuersubjekts** richtet sich die Besteuerung nach den Vorschriften des Einkommensteuergesetzes und/oder des Körperschaftsteuergesetzes. Innerhalb des Einkommensteuergesetzes findet eine weitere Differenzierung der Besteuerung nach dem **Steuerobjekt** statt. Diese Unterschiede erstrecken sich sowohl auf die Ermittlung der **Bemessungsgrundlage** als auch auf den anzuwendenden **Tarif**. Die gegenwärtigen Bestimmungen, die im Ergebnis zu einer rechtsformabhängigen Besteuerung führen, können wie folgt abgebildet werden:

Rechtsformabhängige Besteuerungsmerkmale		
Natürliche Person/ Personengesellschaft		Juristische Person
EStG		EStG und KStG
Gewinneinkünfte (§ 2 Abs. 2 Nr. 1 EStG)	Überschußeinkünfte (§ 2 Abs. 2 Nr. 2 EStG)	ausschließlich gewerbliche Einkünfte (§ 8 Abs. 2 KStG)
Reinvermögenszugangstheorie	(grundsätzlich) Quellentheorie	Reinvermögenszugangstheorie
Tarifspreizung: § 32c für gewerbliche Einkünfte, sonst § 32a EStG	§ 32a EStG	§ 23 i.V.m. §§ 27 ff. KStG

Tab. 26: *Rechtsformabhängige Besteuerungsmerkmale*

---

5   Nach dem Motto "wer herrscht haftet" im qualifiziert faktischen Konzern. Zur ökonomischen Rechtfertigung einer Durchgriffshaftung *Geiger*, [Ökonomische Analyse] des Konzernhaftungsrechts, Diss., Köln 1993, S. 76 ff. Steuerlich nach den Grundsätzen der Durchgriffsbesteuerung. Vgl. dazu Kapitel B.2, Gliederungspunkt B.2.3.3.2.

Auch wenn die Analyse ausschließlich auf gewerblich tätige Gesellschaften eingeschränkt wird, zeigt der Vergleich gewichtige Besteuerungsunterschiede:

Rechtsformunterschiede bei der Besteuerung von Gesellschaften	
Personengesellschaft	Kapitalgesellschaft
nur mit Teilrechtsfähigkeit ausgestattet	eigenständiges (Steuer-)Rechtssubjekt
gewerbliche Einkünfte	
keine steuerliche Anerkennung schuldrechtlicher Vereinbarungen zwischen der Gesellschaft und ihren Gesellschaftern	grundsätzlich steuerliche Anerkennung schuldrechtlicher Vereinbarungen zwischen der Gesellschaft und ihren Gesellschaftern
nur GewSt auf Gesellschaftsebene; sonst unmittelbare Zurechnung zum Gesellschafter	Besteuerung auf Gesellschaftsebene: $Y = G - L$; Zurechnung zum Gesellschafter erst mit Ausschüttung
Einkunftsarten des Gesellschafters	
ausschließlich § 15 Abs. 1 Nr. 2 EStG: $Y_{\S15} = q * \left[G - G_L \right] + g * G_L$	sämtliche Einkunftsarten möglich: L, GA

Tab. 27: Rechtsformunterschiede bei der Besteuerung von Gesellschaften

C.1.1 Notwendigkeit der Rechtsformanalyse im Rahmen der internationalen Steuerplanung

Die unterschiedliche steuerliche Belastung verschiedener Rechts- und Organisationsformen[6] zwingt zur individuellen Analyse der steuerlich optimalen Form. Um diese isoliert zu finden, muß von einem *gegebenen* Investitions- und Finanzierungsprogramm an einem fixierten Standort ausgegangen werden. Da sowohl Investitions- als auch Finanzierungsentscheidungen zu den sich stets wiederholenden Unternehmensentscheidungen zählen, ist auch die damit verbundene optimale Rechtsform immer wieder einer Überprüfung aus steuerlicher Sicht zu unterziehen. Insoweit ist die einmal getroffene Rechtsformentschei-

---

6   In der Literatur sind auch die Begriffe Unternehmensform, Unternehmungsform bzw. Gesellschaftsform anzutreffen. *Bareis* betont, daß Zuordnungssubjekt aller Rechte und Pflichten stets der Unternehmensträger ist. Für diesen hat der Gesetzgeber verschiedene Rechtsformen zur Verfügung gestellt. Davon zu unterscheiden ist das Unternehmen, bei dem es sich um die organisierte Wirtschaftseinheit handelt, mit dem der Unternehmer am Markt auftritt. Gesellschaften sind als privatrechtlich begründete Vereinigung von Personen zur Verfolgung eines gemeinsamen Zwecks definiert. Es wird zwischen Personengesellschaften und Vereinen differenziert. Dazu *Bareis* in: Brönner (Hrsg.), Die Besteuerung der [Gesellschaften], 16. Auflage, Stuttgart 1988, S. 3 ff. m.w.N. Der Begriff der Organisationsform ist umfassender und erfaßt auch rechtlich unselbständige Einrichtungen.

dung keineswegs völlig starr, sondern ergibt sich als Ergebnis eines dynamischen Anpassungsprozesses an sich ständig ändernde Rahmenbedingungen.[7]

Die mangelnde Rechtsformneutralität ist nicht selten Ursache für aufwendige Unternehmensstrukturen bei internationaler Geschäftstätigkeit. Das **internationale Einheitsunternehmen** mit unselbständiger ausländischer Betriebstätte ist nur ein selten anzutreffender Fall. Vielmehr werden meist - mindestens zwei - rechtlich selbständige Unternehmen an unterschiedlichen Standorten eingesetzt und wirtschaftlich zu einem **internationalen Konzern** verbunden. Dazu können sowohl Kapitalgesellschaften als auch Personengesellschaften gehören.[8] Unabhängig von handelsrechtlichen Kriterien (§§ 271, 290 HGB) wird hier ab einer Beteiligungsquote am (Nenn-)Kapital von mindestens 10 % von einer Tochtergesellschaft gesprochen. An diese Mindestbeteiligungsgrenze sind speziell für Kapitalgesellschaften zahlreiche Begünstigungen bei der internationalen Besteuerung geknüpft.[9]

Rechtsformunterschiede in der Besteuerung können bei internationaler Geschäftstätigkeit sowohl auf der Ebene der ausländischen Organisationseinheit als auch auf der Ebene des inländischen Unternehmensträgers auftreten. Insofern stellt sich die Frage nach der optimalen Rechts- oder Organisationsform auf beiden Ebenen.

Für das inländische Unternehmen, dem die ausländischen Einkünfte unmittelbar oder als Folge von Gewinnausschüttungen zugerechnet werden, hängen Unterschiede in der Besteuerung der ausländischen Einkünfte außerdem wesentlich von der Verfügbarkeit der Methoden zur Vermeidung oder Verminderung der Doppelbesteuerung ab.

---

7   Vgl. dazu den Beitrag von *Schiffers*, [Teilsysteme] einer zukunftsorientierten Steuerberatung - Steuerplanung, steuerliches Informationssystem und Steuercontrolling, in: StuW 1997, S. 42 ff.

8   § 18 i.V.m. § 17 AktG. Konzernunternehmen gehören zur Gruppe der verbundenen Unternehmen § 15 AktG. Diese Begriffsbestimmungen sind entsprechend auf Personengesellschaften anzuwenden. Ausdrücklich *Emmerich/Sonnenschein*, [Konzernrecht]: das Recht der verbundenen Unternehmen bei Aktiengesellschaft, GmbH, Personengesellschaften und Genossenschaft, 6. Auflage, München 1997, S. 430. Von den Konzernrechnungslegungsvorschriften im 3. Buch des HGB werden ausdrücklich nur Mutterunternehmen in der Rechtsform der Kapitalgesellschaft erfaßt (§ 290 Abs. 1 HGB).

9   Vgl. beispielsweise §§ 26 Abs. 2, § 8b Abs. 5 KStG.

Rechtsformspezifische inländische Besteuerung von ausländischen Einkünften	
Personengesellschaft	Kapitalgesellschaft
• Direkte Anrechnung • DBA-Freistellung nur für Betriebstätten-einkünfte	• Direkte und indirekte Anrechnung • DBA-Freistellung für Betriebstättenein-künfte und Schachteldividenden • reduzierte Quellensteuer

Tab. 28: Rechtsformspezifische Besteuerung von ausländischen Einkünften

Die Wirkungsweise dieser Verfahren entscheidet darüber, welche zweier konkurrierender Steuerbelastungen sich im Ergebnis durchsetzt. Wird das ausländische Steuerniveau beibehalten, spricht man von **Kapitalimportneutralität**. Technisch wird dies durch Freistellung im Inland erreicht. Zwingt die Methode hingegen zur Anwendung der inländischen Steuersätze liegt **Kapitalexportneutralität** vor.[10] Inländische und ausländische Investitionen werden steuerlich gleich behandelt. Das inländische Steuerniveau setzt sich durch; die ausländische Steuer wird in vollem Umfang angerechnet. Da die in Deutschland praktizierten Methoden weder die *vollständige* Freistellung noch die *uneingeschränkte* Anrechnung gewährleisten, hängt es von der konkreten Steuersatzkonstellation ab, mit welchem Steuerniveau die Auslandstätigkeit belastet wird.

---

10 Ausführlich zu den Begriffen und zum Verhältnis zum Prinzip der Gleichmäßigkeit der Besteuerung und der Wettbewerbsneutralität, *Jacobs*, Internationale Unternehmensbesteuerung, S. 20 ff. Eine umfassende Analyse ist bei *Thiede*, Körperschaftsbesteuerung, S. 7 ff. zu finden.

C.1.2 Grundlagen bei Steuerbelastungsvergleichen

Steuerbelastungsvergleiche bei internationaler Geschäftstätigkeit werden nicht nur unter verschiedenartigen Zielsetzungen und Fragestellungen, sondern auch mit verschiedenen Techniken und unterschiedlicher Präzision durchgeführt. Im Rahmen einer betriebswirtschaftlichen Analyse interessieren die Steuerbelastungen einzelwirtschaftlicher Handlungsalternativen. Denkbar wären auch volkswirtschaftliche Belastungsrechnungen.[11] Internationale Steuerbelastungsvergleiche erstrecken sich aufgrund der Komplexität der Materie häufig auf reine Steuersatzvergleiche.[12] Daß diese Methode nur zur groben Orientierung im Sinne einer "Faustregel" verstanden werden kann, muß nicht weiter vertieft werden. Seriöse Steuerbelastungsvergleiche müssen stets auch Bemessungsgrundlagendifferenzen erfassen.

C.1.2.1 Betrachtungsebenen

Die Positionierung des wirtschaftlichen Entscheidungsträgers bestimmt die Anzahl der zu berücksichtigenden Ebenen. Bei Personengesellschaften ist die Zurechnung zum Anteilseigner bereits konzeptionell bedingt. Daher ist stets auf die persönliche Steuerbelastung des Anteilseigners abzustellen.

Bei Kapitalgesellschaften ist eine weitere Differenzierung erforderlich: Im Rahmen der **gesellschaftsbezogenen** Betrachtungsweise werden nur die Steuerbelastungen bis zur Ebene der juristischen Person in die Analyse einbezogen. Dabei wird unterstellt, daß der Anteilseigner keinen Einfluß auf die unternehmerischen Entscheidungen nehmen kann. Die Entscheidungskompetenz liegt im Zuständigkeitsbereich der Organe Vorstand bzw. Geschäftsführung und ggfs. Aufsichtsrat. Die Einflußnahme des Anteilseigners ist auf die (verbleibende) Gewinnverwendung begrenzt.[13] Daher bleiben die anteilseignerspezifischen Steuerbelastungen außer Ansatz. Dieser Zustand ist bei Publikumsgesellschaften zumindest im Verhältnis zum Kleinaktionär anzutreffen.

---

11 Zu den Methoden der Steuerplanung und Belastungsanalyse *Wacker*, [Steuerplanung] im nationalen und transnationalen Unternehmen, Berlin 1979, S. 94 ff. Eine kritische Beurteilung ausgewählter internationaler Steuerbelastungsvergleiche findet sich bei *Zirfas de Moron*, [Transnationale Besteuerung] im Kontext der Globalisierung, Diss., Bielefeld 1996, S. 62 ff.

12 Dazu *Schneider*, Wider leichtfertige [Steuerbelastungsvergleiche], in: WPg 1988, S. 281 ff.

13 Die Gewinnverwendungskompetenzen richten sich bei der AG nach § 58 AktG, bei der GmbH nach § 29 GmbHG. Daß darüber hinaus weitere Einflußmöglichkeiten der Anteilseigner bestehen können, ist selbstverständlich. In Bezug auf die aus der laufenden Geschäftstätigkeit im In- oder Ausland stammenden Erfolge werden jedoch die steuerlichen Konsequenzen beim Anteilseigner im Rahmen der Steuerplanung vernachlässigt.

Lediglich in Ausnahmefällen, wenn steuerliche Sondersituationen zur Betrachtung der Anteilseignerebene zwingen, können die steuerlichen Besonderheiten der Anteilseignergruppen Einfluß auf die Ausschüttungsentscheidung nehmen.[14]

Im Gegensatz dazu wird bei der **anteilseignerbezogenen** Betrachtungsweise die Vorteilhaftigkeit aus der Sicht des Anteilseigners beurteilt. Dabei wird unterstellt, daß der Anteilseigner selbst oder der von ihm eingesetzte Agent sämtliche Entscheidungen zur Verwirklichung der finanziellen Zielsetzungen des Gesellschafters trifft. Deshalb werden sämtliche aus- und inländischen Steuerbelastungen bis zur natürlichen Person unter Berücksichtigung des körperschaftsteuerlichen Anrechnungsverfahrens in die Analyse einbezogen. Dabei muß nicht zwingend von der Vollausschüttungsprämisse ausgegangen werden. Die Thesaurierung auf Gesellschaftsebene im Ausland oder im Inland, sowie die Wiedereinlage kann auch aus Sicht des Anteilseigners sinnvoll sein. Zur steuerlichen Optimierung steht zusätzlich das Instrument der Ausschüttungsplanung zur Verfügung.

C.1.2.2   Techniken zur Ermittlung der Gesamtsteuerbelastung

C.1.2.2.1   Veranlagungssimulation

Bei der Veranlagungssimulation wird unter Verwendung prognostizierter Zahlen die Steuerbelastung so ermittelt, als ob eine Deklaration zu erfolgen hätte. Die Steuerzahlungen der zu beachtenden Steuerarten werden möglichst exakt unter Berücksichtigung sämtlicher Abzugs- und Freibeträge ermittelt. Der früher sicher stichhaltige Nachteil, daß jede geringfügige Veränderung der Datenbasis umfangreiche neue Berechnungen erfordert, ist heute durch die Verfügbarkeit komfortabler EDV-Lösungen nachrangig.[15] Auch wenn das Problem technisch inzwischen leicht zu lösen ist, ist bei Veranlagungssimulationen der Zusammenhang zwischen *unabhängiger* und *abhängiger* Variable nicht unmittelbar zu erkennen. Da aber gerade die Wirkung von Bemessungsgrundlagenänderungen auf die Steuerbelastung zu den zentralen Aufgaben der Steuer-

---

14   Entsprechende Berechnungen waren bspw. zur Nutzung des hohen Körperschaftsteuerminderungspotentials vor der Umgliederung des EK56 zum 31.12.1994 zu beobachten. Solche Überlegungen sind auch in diesem Jahr wieder aktuell wegen der zum 31.12.1998 erforderlichen Umgliederung des EK50 (§ 54 Abs. 11a KStG).

15   Einfache, aber exakte Lösungen werden bspw. von der DATEV eG mit den Programmen PC-SBV oder im Rahmen des Programms Wirtschaftsberatung mit dem Programmteil Steuerbelastungsanalyse angeboten.

planung gehören, ist eine Zerlegung in einzelne Elemente notwendig, die den Ursache -Wirkungszusammenhang erkennen lassen.

C.1.2.2.2 Teilsteuerrechnung

Die von *Rose*[16] entwickelte Teilsteuerrechnung wird diesem Erfordernis gerecht. Zur Konstruktion eines Teilsteuersystems werden einzelne **Bemessungsgrundlagenteile** definiert und mit den darauf entfallenden Steuerarten (**Teilsteuersätze**) belastet. Die Abzugsfähigkeit der Steuern untereinander (*Steuerarten-Interdependenz*) wird bei der Ermittlung sogenannter Multifaktoren berücksichtigt. Zur rechtsformabhängigen Quantifizierung der Ertragsteuerbelastung je Periode bei ausschließlich *inländischer* Tätigkeit wird von den Steuerartengrundgleichungen ausgegangen:[17]

(1) Ertragsteuerbelastung eines Personenunternehmens

$$S_{I(P)}^{ge} = s_I^{ge} * \left[G + M^e + M^{ge} - F^{ge} \right] \quad \text{mit: } s_I^{ge} = \frac{z*h}{1 + z*h}$$

$$S_{I(P)}^{ek} = \sum_{j=1}^{g} \left[s_{I_j}^{ek} * \left[q_j * \left[G + M^e - G_L - S_{I(P)}^{ge} \right] + G_{L_j} - F_j^e \right] \right]$$

(2) Ertragsteuerbelastung einer Kapitalgesellschaft mit Gesellschaftern

$$S_{I(K)}^{ge} = s_I^{ge} * \left[G + M^e + M^k - L + M^{ge} \right] \quad \text{mit: } s_I^{ge} = \frac{z*h}{1 + z*h}$$

$$S_{I(K)}^{kn} = s_I^{kn} * \left[G + M^e + M^k - L - S_{I(K)}^{ge} \right]$$

$$S_{I(K)}^{ek} = \sum_{j=1}^{g} \left[s_{I_j}^{ek} * \left[q_j * \frac{GA}{1 - s_I^{ka}} + L_j - F_j^e \right] - s_I^{ka} * q_j * \frac{GA}{1 - s_I^{ka}} \right]$$

Durch Einsetzen und Ausmultiplizieren erhält man die kombinierten Steuersätze (Multifaktoren), die auf die einzelnen Bemessungsgrundlagenteile anzuwenden sind. Bei Variation einzelner Elemente kann sofort das Ausmaß der Veränderung der Gesamtsteuerbelastung festgestellt werden, wobei allerdings implizite Restriktionen zu beachten sind, wie z.B. die Nebenbedingung, daß die jeweiligen Steuerbeträge nicht negativ werden können. Je mehr Sonderregelungen die Steuergesetze enthalten, desto umfangreicher werden die Nebenrech-

---

16 Die [Steuerbelastung] der Unternehmung. Grundzüge der Teilsteuerrechnung, Wiesbaden 1973.

17 Vgl. *Wagner/Dirrigl*, Die [Steuerplanung] der Unternehmung, Stuttgart - New York 1980, S. 169 ff.

nungen zur Ermittlung der Bemessungsgrundlagenteile. Die Einbeziehung von Substanzsteuern macht die Teilsteuerrechnung zu einem unübersichtlichen, nur noch für den geübten Anwender praktikablen Recheninstrument. Mit der Abschaffung der Vermögen- und der Gewerbekapitalsteuer[18] könnte die Teilsteuerrechnung zumindest als didaktisch wertvolles Verfahren wieder an Bedeutung gewinnen.

C.1.2.3 Mehrperiodige Verfahren

Im Unterschied zur Investitionsplanung ist es bei der Rechtsformentscheidung ausreichend, die (diskontierte) Steuerbelastung im Planungszeitraum zu betrachten, da die Erfolgs- und Zahlungsgrößen durch das *realisierte* oder *geplante* Investitions- und Finanzierungsprogramm bereits vorgegeben sind. Für positive oder negative Erfolgsgrößen wird die Organisationsform gesucht, mit der die geringsten Steuerzahlungen verbunden sind. Der Nettoverfügungsbetrag des Entscheidungsträgers kann nur noch durch Gestaltung der Steuerauszahlungen hinsichtlich Höhe und Zeitpunkt beeinflußt werden.[19]

Steuerzahlungen sind wiederkehrende Auszahlungen, die von der konkreten Bemessungsgrundlage der Periode abhängen. Je weiter Auszahlungen in der Zukunft liegen, desto geringer wird die finanzielle Belastung in der Gegenwart eingeschätzt. Die Ursache dafür ist der **Zinseffekt**. Sämtliche Maßnahmen, die dazu eingesetzt werden können, Steuerzahlungen auf einen späteren Zeitpunkt zu verschieben, mindern unter Konstanz der übrigen Faktoren den Steuerbarwert. Daneben können **Steuersatzeffekte** auftreten. Daraus entstehen tatsächliche Mehr- oder Minderauszahlungen, deren Barwert von der zeitlichen Distanz zum Entscheidungszeitpunkt abhängt. Nur außerhalb der Progressionszone ($Y \to \infty$) kann der dem Zinseffekt gegenläufige **Progressionseffekt** vernachlässigt werden.[20] Je länger der Planungszeitraum ist, desto wahrscheinlicher können Steuersatzänderungen als Folge von Tarifänderungen eintreten.

---

18 Durch das Gesetz zur Fortsetzung der Unternehmenssteuerreform vom 29.10.1997 mit Wirkung ab 1.1.1998.

19 Vereinfachend könnte man sagen, es geht in der Beziehung ($Z_t - S_t$) nur noch um das $-S_t$ bzw. um den Steuersatz s. Dies entspricht der Aufgabenstellung mit der Steuerabteilungen oder externe Berater häufig konfrontiert werden.

20 Zu den Effekten im einzelnen *Wagner/Dirrigl*, Steuerplanung, S. 283 ff. und *Siegel*, Probleme und Verfahren der [Ertragsteuerplanung], in: Aschfalk u.a. (Hrsg.), Unternehmensprüfung und -beratung, Festschrift zum 60. Geburtstag von Bernhard Hartmann, Freiburg i. Br. 1976, S. 223 ff.

Die Bedingung für die **Steuerbarwertminimierung**[21] lautet in allgemeiner Form:[22]

$$BW = \sum_{t=1}^{n} S_t * q_s^{-t} \rightarrow Min$$
$$\text{mit: } q_s = 1 + (1-s) * i$$

Die Methode der Steuerbarwertminimierung ist nur dann anwendbar, wenn das Investitions- und Finanzierungsprogramm vorgegeben ist. Beeinflußt die Rechtsformwahl auch die Höhe und den Zeitpunkt der Zahlungsüberschüsse kann auf eine **Kapitalwertermittlung** nicht verzichtet werden.[23]

$$\text{Es gilt: } KW_s = -A_0 + \sum_{t=1}^{n} [Z_t - S_t] * q_s^{-t} \rightarrow Max$$

Unterscheiden sich zudem die Anschaffungsauszahlungen und damit der Kapitaleinsatz der Alternativen, kann ein Vergleich nur anhand **effektiver Grenzsteuersätze** vorgenommen werden.[24]

Diese ermitteln sich aus

$$EW = \sum_{t=1}^{n} Z_t * q^{n-t} \rightarrow r = \sqrt[n]{\frac{EW}{A_0}} - 1$$

und

$$EW_s = \sum_{t=1}^{n} [Z_t - S_t] * q_s^{n-t} \rightarrow r_s = \sqrt[n]{\frac{EW_s}{A_0}} - 1$$

als

$$e = \frac{r - r_s}{r}$$

Um beim Vergleich von Organisationsformen bei grenzüberschreitender Unternehmenstätigkeit aussagefähige Ergebnisse zu erhalten, müssen die Steuer-

---

21 Der Grundgedanke der Steuerbarwertminiminierung geht auf *Marettek*, Steuerbilanz und [Unternehmenspolitik], Freiburg i.Br. 1971, S. 165 ff. zurück. Dazu auch *Siegel*, Verfahren zur [Minimierung] der Einkommensteuer-Barwertsumme, in: BFuP 1972, S. 65 ff.

22 Eine Orientierung am Steuerbarwert setzt außer fixen z_t, auch einen einheitlichen Soll- und Habenzins voraus. *Wagner/Dirrigl*, Steuerplanung, S. 284.

23 Zum sog. Standardmodell *ebd.*, S. 24 ff. und *Schneider*, Investition, S. 218 ff.

24 Zum Konzept der effektiven Grenzsteuersätze *Schneider*, Hochsteuerland Bundesrepublik Deutschland: Die Spannweite [effektiver Grenzsteuerbelastungen] für Investitionen, in: WPg 1988, S. 328 ff. *ders.*, Investition, S. 239 ff.

belastungsunterschiede mit Hilfe eines schlüssigen Entscheidungsmodells bestimmt werden. Die Aussagefähigkeit der Ergebnisse hängt entscheidend vom den jeweiligen Prämissen ab, die so präzise wie möglich aufgelistet werden müssen. Das nachstehende Modell ist Grundlage der weiteren Untersuchung.

C.1.3 Steuerplanungsmodell

C.1.3.1 Entscheidungssubjekt, Zieldefinition und Zielausmaß

Es wird von einer anteilseignerbezogenen Betrachtungsweise ausgegangen. Sämtliche Ertragsteuerbelastungen bis zur inländischen natürlichen Person werden im Modell berücksichtigt.

Der Entscheidungsträger verfolgt als finanzielles Oberziel die individuelle Maximierung seines Endvermögens (Vermögensmaximierung). Da das Investitionsprogramm mit den daraus resultierenden zahlungswirksamen Gewinnen als fixiert gilt, wird das finanzielle Oberziel modifiziert zu: Minimierung der Steuerbelastung eines international tätigen Unternehmens einschließlich dessen Gesellschafter unter Rückführung der (kumulierten) Nettozahlungsüberschüsse (und des investierten Kapitals) spätestens zum Ende des Planungszeitraums ins Inland. Nichtfinanzielle Ziele werden vollständig vernachlässigt.[25]

Zur Sicherung seines privaten Liquiditätsbedarfs verlangt der Anteilseigner in jeder Periode des Planungszeitraumes einen konstanten Nettoverfügungsbetrag von ENT_t = const. Dabei ist es beliebig, wodurch ENT_t bestritten wird. Dies kann durch Entnahmen, Ausschüttungen oder Leistungsvergütungen erfolgen. Soweit dieser durch inländische Einkünfte gedeckt werden kann, können die Nettozahlungsüberschüsse aus der Auslandsinvestition im Rahmen des rechtlich Zulässigen beliebig aufgeteilt werden.

Die optimale Alternativenkombination bestimmt sich nach dem geringsten Steuerbarwert für den gesamten Planungszeitraum gegebenenfalls unter Berücksichtigung der Liquiditätsbedingung. Dazu ist der gesamte Planungszeitraum in Perioden identischer Rahmenbedingungen zu zerlegen, für die jeweils partielle Optima bestimmt werden.

Das aus dem finanziellen Oberziel abgeleitete Subziel für die **optimale Gesamtstrategie** lautet:

$$BW = \sum_{t=1}^{n} S_t * q_s^{-t} \rightarrow Min$$

---

25 Die unter finanzieller Zielsetzung gefundene optimale Alternativenkombination kann mit nicht finanziellen Zielsetzungen harmonieren, diesen aber auch entgegenwirken. Je nach Zielbeziehung kann es im Hinblick auf das Gesamtoptimum sinnvoll sein, suboptimale Lösungen hinsichtlich einzelner Zielsetzung umzusetzen.

mit der **Nebenbedingung**

$ENT_t = const.$

Zur Ableitung **partieller Optima** werden periodische Veränderungen der Steuerbelastungen im Vergleich zum jeweiligen Referenzfall (Basisfall) ermittelt. Dabei gilt die Zielsetzung:

$$S_t^{Referenz} - S_t^{Alternative} = \Delta S_t$$

$$\rightarrow \Delta S_t = Max \quad oder \quad - \Delta S_t = Min$$

C.1.3.2 Modellprämissen

Der Analyse liegen folgende allgemeine Modellprämissen zugrunde:

(1) Rahmenbedingungen ausländische Geschäftstätigkeit

- Aktive Auslandstätigkeit
- an einem vorgegebenen Standort
- mit fixem Investitionsprogramm
- und zahlungswirksamen periodischen Gewinnen oder Verlusten.
- Die nichtsteuerlichen Zahlungsüberschüsse im Ausland sind unabhängig von der Organisationsform identisch. Rechtsformabhängige (gesellschaftsrechtliche) Mehraufwendungen und deren steuerliche Sonderbehandlung werden vernachlässigt:[26]

$\rightarrow Z_t = G_t$ bzw. V_t ist fixiert und rechtsformunabhängig.

(2) Ergebnissituation inländisches Mutterunternehmen

Das inländische Mutterunternehmen bzw. dessen Gesellschafter befindet sich stets in der Gewinnsituation und kann ggfs. auftretende Auslandsverluste sofort steuermindernd geltend machen.

(3) Optimierungsmöglichkeiten

- Handlungsalternativen bei der Rechtsformentscheidung
  - $\rightarrow$ Rechtsform des inländischen Mutterunternehmens;
  - $\rightarrow$ Organisationsform der Direktinvestition im Ausland;
- Optimierung bei fixierter Rechtsformentscheidung durch Finanzierungsinstrumente;
- Optimierung durch Gestaltung beim Konzernaufbau;
- Optimierung durch Umstrukturierung.

---

26   Zu solchen Aufwendungen zählen beispielsweise Vergütungen an den Aufsichtsrat einer Aktiengesellschaft.

(4) Beteiligungsvoraussetzungen
- Anteile an der ausländischen Kapitalgesellschaft befinden sich stets im inländischen Betriebsvermögen.
- Die Anteile an der inländischen (Mutter-)Kapitalgesellschaft werden von (einer) inländischen natürlichen Person(en) im Privatvermögen gehalten.
- Die erforderliche Mindestbeteiligungsquote (i.d.R. 10 %) an der ausländischen Gesellschaft ist stets erfüllt.
- Mitunternehmeranteile an der ausländischen Personengesellschaft befinden sich im Sonderbetriebsvermögen der Mitunternehmer der inländischen Personengesellschaft oder im Betriebsvermögen der inländischen Kapitalgesellschaft.

(5) Steuerliche Prämissen
- Es werden nur Ertragsteuern berücksichtigt;
- Zuschlagsteuern werden nicht explizit behandelt;[27]
- die Definitivkörperschaftsteuer auf nichtabziehbare Aufwendungen wird nicht berücksichtigt;[28]
- Steuerzahlungen und/oder -erstattungen fallen jeweils am Ende einer Periode an;
- Periodische Verschiebungen zwischen Gewinnentstehung und -verwendung werden vernachlässigt;
- vereinfachend wird unterstellt:
  - → Durchschnittsteuersatz = Differenzsteuersatz = Grenzsteuersatz;
  - → sämtliche Abzugsbeträge und Freibeträge werden vernachlässigt;
- es werden nur die auf die ausländischen Einkünfte entfallenden Steuerbelastungen im Rahmen einer Differenz-/Grenzbetrachtung dargestellt;
- inländische Einkünfte werden nur zur Prüfung der Liquiditätsbedingung der Anteilseigner herangezogen.

---

27 Diese können mittels Lineartransformation des Einkommensteuer- oder Körperschaftsteuersatzes berücksichtigt werden. Nach § 51a Abs. 1 EStG gelten die Vorschriften des EStG für die Zuschlagsteuern entsprechend. Für den derzeitigen SolZ von 5,5 % gilt: $1,055 * s_I^{ek(kn)}$.

28 Dazu *Müller*, Steuernachteile international verbundener Unternehmen durch [Definitiv-Körperschaftsteuer] auf nichtabziehbare Aufwendungen, in: IStR 1997, S. 77 ff.

(6) Kalkulationszins[29]

- Einheitlicher Soll- und Habenzins;
- im Modell des vollkommenen Kapitalmarktes übernimmt der Kalkulations-
  zins folgende Funktionen:
  - → Berücksichtigung des Zeitpunktes der Zahlungsströme;
  - → Wiederanlage/Finanzierung der Nettozahlungsüberschüsse in beliebiger
    Höhe zu jedem beliebigen Zeitpunkt während des Planungshorizonts;
  - → Verzinsung der alternativen Finanzanlage.
- Der Kalkulationszins ist in einer Welt mit Steuern um die Steuerbelastung
  auf die Zinsen zu kürzen.
  Es gilt: $i_s = (1-s)*i$
- Bei internationaler Geschäftstätigkeit muß differenziert werden, an welchem
  Standort die periodischen Nettozahlungsüberschüsse angelegt werden.
  Trotz $i_{(I)} = i_{(A)}$ gilt $i_{s(I)} \neq i_{s(A)}$

Da es zumindest der langfristigen Zielsetzung des Investors entspricht, die
periodischen Nettozahlungsüberschüsse ins Inland zurückzuführen, wird als
Alternativinvestition eine inländische Finanzinvestition im inländischen Betriebsvermögen des Mutterunternehmens unterstellt.
Vereinfachend gilt stets: $q_s = 1 + (1-s_I)*i$, wobei s_I nach der Rechtsform
des inländischen Mutterunternehmens differenziert werden kann.

Die Möglichkeit der Thesaurierung im Ausland konkurriert mit der Wieder-
anlageprämisse im inländischen Betriebsvermögen. Daher wird unterstellt,
daß die Nettozahlungsüberschüsse mittels zinsloser Darlehensgewährung ins
Inland transferiert werden. Ein Ausgleich der so entstehenden Verrechnungskonten erfolgt durch Verrechnung mit späteren Gewinnausschüttungen. Auf
diese Annahme muß auch immer dann zurückgegrifffen werden, wenn vorhandene liquide Mittel nicht für Ausschüttungszwecke zur Verfügung stehen.
Die Ursache dafür können nicht zahlungswirksame Aufwendungen sein oder
aber gesellschaftsrechtliche Ausschüttungssperren.

(7) Planungshorizont

- $T \leq n$: mit Berücksichtigung der Steuerbelastung bei Aufgabe des Aus-
  landsengagements;
- $T > n$: going-concern-Prämisse.

---

29 Zu den Funktionen des Kalkulationszinsfußes *Wagner/Dirrigl*, Steuerplanung, S. 30 ff. Aus-
    führlich *Kruschwitz*, Investitionsrechnung, 6. Auflage, Berlin - New York 1995, S. 327 ff.

(8) Unsicherheit

- Die Zahlungsüberschüsse werden annahmegemäß unter Berücksichtigung alternativer Umweltzustände ermittelt.[30] Sie können daher als Erwartungswerte interpretiert werden.[31]
- Unsichere Erwartungen hinsichtlich der Entwicklung der steuerlichen Rahmenbedingungen werden im Rahmen einer Sensitivitätsanalyse berücksichtigt. Dazu werden kritische Steuersätze ermittelt.

Eine vertiefte Diskussion einzelner formaler oder materieller steuerrechtlicher Voraussetzungen ist nicht Gegenstand der Analyse. Es werden nur Hinweise auf einschlägige Literaturquellen gegeben; bei besonders umstrittenen Fragen findet auch eine Abwägung der Argumente und ein Hinweis auf die vorzuziehende Interpretation statt. Für die analytische Darstellung wird stets davon ausgegangen, daß die jeweils erforderlichen Voraussetzungen erfüllt werden. Gleichfalls erfolgt keine konkrete Mißbrauchsprüfung. Die Mißbrauchsregel des § 42 AO und die daraus folgenden steuerlichen Konsequenzen werden nur allgemein behandelt. Weitere Mißbrauchsregeln hängen von konkreten DBA ab und werden nur bei gegebenem Anlaß angesprochen.

---

30 *Schneider* bezeichnet diesen Zustand als vollständige Gewißheit über die Ungewißheit, Investition, S. 445 f. Dies impliziert, daß alle möglichen Umweltzustände bekannt sind. Eine ex-post Überraschung ist ausgeschlossen.

31 Erwartungswerte werden nach dem μ-Prinzip durch Addition alternativer Zahlungsüberschüsse unter Gewichtung mit den jeweiligen Eintrittswahrscheinlichkeiten ermittelt:

$$E[Z_t] = \sum_{u=1}^{z} Z_{tu} * w_u \quad \text{mit} \quad \sum_{u=1}^{z} w_u = 1.$$

Im Unterschied dazu wird im Erwartungswert des Bernoullinutzens auch die Nutzenfunktion des Entscheidungsträgers berücksichtigt: $E[u(Z_{tu})] = \sum_{u=1}^{z} u(Z_{tu}) * w_u$. Dazu im einzelnen *Kruschwitz*, Investitionsrechnung, S. 254 ff.

164

C.2 Ermittlung partieller Optima bei isolierter Betrachtung der laufenden Besteuerung

Die Handlungsalternativen zur Bestimmung der steueroptimalen Struktur eines internationalen Unternehmens erstrecken sich zum einen auf die (bereits gewählte oder noch zu bestimmende) Rechtsform im Inland[32], zum anderen auf die Organisationsform der grenzüberschreitenden Tätigkeit. Die Analyse stellt auf den Vergleich der Betriebstättenalternative mit der Kapitalgesellschaftsalternative im Ausland ab. Die Ergebnisse für die Betriebstätte können auf die Personengesellschaft nach *Mitunternehmerkonzeption ohne steuerliche Anerkennung von Leistungsvergütungen* bzw. die der Kapitalgesellschaft auf die *Personengesellschaft nach Kapitalgesellschaftskonzeption mit steuerlicher Anerkennung von Leistungsvergütungen* übertragen werden.

Um die Ergebnisse überschaubar zu halten, wird in diesem Kapitel mit weiteren vereinfachenden Prämissen gearbeitet:

- Von Bemessungsgrundlagenunterschieden aufgrund der nationalen Gewinnermittlungs- und Korrekturvorschriften in Ausland und Inland wird abstrahiert: $Y_A = Y_{A(I)}$.

- Die Erfolgszuordnung führt bei allen Organisationsformen zu identischen Gewinnen $G_{A(BSt)} = G_{A(KapG)}$ bzw. Verlusten $V_{A(BSt)} = V_{A(KapG)}$.

- Leistungsvergütungen an das inländische Mutterunternehmen führen auch bei der Betriebstättenalternative aufgrund der Notwendigkeit einer verursachungsgerechten Erfolgszuordnung zu einer Gewinnminderung.[33] Es gilt: $\Delta G_{A(BSt)} = \Delta L$.

---

32 Zur Rechtsformanalyse inländischer Unternehmen existiert eine ganze Reihe von Veröffentlichungen namhafter Autoren. Mit zahlreichen Beispielen: *Brönner*, Gesellschaften; *Jacobs*, [Unternehmensbesteuerung] und Rechtsform, München 1988; *Jacobs/Scheffler*, Steueroptimale [Rechtsform], 2. Auflage, München 1995. Analytisch *Wagner/Dirrigl*, Steuerplanung, S. 153 ff.

33 Die Entlastung von einer ggfs. existenten Gewerbeertragsteuer im Ausland aufgrund der Leistungsentgelte im Umfang ($s_A^{ge} * \Delta L$) kann vernachlässigt werden, weil sie bei allen Organisationsformen gleichermaßen eintritt. Zu beachten ist jedoch, daß sich im Falle der steuerlichen Anerkennung der Leistungsentgelte die inländische Gewerbeertragsteuer um ($s_I^{ge} * \Delta L$) erhöht. Bei der Betriebstättenalternative tritt jedoch derselbe Effekt aufgrund der Erfolgserhöhung beim inländischen Stammhaus ein. Daher kann die Gewerbesteuer bei der weiteren Analyse ausgeklammert werden. Im übrigen ist eine mit der deutschen Gewerbesteuer vergleichbare Steuer im Ausland nur selten anzutreffen. Vgl. *Informationsdienst zur Finanzpolitik des Auslands* vom 30.7.1996, BMF (Hrsg.), Die wichtigsten Steuern im internationalen Vergleich, Übersicht 5.

- Zur Ermittlung der Barwertdifferenzen wird von einem einheitlichen Kalkulationszins nach Steuern i_s ausgegangen. Es kann mit einem identischen Abzinsungsfaktor q_s^{-t} gearbeitet werden.

- Sämtliche Anteile an der ausländischen Gesellschaft werden vom inländischen Mutterunternehmen gehalten $(q = 1)$.[34]

- Aus Gründen der Vergleichbarkeit wird bei der ausländischen Tochterkapitalgesellschaft von der Thesaurierungsalternative im Ausland abstrahiert.

- Trotz Ausschüttungszielsetzungen kann auf der Ebene der inländischen Mutterkapitalgesellschaft von der Steuerbelastung bei Thesaurierung der ausländischen Einkünfte auszugehen sein, sofern diese stets über ausreichend belastetes verwendbares Eigenkapital verfügt, um die Ausschüttungsforderungen der Anteilseigner zu befriedigen. Deshalb ist in der nachfolgenden Analyse unter der Ausschüttungsalternative stets die Ausschüttung der ausländischen Einkünfte bzw. der entsprechenden Eigenkapitalteile zu verstehen.

- Die dominierte Abzugsmethode wird ausgeklammert.

---

34 Im Fall einer ausländischen Personengesellschaft ist dies nur durch mittelbare und unmittelbare Beteiligung der inländischen natürlichen Personen möglich.

C.2.1 Optimale Rechtsformen bei Gewinnsituationen im Ausland

Zur Vorbereitung des Alternativenvergleichs werden in der nachfolgenden Übersicht die kumulierten Steuerbelastungsfaktoren Ausland und Inland bezogen auf übereinstimmende Auslandsgewinne der Alternativen $(= G_A)$ gegenübergestellt. Dazu muß nach dem Steuersatzverhältnis differenziert werden. Leistungsvergütungen werden ausgeklammert $(L = 0)$. Ausgehend von diesen Multifaktoren können anschließend die für den Alternativenvergleich notwendigen Barwertdifferenzen ermittelt werden.

C.2.1.1 Kumulierte Ertragsteuerfaktoren der Alternativen

Inland \ *Ausland*	*Betriebstätte*	*Kapitalgesellschaft*
	Steuerbelastung Ausland > Steuerbelastung Inland	
Personengesellschaft *Anrechnungsmethode*	$s_{A(BSt)}$	$s_A^k + s_I^{ek} - s_A^k s_I^{ek}$
Freistellungsmethode	$s_{A(BSt)}\ (+\Delta s_I^{ek})$	✕
Kapitalgesellschaft *Anrechnungs-/Freistellungs-methode*	Thesaurierungsalternative: $s_{A(BSt)}$ Ausschüttungsalternative: $s_{A(BSt)} + s_I^{ek} - s_{A(BSt)} s_I^{ek}$	Thesaurierungsalternative: $s_A^k + s_{Q(Div)} - s_A^k s_{Q(Div)}$ Ausschüttungsalternative: $s_A^k + (1-s_A^k) * s_{Q(Div)}$ $+ s_I^{ek}\left[1 - s_A^k - (1-s_A^k) * s_{Q(Div)}\right]$ $\rightarrow s_A^k + s_{Q(Div)} - s_A^k s_{Q(Div)} + s_I^{ek} - s_I^{ek} s_A^k$ $- s_I^{ek} s_{Q(Div)} + s_I^{ek} s_A^k s_{Q(Div)}$

Inland	Ausland	
	Betriebsstätte	*Kapitalgesellschaft*
		Steuerbelastung Ausland < Steuerbelastung Inland
Personengesellschaft *Anrechnungsmethode*	s_I^{ek}	$s_A^k + s_I^{ek} - s_A^k s_I^{ek}$
Freistellungsmethode	$s_{A(BSt)} \ (+\Delta s_I^{ek})$	
Kapitalgesellschaft *Anrechnungsmethode*	Thesaurierungsalternative: s_I^{kn} Ausschüttungsalternative: $s_{A(BSt)} + s_I^{ek} - s_{A(BSt)} s_I^{ek}$	Thesaurierungsalternative: s_I^{kn} Ausschüttungsalternative: $s_A^k + s_{Q(Div)} - s_A^k s_{Q(Div)} + s_I^{ek} - s_I^{ek} s_A^k$ $- s_I^{ek} s_{Q(Div)} + s_I^{ek} s_A^k s_{Q(Div)}$
Freistellungsmethode	Thesaurierungsalternative: $s_{A(BSt)}$ Ausschüttungsalternative: $s_{A(BSt)} + s_I^{ek} - s_{A(BSt)} s_I^{ek}$	Thesaurierungsalternative: $s_A^k + s_{Q(Div)} - s_A^k s_{Q(Div)}$ Ausschüttungsalternative: $s_A^k + s_{Q(Div)} - s_A^k s_{Q(Div)} + s_I^{ek} - s_I^{ek} s_A^k$ $- s_I^{ek} s_{Q(Div)} + s_I^{ek} s_A^k s_{Q(Div)}$

Tab. 29: Multifaktoren zur kumulierten Ertragsteuerbelastung Ausland/Inland

C.2.1.2 Ermittlung der optimalen Organisationsform im Ausland bei alternativen Rechtsformen der Spitzeneinheit

Wie die unterschiedlichen Multifaktoren zeigen, müssen die Rechtsform des inländischen Mutterunternehmens und die Organisationsform im Ausland unbedingt aufeinander abgestimmt werden. Die Tarifkappung für inländische gewerbliche Einkünfte macht die Personengesellschaft als Spitzeneinheit interessant. Dafür weist die Kapitalgesellschaft hinsichtlich der Ausschüttungszielsetzungen des Gesellschafters (natürliche Person) die größere Flexibilität auf. Kann bei der Kapitalgesellschaft die Ausschüttungszielsetzung nur erfüllt werden, indem das EK01 zur Ausschüttung gelangt, kommt es zur "Nachversteuerung" mit dem individuellen Steuersatz des Gesellschafters.

Der Gesamteffekt alternativer Kombinationen wird anhand der Barwertdifferenz der Gesamtsteuerzahlung (ΔBW) dargestellt, wobei zusätzlich auf den Zeitpunkt der Weiterausschüttung im Inland abgestellt wird. Deshalb ist von der Barwertdifferenz $\Delta BW\left(S_{PersG} - S_{KapG(TH)}\right)$ zum Zeitpunkt der Thesaurierung die Barwertdifferenz $\Delta BW\left(S_{KapG(GA)} - S_{KapG(TH)}\right)$ bei Weiterausschüttung zu subtrahieren. Nur so kann der Zinseffekt exakt berücksichtigt werden.

(1) Steuersatzgefälle Ausland - Inland ($S_A > S_I$)

Die Begründung einer *Betriebstätte im Ausland* ist nur sinnvoll, wenn das inländische Stammhaus in der Rechtsform der Personengesellschaft geführt wird. Bei einer inländischen Kapitalgesellschaft droht bei Weiterausschüttung entweder der Verlust der DBA-Freistellung der Betriebstätteneinkünfte oder es geht der Anrechnungsbetrag unter. Die Gesamtsteuerbelastung der Personengesellschaft beträgt stets $s_{A(BSt)}$, während sich die Gesamtsteuerbelastung durch die Kapitalgesellschaft im Ausschüttungsfall auf $s_{A(BSt)} + s_I^{ek} - s_{A(BSt)}s_I^{ek}$ erhöht. Die Zusatzbelastung beträgt $s_I^{ek} - s_{A(BSt)}s_I^{ek}$. Der Zeitpunkt der Ausschüttung ist maßgeblich für den Umfang der Barwertdifferenz. Es gilt:

$$\Delta BW = -\sum_{t(GA)=1}^{n}\left[(s_I^{ek} - s_{A(BSt)}s_I^{ek}) * G_A\right]_{t(GA)} * q_s^{-t(GA)}$$

Die Entscheidung zugunsten der *Kapitalgesellschaft im Ausland*, sollte mit der Rechtsform der Kapitalgesellschaft im Inland verbunden werden. Der deutliche Vorteil bei Thesaurierung der Auslandseinkünfte, wird allerdings bei Ausschüttung geringfügig überkompensiert. Unter der Bedingung $s_{Q(Div)} > 0$ verschlechtert sich die relative Position der Kapitalgesellschaft im Vergleich zur Personengesellschaft, da die Quellensteuer den Anrechnungsüberhang zusätzlich erhöht. Der Zinsvorteil bei Ausschüttungsverzögerung wird durch diesen zusätzlichen Anrechnungsüberhang gemindert:

$$\Delta BW = \sum_{t(TH)=1}^{n} \left[(s_I^{ek} - s_A^k s_I^{ek} - s_{Q(Div)} + s_A^k s_{Q(Div)}) * G_A \right]_{t(TH)} q_s^{-t(TH)}$$
$$- \sum_{t(GA)=1}^{n} \left[(s_I^{ek} - s_I^{ek} s_A^k - s_I^{ek} s_{Q(Div)} + s_I^{ek} s_A^k s_{Q(Div)}) * G_A \right]_{t(GA)} q_s^{-t(GA)}$$

(2) Steuersatzgefälle Inland - Ausland ($S_A < S_I$)

Unter diesen Bedingungen ist die Rechtsform des inländischen Mutterunternehmens zusammen mit der Methode zur Vermeidung oder Verminderung der Doppelbesteuerung zu beurteilen:

(2.1) Freistellungsmethode:

Ausländische Betriebstättenerfolge sind beim Gesellschafter einer inländischen Personengesellschaft nur unter Progressionsvorbehalt freigestellt. Die Tarifkappung nach § 32c EStG greift dafür nicht.[35] Auch auf der Ebene der inländischen Kapitalgesellschaft können ausländische Betriebstättenerfolge steuerfrei (zum ausländischen Steuersatz) gespeichert werden. Bei Freistellung beträgt der Gesamteffekt für die *ausländische Betriebstätte*

$$\Delta BW = \sum_{t(TH)=1}^{n} \left[\Delta s_I^{ek} * Y_I \right]_{t(TH)} q_s^{-t(TH)}$$
$$- \sum_{t(GA)=1}^{n} \left[(s_I^{ek} - s_{A(BSt)} s_I^{ek}) * G_A \right]_{t(GA)} q_s^{-t(GA)}$$

Mit zunehmendem Einkommen oberhalb der direkten Progressionszone tendiert Δs_I^{ek} in Richtung Null. Es wirkt vor allem der Nachversteuerungseffekt infolge der Gewinnausschüttung. Die Personengesellschaft ist daher vorteilhaft.

---

35 Vgl. *Schmidt*, EStG, § 32c, Rz. 1; ausführlich auch *Paus*, Auslegungs- und Gestaltungsfragen zum gespaltenen [Einkommensteuertarif] (Teil I), in: BB 1994, S. 2393 f.

Das Schachtelprivileg setzt die Rechtsform der Kapitalgesellschaft im Inland voraus. Schachteldividenden können nur auf der Ebene der inländischen Kapitalgesellschaft steuerfrei (zum ausländischen Steuersatz) gespeichert werden. Je nach Ausschüttungszielsetzung des Anteilseigners kann die Nachversteuerung bis zur Liquidation der Gesellschaft bzw. Veräußerung der Anteile hinausgeschoben werden.

Für die *Kapitalgesellschaft im Ausland* gilt:

$$\Delta BW = \begin{array}{l} \sum_{t(TH)=1}^{n} \left[(s_I^{ek} - s_A^k s_I^{ek} - s_{Q(Div)} + s_A^k s_{Q(Div)}) * G_A \right]_{t(TH)} q_s^{-t(TH)} \\[2mm] - \sum_{t(GA)=1}^{n} \left[(s_I^{ek} - s_I^{ek} s_A^k - s_I^{ek} s_{Q(Div)} + s_I^{ek} s_A^k s_{Q(Div)}) * G_A \right]_{t(GA)} q_s^{-t(GA)} \end{array}$$

(2.2) Anrechnungsmethode:
Bei der *Betriebstättenalternative* ist der Gesamteffekt wie folgt zu ermitteln:

$$\Delta BW = \begin{array}{l} \sum_{t(TH)=1}^{n} \left[(s_I^{ek} - s_I^{kn}) * G_A \right]_{t(TH)} q_s^{-t(TH)} \\[2mm] - \sum_{t(GA)=1}^{n} \left[(s_{A(BSt)} + s_I^{ek} - s_{A(BSt)} s_I^{ek} - s_I^{kn}) * G_A \right]_{t(GA)} q_s^{-t(GA)} \end{array}$$

Bei *ausländischem Engagement* in Form der *Kapitalgesellschaft* ist auch in Verbindung mit der Anrechnungsmethode die Mutterkapitalgesellschaft wegen der Möglichkeit zur indirekten Anrechnung vorteilhaft; die inländische Körperschaftsteuer wird auch um die ausländische gemindert, wodurch sich die Barwertdifferenz wie folgt ermittelt:

$$\Delta BW = \begin{array}{l} \sum_{t(TH)=1}^{n} \left[(s_A^k + s_I^{ek} - s_A^k s_I^{ek} - s_I^{kn}) * G_A \right]_{t(TH)} q_s^{-t(TH)} \\[2mm] - \sum_{t(GA)=1}^{n} \left[\begin{array}{l} (s_A^k + s_{Q(Div)} - s_A^k s_{Q(Div)} + s_I^{ek} - s_I^{ek} s_A^k \\ - s_I^{ek} s_{Q(Div)} + s_I^{ek} s_A^k s_{Q(Div)} - s_I^{kn}) * G_A \end{array} \right]_{t(GA)} q_s^{-t(GA)} \end{array}$$

Die Quellensteuerbelastung $s_{Q(Div)} > 0$ wirkt sich erst bei Gewinnausschüttungen aus, weil infolge der verminderten Tarifbelastung auf Gesellschaftsebene nur ein geringerer Körperschaftsteueranrechnungsanspruch existiert.

Ob und in welcher Höhe sich Steuersatzunterschiede im Ausland $(s_{A(BSt)} \neq s_A^k + s_{Q(Div)} - s_A^k s_{Q(Div)})$ auf die optimale Organisationsform auswirken, kann nur durch Berechnung und Vergleich der Barwertdifferenzen unter Berücksichtigung der konkreten Steuersätze festgestellt werden.

C.2.2.1 Minderung der Gesamtertragsteuerbelastung durch Verluste ausländischer Gesellschaften

	ohne DBA	mit DBA
Betriebsstätte	Verlustabzug im Ausland; $-S_{A(BSt)} = -s_{A(BSt)} * VA_A$ Verlustausgleich und -abzug im Inland; $-S_I^{ek(kn)} = -s_I^{ek(kn)} * Y_A$ Anrechnungsmethode verhindert doppelte Verlustberücksichtigung.	Verlustabzug im Ausland; $-S_{A(BSt)} = -s_{A(BSt)} * VA_A$ Wahlmöglichkeit im Inland: *vorläufiger Verlustausgleich und -abzug im Inland bei späterer Gewinnzurechnung $\Rightarrow$ Steuerstundung; $-S_I^{ek(kn)} = -s_I^{ek(kn)} * Y_A$ $+ \Delta Y_A = Min\left[G_{A(BSt)}; Y_A\right]$ **oder** *negativer Progressionsvorbehalt; $-S_I^{ek(kn)} = -\Delta s_I^{ek} * Y_I$
Kapitalgesellschaft	Verlustabzug im Ausland: $-S_A^k = -s_A^k * VA_A$ indirekte Verlustberücksichtigung im Inland durch Teilwertabschreibung auf den Beteiligungsbuchwert: $S_I^{ER} = \left[-s_I^{ek_g(kn)} - s_I^{ge} + s_I^{ek_g(kn)} s_I^{ge}\right] * TWA$ $\rightarrow$ Steuerstundung ("doppelte" Verlustberücksichtigung) bis zur Zuschreibung/Veräußerung/Liquidation.	

Tab. 30: Kumulierte Ertragsteuerentlastung durch Verluste

C.2.2.2 Ermittlung der optimalen Organisationsform im Ausland

C.2.2.2.1 Verlustberücksichtigung im Ausland

Der ausländische Verlust ist wegen des Zinsvorteils stets so zeitnah wie möglich auszugleichen, da Progressionseffekte annahmegemäß ausgeschlossen sind. Je nach Haftungsumfang verhindern möglicherweise analog zu § 15a EStG Verlustausgleichsbeschränkungen eine sofortige Verlustberücksichtigung. Zeitliche Unterschiede können auch dann auftreten, wenn das Körperschaftsteuersystem wegen Gewinnausschüttungen einen Verlustrücktrag unrentabel macht.

Unter der Annahme, daß im Ausland für alle Organisationsformen die Verlustberücksichtigung gleich geregelt ist, führt eine zeitlich verzögerte Berücksichtigung von Verlusten zu folgendem Zinsnachteil:

$$\Delta BW = \sum_{t(V_A)=1}^{n} \left[\sum_{t(VVT_A)=2}^{T} \left[s_A * v_{t(VVT_A)} * V_A^{VVT} \right] * \left(q_s^{-t(VVT_A)} - q_s^{-t(V_A)} \right) \right]_{t(V_A)}$$

mit: $s_A \in \left[s_{A(BSt)}; s_A^k \right]$

C.2.2.2.2 Verlustberücksichtigung im Inland

Bei der *Betriebstättenalternative* richtet sich das Steuerentlastungspotential nach der Methode zur Vermeidung der Doppelbelastung. Die Anrechnungsmethode (Nicht-DBA-Fall) sichert im Ergebnis die (einfache) Verlustberücksichtigung. Die Entlastung erfolgt dabei im Umfang des höheren Steuersatzes.

Bei Anwendung der Freistellungsmethode (DBA-Fall) werden Betriebstättenverluste im Inland über den negativen Progressionsvorbehalt berücksichtigt; alternativ kann ein vorläufiger Verlustausgleich mit der Konsequenz späterer Gewinnzurechnung beantragt werden. Die vorteilhafte Variante ist durch folgenden Zusammenhang zu bestimmen:[36]

---

36 Vgl. hierzu ausführlich *Scheffler*, [Steuerplanung] bei Verlusten einer ausländischen Betriebstätte in: DStR 1992, S. 193-200.

$$-\Delta s_I^{ek} * Y_I = -s_I^{ek(kn)} * V_A + \sum_{t(G_A)=2}^{T} \left[s_I^{ek(kn)} * \Delta Y_A \right]_{t(G_A)} * q_S^{-t(G_A)}$$

$$\rightarrow -s_I^{ek(kn)} * V_A + \sum_{t(G_A)=2}^{T} \left[s_I^{ek(kn)} * \Delta Y_A \right]_{t(G_A)} * q_S^{-t(G_A)}$$

wobei: $\sum_{t(G_A)=2}^{T} \Delta Y_A = V_A$

Da mit steigendem zu versteuerndem Einkommen im Inland ab der oberen Proportionalzone der Progressionseffekt abnimmt, kann der negative Progressionsvorbehalt vernachlässigt werden.[37] Auch bei der alternativen Verlustberücksichtigungsmethode tritt neben dem Steuerstundungseffekt erst ein negativer und dann ein positiver Progressionseffekt ein. Die Entlastung aus der Progressionsminderung und die spätere Mehrbelastung gleichen sich unter den gegebenen Prämissen aus bzw. tendieren in Richtung Null; es verbleibt lediglich der Steuerstundungseffekt. Die alternative Verlustberücksichtigungsvariante ist daher vorteilhaft.

Für den Verlustfall können nunmehr folgende Barwertdifferenzen zwischen den ausländischen Organisationsformen *Betriebstätte* und *Kapitalgesellschaft* abgeleitet werden. Dabei wird unterstellt:
$$VA_A = Y_A = V_A$$

Unter der Annahme, daß mangels Progressionswirkungen die alternative Verlustberücksichtigungsmethode Anwendung findet, ergibt sich für den Fall der DBA-Freistellung insgesamt folgende Differenz:

$$\Delta BW = -\sum_{t=1}^{n} \left[\begin{array}{c} \left[s_{A(BSt)} * V_A \right] + \left[s_I^{ek(kn)} * V_A \right] \\ -\sum_{t(G_A)=2}^{T} \left[s_I^{ek(kn)} * \Delta Y_A \right]_{t(G_A)} * q_S^{-t(G_A)} \end{array} \right]_t * q_S^{-t}$$

$$+\sum_{t=1}^{n} \left[\begin{array}{c} \left[s_A^{k} * V_A \right] \\ + \left[s_I^{ek_g(kn)} + s_I^{ge} - s_I^{ek_g(kn)} s_I^{ge} \right] * TWA * (1 - q_S^{-T}) \end{array} \right]_t * q_S^{-t}$$

---

37 Vgl. zur Problematik des negativen Progressionsvorbehaltes i.V.m. der Tarifermäßigung nach § 32c EStG, *Paus*, Einkommensteuertarif (Teil I), S. 2393 f.

Ohne Existenz eines DBA muß außerdem nach dem Steuersatzverhältnis differenziert werden. Liegt ein Steuersatzgefälle vom Ausland zum Inland $(S_A > S_I)$ vor, gilt:

$$\Delta BW = \begin{array}{l} -\sum_{t=1}^{n} \left[s_{A(BSt)} * V_A \right]_t * q_s^{-t} \\ + \sum_{t=1}^{n} \left[\begin{array}{l} \left[s_A^k * V_A \right] \\ + \left[s_I^{ek_g(kn)} + s_I^{ge} - s_I^{ek_g(kn)} s_I^{ge} \right] * TWA * (1 - q_s^{-T}) \end{array} \right]_t * q_s^{-t} \end{array}$$

Bei umgekehrtem Steuersatzverhältnis $(S_A < S_I)$ verändert sich die Barwertdifferenz zu:

$$\Delta BW = \begin{array}{l} -\sum_{t=1}^{n} \left[s_I^{ek(kn)} * V_A \right]_t * q_s^{-t} \\ + \sum_{t=1}^{n} \left[\begin{array}{l} \left[s_A^k * V_A \right] \\ + \left[s_I^{ek_g(kn)} + s_I^{ge} - s_I^{ek_g(kn)} s_I^{ge} \right] * TWA * (1 - q_s^{-T}) \end{array} \right]_t * q_s^{-t} \end{array}$$

Die scheinbar offensichtliche Dominanz der *ausländischen Kapitalgesellschaft* wegen der "doppelten" Verlustberücksichtigung auf unbestimmte Dauer - spätestens bis zur Liquidation oder Veräußerung - wird maßgeblich durch die Tatsache relativiert, daß eine Teilwertabschreibung grundsätzlich nicht durch Anlaufverluste (i.d.R. die ersten fünf Jahre) begründet werden kann. Auch nach Ablauf dieser Frist kann nur unter sehr restriktiven Voraussetzungen von ihrer Durchsetzbarkeit ausgegangen werden.[38] Die immer wieder diskutierte Zuschreibungspflicht[39] bis zu den historischen Anschaffungskosten würde den aus der Teilwertabschreibung resultierenden Stundungsvorteil noch weiter einschränken. Sofern im Ausland kein Verlustausgleichspotential besteht, bleiben Anlaufverluste daher sogar gänzlich unberücksichtigt. Bei der *Betriebstätte* ge-

---

38 Dazu ausführlich Kapitel B.4, Gliederungspunkt B.4.3.3.2. Je später T eintritt, desto geringer fällt der Nachversteuerungseffekt ins Gewicht. Unter der going-concern Prämisse wird wegen $T \to \infty$ faktisch der Verlust "doppelt" steuermindernd verrechnet. Dieser Effekt ist auf das Trennungsprinzip zurückzuführen.

39 In den "Petersberger Steuervorschlägen" war eine solche bereits ab dem 1.1.1998 vorgesehen. Bundesministerium der Finanzen (Hrsg.), Reform der Einkommensteuerbesteuerung - Vorschläge der Steuerreform-Kommission - vom 22. Januar 1997, Schriftenreihe des BMF, Heft 61, Bonn 1997, S. 16 und 33.

lingt hingegen der Verlusttransfer ins Inland - zumindest temporär - immer. Dies ist insbesondere dann entscheidend, wenn im Ausland kein Verlustausgleichspotential zur Verfügung steht. Daher ist grundsätzlich die Betriebstätte in Verlustsituationen die zu präferierende Alternative.

Die Rechtsform der Spitzeneinheit spielt bei den Möglichkeiten zur Verlustberücksichtigung eine untergeordnete Rolle. Neben der inländischen Steuersatzdifferenz ($s_I^{ek(g)} - s_I^{kn}$) können hinsichtlich des Zeitpunktes der Verlustberücksichtigung weitere rechtsformspezifische Unterschiede bestehen. Bei zeitlich verzögerter Verlustverrechnung müssen die Barwertdifferenzen um den bereits oben dargestellten Zinseffekt beim Verlustvortrag erweitert werden. V_A ist durch VA_A zu ersetzen.

C.2.3 Konsequenzen für die Steuerplanung

Die optimale Organisationsform der grenzüberschreitenden Tätigkeit kann nicht generell festgelegt werden. Es sind stets die folgenden Einflußgrößen zu beachten:

- die erwartete Erfolgssituation
- die ausländischen Steuersätze
- das Steuersatzverhältnis Ausland - Inland
- die Methode zur Vermeidung oder Verminderung der Doppelbesteuerung
- die Rechtsform des inländischen Stammhauses
- die Ausschüttungsprämissen der inländischen Anteilseigner.

Unter Verwendung der (standortabhängigen) Rahmenbedingungen und der Berücksichtigung der individuellen Präferenzen des Entscheidungsträgers können die Barwertdifferenzen für den Einzelfall leicht ermittelt und verglichen werden.

Für den speziellen Fall, daß sowohl für ausländische Betriebstätteneinkünfte als auch für Schachteldividenden eine Freistellung durch das DBA vorgesehen ist, kann eine Ergebniskennzeichnung vorgenommen werden. Wird damit gerechnet, daß die Aufbauphase des ausländischen Engagements beispielsweise wegen hoher Marktzutrittsschranken zunächst durch Verlustperioden gekennzeichnet ist, bevor die Gewinnschwelle überschritten wird, sind im Zeitablauf folgende Optima zu beachten:

(1) Verlustphase

In der Verlustphase sollte im Ausland eine *Betriebstätte* unterhalten werden, da nur in Verbindung mit dieser Organisationsform die Verluste stets auch im Inland berücksichtigt werden können; eine Teilwertabschreibung findet gerade bei Anlaufverlusten steuerlich keine Anerkennung.

(2) Gewinnphase

Sobald die *Gewinnschwelle* überschritten wird - spätestens wenn die Verlustvorträge im Ausland aufgebraucht sind - muß die Entscheidung vorrangig in Abhängigkeit von der Rechtsform der inländischen Muttergesellschaft überprüft werden:

- Grundsätzlich sollte die Betriebstätte weitergeführt werden, wenn das inländische Stammhaus die Rechtsform einer Personengesellschaft aufweist, da nur in dieser Kombination der steuerfreie Transfer der Auslandseinkünfte bis zur inländischen natürlichen Person gewährleistet ist.

- Wird das inländische Mutterunternehmen in der Rechtsform der Kapitalgesellschaft geführt, hängt die optimale Organisationsform von den ausländischen Steuersätzen ab. Unterliegen Kapitalgesellschaften im Domizilland in der Gewinnphase niedrigeren Steuersätzen, sollte durch (steuerneutrale) Einbringung der Auslandsbetriebstätte eine Kapitalgesellschaft mit Sitz und Geschäftsleitung im Ausland gegründet werden. Bei dieser Kombination kommt durch Ausschüttungsplanung ein weiterer Aktionsparameter hinzu, durch den die Gesamtsteuerbelastung minimiert werden kann. So können Gewinne entweder gleich zum niedrigen ausländischen Steuersatz im Ausland thesauriert werden oder bei Existenz eines DBA kann zumindest die inländische Besteuerung der Schachteldividenden bis zum Zeitpunkt der Weiterausschüttung an den Anteilseigner hinausgeschoben werden. Dadurch können so erhebliche Zinsvorteile erzielt werden, daß spätere Steuersatznachteile durch die Ausschüttung leicht kompensiert werden.

C.3 Optimierung der Steuerbelastung ausländischer Kapitalgesellschaften bei fixierter Rechtsformentscheidung durch Finanzierungsinstrumente

In der bisherigen Analyse wurden Finanzierungsüberlegungen ausgeklammert. Der Finanzierungsgestaltung kommt jedoch bei grenzüberschreitenden Aktivitäten nicht nur aus steuerlichen Gründen eine elementare Bedeutung zu.[40] Mit der Verfügbarkeit des internationalen Kapitalmarkts sind i.d.R. nicht nur günstigere Konditionen verbunden, sondern eröffnen sich aufgrund der Vielschichtigkeit der Investorenpräferenzen auch alternative Kapitalbeschaffungsmöglichkeiten oder Bedingungen, für die im Inland keine Anleger zu finden sind. Daneben sind auf ausländischen Kapitalmärkten häufig weniger regulative Rahmenbedingungen bei der Kapitalbeschaffung anzutreffen.[41] Wegen der Vorteile der zentralen Kapitalbeschaffung werden im Ausland häufig **Finanzierungsgesellschaften** errichtet, mit der Aufgabe, die in- oder ausländischen Konzerngesellschaften i.d.R. mit Fremdkapital zu versorgen.

Die für Inlandssachverhalte bekannte Privilegierung der **Gesellschafter-Fremdfinanzierung** darf keinesfalls ohne nähere Betrachtung auf Auslandssachverhalte übertragen werden, weil sie vor allem auf die gewerbesteuerliche Behandlung beim (inländischen) Darlehensnehmer zurückzuführen ist. Die steuerliche Vorteilhaftigkeit der Gesellschafter-Fremdfinanzierung im Konzern ist bei internationalen Aktivitäten von mehreren landesspezifischen Faktoren abhängig. Finanzierungsgesellschaften können im steuergünstigen Ausland plaziert werden und tragen durch die Konzentration auf einen Standort zur Reduktion der zu beachtenden Einflußfaktoren bei. Das nationale Außensteuergesetz sieht für Einkünfte, die aus speziell genannten passiven Tätigkeiten stammen, im ungünstigsten Fall trotz DBA-Freistellung die steuerliche Erfassung im Inland vor. Dies zeigt, daß die Finanzierungsgestaltung sowohl aus wirtschaftlichen als auch aus steuerlichen Gründen bei international tätigen Unternehmen eine wichtige, aber auch diffizile Aufgabe ist.

---

40 Ein umfassendes betriebswirtschaftliches Modell zur Optimierung der Finanzplanung in internationalen Konzernen wurde von, *Knobloch, Alois Paul*, Zur kurzfristigen Finanzplanung des internationalen Konzerns, Diss., Heidelberg 1998 entwickelt.

41 Vgl. *Fahnauer*, [Finanzierung] am internationalen Kapitalmarkt, in: Piltz/Schaumburg (Hrsg.), Unternehmensfinanzierung im internationalen Steuerrecht, Forum der internationalen Besteuerung, Band 9, Köln 1995, S. 7., *Jacobs*, Internationale Unternehmensbesteuerung, S. 635 f. und 640, *Gundel*, [Finanzierungsgestaltungen] über das Ausland (Teil I), in : IStR 1994, S. 211.

Für die *Betriebstättenalternative* sind Finanzierungsgestaltungen durch das inländische Stammhaus nur dann interessant, wenn sich das Stammhaus refinanziert, da der Betriebstätte nur Darlehensverbindlichkeiten gegenüber Dritten zugeordnet werden können. Dabei ist jedoch kein steuerlicher Vorteil gegenüber der direkten Fremdkapitalbeschaffung durch die Betriebstätte zu verzeichnen, da in beiden Fällen eine unmittelbare Zurechnung zur Betriebstätte erfolgt. Daher ist für die nachfolgende Analyse nur die Organisationsform der ausländischen Tochterkapitalgesellschaft interessant.

C.3.1 Referenzfall: Fremdfinanzierung der ausländischen Tochterkapitalgesellschaft durch die inländische Muttergesellschaft

C.3.1.1 Fremdfinanzierung ohne Refinanzierung der Muttergesellschaft

Die Muttergesellschaft verfügt über ausreichend liquide Mittel, die zur Darlehensgewährung an die Tochtergesellschaft verwendet werden können.[42] Unter der Annahme, daß Zinsen im Ausland *unbeschränkt* als Betriebsausgaben abgezogen werden dürfen, führt die Gesellschafter-Fremdfinanzierung zu folgender Gesamtsteuerbelastung:[43]

$$S_A = -s_A^k * ZI + s_{Q(ZI)} * ZI$$

$$S_I = (s_I^{ek_g(kn)} + s_I^{ge} - s_I^{ek_g(kn)} s_I^{ge}) * ZI - S_{Q(ZI)_{max}}$$

$$S = -s_A^k * ZI + s_{Q(ZI)} * ZI + (s_I^{ek_g(kn)} + s_I^{ge} - s_I^{ek_g(kn)} s_I^{ge}) * ZI - S_{Q(ZI)_{max}}$$

$$= (-s_A^k + s_{Q(ZI)} + s_I^{ek_g(kn)} + s_I^{ge} - s_I^{ek_g(kn)} s_I^{ge}) * ZI - S_{Q(ZI)_{max}}$$

Im Vergleich zur *Eigenfinanzierungsalternative* mit entsprechender Gewinnausschüttung

$$\Delta[G_A - L] = ZI \rightarrow -\Delta GA = (1 - s_A^k) * \Delta[G_A - L]$$

beträgt die Änderung der Steuerbelastung bei

---

42 Es wird unterstellt, daß dieses Innenfinanzierungspotential nicht verzinst wird. Ist eine Auflösung verzinslicher Finanzanlagen notwendig, muß der Verzicht auf den periodischen Nettozahlungsüberschuß aus der alternativen Finanzanlage noch im Kalkül berücksichtigt werden

mit: $\left[1 - (s_I^{ek_g(kn)} + s_I^{ge} - s_I^{ek_g(kn)} s_I^{ge}\right] * FE$.

43 Für den Fall der inländischen Mutterkapitalgesellschaft wird von der Thesaurierung der den Zinsen entsprechenden ausländischen Einkünfte ausgegangen. Dabei wird implizit unterstellt, daß die Ausschüttungsforderungen der Anteilseigner aus belastetem Eigenkapital erfüllt werden können.

• *ausschließlich direkter Anrechnung für Beteiligungserträge*

$$\Delta S = \begin{bmatrix} -s_A^k - (1 - s_A^k) * s_{Q(Div)} + s_{Q(ZI)} \\ + s_I^{ek_g(kn)} + s_I^{ge} - s_I^{ek_g(kn)} s_I^{ge} \end{bmatrix} * ZI - S_{Q(ZI)_{max.}} + S_{Q(Div)_{max.}}$$

Mit der "Umwandlung" von Eigen- in Fremdkapital wird für *Mutterkapitalge-sellschaften* das Schachtelprivileg für Auslandseinkünfte aus der Gesellschaf-ter-Fremdfinanzierung versagt. Die Entgelte für das überlassene Fremdkapital sind nach den Grundsätzen für Direktgeschäfte zu besteuern. Daraus resultiert stets eine Belastung zum *inländischen Steuerniveau*. Die Änderung der Ge-samtsteuerbelastung beträgt

• *bei direkter und indirekter Anrechnung für Beteiligungserträge*

$$\Delta S = \left[-s_A^k - (1 - s_A^k) * s_{Q(Div)} + s_{Q(ZI)} + s_I^{kn} + s_I^{ge} - s_I^{kn} s_I^{ge} \right] * ZI$$

$$- S_{Q(ZI)_{max.}} + (1 - s_I^{kn}) * AB_{max.} + S_{Q(Div)_{max.}}$$

• *bei DBA-Freistellung für Beteiligungserträge*

$$\Delta S = \left[-s_A^k - (1 - s_A^k) * s_{Q(Div)} + s_{Q(ZI)} + s_I^{kn} + s_I^{ge} - s_I^{kn} s_I^{ge} \right] * ZI$$

Da freigestellte Schachteldividenden ausschließlich zu einer Erhöhung des EK01 führen, während Zinserträge i.d.R. aufgeteilt werden, fällt bei Weiteraus-schüttung an den inländischen Anteilseigner der gegenläufige Nachver-steuerungseffekt auf die ausländischen Schachteldividenden stärker aus. Je später es zu einer Ausschüttung von EK01 kommt, desto geringer fällt dieser Effekt ins Gewicht.[44]

C.3.1.2 Fremdfinanzierung mit Refinanzierung der Muttergesellschaft

Verfügt das inländische Mutterunternehmen nicht über ausreichend finanzielle Mittel, muß eine entsprechende Refinanzierung erfolgen. Neben der Dar-lehensaufnahme am Kapitalmarkt können alternativ die Finanzierungsmittel vom inländischen Gesellschafter zu Verfügung gestellt werden.[45]

---

44 Vgl. dazu die Berechnungen bei *Kußmaul/Dreger*, Steuerlich orientierte grenzüberschreitende [Finanzierungsplanung] - Kapitalausstattung einer ausländischen Tochtergesellschaft, in: DStR 1996, S. 1376 ff. und bei *Jacobs*, Steuerliche Vorteilhaftigkeit des Einsatzes von Eigen- oder Fremdkapital bei der internationalen [Konzernfinanzierung], in: StuW 1996, S. 27 ff.

45 Dazu auch die Falldifferenzierungen bei *Henkel*, Schranken steuerlich vorteilhafter [Gestaltungen] zur Unternehmensfinanzierung über die Grenze, in: Haarmann (Hrsg.), Gren-zen der Gestaltung im Internationalen Steuerrecht, Forum der Internationalen Besteuerung, Band 4, Köln 1994, S. 103 ff.

C.3.1.2.1 Refinanzierung der Muttergesellschaft durch Fremdkapital

(1) am Kapitalmarkt

Entspricht der Marktzins für die Refinanzierung des Mutterunternehmens dem vereinbarten Zinsentgelt gegenüber der Tochterkapitalgesellschaft beträgt die Einkommensauswirkung im Inland null. Wegen der hälftigen Hinzurechnung von Dauerschuldzinsen werden trotzdem gewerbesteuerliche Konsequenzen ausgelöst. Außerdem müssen - analog zum Fall der Eigenfinanzierung - der ausländischen Gesellschaft Refinanzierungsaufwendungen im Zusammenhang mit der Gesellschafter-Fremdfinanzierung von den ausländischen Einkünften abgezogen werden.[46] Daher gilt: $Y_{A(I)} = 0$. Der Anrechnungsumfang von $S_{Q(ZI)_{max.}}$ beträgt Null; die Abzugsmethode wird vorteilhaft.[47]

Aufgrund dieser Effekte ermittelt sich die inländische Steuerbelastung durch[48]

$$S_I = (0,5 s_I^{ge} - s_I^{ek_g(kn)} 0,5 s_I^{ge}) * ZI - (s_I^{ek_g(kn)} + s_I^{ge} - s_I^{ek_g(kn)} s_I^{ge}) * S_{Q(ZI)}$$

was für die Gesamtsteuerbelastung zu folgender Konsequenz führt

$$S = (-s_A^k + s_{Q(ZI)} + 0,5 s_I^{ge} - s_I^{ek_g(kn)} 0,5 s_I^{ge}) * ZI$$
$$- (s_I^{ek_g(kn)} + s_I^{ge} - s_I^{ek_g(kn)} s_I^{ge}) * S_{Q(ZI)}$$

Daher ist die Gesellschafter-Fremdfinanzierung nur vorteilhaft, wenn der Refinanzierungsvorteil im Inland die *zusätzliche* Steuerbelastung aus der Darlehensgewährung überkompensiert. Unter der hier getroffenen Annahme der Refinanzierung zum gleichen Marktzins ($ZI_{MP_A} = ZI_{GF} = ZI_{MP_I}$) ist stets die Fremdfinanzierung durch Dritte dominant. Wird diese Prämisse aufgegeben ($ZI_{MP_A} = ZI_{GF} > ZI_{MP_I}$), ist die Gesellschafter-Fremdfinanzierung nur vorzuziehen, wenn folgende Ungleichung erfüllt ist:

$$ZI_{GF} - ZI_{MP_I} \geq s_{Q(ZI)} * ZI_{GF} + (0,5 s_I^{ge} - s_I^{ek_g(kn)} 0,5 s_I^{ge}) * ZI_{MP_I}$$
$$+ (s_I^{ek_g(kn)} + s_I^{ge} - s_I^{ek_g(kn)} s_I^{ge}) * (ZI_{GF} - ZI_{MP_I} - S_{Q(ZI)})$$

Allerdings besteht bei einem zu starken Abweichen zwischen Zinsertrag und Refinanzierungsaufwand die Gefahr der *verdeckten Gewinnausschüttung*.[49]

---

46 Vgl. die Ausführungen zu Kapitel B.4, Gliederungspunkt B.4.3.2.3.
47 Die Abzugsmethode kann auch bereits bei positiven ausländischen Einkünften vorteilhaft sein. Vgl. die allgemeine Analyse unter Kapitel B.4, Gliederungspunkt B.4.2.
48 Die Hinzurechnungsbestimmung § 8 Nr. 12 GewStG greift nicht.
49 Vgl. Kapitel B.4, Gliederungspunkt B.4.3.1.1.

(2) *beim inländischen Gesellschafter*

Stammt das Refinanzierungsfremdkapital vom inländischen Gesellschafter der inländischen Mutterkapitalgesellschaft und hält er sowohl die Anteile als auch die Kapitalforderung in seinem *Privatvermögen*, ändert sich seine wirtschaftliche Steuerbelastung bei betragsmäßig gleichem Einkommen $\left(\dfrac{1}{1 - s_I^{ka}} * GA = ZI \right)$ nicht. Handelt es sich hingegen um *Betriebsvermögen* gilt wegen des gewerbesteuerlichen Schachtelprivilegs:

$$\Delta S_{I(Ges)} = (-s_I^{ek} + s_I^{ek_g(kn)} + s_I^{ge} - s_I^{ek_g(kn)} s_I^{ge}) * ZI$$

Aufgrund der endgültigen Mehrbelastung mit Gewerbesteuer sollte die Fremdfinanzierung unbedingt *unmittelbar* durch den inländischen Gesellschafter aus dessen Privatvermögen erfolgen. Die Gesamtsteuerbelastung beträgt dann nur:

$$S = (-s_A^k + s_{Q(ZI)} + s_I^{ek}) * ZI - S_{Q(ZI)_{max.}}$$

C.3.1.2.2 Refinanzierung der Muttergesellschaft durch Eigenkapital

Bei der Refinanzierung durch Eigenkapital wird unterstellt, daß der Gesellschafter eine Einlage vornimmt. Von der Nominalkapitalerhöhung wird bei der *Kapitalgesellschaftsalternative* abstrahiert, weil damit u.U. weitere Aufwendungen verbunden sind, die in Zusammenhang mit einer Gesellschaftereinlage ins EK04 nicht anfallen. Steuerliche Wirkungen für den Gesellschafter entstehen bei dieser Alternative erst, wenn die den Zinserträgen entsprechenden Eigenkapitalanteile zur Ausschüttung gelangen. Insoweit kann auf die obigen Ausführungen unter C.3.1.1 verwiesen werden.

C.3.1.3 Konsequenzen für die Steuerplanung

Als Ergebnis dieser Analyse kann festgehalten werden, daß die Vorteilhaftigkeit der Fremdfinanzierung einer ausländischen Kapitalgesellschaft durch das inländische Mutterunternehmen entscheidend von der Differenz zwischen ausländischem und inländischem Steuerniveau abhängt. Dabei ist zu berücksichtigen, daß die Zinserträge im Inland zusätzlich in vollem Umfang der Gewerbesteuer unterliegen. Für den wohl häufigeren Fall, daß die Steuerbelastung im Ausland niedriger ist, sind Gestaltungen durch Gesellschafter-Fremdfinanzierung steuerlich gegenüber der Eigenfinanzierung unvorteilhaft.

C.3.2 Zwischenschaltung von Finanzierungsgesellschaften

In größeren Konzernen werden Maßnahmen der Kapitalbeschaffung und -weiterleitung häufig von einer *zentralen Stelle* an einem *steuergünstigen Standort* vorgenommen. Die Konzentration in einer Gesellschaft ist mit dem Vorteil verbunden, daß weitgehend unabhängig von den steuerlichen Vorschriften der Domizilstaaten ausländischer Organisationseinheiten Finanzierungsmaßnahmen unter günstigen steuerlichen Rahmenbedingungen abgewickelt und in die bestehende Struktur integriert werden können.

C.3.2.1 Standort und Struktur von Finanzierungsgesellschaften

Finanzierungsgesellschaften werden i.a.R. in der Rechtsform der Kapitalgesellschaft geführt, da die rechtliche Selbständigkeit elementares Kriterium zur Erzielung der gewünschten Abschirmwirkung darstellt. Soweit wirtschaftliche Gründe für die Auslagerung von Finanzdienstleistungen ins Ausland bestehen und ein Geschäftsbetrieb unterhalten wird, dürfte eine solche Gestaltung nicht als rechtsmißbräuchlich i.S.d. § 42 AO eingestuft werden.[50] Die Errichtung von Finanzierungsgesellschaften und der daran anknüpfende steuerbegünstigte Status sind häufig an eine Genehmigung im Domizilstaat gebunden, die nur unter ganz bestimmten Voraussetzungen erteilt wird.[51]

Unter vergleichbaren nichtsteuerlichen Rahmenbedingungen sollten die Gesellschaften an einem Standort plaziert werden, der folgenden steuerlichen Anforderungen Rechnung trägt:[52]

- niedrige Besteuerung im Sitzstaat vor allem durch fiktive Bemessungsgrundlagen oder im Vergleich zum Normalsteuerniveau reduzierte Steuersätze;

---

50 Hinweise auf eine restriktive Handhabung der im Schrifttum diskutierten "wirtschaftlichen Gründe" durch Rechtsprechung und Finanzverwaltung findet sich bei *Ammelung/Schneider*, Einschaltung niederländischer [Finanzierungsgesellschaften] bei Konzernfinanzierungen über den Eurokapitalmarkt (Teil I), in: IStR 1996, S. 501 ff. m.w.N.; Vgl. auch *Gundel*, Ausländische Finanzierungsgesellschaften, in: Piltz/Schaumburg (Hrsg.), Unternehmensfinanzierung im Internationalen Steuerrecht, Forum der Internationalen Besteuerung, Band 9, Köln 1995, S. 45 f., *ders.* Finanzierungsgestaltungen (Teil I), S. 214 f. Dazu auch *Bosch*, Steuerliche Gestaltungen bei ausländischen [Finanzierungsgesellschaften] aus Sicht der steuerlichen Betriebsprüfung, in: DB 1997, S. 1736 ff.

51 So z.B. für die belgischen Koordinierungszentren (BCC) oder die irischen Finanzdienstleistungsgesellschaften (IFSC), Vgl. *Gundel*, Finanzierungsgestaltungen (Teil I), S. 216.

52 Vgl. *Jacobs*, Internationale Unternehmensbesteuerung, S. 637f., *Gundel*, Ausländische Finanzierungsgesellschaften, S. 24 ff., *ders.* Finanzierungsgestaltungen (Teil I), S. 213.

- keine Quellensteuerbelastung auf Zinsen (sowohl auf erhaltene als auch auf bezahlte Zinsen);
- möglichst umfassendes DBA-Netz;
- Freistellung von Schachteldividenden ohne Aktivitätsvorbehalt;[53]
- unbegrenzte Abzugsfähigkeit von Finanzierungsaufwendungen (bei Vorgabe von Finanzierungsrelationen sollten diese ausreichende Spielräume belassen).

Derartige Gestaltungen sind nur sinnvoll, wenn die Anteile an der Finanzierungskapitalgesellschaft im Inland von einer Kapitalgesellschaft gehalten werden, da nur dann überhaupt das Schachtelprivileg gewährt wird und somit zum niedrigen ausländischen Steuerniveau in Aus- und Inland thesauriert werden kann. Die Rechtsform Personengesellschaft wird dominiert.

Finanzierungsgesellschaften werden je nach Art der Refinanzierung und Aufgabenumfang unterteilt in

(1) Reine Finanzierungsgesellschaften:
Die Aufgabe von *reinen* oder *echten* Finanzierungsgesellschaften besteht i.d.R. in der Beschaffung von *langfristigem* Fremdkapital zur Finanzierung der Konzerngesellschaften. Die Eigenkapitalausstattung ist dabei regelmäßig gering; Sicherheiten erfolgen in Form von Garantien bzw. Patronatserklärungen der inländischen Mutter. Die langfristige Refinanzierung erfolgt gerne durch die Begebung von Anleihen - auch in Form von Optionsanleihen, die zum Bezug von Aktien der Muttergesellschaft berechtigen.[54]

Konzernaufbau, sowie der generell mögliche konzerninterne Leistungsaustausch können durch folgende Struktur abgebildet werden, wobei hinsichtlich der unterschiedlichen Rechtsfolgen zu differenzieren ist:

---

53 Diesem Erfordernis wird z.B. Madeira nicht (nur ungenügend) gerecht. Vgl. *Pausenberger/Schmidt*, [Madeira] als Standort für Finanzierungsgesellschaften, in: IStR 1996, S. 415 - 420.

54 Vgl. *Gundel*, [Finanzierungsgestaltungen] über das Ausland (Teil II), in: IStR 1994, S. 263 f.; *Oho/Behrens*, Steuerliche Aspekte bei der Ausgabe von [Wandel- und Optionsanleihen] über ausländische Konzerngesellschaften, in: IStR 1996, S. 313 f.; *Küffner*, [Patronatserklärungen] im Bilanzrecht, in: DStR 1996, S. 146 ff.

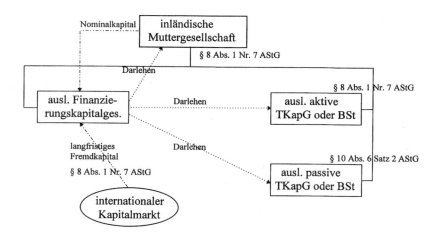

(2) Finanzdienstleistungsgesellschaften:

Im Unterschied zum vorhergehenden Fall erfolgt die Refinanzierung bei Finanzdienstleistungsgesellschaften in Form von *Eigenmitteln* ergänzt durch *kurzfristiges Fremdkapital* zur Überbrückung von Liquiditätsengpässen.[55] Neben der darlehensweisen Vergabe dieser Eigenmittel an die Konzerngesellschaften eignen sich solche Dienstleistungs- oder Koordinierungszentren auch zum Austausch und der Optimierung liquider Mittel im Konzern sowie zur Übernahme von Währungsmanagementaufgaben. Aber auch spezielle Finanzdienstleistungen im Konzern wie **Factoring** (= Kauf von Geldforderungen aus Waren- und Dienstleistungsgeschäften), **Forfaitierung** (= Ankauf von Forderungen, die erst zukünftig entstehen) oder **Reinvoicing** (= Finanzierung von Zahlungszielen bei Exportgeschäften einschließlich Währungssicherung) können in solchen Dienstleistungsgesellschaften zentralisiert werden.[56]

Der generell mögliche konzerninterne Leistungsaustausch löst unterschiedliche Rechtsfolgen aus. Der Konzernaufbau kann wie folgt abgebildet werden:

---

55   Vgl. *Gundel*, Finanzierungsgestaltungen (Teil II), S. 263.
56   Zu den Begriffen *ebd.*, S. 265 f., *Jacobs*, Internationale Unternehmensbesteuerung, S. 645 f.

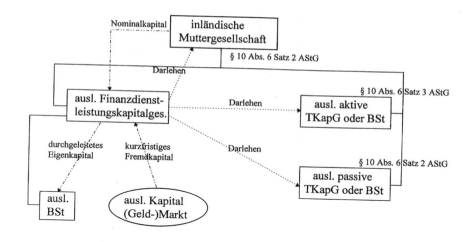

C.3.2.2 Konsequenzen für die Besteuerung der inländischen Muttergesellschaft

Trotz rechtsformspezifischer Abschirmwirkung lösen Finanzierungsgesellschaften je nach konkreter Ausgestaltung und Tätigkeit unterschiedliche steuerliche Konsequenzen aus der Sicht der inländischen Muttergesellschaft aus, wenn sich diese Gesellschaft in einem Niedrigsteuerland befindet. Nach § 8 Abs. 3 AStG liegt eine niedrige Besteuerung vor, wenn die ausländische Ertragsteuerbelastung unter 30 % liegt (bzw. $s_A^k < 0,3$ gilt). Nach den Hinzurechnungsvorschriften (§§ 7 ff.) des AStG für Einkünfte aus Zwischengesellschaften muß zwischen folgenden Fällen differenziert werden:[57]

(1) Einkünfte aus aktiver Finanzierungstätigkeit:
Erstreckt sich die Tätigkeit auf die "Aufnahme und Ausleihe von Auslands*(fremd)*kapital" i.S.d. § 8 Abs. 1 Nr. 7 AStG ist von einer aktiven Tätigkeit auszugehen. Die Hinzurechnungsbesteuerung greift nicht.

---

[57] In der Literatur wird zur Abgrenzung die Einrichtung sog. "Baskets" empfohlen, auf die die Einkünfte der Zwischengesellschaft aufgeteilt werden. So z.B. *Gundel*, Auswirkungen der neuen [Hinzurechnungsbesteuerung] des Außensteuergesetzes auf internationale Finanzierungsgesellschaften, in: IStR 1993, S. 57; *Pausenberger/Schmidt*, Madeira, S. 419.

(2) Einkünfte aus passiver Finanzierungstätigkeit:
- Gewinne aus der Darlehensvergabe von Eigenmitteln an **aktiv** tätige **ausländische** Gesellschaften und Betriebstätten unterliegen nach § 10 Abs. 6 Satz 3 AStG nur zu 60 % der besonderen oder verschärften Hinzurechnungsbesteuerung.
- Sonstige Zwischengewinne mit Kapitalanlagecharakter i.S.d. § 10 Abs. 6 Satz 2 AStG lösen die volle verschärfte Hinzurechnungsbesteuerung aus, es sei denn, einer der drei explizit aufgeführten Ausnahmetatbestände trifft zu.

Eine Inanspruchnahme der DBA-Vergünstigungen auf den Hinzurechnungsbetrag ist ausgeschlossen (sog. treaty overriding).

(3) Einkünfte aus sonstiger passiver Tätigkeit:
Einkünfte aus sonstigen passiven Tätigkeiten fallen unter die allgemeine Hinzurechnungsbesteuerung, jedoch sind die DBA-Vergünstigungen entsprechend anzuwenden (§ 10 Abs. 5 AStG).

Dienstleistungsgebühren sind aufzuteilen und unterschiedlich zu qualifizieren. Der Zinsanteil von Factoring- und Forfaitierungsgebühren wird analog zu den Zinsen aus der Darlehensvergabe an Konzernunternehmen behandelt. Für Risikoprämie und Verwaltungskosten gilt wegen § 10 Abs. 6 Satz 2 Nr. 3 AStG die allgemeine Hinzurechnungsbesteuerung. Darunter fällt auch die Reinvoicinggebühr.[58]

Um im folgenden unnötige Wiederholungen zu vermeiden, erfolgt zunächst die *standortabhängige* Beurteilung im Ausland und erst dann - wegen der Anknüpfung an die jeweiligen *standortunabhängigen* Tätigkeiten - die Konsequenzen aus der Zurechnung der Zwischeneinkünfte zur inländischen Spitzeneinheit.

C.3.2.3 Quantifizierung der Steuerbelastung im Ausland

Zur steuerlichen Beurteilung der soeben besprochenen generellen Gestaltungen ist es notwendig, die konkreten Regelungen beliebter Domizilstaaten näher zu betrachten. Dabei wird davon ausgegangen, daß bei jeder landesspezifischen Variante von der Finanzierungsgesellschaft ein "angemessener" Gewinn erwirt-

---

58   Vgl. *Gundel*, Ausländische Finanzierungsgesellschaften, S. 38 f.

schaftet wird.[59] Sämtliche nichtsteuerlichen Aufwendungen, die mit der Errichtung und der laufenden Geschäftstätigkeit der Gesellschaft in nicht unerheblichem Umfang anfallen, müssen den steuerlichen und anderen Vorteilen gegenübergestellt werden. Es wird unterstellt, daß sich diese Aufwendungen durch Vorteile bei der Kapitalbeschaffung mindestens ausgleichen. Sie können daher bei der weiteren Analyse vernachlässigt werden.

C.3.2.3.1 Niederländische Finanzierungsgesellschaften

Um weiteren Kapitalabwanderungen entgegenzusteuern, wurden die Bedingungen für Finanzierungs- und Holdinggesellschaften in den Niederlanden seit dem 1.1.1997 deutlich verbessert.[60] Danach besteht die Möglichkeit, unter bestimmten Voraussetzungen für Risiken aus Finanzierungstätigkeiten eine gewinnmindernde Reserve i.H.v. 80 % des Gewinnanteils der Finanzierungsgesellschaft zu bilden, der aus der Konzernfinanzierung stammt.[61] Die Reserve ist zum Ausgleich von Verlusten gewinnerhöhend aufzulösen. Ein Beteiligungserwerb oder die Kapitalerhöhung einer konzernangehörigen niederländischen Gesellschaft berechtigt zu einer gewinneutralen Auflösung von 50 % der Reserve. Die Gewinnerhöhung aus einer freiwilligen Auflösung der Reserve unterliegt dem begünstigten Steuersatz von 10 %. Erst im Zuge der Liquidation der Finanzierungsgesellschaft kommt es zu einer zwangsweisen Auflösung der Reserve. Diese Gewinnerhöhung unterliegt dem normalen Steuersatz.

Durch die Einschaltung einer niederländischen Finanzierungsgesellschaft ergibt sich im Vergleich zum Referenzfall der Fremdfinanzierung durch das inländische Mutterunternehmen (unter C.3.1.1) unter Berücksichtigung der gewinnmindernden Reservenbildung eine Steuerbelastungsdifferenz im Ausland von:[62]

$$\Delta S_A = s_{NL}^k * (1 - 0,8) * G_{A(NL)} - s_{Q(ZI)} * ZI$$

---

59   Was als angemessen anzusehen ist, richtet sich nach den Bestimmungen des Domizilstaates. Keinesfalls dürfen die Refinanzierungsaufwendungen die gegenüber den Konzerngesellschaften verrechneten Zinsen überschreiten.

60   Kritisch zu dieser Neuregelung BMF vom 7.11.1996, [Steueroasen] in den EU-Mitgliedstaaten, Aufzeichnung für die 54. Sitzung des Finanzausschusses des Bundestages (13.11.1996), in: IStR 1997, S. 151 f.

61   Zu den Voraussetzungen im einzelnen *Rode*, Änderungen des niederländischen Körperschaftsteuerrechts - Neues zum Standort [Niederlande], in: IStR 1997, S. 294 f. Zu beachten ist in diesem Zusammenhang auch die Verschärfung der Anforderungen für die Inanspruchnahme des Schachtelprivilegs, *ebd.*, S. 297.

62   Dabei wird vereinfachend eine Quellensteuerbelastung auf Dividenden und Zinsen auch im Sitzstaat der darlehensempfangenden Konzerngesellschaft von Null unterstellt. Zur Rechtfertigung dieser Annahme vgl. die Übersicht bei *Vogel*, DBA, Art. 11, Rz. 20.

Aus der Kombination von Steuerstundungs- und Steuersatzeffekt ergibt sich folgende Barwertänderung der Auslandssteuerbelastung:

$$\Delta BW(S_A) = \sum_{t=1}^{n} \left[\begin{array}{l} s_{NL}^k * (1-0,8) * G_{A(NL)} + \Delta R_V - V_{A(NL)} \\ + s_{NL}^{k_{erm}} * \Delta R_f - s_{Q(ZI)} * ZI \end{array} \right]_t * q_s^{-t}$$
$$+ s_{NL}^k * [R_T - \Delta R_V - \Delta R_f] * q_s^{-T}$$

mit: $R_T = \sum_{t=1}^{n} 0,8 * G_{A(NL)}$

C.3.2.3.2 Dutch Sandwich-Gestaltungen

Bei dieser Variante wird die Finanzierungsgesellschaft mit Eigenkapital ausgestattet, welches unmittelbar an eine neu gegründete Betriebstätte in einem DBA-Land für Finanzierungszwecke weitergeleitet wird.[63] Mit der niederländischen Finanzverwaltung kann eine pauschale Kürzung der auf die Betriebstätteneinkünfte entfallenden Körperschaftsteuer ($s_{NL}^k * p_{NL} * G_{A(NL)}$) i.H.v. 90 % bei Inkaufnahme des Wechselkursrisikos bzw. 85 % bei Gewinnermittlung auf Basis der nationalen Währung ausgehandelt werden.[64] Beliebter Betriebstättenstandort ist die Schweiz, da auch dort nur ein pauschal ermittelter Betriebstättengewinn ($p_{CH} * G_A$) der Besteuerung zugrundegelegt wird.[65]

Die Steuerbelastung im Ausland verändert sich im Vergleich zum Referenzfall um:

$$\Delta S_A = s_{NL}^k * p_{NL} * G_{A(NL)} + s_{BSt(CH)} * p_{CH} * G_{A(CH)} - s_{Q(ZI)} * ZI$$

---

63 Die Kapitalerhöhung verursacht bei der Finanzierungsgesellschaft Gesellschaftsteuer i.H.v. 1 %, die als Betriebsausgabe abzugsfähig ist, Vgl. *Geurts/Van Kalkeren*, Zur Besteuerung unternehmerischer Aktivitäten in den [Niederlanden], in: RIW 1995, S. 1009.

64 Dies wird auch als Steuerruling bezeichnet.

65 Vgl. *Gundel*, Finanzierungsgestaltungen (Teil I), S. 215 f., sowie die Beispielsrechnung auf S. 218; *Henkel*, Schranken steuerlich vorteilhafter [Gestaltungen] zur Unternehmensfinanzierung über die Grenze, in: Haarmann (Hrsg.), Grenzen der Gestaltung im Internationalen Steuerrecht, Forum der Internationalen Besteuerung, Band 4, Köln 1994, S. 142 ff

C.3.2.3.3 Belgische Koordinierungszentren (Belgian Coordination Centre = BCC)

Unter der Voraussetzung, daß zulässige Finanzdienstleistungen nur für Konzerngesellschaften erbracht werden und das Koordinierungszentrum keine Beteiligungen hält,[66] darf der Steuersatz von derzeit 39 % (zzgl. einem Zuschlag von 3 % = 40,17 %) auf eine pauschal ermittelte Bemessungsgrundlage von ca. 8-10 % der Sachkosten (ohne Personal- und Refinanzierungskosten) angewendet werden. Gewinne, die aus einer mißbräuchlichen Verrechnungspreisgestaltung stammen, werden entsprechend korrigiert.[67] Quellensteuern auf Zinsen und Dividenden werden nicht erhoben.[68]

Die Steuerbelastungsdifferenz aufgrund eines BCC beläuft sich bei angemessener Zinsgestaltung auf:[69]

$$\Delta S_A = s_B^k * p_B * BMG_B - s_{Q(ZI)} * ZI$$

C.3.2.3.4 Irische Finanzdienstleistungsgesellschaften (International Financial Service Centre = IFSC)

Auch IFSC dürfen nur bestimmte Dienstleistungen gegenüber Konzernunternehmen übernehmen; eine Holdingfunktion ist unschädlich.[70] Für sog. Dublin Docks Companies wird der Körperschaftsteuersatz auf 10 % ermäßigt.[71] Quellensteuern auf Zinsen und Dividenden fallen nicht an.

---

66 Ausführlich zu den Voraussetzungen *ders.*, Finanzierungsgestaltungen (Teil II), S. 216, *Malherbe/François*, Die Belgischen [Koordinierungsstellen] (Teil I), in: IStR 1997, S. 75 ff., *Borstell*, Coordination Centres in [Belgien], in: IWB, Belgien, Gr. 2, S. 169 ff.

67 Zur Ermittlung der Bemessungsgrundlage im einzelnen, *Malherbe/François*, Die Belgischen [Koordinierungsstellen] (Teil II), in: IStR 1997, S. 103 f.

68 Das Schachtelprivileg wird nach Art. 23 Abs. 1 Nr. 3 DBA Belgien nicht für eine belgische GmbH gewährt. Erlaß FinMin. Hessen vom 11.5.1995, S 1301 A - 41 - II B 31, in: FR 1995, S. 594.

69 Dazu kommt eine Jahresgebühr von 400.000 BFr für jeden Vollzeitbeschäftigten, maximal 4.000.000 BFr je Koordinierungsstelle. Genauer *Malherbe/François*, Koordinierungsstellen (Teil II), S. 105.

70 Zu den Voraussetzungen *Grotherr*, Steueranreize für das Internationale Finanzdienstleistungszentrum in [Dublin], in: IWB, Irland; Gr. 2, S. 51 ff.

71 Nur passive Einkünfte mit Kapitalanlagecharakter werden inzwischen mit 30 % besteuert. Damit können die unerwünschten Konsequenzen der Hinzurechnungsbesteuerung nach deutschem AStG vermieden werden. Dazu *Serwuschok*, [Irland] und Niederlande als Standorte für Finanzierungsgesellschaften, in: IWB, Deutschland, Gr. 1, S. 1503.

Die Steuerbelastungsdifferenz im Ausland gegenüber dem Referenzfall der Fremdfinanzierung durch das inländische Mutterunternehmen beträgt:

$$\Delta S_A = s_{IRL}^{k_{erm}} * G_{A(IRL)_{beg}} + s_{IRL}^{k_{30\%}} * G_{A(IRL)_{Kap}} - s_{Q(ZI)} * ZI$$

$$\text{mit: } G_{A(IRL)} = G_{A(IRL)_{beg}} + G_{A(IRL)_{Kap}}$$

C.3.2.4 Quantifizierung der Steuerbelastung der inländischen Mutterkapitalgesellschaft

Die Einkünfte der Finanzierungsgesellschaft werden wegen deren Status als Zwischengesellschaft der inländischen Mutterkapitalgesellschaft zugerechnet. Dabei hängt die Steuerbelastung im Inland von *Mittelherkunft* und *Mittelverwendung* des bei der Finanzierungsgesellschaft eingesetzten Kapitals ab.

C.3.2.4.1 Einkünfte der Zwischengesellschaft aus der aktiven Fremdfinanzierung von Konzerngesellschaften

Unter den Voraussetzungen des § 8 Abs. 1 Nr. 7 AStG handelt es sich bei Einkünften aus der Aufnahme und darlehensweisen Vergabe von Fremdkapital um keinen Tatbestand der Hinzurechnungsbesteuerung. Dennoch darf nicht zwingend von einer mit der Eigenfinanzierungsalternative vergleichbaren Steuerbelastung ausgegangen werden. Ausschüttungen an eine inländische Mutterkapitalgesellschaft, die aus aktiv tätigen Finanzierungsgesellschaften stammen, fallen nicht unter den Anwendungsbereich der indirekten Anrechnung und auch nicht unter das gewerbesteuerliche Schachtelprivileg. Dies ist materiell jedoch unbedeutend, da mit den hier behandelten Domizilstaaten umfassende DBA-Regelungen mit ertragsteuerlicher Freistellung ohne Aktivitätsvorbehalt existieren.

Die Gewinnausschüttung der ausländischen Finanzierungsgesellschaft unterliegt im Inland nicht der Besteuerung. Im Vergleich zum Referenzfall reduziert sich die *inländische* Steuerbelastung bei Thesaurierung auf Null.

C.3.2.4.2 Einkünfte der Zwischengesellschaft mit Kapitalanlagecharakter bzw. aus der passiven Fremdfinanzierung von Konzerngesellschaften

Da keine aktive Tätigkeit i.S.d. § 8 Abs. 1 AStG vorliegt, müssen die Einkünfte der Finanzierungsgesellschaft im Rahmen der Hinzurechnungsbesteuerung im Inland versteuert werden. Aus inländischer Sicht handelt es sich bei den Erfolgen der Zwischengesellschaft um Zwischengewinne mit Kapitalanlagecharakter. Es sind die Rechtsfolgen der *verschärften* Hinzurechnungsbesteuerung anzuwenden:

- Die DBA-Vergünstigungen dürfen nicht angewendet werden (§ 10 Abs. 6 Satz 1 AStG).

- Im Wirtschaftsjahr erhaltene Gewinnausschüttungen (Gewinne aus der Veräußerung der Beteiligung)[72] dürfen den Hinzurechnungsbetrag nicht kürzen; diese Gewinnanteile sind generell bis zur Höhe des Hinzurechnungsbetrages steuerfrei. Daher erfolgt auch keine Erstattung der auf frühere Hinzurechnungsbeträge bezahlten Steuern (§ 11 Abs. 4 AStG).

- Die auf die fiktiv steuerfrei gestellten Gewinnanteile entfallenden Quellensteuern dürfen angerechnet oder abgezogen werden (§ 12 Abs. 3 AStG)[73].

Obwohl die gesamten Gewinne der Gesellschaft niedrig i.S.d. § 8 Abs. 3 AStG besteuert werden, sind wegen des Nebeneinanders von allgemeiner und besonderer bzw. verschärfter Hinzurechnungsbesteuerung zur Ermittlung des Hinzurechnungsbetrags stets zwei getrennte Berechnungen aufzustellen und fortzuführen.

Der Hinzurechnungsbetrag ist nach § 10 Abs. 1 AStG definiert als: $HB = G_A - S_A$. Wegen der Notwendigkeit der isolierten Ermittlung des anzusetzenden Hinzurechnungsbetrages gilt: $HB = HB_{allg.} + HB_{bes.}$

Dieser Hinzurechnungsbetrag wird als fiktive Gewinnausschüttung angesehen. Daher löst er auch die Rechtsfolgen von Gewinnausschüttungen aus.

Da das DBA-Schachtelprivileg bei der *verschärften* Hinzurechnungsbesteuerung ausdrücklich ausgeschlossen ist, unterliegt der Hinzurechnungsbetrag der inländischen Körperschaftsteuer und mangels aktiver Tätigkeit grundsätzlich auch der Gewerbesteuer. Zur Anrechnung sind lediglich ausländische Quellensteuern, die auf bereits ausgeschütteten Gewinnanteilen lasten, vorgesehen. In den hier behandelten Domizilstaaten werden Gewinne nur mit einer ermäßig-

---

72 Zur Begründung vgl. *Baumgärtel/Perlet*, Hinzurechnungsbesteuerung, S. 217, die bereits bei der allgemeinen Hinzurechnungsbesteuerung wegen der nicht explizit aufgeführten Kürzung von Veräußerungsgewinnen von einem "Redaktionsversehen" sprechen, S. 217. Daher verlangen sie auch im Rahmen der verschärften Hinzurechnungsbesteuerung die fiktive Steuerfreistellung von Veräußerungsgewinnen, *ebd.*, S. 257. Hierbei handelt es sich m.E. um eine zutreffende ökonomisch sinnvolle Auslegung der Rechtsvorschrift.

73 Zur Kritik an der Formulierung des § 12 Abs. 3 AStG, *Baumgärtel/Perlet*, Hinzurechnungsbesteuerung, S. 258 f.

ten/pauschalierten Gewinnsteuer belastet. Quellensteuern auf Dividenden werden nicht einbehalten.

Die Rechtsfolgen der *verschärften* Hinzurechnungsbesteuerung im Inland reduzieren sich bei den hier behandelten Finanzierungsgesellschaften

(1) für Einkünfte nach § 10 Abs. 6 Satz 3 AStG aus der Finanzierung aktiver ausländischer Organisationseinheiten auf[74]

$$S_I = s_I^{kn} * 0,6 * k * HB_{bes.}$$

(2) für sonstige Zwischeneinkünfte mit Kapitalanlagecharakter nach § 10 Abs. 6 Satz 2 AStG auf

$$S_I = (s_I^{kn} + s_I^{ge} - s_I^{kn} s_I^{ge}) * (1 - k) * HB_{bes.}$$

Die tatsächlich zugeflossenen Gewinnausschüttungen sind steuerfrei, soweit $GA_{bes.} \leq HB_{bes.}$ gilt.

C.3.2.4.3 Einkünfte der Zwischengesellschaft aus (passiven) Finanzdienstleistungen

Alle übrigen Einkünfte der Finanzierungsgesellschaft werden als passiv eingestuft, es sei denn, sie können einer weiteren Position des Aktivkatalogs zugeordnet werden. Gebühren für die Ausführung von Finanzdienstleistungen fallen nach Auffassung der Finanzverwaltung nicht unter § 8 Nr. 5 AStG.[75] Daher sind die Rechtsfolgen der *allgemeinen* Hinzurechnungsbesteuerung anzuwenden:

- Auf den Hinzurechnungsbetrag finden die DBA-Bestimmungen zur Besteuerung von Dividenden Anwendung (§ 10 Abs. 5 AStG).
- Der Hinzurechnungsbetrag ist um erhaltene Gewinnausschüttungen, maximal bis zur Höhe des Hinzurechnungsbetrages zu kürzen. Für übersteigende Gewinnanteile ist ein Rücktrag für höchstens 4 Jahre zulässig (§ 11 Abs. 1, 2 AStG). Dies gilt auch für Gewinne aus der Veräußerung der Beteiligung bis zur Höhe der tatsächlichen inländischen Steuerbelastung des Veräußerungsgewinns (§ 11 Abs. 3 AStG und bei analoger Anwendung § 11 Abs. 1 AStG).

---

74 Wegen § 21 Abs. 7 Satz 2 Nr. 2 AStG fällt keine Gewerbesteuer an. Die übrigen 40 % unterliegen nur der allgemeinen Hinzurechnungsbesteuerung: $\Delta HB_{allg.} = 0,4 * k * HB_{bes.}$.
So ausdrücklich *Baumgärtel/Perlet*, Hinzurechnungsbesteuerung, S. 272.

75 Anwendungsschreiben zum AStG, Tz. 8.1.5.1.1.

- **Sämtliche** ausländischen Steuern[76], die nach § 10 Abs. 1 AStG den Hinzurechnungsbetrag gemindert haben, dürfen auf Antrag auf die Einkommen-/Körperschaftsteuer angerechnet werden.

Da die hier angesprochenen Finanzierungsgesellschaften an Standorten domizilieren, mit denen im DBA die Freistellung von Schachteldividenden ohne Aktivitätsvorbehalt vereinbart wurde, führen die Vorschriften der *allgemeinen* Hinzurechnungsbesteuerung lediglich zu der Fiktion der Vollausschüttung. Es entstehen keine steuerlichen Mehrbelastungen im Inland:

Für $HB_{allg.} - GA_{allg.} \geq 0$ gilt $S_I = 0$

C.3.2.4.4 Einschränkung des Gestaltungsspielraumes durch die deutsche Unterkapitalisierungsregel

Obwohl von der deutschen Unterkapitalisierungsvorschrift grundsätzlich nur *nichtanrechnungsberechtigte* Anteilseigner erfaßt werden sollen, droht seit Inkrafttreten des Anwendungserlasses[77] offensichtlich auch Anrechnungsberechtigten die Konsequenz der Nichtabziehbarkeit von Zinsaufwendungen. So stellen *Mayer/Lehleiter* in aller Deutlichkeit fest: "Folgt man diesem Wortlaut[78], so ergeben sich Konsequenzen, welche internationale Unternehmungen unter Umständen zu einer Änderung ihrer Organisationsstrukturen zwingen könnten, zum Teil, ohne daß an diesen Unternehmen überhaupt Nichtanrechnungsberechtigte beteiligt sind."[79]

Gemeint sind gerade die hier behandelten Fälle der Fremdkapitalvergabe durch ausländische Finanzierungsgesellschaften an inländische Konzerngesellschaften. Für solche Gestaltungen droht derzeit die Gefahr, ebenfalls in den Regelungsbereich des § 8a KStG zu fallen, weil die Finanzierung durch eine nichtanrechnungsberechtigte nahestehende Person nach Auffassung der Finanzver-

---

76 Zu den abzugsfähigen Steuern im einzelnen, *Baumgärtel/Perlet*, Hinzurechnungsbesteuerung, S. 211 und 213.

77 BMF-Schreiben vom 15.12.1994, IV B 7 - S 2742a - 63/94, BStBl I 1995, Schreiben betr. Gesellschafter-Fremdfinanzierung (§ 8a KStG), S. 25.

78 Gemeint ist damit Tz. 19, die wie folgt gefaßt ist: "§ 8a KStG setzt voraus, daß die nahestehende Person nicht zur Anrechnung der Körperschaftsteuer berechtigt ist. Vergütungen an die nichtanrechnungsberechtigte nahestehende Person sind auch umzuqualifizieren, wenn der Anteilseigner selbst anrechnungsberechtigt ist, Die verdeckte Gewinnausschüttung wird dem Anteilseigner zugerechnet."

79 *Mayer/Lehleiter*, [§ 8a KStG] - Irrungen ohne Ende?, in: DStR 1995, S. 1296.

waltung ebenfalls als schädlich angesehen wird, auch wenn der Anteilseigner selbst anrechnungsberechtigt ist.[80]

Der einfachste Grundfall kann wie folgt abgebildet werden:[81]

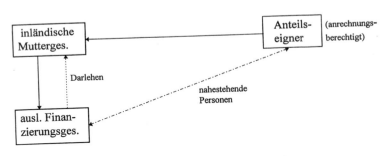

Die Fiktion der vGA nach § 8a KStG bewirkt lediglich eine Umqualifikation der Vergütungen. Das zugrundeliegende Gesellschafter-Fremdkapital wird nicht in verdecktes Nennkapital umqualifiziert.[82]

Rechtsfolgen der verdeckten Gewinnausschüttung nach § 8a KStG

(1) bei der unterkapitalisierten Muttergesellschaft
Verdecktes Einkommen oder verdeckte Gewinnausschüttung:

$$\Delta S_I = s_I^{kn} * vGA + \left[(s_I^{ka} - s_I^{kn}) + (1 - s_I^{ka}) * s_{Q(I)} \right] * \frac{vGA}{1 - s_I^{ka}}$$

Es wird ausschließlich eine Erhöhung des körperschaftsteuerlichen Einkommens vorgenommen; die gewerbesteuerliche Bemessungsgrundlage wird durch § 9 Nr. 10 GewStG auf die ursprüngliche Größe korrigiert; deshalb entstehen **keine** gewerbesteuerlichen Konsequenzen.[83] Für die als vGA qualifizierten

---

80   BMF-Schreiben vom 15.12.1994, Tz. 7.
81   Wobei entsprechende Konsequenzen auch zu befürchten sind, wenn die Finanzierungsgesellschaft inländische Schwestergesellschaften finanziert. Vgl. *Ammelung*, § 8a KStG und ausländische [Umwegfinanzierung] deutscher Konzerne, in: DB 1996, S. 600 f.
82   BMF-Schreiben vom 15.12.1994, Tz. 1.
83   Nach deutschem Recht ist § 8a KStG im Verhältnis zu den anderen nationalen Korrekturvorschriften stets nur subsidiär anzuwenden. Im übrigen stimmen die Rechtsfolgen aus § 8a KStG mit den allgemeinen Grundsätzen der vGA (mit Ausnahme der Gewerbesteuer) überein. BMF-Schreiben vom 15.12.1994, Tz. 2, 3. An den Hinzurechnungsvorschriften nach § 8 GewStG wird sogar explizit festgehalten.

198

Vergütungen wird eine Ausschüttung fingiert. Da eine vGA im deutschen Recht stets als Bardividende behandelt wird, ist die tatsächliche Ausschüttung größer als die aus der Einkommenserhöhung mögliche. Das Ausmaß der Steuermehrbelastung hängt davon ab, welche Eigenkapitalteile für die Ausschüttung verwendet werden müssen.

(2) beim unmittelbar beteiligten inländischen Anteilseigner

$$\Delta S_I = s_I^{ek} * \frac{vGA}{1 - s_I^{ka}} - S_I^{ka} - S_{Q(I)}$$

Die als vGA qualifizierten Vergütungen werden beim Anteilseigner als Dividenden erfaßt und besteuert.

Die Subsumtion solcher Gestaltungen unter § 8a KStG löst Besteuerungs- und Liquiditätswirkungen aus, die näher analysiert werden müssen:
- Beim *inländischen Mutterunternehmen* erhöht sich der Liquiditätsabfluß zusätzlich zur "Zinszahlung" (tatsächliche Zinsen oder vGA) im Umfang der Ausschüttungskörperschaftsteuer von $\dfrac{s_I^{ka} * vGA}{(1 - s_I^{ka})}$.[84]
- Da Rechtsfolgen aus der vGA nur bei den Anteilseignern entstehen können, wird dem *inländischen* Anteilseigner Einkommen i.H.v. $\dfrac{vGA}{(1 - s_I^{ka})}$ zugerechnet, dem kein tatsächlicher Zufluß zugrundeliegt. Dieser fingierte Zufluß muß daher durch einen Abfluß an die nahestehende Person neutralisiert werden. Nach h.M. kann es sich dabei nur um Zinsen handeln.[85] Im Verhältnis zur ausländischen Finanzierungsgesellschaft bleibt es somit unabhängig von der Behandlung als vGA bei der Qualifikation als Zinsen.

---

84 Vgl. hierzu auch die Beispielsrechnungen bei *Mayer/Lehleiter*, § 8a KStG, S. 1297 ff., die jedoch m.E. unzutreffend die Kapitalertragsteuer als zusätzlichen Liquiditätsabfluß berücksichtigen und durchgängig die körperschaftsteuerlichen Konsequenzen der Abzugsfähigkeit der verbleibenden anerkannten Zinsen i.H.v. 5 vernachlässigen. Bei exakter Berücksichtigung müßte in allen Beispielen der Liquiditätsabfluß um 2,06 $\left[(0,45 - 0,45 * 0,5 * 0,1667) * 5 \right]$ vermindert werden. Ferner erlaubt die ausschließlich firmenbezogene Betrachtungsweise nur Aussagen hinsichtlich der Liquiditätswirkungen unter der Prämisse der vollständigen Thesaurierung. Ausschüttungszielsetzungen werden vernachlässigt. Daher besitzen die Ergebnisse nur eingeschränkten Aussagegehalt.

85 Dieser Ansicht *Wassermeyer*, Der [Anteilseignerbegriff] des § 8a KStG, in: IStR 1995, S. 107 f., *Herzig*, Standortsicherungsgesetz: Gesetzliche Regelung der [Gesellschafter-Fremdfinanzierung] in § 8a KStG (Teil I), in: DB 1994, S. 115.

Die Bemessungsgrundlage des inländischen Anteilseigners muß modifiziert werden zu:

$$\Delta S_I = s_I^{ek} * \left[\frac{vGA}{1 - s_I^{ka}} - ZI \right] - S_I^{ka} - S_{Q(I)}$$

Es verbleibt eine Differenz in Höhe der Anrechnungskörperschaftsteuer.

Ob die Annahme einer vGA widerlegt werden kann, hängt entscheidend davon ab, ob die Vergütung für das überlassene Kapital in einem "Bruchteil des Kapitals" besteht oder nicht. Nur im Falle einer gewinn- oder umsatzunabhängigen Vergütung ist es möglich, mittels Drittvergleich die Annahme einer vGA abzuwenden.[86] Das ebenfalls in § 8a Abs. 1 Nr. 2 KStG verankerte "Bankenprivileg" gilt ausdrücklich nicht für die Finanzierung von Tochtergesellschaften, die nicht selbst Kreditinstitute sind.[87]

Für den hier behandelten Spezialfall führt die Annahme einer vGA nach § 8a KStG exakt zu denselben steuerlichen Rechtsfolgen wie eine vGA, von der ausschließlich inländische anrechnungsberechtigte Steuerpflichtige betroffen sind. Dies verwundert um so mehr, als Sinn und Zweck der Unterkapitalisierungsregel in der Begrenzung der Gesellschafter-Fremdfinanzierung durch *nichtanrechnungsberechtigte* Anteilseigner besteht.

C.3.2.4.5 Refinanzierungsaufwendungen der Mutterkapitalgesellschaft

Wird die Beteiligung an der Finanzierungsgesellschaft von der inländischen Mutterkapitalgesellschaft refinanziert, muß berücksichtigt werden, daß § 3c EStG den Betriebsausgabenabzug für Aufwendungen im Zusammenhang mit steuerfreien Schachteldividenden einschränkt bzw. versagt. Nach inzwischen gefestigter Meinung greift das Abzugsverbot nur, wenn und soweit Schachteldividenden fließen.[88] Eine Anwendung der Rechtsfolgen aus § 3c EStG auf den Hinzurechnungsbetrag wird von *Portner* [89] mit der Begründung abgelehnt, daß weder eine Einnahme i.S.d. § 3c EStG bejaht werden kann, noch das Tatbestandsmerkmal der Unmittelbarkeit erfüllt wird.

---

86 § 8a Abs. 1 Nr. 2 KStG. Die Eingrenzung auf gewinnunabhängige Vergütungen hält *Portner* in Übereinstimmung mit der Literatur mit dem Grundsatz des Fremdverhaltens für unvereinbar. Vgl. *Portner*, [Vereinbarkeit] des § 8a KStG mit den Doppelbesteuerungsabkommen (Teil I), in: IStR 1996, S. 27 f. m.w.N.

87 BMF-Schreiben vom 15.12.1994, Tz. 70.

88 So bereits ausführlich in Kapitel B.4, Gliederungspunkt B.4.3.2.1.

89 [Anwendung] des § 3c EStG auf den Hinzurechnungsbetrag nach AStG, in: IStR 1996, S. 287 ff.

Die aus dem Abzugsverbot resultierenden unerwünschten negativen Begleiterscheinungen lassen sich durch mehrere Handlungsalternativen verhindern oder zumindest abschwächen:

- *durch Sachverhaltsgestaltung bei der Refinanzierung:* Mittels sog. Poolrefinanzierungen ohne Fristen- und Zinssatzkongruenz kann der Tatbestandsvoraussetzung des unmittelbaren wirtschaftlichen Zusammenhangs begegnet werden.[90]

- *durch Ausschüttungsplanung:* Bei bestehenden Refinanzierungskontrakten bleibt der Betriebsausgabenabzug in vollem Umfang erhalten, wenn auf Gewinnausschüttungen verzichtet wird. Bei Liquiditätsengpässen sollten Gewinnausschüttungen nur konzentriert in mehrjährigem Abstand vorgenommen werden.[91]

- *durch Sachverhaltsgestaltung beim Konzernaufbau:* Mit Zwischenschaltung einer inländischen Holdinggesellschaft über die das refinanzierte Eigenkapital ins Ausland weitergeleitet wird, kann versucht werden, den unmittelbaren wirtschaftlichen Zusammenhang zu den steuerfreien Schachteldividenden zu verschleiern. Die steuerfreie Durchleitung ins EK01 des Mutterunternehmens gewährleistet § 8b Abs. 1 KStG. Die Refinanzierungsaufwendungen bleiben in vollem Umfang abzugsfähig. Ohne wirtschaftlich vernünftige Gründe droht dieser Gestaltung jedoch sicherlich der Vorwurf der Rechtsmißbräuchlichkeit nach § 42 AO.[92]

C.3.2.4.6 Konsequenzen für Mutterpersonengesellschaften

Da Finanzierungs(kapital)gesellschaften aus den bekannten Gründen nur in Verbindung mit einer inländischen Mutterkapitalgesellschaft eine sinnvolle Gestaltungsvariante darstellen, muß untersucht werden, ob und wie auch für inländische Personengesellschaften vergleichbare Vorteile erzielt werden können. Dabei sollen Holdingkonstruktionen *noch* vernachlässigt werden.

---

90 Vgl. *Jacobs*, Internationale Unternehmensbesteuerung, S. 696.
91 Vgl. *Bader*, Steuerliche [Strategien] bei der Finanzierung von Tochtergesellschaften in der EG, in: Maßbaum u.a. (Hrsg.), Die deutsche Unternehmensbesteuerung im europäischen Binnenmarkt, S. 302.
92 Vgl. *Haarmann*, Besteuerungsfragen beim Einsatz von [Holdinggesellschaften] im Rahmen des Aufbaus internationaler deutscher Konzerne, in: Fischer (Hrsg.), Internationaler Unternehmenskauf und -zusammenschluß im Steuerrecht, Forum der Internationalen Besteuerung, Band 1, Köln 1992, S. 99 f. Wie *Haarmann* zeigt, stellt sich dasselbe Ergebnis bei Vorliegen einer ertragsteuerlichen Organschaft ein. Zu den steuerlichen Vorteilen von Holdingkonstruktionen ausführlich Kapitel C.4, Gliederungspunkt C.4.2.

Einige Domizilstaaten machen die Gründung von Dienstleistungszentren nicht von rechtlich selbständigen Unternehmensträgern abhängig. So können beispielsweise die IFSC oder die BCC grundsätzlich auch als unselbständige Betriebstätte geführt werden.[93] Eine Inanspruchnahme der ausschließlich körperschaftsteuerlichen Vergünstigungen setzt jedoch zwingend im Inland die Rechtsform der Kapitalgesellschaft voraus.

Der Grundsatz, daß es sich beim Kapitaltransfer innerhalb des Einheitsunternehmens um unbeachtliche Innentransaktionen handelt, wird für Banken mit der Begründung aufgegeben, daß die Kreditgewährung zum üblichen Leistungsangebot gehöre und maßgeblich die Höhe des Unternehmensertrages beeinflußt.[94] Da sowohl die Darlehensvergabe als auch die weiteren Finanzdienstleistungen zu den Haupttätigkeiten von Finanzierungs- und Dienstleistungszentren zählen, kann m.E. dieselbe Begründung herangezogen werden. Dies hat zur Konsequenz, daß der unternehmensinterne Leistungsaustausch wie zwischen rechtlich selbständigen Unternehmen zum Fremdvergleichspreis abgerechnet werden kann. Die steuerliche Bemessungsgrundlage einer Betriebstätte mit Finanzierungsfunktion entspricht damit der einer Kapitalgesellschaft.

Für Gewinne aus der Betriebstätte sehen die jeweiligen DBA auch bei passiver Tätigkeit die alleinige Besteuerung im Betriebstättenstaat vor. Im Inland sind diese freigestellt, es sei denn, die Tatbestandsvoraussetzungen der Hinzurechnungsbesteuerung liegen vor. Nach § 20 Abs. 2 AStG tritt dann für sämtliche Einkünfte, die für eine Zwischengesellschaft als Zwischeneinkünfte mit Kapitalanlagecharakter zu deklarieren wären, an die Stelle der Freistellung nur die Anrechnung der ausländischen Steuern.

C.3.2.4.7 Interpretation der Ergebnisse

Die Analyse hat gezeigt, daß Finanzierungsgesellschaften eine steuerlich attraktive Variante der Auslagerung von Finanzdienstleistungen darstellen. Da-

---

93 Vgl. *Borstell*, Belgien, S. 169; Archivmitteilung des Sen.Fin. Bremen vom 22.11.1995, S 1300 - 5019 - 130, Einschaltung irischer Finanzierungsgesellschaften im International Finance and Service Center (Gesellschaften im International Financial Service Center - sog. IFSC-Gesellschaften), in: FN-IDW Nr. 3/1996, S 139.

94 Vgl. *Dehnen*, [Prinzipien] zur Bestimmung des Betriebsstätteneinkommens und deren Anwendung auf Banken, Versicherungsgesellschaften und andere Finanzierungsgesellschaften - Zusammenfassung der Schwerpunkte des Deutschen Nationalberichts zum Thema I des 50. IFA-Kongresses in Genf 1996, in: IWB Fach 1, S. 1406.

bei sollte allerdings nicht übersehen werden, daß die Errichtung solcher Gesellschaften zu erheblichen fixen Aufwendungen (Personalkosten, Raumkosten etc.) führt, die nur bei entsprechender Konzerngröße und ausreichendem Volumen durch Refinanzierungsvorteile kompensiert werden können.

Der steuerliche Vorteil von Finanzierungsgesellschaften ist darauf zurückzuführen, daß Zinsaufwendungen in hoch besteuerten Ländern in vollem Umfang steuerlich wirksam abgezogen werden, während die entsprechenden Zinserträge nur ermäßigt oder pauschal besteuert werden. Der Gewinntransfer ins Inland zum niedrigen ausländischen Steuerniveau wird für inländische Mutterkapitalgesellschaften durch das DBA-Schachtelprivileg gewährleistet. Die rechtsformspezifische Abschirmwirkung der ausländischen Zwischengesellschaft wird jedoch durchbrochen, wenn und soweit die Gesellschaft passive Einkünfte erwirtschaftet. Von den passiven Einkünften sind die "steuerschädlichen" auszusondern, da diese trotz DBA-Freistellung im Inland versteuert werden müssen. Darunter fallen gem. § 10 Abs. 6 Satz 3 AStG seit 1.1.1994 auch Zinseinkünfte aus der passiven Konzernfinanzierung.

Daß die Aktivitäten des deutschen Gesetzgebers erneute Reaktionen im Ausland auslösen, liegt auf der Hand. *Pausenberger/Schmidt* formulieren zutreffend: "Des weiteren ist zu bedenken, daß das internationale 'Steuerdumping' bezüglich der Ansiedlung von Gesellschaften mit 'passiven' Einkünften in eine neue Runde getreten ist. Paradoxerweise wirken (zu) hohe Steuervorteile kontraproduktiv. Entscheidend ist - aus der Sicht deutscher Konzerne - nicht mehr, wie niedrig die Steuerbelastung ist, sondern, ob sie im Hinblick auf das deutsche AStG ausreichend hoch ist."[95]

---

95 *Pausenberger/Schmidt*, Madeira, S. 420.

C.3.3 Steueroptimierung durch Ausnutzen von "Qualifikations-konflikten" bei der grenzüberschreitenden Unternehmens-finanzierung

Da die *nationalen* Gewinnermittlungsvorschriften für die Ermittlung der steu-erlichen Bemessungsgrundlage entscheidend sind, können steuerliche Vorteile erzielt werden, wenn

- Aufwendungen gegenüber Dritten doppelt abgezogen werden;
- beim konzerninternen Leistungsaustausch die korrespondierende Berück-sichtigung von Erträgen entfällt;
- die steuerliche Berücksichtigung von Aufwendungen und Erträgen zeitlich auseinanderfällt.

Derartige Konstruktionen werden als **"double-dip"** Modelle bezeichnet.[96]

Außerdem können Unterschiede in der Auslegung der *abkommensrechtlichen* Einkünftezuordnungskriterien (wobei bei der Auslegung im Zweifel auf inner-staatliches Recht zurückgegriffen wird) zu Einkünftequalifikationskonflikten führen, die im Ergebnis eine doppelte Besteuerung oder aber eine doppelte Freistellung bewirken.

Zur Ermittlung der steuerlichen Konsequenzen sind folgende Fragen zu klären:

- Wie wird der Sachverhalt nach innerstaatlichem Recht im Quellen- und wie im (Wohn)Sitzstaat beurteilt? Welche Einkünfte dem Grunde und der Höhe nach liegen vor?
- In welche Einkunftsarten des DBA werden die Entgelte nach Ansicht des Quellen- bzw. des (Wohn)Sitzstaates eingeordnet?
- Welche Methode zur Vermeidung der Doppelbesteuerung findet Anwen-dung?
- Sieht das konkrete DBA eine **subject-to-tax**-Klausel[97] oder eine **switch-over**-Klausel[98] vor?

---

96 *Jacobs*, Internationale Unternehmensbesteuerung, S. 785.
97 Nach einer solchen Klausel lebt das Besteuerungsrecht des Ansässigkeitsstaates dann wieder auf, wenn der Quellenstaat nach seinem innerstaatlichen Recht, das ihm nach DBA zustehen-de Besteuerungsrecht für bestimmte Einkunftsquellen nicht wahrnimmt.
98 DBA-Klausel, die den Übergang von der Freistellungs- zur Anrechnungsmethode einseitig für einen Vertragspartner ermöglicht.

C.3.3.1 Leasingkonstruktionen über die Grenze

Alternativ zur Überlassung von Kapital können die erforderlichen (abnutzbaren) Wirtschaftsgüter auch direkt vom inländischen Mutterunternehmen zur Verfügung gestellt werden. Dazu werden Leasingverträge geschlossen, bei denen nach deutschem Recht regelmäßig der **Leasinggeber** *zivilrechtlicher* Eigentümer bleibt. Je nach Vertragsausgestaltung fallen beim Leasing jedoch *zivilrechtlicher* und *wirtschaftlicher* Eigentümer auseinander.[99] Nach deutschem Recht erfolgt die *steuerliche Zurechnung* von Leasinggegenständen stets beim *wirtschaftlichen* Eigentümer; im angelsächsischen Raum wird hingegen auf das *zivilrechtliche* Eigentum abgestellt. Steuerliche Vorteile können erzielt werden, wenn die Leasingvereinbarung im Ausland als Kauf qualifiziert wird, mit der Konsequenz, daß der **Leasingnehmer** zum zivilrechtlichen Eigentümer wird. Dies kann dazu führen, daß aus der Anwendung der innerstaatlichen Vorschriften eine **doppelte Abschreibungsverrechnung** erfolgt. Der Vorteil gegenüber der steuerlichen Berücksichtigung der Leasingraten beim Leasingnehmer besteht in der zeitlichen Vorverlagerung der Aufwandsverrechnung, die sich jedoch im Zeitablauf ausgleicht.[100]

Die Wirkungen können wie folgt abgebildet werden:

(1) Inländisches Mutterunternehmen (= Leasinggeber) ist nach deutschem Recht wirtschaftlicher Eigentümer
- Aktivierung des Wirtschaftsgutes und Abschreibung über die Nutzungsdauer beim wirtschaftlichen Eigentümer.
- Die Leasingraten führen in vollem Umfang zu Betriebseinnahmen.

Daraus resultiert eine inländische Steuerbelastung von

$$S_I = (s_I^{ek_g(kn)} + s_I^{ge} - s_I^{ek_g(kn)} s_I^{ge}) * [LR - AfA]$$

---

99 BMF-Schreiben vom 19.4.1971, IV B 2 - S 2170 - 31/71, BStBl I 1971, S. 264, vom 21.3.1972, IV B 2 - S 2170 - 11/72, BStBl I 1972, S. 188, vom 22.12.1975, IV B 2 - S 2170 - 161/75, BB 1976, S. 72 und vom 23.12.1991, IV B 2 - S 2170 - 115/91, BStBl I 1992, S. 13.

100 Vgl. *Scheffler*, Grenzüberschreitendes [Leasing] als Instrument der konzerninternen Außenfinanzierung (Teil II), in: IStR 1993, S. 541 f., der den Stundungsvorteil an einem Beispiel quantifiziert. Derselbe Effekt kann erzielt werden, wenn das inländische Mutterunternehmen von der ausländischen Tochtergesellschaft Wirtschaftsgüter least und im Inland die Muttergesellschaft aufgrund der Vertragsgestaltung als wirtschaftlicher Eigentümer angesehen wird.

(2) Ausländische Tochterkapitalgesellschaft (= Leasingnehmer) ist nach aus-
ländischem Recht zivilrechtliche Eigentümerin

• Aktivierung des Wirtschaftsgutes und Abschreibung über die Nutzungsdauer beim zivilrechtlichen Eigentümer.

• Die Leasingraten sind aufzuteilen in einen Zins- und Kostenanteil einerseits und den Tilgungsanteil andererseits.

Die Steuerentlastung im Ausland beträgt

$$S_A = -s_A^k * [zko * LR + AfA]$$

Insgesamt können die *Bemessungsgrundlagenwirkungen* je Periode zusammengefaßt werden als: $\Delta BMG_t = -2 * AfA_t + (1 - zko_t) * LR$

Da wegen $\sum_{t=1}^{n} zko_t * LR = ZKo = n * LR - A_0$

für die gesamte Laufzeit

$\sum_{t=1}^{n} [-2 * AfA_t + (1 - zko_t) * LR] = -A_0$ gilt,

kann der Stundungsvorteil aus der Aktivierung und Abschreibung im Ausland
zusammengefaßt werden als:

$$\Delta BW = s_A^k * \sum_{t=1}^{n} [LR - AfA_t - zko_t * LR] * q_s^{-t}$$

Bei Gestaltungen dieser Art sollte jedoch nicht übersehen werden, daß Gewinne, die aus der Veräußerung des Leasinggegenstandes stammen, gleichfalls
in beiden Staaten der Besteuerung unterliegen. Der Zinsvorteil kann in einem
solchen Fall schnell durch die Doppelbesteuerung überkompensiert werden.

Grundsätzlich werden Leasingvergütungen abkommensrechtlich wie Lizenzgebühren nach Art. 12 OECD-MA behandelt.[101] Ob Leasinggestaltungen im Ausland die beschränkte Steuerpflicht begründen, richtet sich nach den Bestimmungen des nationalen Rechts. Für den Fall, daß im Ausland kein Steuertatbe-
stand verwirklicht wird, resultieren aus dieser Gestaltung keine weiteren abkommensrechtlichen Konsequenzen.[102]

---

101 Vgl. *Vogel*, DBA, Art. 12, Rz. 47 und zu Art. 11, Rz. 67.
102 Nach deutschem Recht wird bei Zurechnung des Leasinggegenstandes zum Leasingnehmer
und beim double-dip-Leasing kein Tatbestand der beschränkten Steuerpflicht nach § 49 EStG
erfüllt. Dazu die Ausführungen von *Roser*, Die Besteuerung des ausländischen Leasinggebers,
in: RIW 1990, S. 393 - 397.

C.3.3.2 Hybride Finanzinstrumente

Die zivilrechtliche Vertragsfreiheit erlaubt es, gesellschafts- und schuldrechtliche Verträge abzuschließen, die sowohl Merkmale echten Fremdkapitals als auch echten Eigenkapitals aufweisen. Solche Mischformen werden als **hybride Finanzinstrumente** bezeichnet; sie stehen zwischen den beiden klassischen Finanzierungsformen.[103]

Typischerweise wird bei diesen Mischformen eine *gewinnabhängige Vergütung* vereinbart. Dieses Vertragselement führt zu dem wirtschaftlichen Vorteil, Liquiditätsabflüsse an den Gläubiger mit der Ertragskraft des Schuldners zu verknüpfen. Damit partizipiert der Gläubiger nur an der tatsächlichen Rendite, kann aber auch am Risiko beteiligt werden.

Je nach konkreter Ausgestaltung der hybriden Finanzierungen findet eine Zuordnung zum *Fremd-* oder zum *Eigenkapital* statt. Mit dieser Zuordnung verbunden ist auch der steuerliche Betriebsausgabenabzug solcher Vergütungen beim Schuldner und die Bestimmung der Ertragskategorie beim Gläubiger. Für die *abkommensrechtliche* Behandlung ist es entscheidend, ob die Einkünfte aus der hybriden Finanzierung als Zinsen oder Dividenden qualifiziert werden. Dies richtet sich danach, ob die gewinnabhängige Vergütung unter den Dividendenbegriff des konkreten DBA subsumiert werden kann.[104] Bei grenzüberschreitender Betätigung kann es durchaus vorkommen, daß sich aus der unterschiedlichen Auslegung des DBA durch die Vertragsstaaten eine abweichende abkommensrechtliche Einkünftezuordnung desselben Sachverhaltes ergibt. Dieser Einkünftequalifikationskonflikt ist die Ursache für eine eventuelle steuerliche Doppelfreistellung der Einkünfte. Eine Übernahme der Qualifikation des Quel-

---

103 Vgl. zu den Merkmalen einzelner Mischformen die Übersicht bei *Piltz*, [Hybride Finanzierungen] in Doppelbesteuerungsabkommen, in: Piltz/Schaumburg (Hrsg.), Unternehmensfinanzierung im internationalen Steuerrecht, Forum der internationalen Besteuerung, Band 9, Köln 1995, S. 127. Eine umfassende ökonomische Untersuchung liefert *Haun*, Hybride [Finanzierungsinstrumente] im deutschen und US-amerikanischen Steuerrecht, Diss., Frankfurt 1996. Speziell mit der abkommensrechtlichen Beurteilung der Einkünfte aus Genußrechten haben sich *Altehofer/Landendinger*, Die Ausgestaltung von [Genußrechten] ausländischer Kapitalgeber und die Beschränkung der inländischen Quellenabzugsbesteuerung durch DBA und EG-Recht, in: IStR 1997, S. 321 ff. Die atypisch stille Beteiligung wird unter den hybriden Gesellschaften behandelt. Insoweit kann auf C.3.5 in diesem Kapitel verwiesen werden.

104 Art. 10 Abs. 3 OECD-MA umfaßt sämtliche aus Gesellschaftsanteilen stammende Einkünfte. Zur Abgrenzung gegenüber Forderungen vgl. *Vogel*, DBA, Art. 10, Rz. 188 d)-g) und Rz. 200 ff. Stille Beteiligungen i.S.d. §§ 230 ff. HGB fallen bspw. nicht unter den Dividendenbegriff des Art. 10 Abs. 3 OECD-MA, da sie keinen Gesellschaftsanteil verkörpern. Dennoch werden sie in den meisten deutschen DBA explizit in den Dividendenbegriff aufgenommen. Vgl. *ebd.*, Tz. 208 und Tz. 229.

lenstaates nach nationalem Recht ist nur in Art. 10 Abs. 3 OECD-MA verankert, in vielen DBA jedoch auch abweichend zu Art. 11 OECD-MA auf den Zinsartikel ausgedehnt.

Die endgültige abkommensrechtliche Behandlung der gewinnabhängigen Vergütungen im Sitzstaat des Gläubigers richtet sich danach, ob neben der hybriden Beteiligung noch eine gesellschaftsrechtliche Mindestbeteiligung am (stimmberechtigten) Kapital vorliegt, da dies regelmäßig Voraussetzung für die Gewährung des Schachtelprivilegs ist.[105]

Folgende Fälle sind daher zu unterscheiden:
- Liegt die gesellschaftsrechtliche Mindestbeteiligung vor und werden die Vergütungen abkommensrechtlich als Dividenden qualifiziert, fallen - sofern im DBA nichts abweichendes vereinbart ist - die "Dividenden" unter das Schachtelprivileg.[106]
- Liegt die gesellschaftsrechtliche Mindestbeteiligung vor und werden die Vergütungen abkommensrechtlich als Zinsen qualifiziert, werden die Zinsen im Inland unter Anrechnung einer eventuell erhobenen Quellensteuer erfaßt.
- Liegt die gesellschaftsrechtliche Mindestbeteiligung **nicht** vor, werden die Vergütungen stets im Inland besteuert, unabhängig davon, wie die Vergütungen abkommensrechtlich qualifiziert werden. Die Differenzierung ist nur für die Erhebung der Quellensteuern von Bedeutung; nur diese kommen im Inland zur Anrechnung.

Eine doppelte Freistellung ist also nur gestaltbar, wenn das Mischkapital
- im Ausland dem Fremdkapital zugeordnet wird und die Vergütungen uneingeschränkt als Betriebsausgaben abgezogen werden dürfen;
- das DBA ausdrücklich die Behandlung als Dividenden vorsieht **oder** die gewinnabhängigen Vergütungen aus inländischer Sicht abkommensrechtlich als Dividenden qualifiziert werden **und** die erforderlichen Voraussetzungen des Schachtelprivilegs vorliegen;

---

105 Vgl. *Vogel*, DBA, Art. 23, Rz. 102, 103.
106 Ungeklärt ist jedoch, ob sämtliche Dividenden oder nur die der Beteiligungsquote entsprechenden unter das Schachtelprivileg fallen. M.E. erlaubt die erforderliche kumulative Erfüllung der beiden isoliert formulierten Voraussetzungen Qualifikation als Dividenden und Mindestbeteiligung keine Einschränkung des Schachtelprivilegs auf Dividenden, soweit sie der Beteiligungsquote entsprechen. Auch *Piltz* geht davon aus, daß nach dem Wortlaut der DBA das Schachtelprivileg zur Gänze zu gewähren ist; *Piltz*, Hybride Finanzierungen, S. 130 f.

- das DBA für solche Fälle kein uneingeschränktes Quellenbesteuerungsrecht vorsieht.[107]

Die Rechtsfolgen können wie folgt quantifiziert werden:

$$S_A = -s_A^k * ZI + s_{Q(Div/ZI)} * ZI^{[108]} \quad \text{und} \quad S_I = 0$$

Die Verminderung der Steuerbelastung beträgt im Vergleich zur übereinstimmenden Erfassung als Zinsen für eine inländische Mutter*kapital*gesellschaft bei Gewährung des Schachtelprivilegs für die gewinnabhängige Vergütung höchstens:

$$\Delta S_A = (s_{Q(ZI)} - s_{Q(Div)}) * ZI \quad \text{und}$$

$$\Delta S_I = (-s_I^{kn} - s_I^{ge} + s_I^{kn} s_I^{ge}) * ZI + s_{Q(ZI)} * ZI$$

C.3.4 Steuerliche Konsequenzen ausländischer Unterkapitalisierungsregeln

Gerade bei internationaler Geschäftstätigkeit besteht ein Anreiz, Gewinnbestandteile durch Zinsaufwendungen oder gewinnabhängige Vergütungen für Fremdkapital an einen steuergünstigen Standort zu verlagern. Dies kann auch unter der Zielsetzung erfolgen, konzernintern Gewinne und Verluste über einen bestimmten Zeitraum auszugleichen. Zur Einschränkung der Gesellschafter-Fremdfinanzierung werden steuerlich anerkannte Eigen-/Fremdkapitalrelationen vorgegeben, obwohl weder (zivil-) rechtliche noch ökonomische Vorschriften für die optimale Kapitalstruktur existieren.[109]

---

107 Mit Bestimmungen dieser Art soll wenigstens die uneingeschränkte nationale Quellenbesteuerung gesichert werden. Auch die neueren deutschen DBA enthalten derartige Regelungen, wenn gewinnabhänige Vergütungen beim Schuldner als Betriebsausgaben abgezogen werden. Vgl. *Vogel*, DBA, Art. 11, Rz. 49.

108 Die Quellensteuererhebung richtet sich danach, wie die Vergütung im Quellenstaat abkommensrechtlich qualifiziert wird. Diese Qualifikation muß nicht mit der Qualifikation aus der Sicht des Sitzstaates des Gläubigers übereinstimmen. Es ist auch denkbar, daß trotz des Abzugs der Zinsen im Quellenstaat abkommensrechtlich Dividenden vorliegen.

109 Ein Überblick zu den gegenwärtig anzutreffenden Regelungen in den einzelnen Mitgliedstaaten in der EG findet sich bei *Bader*, Strategien, S. 306 ff. und bei *Jacobs*, Internationale Unternehmensbesteuerung, S. 689 auch für Standorte außerhalb der EG.

C.3.4.1 Quantifizierung der Rechtsfolgen

Führt die Gesellschafter-Fremdfinanzierung dazu, daß die landesspezifischen Relationen überschritten werden, sind unterschiedliche (nationale) Besteuerungsfolgen denkbar:[110]

(1) Umqualifizierung des überhöhten Fremd- in Eigenkapital
Wird der überhöhte Teil des Fremdkapitals in Eigenkapital umqualifiziert, resultieren daraus umfassende Auswirkungen auf sämtliche Steuern der Kapitalgesellschaft und ihren Anteilseignern im Quellen- und im Wohnsitzstaat. Durch die vollständige Umqualifizierung liegen stets auch abkommensrechtlich Einkünfte aus Gesellschaftsanteilen vor; der Dividendenbegriff ist erfüllt.

- Rechtsfolgen im Ausland:

$$FK \rightarrow EK \quad \text{und} \quad + \Delta[G_A - L] = ZI \rightarrow vGA$$

$$\Delta S_A = s_A^k * ZI + s_{Q(Div)} * vGA - s_{Q(Div)} * ZI$$

- Rechtsfolgen im Inland, wenn die Voraussetzungen für die Inanspruchnahme des Schachtelprivilegs erfüllt sind:

$$\Delta S_I = (-s_I^{kn} - s_I^{ge} + s_I^{kn} s_I^{ge}) * ZI + S_{Q(ZI)_{max}}$$

(2) Umqualifizierung von Zinsen in Dividenden
Werden nur Zinsen in Dividenden umqualifiziert, bedeutet das materiell, daß der Betriebsausgabenabzug versagt und somit der Gewinn erhöht wird. Es wird eine verdeckte Gewinnausschüttung angenommen. Dadurch ergeben sich Sonderprobleme für die Qualifikation auf Abkommensebene. Insbesondere ist es zweifelhaft, ob die Dividendenregel Anwendung findet, da wegen der nur teilweisen Umqualifizierung keine Einkünfte aus Gesellschaftsanteilen i.S.d. Art. 10 Abs. 3 OECD-MA vorliegen.[111] Nur wenn für die Beurteilung als vGA

---

110 Die Differenzierung folgt *Grotherr*, Ausländische [Unterkapitalisierungsregelungen], in: Piltz/Schaumburg (Hrsg.), Unternehmensfinanzierung im internationalen Steuerrecht, Forum der internationalen Besteuerung, Band 9, Köln 1995, S. 74 ff. Die Quantifizierung der Rechtsfolgen basiert auf der Annahme, daß im Empfängerstaat die Umqualifizierung nachvollzogen wird. Eine abkommensrechtliche Übernahmeverpflichtung der Qualifikation des Quellenstaates besteht nach Art. 10 Abs. 3 OECD-MA nur für "aus sonstigen Gesellschaftsanteilen stammende Einkünfte, die nach dem Recht des Staates, in dem die ausschüttende Gesellschaft ansässig ist, den Einkünften aus Aktien steuerlich gleichgestellt sind. So auch *Piltz*, Besteuerung umqualifizierter Zinsen, S. 120 ff. Die Darstellung erfolgt nur für den DBA-Fall, da hier Sonderprobleme im Vergleich zur Behandlung einer vGA nach den allgemeinen Bestimmungen zu behandeln sind.

111 Eine ausführliche Diskussion dieser Probleme für die deutsche Unterkapitalisierungsregel § 8a KStG findet sich bei *Portner*, [Vereinbarkeit] (Teil II), S. 67 ff. m.w.N.

auf den Fremdvergleich zurückgegriffen wird, folgt auch die abkommensrechtliche Umqualifizierung.[112] Bei gewinnabhängigen Vergütungen kann sich die Qualifikation als Dividenden bereits aufgrund des konkreten Dividendenbegriffs im DBA ergeben. Ansonsten bleibt es abkommensrechtlich bei der Qualifikation als Zinsen. Es treten entweder die unter (1) beschriebenen Rechtsfolgen ein oder es handelt sich um einen Anwendungsfall von (3).

(3) Nichtabziehbarkeit der Betriebsausgaben
Trotz Einschränkung des Betriebsausgabenabzugs für Zinsen, die auf das überhöhte Fremdkapital entfallen, bleibt es - auch abkommensrechtlich - bei der Qualifikation als Zinsen.[113] Im Umfang der nichtabziehbaren Zinsen kommt es zur wirtschaftlichen Doppelbesteuerung.

- Rechtsfolgen im Ausland:

$$+ \Delta[G_A - L] = ZI \;\rightarrow\; \Delta S_A = s_A^k * ZI$$

- Rechtsfolgen im Inland:
$$\Delta S_I = 0$$

Die nichtabzugsfähigen Zinsen stellen nichtabziehbare Aufwendungen dar. Ausschüttungen dieser Einkommensbestandteile können in der Zukunft nicht erfolgen, da der Zufluß bereits mit Zinszahlung erfolgt ist. Daher muß eine Verrechnung mit dem Eigenkapital ($-\Delta EK = ZI$) erfolgen.

C.3.4.2 Interpretation der Ergebnisse

Die nicht auf den ersten Blick erkennbaren Effekte der Unterkapitalisierungsregeln bestehen mitunter darin, neben der Gewinnerhöhung - wegen einer im DBA vereinbarten Quellensteuerreduktion auf Zinserträge ($s_{Q(ZI)} = 0$) - bei übermäßiger Fremdfinanzierung das Steueraufkommen durch "Umwandlung" in Quellensteuer auf Dividenden mit ($s_{Q(Div)} > 0$) zu sichern. Mit einer Ausdehnung der Quellenbesteuerung auf Zinsen könnte dieselbe Wirkung mit erheblich weniger Problemen erzielt werden.[114]

---

112 Vgl. *Vogel*, DBA, Art. 11, Rz. 63c,d.
113 Dies gilt auch für den Quellensteuerabzug.
114 So auch *Grotherr*, Ausländische Unterkapitalisierungsregeln, S. 83. In einigen DBA wird dieses Problem durch eine Sondervorschrift gelöst, die in solchen Fällen für den Quellenstaat ein unbegrenztes Besteuerungsrecht für Zinsen vorsieht. Vgl. *Vogel*, DBA, Art. 11, Rz. 63d.

Wie die Ausführungen zeigen, machen die Besteuerungswirkungen der Unter-kapitalisierungsregeln steuerliche Vorteile einer übermäßigen Gesellschafter-Fremdfinanzierung zunichte oder überkompensieren diese sogar. Dabei resultiert aus der isolierten Einschränkung des Betriebsausgabenabzugs die höchste Steuermehrbelastung, da es stets zu einer klassischen Doppelbesteuerung kommt. Aber auch im Falle der Umqualifizierung in Dividenden können bei einer abweichenden Auslegung des DBA nach Maßgabe der innerstaatlichen Vorschriften wirtschaftliche Doppelbesteuerungen entstehen. Eine rechtliche Bindung an die Qualifikation des Quellenstaates kann nicht begründet werden.[115] Durch die Überlassung von Sachkapital kann unerwünschten Rechtsfolgen der Gesellschafter-Fremdfinanzierung ausgewichen werden.[116]

Für den Sonderfall gewinnabhängiger Vereinbarungen stellen sich bei isolierter Anwendung von *Unterkapitalisierungsregel* und *uneingeschränktem Quellenbesteuerungsrecht* folgende Rechtsfolgen ein:

- Für gewinnabhängige Vergütungen, die bei der Gewinnermittlung abgezogen werden, wird die Quellensteuer nach den (höheren) nationalen Sätzen erhoben.
- Wegen des Überschreitens vorgegebener EK/FK-Relationen, dürfen die auf den übersteigenden Betrag entfallenden Anteile der gewinnabhängigen Vergütungen den Gewinn nicht mindern; sie werden als vGA behandelt. Die Beschränkung des Besteuerungsrechts für Zinsen oder Dividenden im Quellenstaat wird wirksam.

Da eine solche Rechtsfolge wenig Sinn macht, muß analysiert werden, wie beide Vorschriften zweckentsprechend interpretiert werden müssen. Die Begrenzung des Quellenbesteuerungsrechts für Zinsen gilt ausdrücklich nur, soweit diese dem Fremdvergleichsgrundsatz entsprechen.[117] Übersteigende Beträge können nach nationalem Recht besteuert werden und sind daher vom uneingeschränkten Zugriff des Quellenstaates nicht geschützt. Obwohl die Fiktion einer vGA zur Einschränkung des Betriebsausgabenabzugs führt, bleibt es i.d.R. bei der Einordnung als Fremdkapital, weshalb dem Grunde nach Betriebsausgaben vorliegen, die daher im Rahmen der beschränkten Steuerpflicht uneingeschränkt mit Quellensteuer belastet werden dürfen. Im Ergebnis darf somit ausschließlich der Teil der gewinnabhängigen Vergütungen uneingeschränkt mit

115 Vgl. *Piltz*, Besteuerung umqualifizierter Zinsen, S. 120 ff.
116 Zu diesem Vorschlag *Herzig*, Gesellschafter-Fremdfinanzierung (Teil II), S. 177.
117 Art. 11 Abs. 6 OECD-MA.

Quellensteuer belastet werden, der auf das übersteigende Fremdkapital entfällt.[118]

118 So auch *Portner*, [Doppelbesteuerungsabkommen] - Uneingeschränktes Quellenbesteuerungsrecht bei Abzugsfähigkeit von Vergütungen auf gewinnabhängige Finanzierungsinstrumente,
in: IStR 1996, S. 409 ff.

C.3.5 Steuerplanung durch hybride Rechtsformen

Wenn das inländische Mutterunternehmen in der Rechtsform der Personenge-sellschaft (auch: GmbH und Co. KG) geführt wird, erweist sich das ausländi-sche Engagement durch eine Kapitalgesellschaft steuerlich als suboptimal. Da es aber Länder gibt, in denen zivilrechtlich wirksam bei Personengesellschaften die Haftung nicht begrenzt werden kann, wird versucht, die Vorteile aus der Haftungsbegrenzung bei der Kapitalgesellschaft mit den steuerlichen Vorteilen einer Personengesellschaft zu verknüpfen. Unter dieser Zielsetzung wird die auch im Inland bekannte **GmbH und atypisch Still** untersucht.

C.3.5.1 Erscheinungsformen der atypisch stillen Gesellschaft im Ausland

In verschiedenen ausländischen Rechtsordnungen ist kein übereinstimmender Bekanntheitsgrad und Regelungsumfang der atypisch stillen Gesellschaft fest-zustellen. Keinesfalls kann von einer einheitlichen zivil- und steuerrechtlichen Beurteilung ausgegangen werden. Daher muß zur Ableitung der steuerlichen Konsequenzen unterschieden werden zwischen Ländern,

- die in Übereinstimmung mit der deutschen Regelung zwischen typisch und atypisch stiller Gesellschaft differenzieren;
- bei denen abweichende Regelungen existieren;
- die eine solche Gesellschaftsform handelsrechtlich nicht kennen und mit Er-satzlösungen arbeiten.[119]

C.3.5.2 Steuerliche Vorteile durch abweichende Qualifikation der aty-pisch stillen Gesellschaft

Steuerliche Vorteile durch Qualifikationskonflikte können über ein einzelnes Rechtsgeschäft hinaus auch durch die abkommensrechtliche Beurteilung einer Gesellschaft als Ganzes erzielt werden. Gewinne der atypisch stillen Gesell-schaft werden nach (noch) h.M. *abkommensrechtlich* stets als Unternehmens-gewinne i.S.d. Art. 7 OECD-MA eingestuft, wenn das innerstaatliche Recht die Behandlung als Mitunternehmer vorsieht.[120] Das Besteuerungsrecht bleibt damit dem Quellenstaat vorbehalten. Diese abkommensrechtliche Qualifikation hat,

---

119 Mit konkreten Beispielen *Burmester*, Ausgewählte international-steuerrechtliche [Probleme] der stillen Gesellschaft, in: Haarmann (Hrsg.), Unternehmensstrukturen und Rechtsformen im internationalen Steuerrecht, Forum der Internationalen Besteuerung, Band 7, Köln 1996, S. 128 ff.

120 Vgl. *Vogel*, DBA, Art. 7, Tz. 40 m.w.N. So auch noch in der Vfg. OFD Düsseldorf vom 5.7.1989, S 2118 a A, in: DB 1989, S. 1700.

wegen der bereits angesprochenen unterschiedlichen Würdigung der atypisch stillen Beteiligung im Ausland, nicht selten zu einer doppelten Freistellung der Einkünfte geführt.

(1) Übereinstimmende Behandlung als Mitunternehmerschaft
Es liegen nach dem jeweiligen innerstaatlichen Recht und auch abkommensrechtlich Unternehmensgewinne vor, die stets im Betriebstättenstaat besteuert werden. Im DBA-Fall können lediglich aufgrund der Steuersatzunterschiede steuerliche Vorteile erzielt werden, da die Gewinne im Inland unter Progressionsvorbehalt freigestellt sind.

Die Steuerbelastung bei einheitlicher Qualifikation und DBA-Freistellung beträgt:

$$S_A = s_{A(BSt)} * q_{St} * \left[G_A - L \right]$$

und $S_I = \Delta s_I^{ek} * Y_I$ wobei $\lim \Delta s_I^{ek} * Y_I \to 0$

(2) Abweichende Behandlung in Quellen- und Ansässigkeitsstaat
Bei abweichender Einordnung als Mitunternehmerschaft einerseits und als Kapitalüberlassung andererseits besteht die Gefahr der Doppelbesteuerung oder die Chance einer doppelten Freistellung der Einkünfte. Es liegt wiederum ein sogenannter Einkünftequalifikationskonflikt vor.

Nach deutschem Recht wird die atypisch stille Gesellschaft stets als Mitunternehmerschaft behandelt.[121] Qualifiziert der ausländische Staat die atypisch stille Beteiligung als Fremdkapital, können darauf entfallende Vergütungen an den atypisch Stillen als Betriebsausgaben abgezogen werden. Abkommensrechtlich ist je nach nationaler Behandlung und den Bestimmungen des DBA von der Subsumtion unter den Zins- oder den Dividendenartikel auszugehen.[122] In diesem Fall wird das Besteuerungsrecht des Quellenstaates begrenzt.

---

121 Vgl. § 20 Abs. 1 Nr. 4 EStG. Bei einer Beteiligung an den stillen Reserven wird das Kriterium des Mitunternehmerrisikos als erfüllt angesehen. Nach der Rechtsprechung des BFH reicht es für die Begründung einer GmbH und atypisch Still bereits aus, wenn der beherrschende Gesellschafter-Geschäftsführer auch als stiller Gesellschafter auftritt. Die tatsächliche Beteiligung an den stillen Reserven ist in diesem Fall unerheblich. BFH vom 15.12.1992, VIII R 42/90, BStBl II 1994, S. 702.
122 Vgl. *Piltz*, Qualifikationskonflikte, S. 35.

Die Steuerbelastung im Ausland reduziert sich wegen der (begrenzten) Quellensteuer im Vergleich zur einheitlichen Qualifikation als Betriebstätteneinkünfte um:

$$\Delta \dot{S}_A = (-s_{A(BSt)} + s_{Q(Div/ZI)}) * q_{St} * [G_A - L]$$

wobei $\Delta S_I = 0$

Nur bei ausdrücklicher Bestimmung im DBA kommt es zu einer einheitlichen abkommensrechtlichen Qualifikation als Unternehmensgewinne. Für diesen sicherlich unwahrscheinlichen Fall ist stets eine vollständige Freistellung zu erreichen. Die maximale Entlastung beträgt:

$$\Delta S_A = -s_{A(BSt)} * q_{St} * [G_A - L] \quad \text{und} \quad \Delta S_I = 0$$

Diese (nahezu) vollständige steuerliche Nichterfassung der Einkünfte aus einer atypisch stillen Beteiligung ist rechtspolitisch natürlich unerwünscht. Reaktionen seitens Rechtsprechung und Gesetzgebung zur Eindämmung derartiger Gestaltungen sind nicht ausgeblieben.

C.3.5.3 Interpretationen und Maßnahmen zur Beseitigung des negativen Qualifikationskonflikts

C.3.5.3.1 Abweichende abkommensrechtliche Qualifikation der atypisch stillen Gesellschaft aus deutscher Sicht

Die abweichenden Stimmen in der Literatur sind auf Stellungnahmen der Finanzverwaltung und/oder der Rechtsprechung zurückzuführen, die eigens zur Vermeidung doppelter Freistellungen die Einkünftezuordnung für Zwecke der Abkommensanwendung ohne abkommensrechtliche Grundlage an die Qualifikation des Quellenstaates anpassen[123] oder plötzlich alleine auf eine zivilrechtliche Beurteilung[124] abstellen.

Einigkeit hinsichtlich der abkommensrechtlichen Einkünftezuordnung besteht derzeit nur, wenn das DBA ausdrücklich anordnet, daß atypisch stille Beteiligungen Unternehmensgewinne begründen. Ansonsten ist die Meinungsvielfalt kaum zu übertreffen. Die Mehrzahl der Autoren hält an der bisherigen Rechtsauffassung fest, wonach die Gewinnanteile des atypisch Stillen auch ohne ausdrückliche Bestimmung abkommensrechtlich als Unternehmensgewinne zu

---

123 Vfg. OFD Düsseldorf vom 8.1.1991, S 1301 A - Schweiz - St 115, DB 1991, S. 308 f.
124 BFH vom 27.2.1991, I R 15/89, BStBl II 1991, S. 444 und vom 31.5.1995, I R 74/93, BStBl II 1995, S. 683.

behandeln sind.[125] Dabei wird davon ausgegangen, daß die atypisch stille Gesellschaft eine Betriebstätte begründet.[126] *Wassermeyer*[127] subsumiert die atypisch stille Beteiligung unter den Zinsartikel mit der Begründung, daß es sich aufgrund der schuldrechtlichen Beteiligung um eine Kapitalforderung i.S.d. Art. 11 Abs. 3 OECD-MA handle. Der Betriebstättenvorbehalt des Art. 11 Abs. 4 OECD-MA komme nicht zum Tragen, weil keine Betriebstätte vorliege. *Piltz* hält aufgrund der zivilrechtlichen Betrachtungsweise des BFH auch die Anwendung des Dividendenartikels nicht mehr für ausgeschlossen, wenn das DBA die stille Gesellschaft - ohne Beschränkung auf die typisch stille Variante - ausdrücklich in die Dividendendefinition einbezieht.[128]

Auch in seinem jüngsten Urteil hat sich der BFH[129] davor gedrückt, die Frage der abkommensrechtlichen Qualifikation der Einkünfte aus einer atypisch stillen Gesellschaft generell zu beantworten. Die inländische Steuerpflicht konnte in diesem Fall durch eine abkommensrechtliche Sonderbestimmung bewirkt werden. Trotzdem gibt der BFH zu erkennen, daß außer einer Behandlung als Unternehmensgewinne i.S.d. Art. 7 Abs. 1 OECD-MA grundsätzlich auch andere abkommensrechtlichen Einkunftsarten in Frage kommen. Keinesfalls sollten daher die abweichenden Literaturmeinungen ignoriert werden.

C.3.5.3.2   Qualifikationsverkettung

Das OECD-MA von 1977 sieht eine Anlehnung an das innerstaatliche Recht des Quellenstaates ausdrücklich nur bei der Bestimmung des Dividendenbegriffs vor.[130] Wie bereits festgestellt wurde, sind vom Wortlaut des Musterabkommens stille Beteiligungen nicht erfaßt; sie werden abweichend jedoch häufig explizit in das DBA aufgenommen.[131] Viele DBA verweisen auch im Zinsartikel auf nationales Recht.[132] In solchen Fällen ist der (Wohn)Sitzstaat an

---

125   Vgl. *Strobl/Schäfer*, Berücksichtigung von Auslandsverlusten bei [atypisch stiller Gesellschaft], in: IStR 1993, S. 210 f., *Schmidt*, Die [atypisch stille Gesellschaft] im deutschen Internationalen Steuerrecht - Wie begründet ist die herrschende Meinung?, in: IStR 1996, S. 213-223, *Müller*, Die atypisch ausgestaltete [stille Gesellschaft] im Abkommensrecht, in: IStR 1996, S. 266-275.
126   So auch Vfg. OFD Düsseldorf vom 5.7.1989, S. 1700.
127   [Merkwürdigkeiten] bei der Auslegung von DBA durch die Finanzverwaltung, in: IStR 1995, S. 51.
128   Damit lehnt er auch die Begründung einer Betriebstätte ab. *Piltz*, Hybride Finanzierungen, S. 141 f.
129   mit Urteil vom 23.10.1996, I R 10/96, BStBl II 1997, S. 313.
130   Art. 10 Abs. 3 OECD-MA. Dazu auch *Vogel*, DBA, Art. 10, Tz. 184 und 186.
131   Dazu bereits Gliederungspunkt C.3.3.2 in diesem Kapitel.
132   Vgl. die Abkommensübersicht zu Art. 11 Abs. 3 bei *Vogel*, DBA, Art. 11, Tz. 70.

die Qualifikation im Quellenstaat gebunden. Die sogenannte Qualifikationsverkettung verhindert negative Qualifikationskonflikte.[133] In beiden Fällen liegen die Voraussetzungen zur Anwendung der Freistellungsmethode auch bei Existenz von "Dividenden" i.d.R. nicht vor. Es kommt nur die Anrechnungsmethode zur Vermeidung der Doppelbesteuerung in Frage. Die Besteuerung im Wohnsitzstaat ist gewährleistet.

C.3.5.3.3 Abkommensrechtliche Maßnahmen

Die Berechtigung zur Inanspruchnahme der Freistellungsmethode kann auch durch das DBA selbst verwehrt werden. In neueren DBA sind inzwischen *switch-over-Klauseln* zu finden, wonach generell bei doppelter Freistellung oder speziell für Einkünfte aus atypisch stillen Beteiligungen von der Freistellungs- auf die Anrechnungsmethode übergegangen wird.[134]

Nationale gesetzgeberische Maßnahmen, die den Übergang von der Freistellungs- zur Anrechnungsmethode anordnen, sind hingegen äußerst bedenklich, da dadurch einseitig Abkommensrecht, also bilaterale Vereinbarungen außer Kraft gesetzt werden.[135]

C.3.5.4 Steuerliche Einordnung sonstiger Rechtsgeschäfte bei atypisch stiller Beteiligung

Die Einkunftsabgrenzung im Zusammenhang mit einer atypisch stillen Beteiligung spielt auch dann eine Rolle, wenn mehrere Funktionen bei einer Person zusammentreffen. Grundsätzlich bestimmt der Betriebstättenvorbehalt, daß auch Dividenden, Zinsen und Lizenzen aus dem Quellenstaat als Erträge der Betriebstätte behandelt werden, wenn sie dieser zustehen.[136] Das damit verbundene Besteuerungsrecht des Quellenstaates führt zur Freistellung im Inland.

---

133 Eine ausführliche Prüfung der Voraussetzungen für die Übernahme der Qualifikation eines Staates findet sich bei *Burmester*, Probleme, S. 132 ff.
134 Vgl. *Piltz*, Qualifikationskonflikte, S. 37 ff. So z.B. Art. 24 Abs. 1 Nr. 1a DBA Schweiz in der Fassung ab 1994. Kritisch hierzu *Brenner*, [Personengesellschaften] im Internationalen Steuererrecht, in: Haarmann (Hrsg.), Unternehmensstukturen und Rechtsformen im Internationalen Steuerrecht, Forum der Internationalen Besteuerung, Band 7, Köln 1996, S. 77 ff.
135 Praktiziert wird das in Deutschland bspw. mit der Bestimmung § 20 Abs. 2 AStG.
136 Wobei inzwischen Uneinigkeit darüber besteht, ob überhaupt eine DBA-Betriebstätte begründet wird. Die OFD Düsseldorf geht in der Vfg. vom 5.7.1989 grundsätzlich von einer Betriebstätte i.S.d. DBA und i.S. von § 12 AO aus. A.A. *Wassermeyer*, Merkwürdigkeiten, S. 51, *Piltz*, Hybride Finanzierungen, S. 142, der die Entwicklungstendenzen in der Rechtsprechung dahingehend interpretiert, daß die Existenz einer ausländischen Betriebstätte fraglich wird.

Für einen atypisch stillen Gesellschafter, der gleichzeitig als Darlehens- oder Lizenzgeber auftritt, hätte das zur Konsequenz, daß auch für die Zinsen und Lizenzgebühren im Inland kein Besteuerungsrecht begründet werden kann. Nach Ansicht der Rechtsprechung ist in solchen Fällen zu prüfen, ob der Vermögenswert *tatsächlich* zur Betriebstätte gehört.[137] Nur wenn dies aufgrund des funktionalen Zusammenhangs bejaht werden kann, handelt es sich um Erträge aus der Unternehmenstätigkeit.[138] In den zitierten Urteilen hat der BFH die tatsächliche Zugehörigkeit verneint. Insofern muß davon ausgegangen werden, daß für Zinsen und Lizenzgebühren über den Betriebstättenvorbehalt keine Freistellung zu erreichen ist. Im Ergebnis liegen im Inland steuerpflichtige Einkünfte aus Gewerbebetrieb vor; die ausländische Quellensteuer wird angerechnet.[139] Diese Rechtsauffassung hat der BFH im Urteil vom 23.10.1996[140] für Dividenden einer ausländischen Kapitalgesellschaft bestätigt, deren Anteilseigner gleichzeitig atypisch stiller Gesellschafter ist, obwohl die Beteiligung an der Kapitalgesellschaft aus deutscher Sicht zum Sonderbetriebsvermögen gehört.

C.3.5.5 Konsequenzen bei Verlusten aus der atypisch stillen Beteiligung

Verluste aus einer aktiven gewerblichen Betriebstätte können nach inländischem Recht selbst dann berücksichtigt werden, wenn das DBA für entsprechende Betriebstättengewinne die Freistellung vorsieht.[141] Die tatsächliche abkommensrechtliche Einordnung ist dabei unerheblich. Da aus inländischer Sicht der atypisch stille Gesellschafter dem Mitunternehmer gleichgestellt ist, wird die Betriebstätte dem Stillen zugerechnet. Für die Beurteilung der gewerblichen Tätigkeit ist auf die Betätigung des ausländischen Unternehmens als Ganzes abzustellen.[142] Von einer aktiven Tätigkeit ist annahmegemäß auszugehen. Demnach steht der Verlustberücksichtigung nach § 2a Abs. 3 EStG nichts im Wege.[143] Die Rechtsunsicherheit bei der Behandlung der Erträge aus der atypisch stillen Beteiligung schlägt offensichtlich (noch) nicht auf den temporären Verlusttransfer ins Inland durch.[144]

---

137 BFH-Urteil vom 27.2.1991, S. 446 und vom 31.5.1995, S. 683.
138 BFH-Urteil vom 30.8.1995, I R 112/94, BStBl II 1996, S. 563.
139 Zu den weitreichenden Konsequenzen der Rechtsprechung vgl. die Ausführungen zum Personengesellschaftskonzern, Kapitel C.4, Gliederungspunkt C.4.1.
140 S. 314.
141 § 2a Abs. 3 EStG.
142 Vgl. *Strobl/Schäfer*, Atypisch stille Gesellschaft, S. 211 f. und S. 210 und *Burmester*, Probleme, S. 138 ff.
143 Natürlich unter Berücksichtigung der inländischen Vorschriften. Die Beschränkung des § 15a EStG ist zu beachten.
144 A.A. *Piltz*, Hybride Finanzierungen, S. 142.

C.3.5.6 Weitere Besonderheiten bei der GmbH und atypisch Still

Bei der GmbH und atypisch Still kann es mangels Subjektidentität zu Doppelbelastungen kommen, wenn der Gewinnanteil des Stillen als Teil des körperschaftsteuerlichen Einkommens mit Körperschaftsteuer belastet wird. Der stille Gesellschafter kann im Inland nur eine Quellensteuer anrechnen.[145]

Die Anteile an der GmbH gehören nach deutschem Recht (bei analoger Anwendung der Grundsätze zur GmbH & Co. KG) auch bei einer GmbH und Still zum Sonderbetriebsvermögen.[146] Da das nationale Schachtelprivileg regelmäßig nur Anteilseignern gewährt wird, die selbst Kapitalgesellschaft sind, könnte eine solche Konstruktion die Inanspruchnahme gefährden. Dazu wird in der Literatur die Ansicht vertreten, daß die steuerliche Umqualifikation vom inländischen Betriebsvermögen der Mutterkapitalgesellschaft zum Sonderbetriebsvermögen der ausländischen Gesellschaft nicht auch die ursprüngliche körperschaftsteuerliche Konzernstruktur verändern soll.[147] Insoweit ist davon auszugehen, daß das nationale Schachtelprivileg dennoch gewährt wird. Dies muß dann erst recht für die Inanspruchnahme des internationalen Schachtelprivilegs gelten. Je nach Behandlung der atypisch stillen Beteiligung im DBA kann es möglicherweise sogar auf diese Gewinnanteile ausgedehnt werden.[148]

Die GmbH und Still stellt auch eine interessante Variante zur Überbrückung von Anlaufverlusten dar. Nachdem die Gewinnschwelle erreicht ist, wird die atypisch stille Beteiligung aufgelöst und mit der reinen Kapitalgesellschaft gearbeitet.[149] Die Vorteile bestehen in der vorgezogenen Verlustnutzung im Inland.[150]

---

145 Vgl. *Strobl/Schäfer*, Atypisch stille Gesellschaft, S. 208.
146 Der BFH hat dieses Problem noch nicht geklärt.
147 Vgl. *Strobl/Schäfer*, Atypisch stille Gesellschaft, S. 209.
148 Vgl. die Ausführungen unter Gliederungspunkt C.3.5.3.1.
149 Vgl. *Gerloff*, [Diskussion] - Steuergestaltung bei internationale tätiger Personengesellschaft, in: Haarmann (Hrsg.), Unternehmensstrukturen und Rechtsformen im Internationalen Steuerrecht, Forum der Internationalen Besteuerung, Band 7, Köln 1996, S. 119.
150 Zum Barwertvorteil vgl. Kapitel C.2, Gliederungspunkt C.2.2.2.

C.4 Optimierung der Steuerbelastung durch Gestaltung beim Konzernaufbau (Konzerntiefe)

C.4.1 Vorteile des internationalen Personengesellschaftskonzerns

Personengesellschaften unterliegen in der deutschen Rechtsordnung weitaus schwächeren Reglementierungen als Kapitalgesellschaften. Bereits bei der Gründung, aber auch bei Maßnahmen der Kapitalbeschaffung und -rückzahlung müssen Kapitalgesellschaften nicht nur wesentlich strengere Formvorschriften beachten, sondern auch materielle Restriktionen einhalten. Auch bei der Bilanzierung sieht das HGB Sondervorschriften für Kapitalgesellschaften vor.[151] Der Gläubigerschutzgedanke steht dabei im Vordergrund.

Obwohl die haftungsbeschränkte Personengesellschaft der Kapitalgesellschaft wirtschaftlich sehr nahe kommt scheint der Gesetzgeber noch immer an der Vorstellung festzuhalten, daß es sich bei Personengesellschaften tendenziell um kleine, allenfalls mittelständische Unternehmen handelt. Es sind nur einzelne Rechtsnormen des (Kapital-)Gesellschaftsrechts auf diese Rechtsformkombination entsprechend anzuwenden.[152] Mangels gesetzlicher Vorschriften sind auch Abhängigkeitsverhältnisse und damit möglicherweise verbundene Wettbewerbsbeschränkungen nur sehr schwer oder gar nicht nachzuvollziehen.[153] Auch die Publizitätspflichten aus § 9 PublG werden nicht ganz ernst genommen. Daher ist es nicht verwunderlich, daß nicht nur große Unternehmen, sondern auch ganze Konzerne - selbst solche, die international tätig sind - in der Rechtsform der Personengesellschaft organisiert sind.[154] Spätestens seit der Tarifkappung für gewerbliche Einkünfte ist die Personengesellschaft auch steuerlich nicht mehr uninteressant.

Mangels Abschirmwirkung gegenüber politisch unsicheren Ländern und Haftungsrisiken, findet die Personengesellschaft bei grenzüberschreitender Tätigkeit nur wenig Beachtung. Dennoch ist in nahezu allen Ländern eine Rechtsform anzutreffen, die der einer Personengesellschaft gleicht. Das auch im Abkommensrecht vernachlässigte Stiefkind birgt Risiken aber auch Chancen, die zu einer Minimierung der Steuerbelastung genutzt werden können.

---

151 §§ 264 ff. HGB.

152 So ordnet z.B. § 172a HGB ausdrücklich die sinngemäße Anwendung der §§ 32a, 32b GmbHG für die KG an, sofern keine natürliche Person unbeschränkt haftet.

153 An einer § 312 AktG entsprechenden Vorschrift mangelt es für abhängige Personengesellschaften.

154 Bspw. die Unternehmensgruppe Freudenberg; vgl. dazu die Vorstellung des Freudenbergkonzerns bei *Greif*, Personengesellschaft, S. 90.

C.4.1.1 Endgültige Steuerfreistellung der Auslandsgewinne auf Gesellschafterebene

Wird das Unternehmen im Inland in der Rechtsform der Personengesellschaft oder wegen der Haftungsbegrenzung als GmbH und Co. KG geführt, ist die Ausübung des internationalen Engagements durch direkte Beteiligung an einer *ausländischen Tochterkapitalgesellschaft* steuerlich völlig unattraktiv, weil Mutterpersonengesellschaften das internationale Schachtelprivileg versagt wird. Daher ist die *ausländische Personengesellschaft* mit oder ohne Haftungsbeschränkung die *dominante Alternative*.

Bei *einheitlicher Anwendung der Mitunternehmerkonzeption* werden die Auslandsgewinne zum ausländischen Steuerniveau besteuert. Bei Existenz eines DBA sind die Betriebstättengewinne beim Gesellschafter unter Progressionsvorbehalt freigestellt.

Es gilt: $S_A = s_{A(BSt)} * q * G_A$ und $S_I = \Delta s_I^{ek} * Y_I$

Ohne DBA kann die Besteuerung zum (höheren) inländischen Steuerniveau nicht verhindert werden. Vorteile aus der Tarifkappung entstehen nicht, da solche ausländischen Einkünfte explizit davon ausgenommen sind (§ 32c Abs. 2 Satz 2 EStG).

C.4.1.2 Nichtbesteuerung durch abkommensrechtliche Qualifikationskonflikte bei Sondervergütungen

Viele ausländische Rechtsordnungen folgen schuldrechtlichen Vereinbarungen zwischen der Personengesellschaft und ihren Gesellschaftern auch steuerlich. Im Falle von Darlehensvereinbarungen handelt es sich *abkommensrechtlich* um Zinsen. Natürlich können auch Arbeits-, Lizenz- oder Miet- und Pachtverträge geschlossen werden. In Deutschland zählen solche Vergütungen immer zu den gewerblichen Einkünften i.S.d. § 15 Abs. 1 Nr. 2 EStG.[155] *Abkommensrechtlich* sind sie daher den Unternehmensgewinnen zuzuordnen.

Es gilt: $Y_{A(I)} = q * [G_A - L] + g * L$

<!-- underbrace markers -->

Art. 7 OECD-MA

---

155 Diese Vorschrift gilt auch für die Gewinnermittlung einer ausländischen Personengesellschaft. So ausdrücklich BFH vom 13.9.1989, I R 117/87, BStBl II 1990, S. 57 und vom 27.2.1991, S. 444.

Durch die unterschiedliche abkommensrechtliche Qualifikation können wiederum sogenannte **"weiße"** oder im Falle der Quellensteuererhebung des Auslandes zumindest **"graue"** Einkünfte erzielt werden.[156] Die Steuerbelastung ändert sich aufgrund der Leistungsvergütungen um:

$$\Delta S_A = -s_{A(BSt)} * q * L + s_{Q(L)} * g * L$$

wobei $\Delta S_I = 0$

C.4.1.3 Besonderheiten bei der Gewährung von Gesellschafterdarlehen an die ausländische Personengesellschaft

C.4.1.3.1 Entwicklung der Rechtsprechung

Zur Gewährung von Gesellschafterdarlehen an eine ausländische Personengesellschaft hat der BFH[157] wiederholt entschieden, daß für die an den Gesellschafter bezahlten Zinsen der Betriebstättenvorbehalt (i.S.d. Art. 11 Abs. 4 OECD-MA) nicht greift. Die Begründung stützt der BFH auf den Umstand, daß die Darlehensforderung nur *rechtlich* (nach den nationalen Vorschriften) hingegen nicht *tatsächlich* zur Betriebstätte gehört. Würde die Darlehensforderung tatsächlich zum Betriebstättenvermögen gehören, liege aus deutscher Sicht faktisch Eigenkapital vor, das nicht zum Abzug von Darlehenszinsen berechtige. Wenn das Darlehen jedoch wegen des Zinsabzugs als Fremdkapital behandelt wird, kann nicht gleichzeitig Eigenkapital vorliegen. Die abkommensrechtliche Beurteilung stützt sich damit ausschließlich auf die Existenz einer zivilrechtlichen Forderung, unabhängig von deren steuerlichen Behandlung im Inland. Gewerbesteuerliche Auswirkungen ergeben sich daraus nicht, da im Inland weiterhin Gewinnanteile i.S.d. § 15 Abs. 1 Nr. 2 EStG vorliegen, die zur Kürzung nach § 9 Nr. 2 GewStG berechtigen. Als Folge der Rechtsprechung verändert sich die inländische Steuerbelastung im Umfang:

$$\Delta S_I = s_I^{ek} * ZI - S_{Q(ZI)_{max.}}$$

Piltz faßt die gegenwärtige Situation treffend zusammen: "Der Gewinnanteil an der Personengesellschaft unterliegt nach wie vor ausschließlich der ausländischen Besteuerung, die Zinsen aber der inländischen. Wer bisher mit seiner

---

[156] Von "weißen" Einkünften wird gesprochen, wenn die Einkünfte weder vom Quellenstaat noch vom (Wohn)Sitzstaat besteuert werden. "Graue" Einkünfte liegen vor, wenn lediglich eine Besteuerung zum (begrenzten) Quellensteuersatz erfolgt.

[157] BFH vom 27.2.1991, S. 444. Zum gleichen Ergebnis kommt der BFH in seinem Urteil vom 30.8.1995, S. 563 auch für Lizenzgebühren. Vgl. dazu auch die Ausführungen bei *Brenner*, Personengesellschaften, S. 65 ff.

ausländischen Betriebsstätte allein der Einkunftsart Unternehmensgewinne unterfiel, kann jetzt durch Hereinnahme eines Gesellschafters seine Auslandseinkünfte aus der Personengesellschafts-Betriebstätte 'aufspalten' und unter das 'Regime des Zinsartikels stellen, was je nach Fall günstiger sein kann."[158]

Werden die vom BFH aufgestellten Grundsätze auch auf die Nutzungsüberlassung von Wirtschaftsgütern angewendet, so wären nach Ansicht von *Greif* folgende Rechtsfolgen zu beachten:[159]

- Eine Überführung von Wirtschaftsgütern vom inländischen Betriebsvermögen in das ausländische Sonderbetriebsvermögen führt regelmäßig zu einer Entnahme, wenn die spätere Besteuerung der stillen Reserven nicht gewährleistet ist.[160]
- Da die Rechtsprechung des BFH sicherstellt, daß wegen der abkommensrechtlichen Zuordnung zum inländischen Betriebsvermögen keine Gefahr der Steuerentstrickung besteht, kann die nach nationalen Bestimmungen erforderliche Überführung ins Sonderbetriebsvermögen der ausländischen Personengesellschaft zum Buchwert erfolgen.
- Die bei Freistellung von Betriebsstätteneinkünften erforderliche Gewinnrealisation nach der Methode der sukzessiven Gewinnrealisierung[161] entfällt, weil mit der abweichenden abkommensrechtlichen Einkünftequalifikation bereits der Übergang zur Anrechnungsmethode verbunden ist.

C.4.1.3.2 Wertänderung von Darlehensforderungen gegenüber der ausländischen Personengesellschaft

Da der BFH die Darlehensforderung als eine Forderung *gegen* die ausländische Personengesellschaft deklariert, die nicht zum ausländischen Betriebsstättenvermögen gehört, kann es sich zwangsläufig nur noch um inländisches Betriebsvermögen handeln. Wertminderungen dieser Forderung müßten sich bei den inländischen Einkünften niederschlagen. Wird eine Darlehensforderung wertlos, weil infolge von Verlusten mit einer Rückzahlung nicht mehr zu rechnen ist, würde die Wertberichtigung der Forderung zu einer doppelten Verlustberücksichtigung führen, die auch im Zeitablauf nicht ausgeglichen wird. Da die Verluste einer Personengesellschaft direkt dem Gesellschafter zugerechnet

158 *Piltz*, Qualifikationskonflikte, S. 43. Die Zinsvereinbarung sollte nach Ansicht von *Piltz* im Zweifel auch § 1 AStG standhalten, *ebd.*, S. 44.
159 Vgl. *Greif*, Personengesellschaft, S. 109 f. Der BFH hat auch in dem Urteil vom 30.8.1995 noch keine Stellung zu diesem Problem bezogen.
160 R 14 Abs. 2 EStR.
161 BMF-Schreiben vom 12.2.1990, S. 72.

werden und entweder im Ausland oder im Inland (eventuell sogar temporär in beiden Ländern) zum Abzug kommen, würde eine steuerliche Berücksichtigung der Wertminderung des Darlehens zu einem Systembruch führen.[162] Etwas anderes kann möglicherweise für Währungsverluste gelten.

C.4.1.3.3   Berücksichtigung von Wechselkursveränderungen

Währungsverluste am *Dotationskapital* einer ausländischen Betriebstätte können im Inland nicht berücksichtigt werden, weil dieses Kapital im wirtschaftlichen Verfügungsbereich der Betriebstätte steht und damit zum ausländischen Betriebstättenvermögen zählt. Von wem das Währungsrisiko im Ergebnis getragen wird, ist dabei unerheblich.[163]

Im Unterschied zu verlustbedingten Wertminderungen einer *Darlehensforderung* werden Währungsverluste am eingesetzten Kapital im Ausland nicht berücksichtigt, weil sie dort gar nicht entstehen.[164] In Verbindung mit der ausdrücklichen Behandlung der Darlehensforderung des Gesellschafters als inländisches Betriebsvermögen müßten sich daher bei konsequenter Umsetzung des Urteils Währungsverluste steuerlich niederschlagen. Insbesondere bei schwachen Fremdwährungen wäre der inländische Steuerpflichtige gut beraten, wenn er ausländische Betriebstätten in Personengesellschaften umwandelt und diese mit Gesellschafterdarlehen in Landeswährung ausstattet.[165] Die inländische Bemessungsgrundlage kann gemindert werden im Umfang

$$\Delta Y_I = \left[\frac{DM}{FWähr_t} - \frac{DM}{FWähr_0} \right] * GD_{FWähr} ,$$

was zu einer Steuerminderung von

$$\Delta S_I = (s_I^{ek_g} + s_I^{ge} - s_I^{ek_g} s_I^{ge}) * \Delta Y_I \text{ führt.}$$

Diese Konsequenz scheint dem BFH aber keinesfalls zwingend zu sein. So urteilte derselbe Senat am 19.5.1993[166], daß eine gewinnmindernde Wertberichtigung auch wegen Währungsverlusten nicht in Frage komme, da die Darlehensforderung nicht bilanziert werden dürfe, weil das Gesellschafterdarlehen

---

162   Vgl. *Brenner*, Personengesellschaften, S. 74.
163   Zuletzt BFH vom 16.2.1996, S. 128 m.w.N.
164   Vgl. *Brenner*, Personengesellschaften, S. 76.
165   Vgl. *Piltz*, Qualifikationskonflikte, S. 44 mit Hinweis auf abweichende Reaktionen seitens der Finanzverwaltung.
166   I R 60/92, BStBl II 1993, S. 714.

aus deutscher Sicht Eigenkapital darstellt. In dem späteren Urteil vom 31.5.1995[167] gibt der BFH zu erkennen, daß im Falle realisierter Wertveränderungen nichts gegen eine steuerliche Erfassung spricht. Für den Sonderfall des Gesellschafterdarlehens stellt er jedoch klärend fest, daß wegen der Behandlung als Eigenkapital eine realisierte Wertänderung erst mit Aufgabe der Gesellschafterstellung zu verzeichnen ist. Insoweit ist davon auszugehen, daß auch in Zukunft gewinnmindernde Wertberichtigungen wegen Währungsverlusten bei Gesellschafterdarlehen gegenüber einer ausländischen Personengesellschaft vom BFH nicht akzeptiert werden.

C.4.1.3.4 Behandlung von Refinanzierungsaufwendungen

Wenn *positives* Sonderbetriebsvermögen vom ausländischen Betriebstättenvermögen ausgenommen wird, stellt sich die Frage, wie *negatives* Sonderbetriebsvermögen zu behandeln ist. Dabei ist zunächst auf die allgemeinen Grundsätze der Erfolgsabgrenzung abzustellen. Danach können der Personengesellschaft alle Wirtschaftsgüter zugeordnet werden, die in unmittelbarem wirtschaftlichem Zusammenhang zur Betriebstätte stehen.[168] Dieser Veranlassungszusammenhang kann nach Ansicht von *Piltz* nur bejaht werden, wenn "der inländische Gesellschafter unmittelbar im Zusammenhang mit dem Erwerb der Beteiligung oder z.B. der Gewährung von Gesellschafterdarlehen Fremdmittel aufnimmt."[169]

Da in ausländischen Rechtsordnungen die Annahme von *Sonderbetriebsvermögen* weitgehend unbekannt ist, werden dort die Refinanzierungsaufwendungen im Rahmen der Gewinnermittlung i.d.R. nicht abgezogen.

Es gilt: $Y_{A(I)} = (q*[G_A - L] - BA) + g*L \rightarrow Y_A > Y_{A(I)}$

Die zusätzlichen Betriebsausgaben ($-BA$) aus inländischer Sicht wirken sich nur über den Progressionsvorbehalt aus.

Eine schlüssige Weiterführung der Gedanken des BFH zur abkommensrechtlichen Behandlung von positivem Sonderbetriebsvermögen in Sonderfällen legt das Ergebnis nahe, daß auch negatives Sonderbetriebsvermögen das ausländische Betriebstättenvermögen nicht mindert. Es kann sich dann nur um *inländi-*

---

167 S. 683.
168 Vgl. ausführlich Kapitel B.4, Gliederungspunkt B.4.1.3.
169 *Greif*, Personengesellschaft, S. 108.

sches Betriebsvermögen handeln. Ob die damit zusammenhängenden Aufwendungen im Inland tatsächlich berücksichtigt werden können, ist jedoch fraglich. Handelt es sich um Refinanzierungsaufwendungen zum **Erwerb der Beteiligung**, gilt wiederum:

$$Y_{A(I)} = (q * [G_A - L] - BA) + g * L$$

$$\xleftarrow{\cdot - \cdot - \cdot - \cdot - \cdot \rightarrow}$$

Art. 7   Art. 11 OECD-MA

Im Zusammenhang mit der Freistellung der Unternehmensgewinne im Inland bleiben die Aufwendungen wegen § 3c EStG unberücksichtigt. Nur in Verlustperioden können die Aufwendungen von positiven inländischen Einkünften abgezogen werden.

Wird ein **Gesellschafterdarlehen** refinanziert, gilt:

$$Y_{A(I)} = q * [G_A - L] + (g * L - BA)$$

$$\xleftarrow{\cdot - \cdot - \cdot \rightarrow}$$

Art. 7   Art. 11 OECD-MA

Die Refinanzierungsaufwendungen reduzieren den Anrechnungshöchstbetrag.[170]

Fazit: Bei Freistellung ist es unerheblich, ob *ausländisches Sonderbetriebsvermögen* oder *inländisches Betriebsvermögen* angenommen wird. In beiden Fällen können die Refinanzierungsaufwendungen materiell nicht abgezogen werden. Es entstehen vagabundierende Aufwendungen.

Unsicher bleibt außerdem, ob der BFH sich für eine analoge abkommensrechtliche Behandlung bei negativem Sonderbetriebsvermögen ausspricht. Zur Vermeidung unangenehmer Überraschungen sollte die Personengesellschaft mit Eigenkapital ausgestattet werden und der Beteiligungserwerb keinesfalls unmittelbar refinanziert werden.[171]

---

170 In allgemeiner analytischer Form Kapitel B.4, Gliederungspunkt B.4.3.2.3.
171 So auch *Greif*, Personengesellschaft, S. 110.

C.4.1.4 Sonderprobleme der abkommensrechtlichen Zuordnung von Sondervergütungen

Wie der Fall der Verpachtung eines im Ausland befindlichen Grundstücks an die ausländische Personengesellschaft durch den inländischen Gesellschafter zeigt, muß neben der abkommensrechtlichen Behandlung von Sondervergütungen *dem Grunde nach* auch über *deren Höhe* entschieden werden.[172] Obwohl das DBA Deutschland-Schweiz[173] Einkünfte aus der Verpachtung von **unbeweglichem Vermögen** ausdrücklich von der deutschen Besteuerung ausnimmt, wenn das Grundstück einer aktiven Betriebstätte dient, wollte die deutsche Finanzbehörde die Pachteinkünfte *zur Hälfte* besteuern, weil der Gesellschafter nur mit einem Anteil von 50 % an der ausländischen Personengesellschaft beteiligt war. Erst der BFH[174] hat geklärt, daß die Beteiligungsquote nichts mit dem Umfang der Nutzung des verpachteten Grundstücks zu tun habe und somit die *volle* Freistellung der Einkünfte zu gewähren ist. Dieses Beispiel zeigt, daß wegen der deutschen Eigenart des Sonderbetriebsvermögens und den damit verbundenen Vergütungen bei der Anwendung eines DBA immer wieder Probleme entstehen können.[175]

C.4.1.5 Steuerbelastung bei Drittstaatseinkünften

Mangels Abkommensberechtigung der Personengesellschaft, aber auch nach nationalem Recht können Quellensteuern aus Drittstaaten weder im Ausland noch im Inland angerechnet werden, weil weder die ausländische Personengesellschaft noch der inländische Gesellschafter selbst gegenüber dem Drittstaat abkommensberechtigt sind. Es kommt nur der Steuerabzug nach § 34c Abs. 3 EStG in Frage. Dabei ist es unerheblich, ob der Gesellschafter unmittelbar oder nur mittelbar über eine inländische Personengesellschaft beteiligt ist.

Ohne DBA ergibt sich wegen $Y_{A(I)} = q * [G_A - S_D]$

eine Gesamtsteuerbelastung von:

$$S = s_{A(BSt)} * q * G_A + s_I^{ek} * Y_{A(I)} - S_{A(BSt)max.} + q * S_D$$

---

172 Nach deutschem Recht werden Sondervergütungen dem Gesellschafter als Gewinnvorab zugerechnet. Nur für die Restgewinnverteilung sind nach § 121 HGB die Kapitalkonten zugrundezulegen. Hierbei handelt es sich allerdings um dispositives Recht (§ 109 HGB).

173 Hier Art. 6 Abs. 1, 4, Art. 7 Abs. 7, Art. 24 Abs. 1 Nr. 1a DBA Deutschland-Schweiz
Korn/Debatin, Doppelbesteuerung, Band 4.

174 BFH vom 14.7.1993, I R 71/92, BStBl II 1994, S. 91.

175 Vgl. dazu auch *Greif*, Personengesellschaft, S. 104 f.

Selbst wenn im Ausland eine zu § 50 Abs. 6 EStG analoge Vorschrift existiert, können die Steuern aus Drittstaaten bei der Ermittlung von $S_{A(BSt)}$ zwar angerechnet oder abgezogen werden; bei höherem inländischem Steuerniveau wird dies jedoch wieder nachgeholt, da der Anrechnungshöchstbetrag reduziert wird im Umfang:

$$\Delta S_{A(BSt)_{max.}} = -q * S_D \text{ bzw. } \Delta S_{A(BSt)_{max.}} = -s_{A(BSt)} * q * S_D$$

Bei *DBA-Freistellung* beträgt die Gesamtsteuerbelastung entsprechend:

$$S = s_{A(BSt)} * q * G_A + \Delta s_I^{ek} * Y_I + q * S_D$$

Erlaubt das nationale Recht des Sitzstaates der Personengesellschaft die Anrechnung von Steuern aus Drittstaaten, kann S_D im DBA-Fall im Ergebnis beseitigt werden.

Stammen die Einkünfte hingegen aus einer Unterbetriebstätte, kann in beiden Fällen unmittelbar auf den inländischen Gesellschafter durchgerechnet werden.[176] Zur Vermeidung von Doppelbesteuerungen sollte daher darauf geachtet werden, daß Sachverhalte, die über die ausländische Personengesellschaft zu Einkünften aus Drittstaaten führen, möglichst direkt vom Inland aus abgewickelt werden.

Erlangt die ausländische Personengesellschaft wegen der Behandlung als Steuersubjekt Abkommensberechtigung, können bei der Gesellschaft die Steuern auf Einkünfte aus Drittstaaten angerechnet werden. Hingegen sind im Verhältnis zum Inland Probleme aus der mangelnden Subjektidentität nicht auszuschließen.[177]

C.4.1.6 Zwischenschaltung einer inländischen Kapitalgesellschaft bei abweichender Subjektqualifikation

Gewinnausschüttungen der ausländischen Personengesellschaft, die für Zwecke der Besteuerung wie eine Kapitalgesellschaft behandelt wird, führen abkommensrechtlich zu Dividenden i.S.d. Art. 10 OECD-MA. Wenn die Anteile von einer inländischen Personengesellschaft gehalten werden, beträgt die Quellensteuerbegrenzung nach Art. 10 Abs. 2b) OECD-MA nur 15 %. Eine weitere Reduzierung auf 5 % ist zu erzielen, wenn im Inland eine Kapitalgesellschaft

---

176 *Ebd.*, S. 114 f.
177 Vgl. Kapitel B.3, Gliederungspunkt B.3.2.3.

zwischengeschaltet wird, die die Anteile hält.[178] Weil damit auch die Voraussetzungen des internationalen Schachtelprivilegs erfüllt werden, sind die Dividenden im Inland steuerfrei. Dafür entfällt jedoch die Anrechnung der Quellensteuer. Die Nachversteuerung tritt mit der Weiterleitung an die inländische Personengesellschaft ein, weil § 8b Abs. 1 KStG nur Kapitalgesellschaften begünstigt.

Der Steuerbarwertvorteil beträgt im Vergleich zur direkten Beteiligung an der ausländischen Personengesellschaft

$$\Delta BW = \sum_{t(GAA)=1}^{n} \left[(s_{Q(Div_K)} - s_{Q(Div_P)} - s_I^{ek}) * qGA + S_{Q(Div)_{max.}} \right]_{t(GAA)} * q_s^{-t(GAA)}$$

$$+ \sum_{t(GAI)=1}^{n} \left[s_I^{ek} * (q * GA - S_{Q(Div_K)}) \right]_{t(GAI)} * q_s^{-t(GAI)}$$

C.4.1.7 Die gewerblich geprägte Personengesellschaft

Obwohl annahmegemäß von einer *aktiven* Tätigkeit der ausländischen Gesellschaft ausgegangen wird, kann vor allem wegen der noch zu behandelnden Holdingfunktion die Frage auftreten, wie gewerblich geprägte ausländische Personengesellschaften abkommensrechtlich zu behandeln sind. Nach § 15 Abs. 3 Nr. 2 EStG erzielen Personengesellschaften, deren persönlich haftende Gesellschafter ausschließlich Kapitalgesellschaften sind, stets Einkünfte aus Gewerbebetrieb. Dennoch geht man davon aus, daß aufgrund der gewerblichen Prägung *abkommensrechtlich* keine Unternehmensgewinne begründet werden können; die speziellen Einkunftskategorien finden Anwendung. Nur in dem besonderen Fall, daß die Rechtsordnungen beider Vertragsstaaten die gewerbliche Prägung anordnen, können auch abkommensrechtlich Unternehmensgewinne entstehen.[179]

---

178 Vgl. *Greif*, Personengesellschaft, S. 114.
179 Vgl. *Hemmelrath*, [Besonderheiten] bei der Beteiligung von Steuerinländern an Personengesellschaften in DBA-Staaten, in: IStR 1995, S. 572 f.

C.4.2   Steuergestaltung durch Holdingkonstruktionen

C.4.2.1   Gründe für die Einschaltung von Holdinggesellschaften

Der Einsatz einer Holding ist grundsätzlich *rechtsformunabhängig*. Dennoch werden in der Praxis Holdingfunktionen nahezu ausschließlich durch Kapitalgesellschaften wahrgenommen. Daher sind Holdinggestaltungen häufig nur in Verbindung mit einer inländischen Mutterkapitalgesellschaft sinnvoll. Für den Einsatz von Holdinggesellschaften gibt es zahlreiche *wirtschaftliche Gründe*, die insbesondere mit der Konzernstruktur zusammenhängen.[180] Je nach Merkmalen der Holdinggesellschaft sind die vielfältigsten Begriffe anzutreffen.[181]

Der Standort einer Holdinggesellschaft ist nicht selten durch *steuerliche Überlegungen* dominiert. Durch eine *zusätzliche Konzernebene* können speziell bei internationaler Geschäftstätigkeit auch steuerliche Vorteile erzielt werden. Allerdings darf nicht übersehen werden, daß aufgrund der Komplexität der Rechtsordnungen auch die Gefahr von Steuermehrbelastungen besteht. Speziell der deutsche Gesetzgeber ist immer wieder bestrebt, Standortvorteile durch einseitige nationale Maßnahmen zunichte zu machen. Daher müssen Holdingkonstruktionen sehr sorgfältig geplant und geprüft werden, damit sich die erwünschten Steuervorteile auch tatsächlich einstellen.

C.4.2.2   Gründungsformen der Holding

Die Erzielung von Steuervorteilen im Ganzen hängt entscheidend davon ab, ob und inwieweit die Entlastungen bei der laufenden Besteuerung durch den Gründungsvorgang kompensiert oder gar überkompensiert werden. Wie im folgenden gezeigt wird, sind jedoch die Möglichkeiten den Gründungsvorgang steuerneutral zu gestalten so vielfältig, daß höchstens in Ausnahmefällen mit einer Steuerbelastung gerechnet werden muß.

---

180 Vgl. *Baumgärtel/Perlet*, Standortfragen bei der Bildung von [Holdinggesellschaften], in: Maßbaum u.a. (Hrsg.), Die deutsche Unternehmensbesteuerung im europäischen Binnenmarkt, 1994, S. 694 f.; *Lettl*, Das [Holding-Konzept] als Instrument zur erfolgreichen Neuausrichtung von Unternehmen, in: DStR 1996, S. 2020 ff.; *Storck*, Entstehungsgründe für [Holdinggesellschaften], in: IdW (Hrsg.) Bericht über die Steuerfachtagung 93 - Thema: Steuergestaltung bei verbundenen Unternehmen in Europa, Düsseldorf 1993, S. 17 ff.; *Wurm*, Die Nutzung von [Holdingkonstruktionen], in: Herzig (Hrsg.), Steuerorientierte Umstrukturierung von Unternehmen, Stuttgart 1997, S. 74 f.

181 Vgl. die Übersicht bei *Kessler*, Die [Euro-Holding]: Steuerplanung, Standortwahl, Länderprofile, München 1996, S. 11 und die Begriffstypisierungen bei *Grotherr*, Besteuerungsfragen und -probleme bei der Einschaltung inländischer [Holdinggesellschaften] im grenzüberschreitenden Konzern (Teil I), in: BB 1995, S. 1511.

C.4.2.2.1 Gründung durch Beteiligungserwerb von einer anderen Konzerngesellschaft

Der Beteiligungserwerb ist nur dann näher zu analysieren, wenn es sich beim Veräußerer ebenfalls um ein Konzernunternehmen handelt. Ein Verkauf über dem Beteiligungsbuchwert löst grundsätzlich Gewinnrealisation aus. Im Unterschied zur Veräußerung von abnutzbaren assets können die erhöhten Anschaffungskosten beim Erwerber nicht durch planmäßige Abschreibungen genutzt werden. Wird der Kaufpreis zu hoch oder zu niedrig festgesetzt, erfordern die Rechtsinstitute der *verdeckten Gewinnausschüttung* oder der *verdeckten Einlage* eine entsprechende Korrektur. Soweit Gewinne aus der Veräußerung von Anteilen an Gesellschaften im Sitzstaat des Veräußerers (analog § 8b KStG für Anteile an ausländischen Gesellschaften) steuerbefreit sind, löst der Veräußerungsvorgang keine zusätzliche Steuerbelastung im Konzern aus. In Deutschland wird durch eine Veräußerung von Anteilen an *inländischen* Gesellschaften im Betriebsvermögen stets die Besteuerung der offenen und stillen Reserven ausgelöst. Da mit dem Beteiligungserwerb auch Körperschaftsteuerguthaben übergeht, erstreckt sich das Besteuerungsproblem hauptsächlich auf die stillen Reserven. Die Besteuerung kann nach § 6b EStG im Umfang des halben Veräußerungsgewinns für maximal vier Jahre aufgeschoben werden. Der Erwerbsvorgang gestaltet sich damit i.d.R. nicht vollständig steuerneutral.

C.4.2.2.2 Gründung durch Einbringung von Beteiligungen

Die zweite und bedeutsamere Gründungsform von Holdinggesellschaften ist die Einbringung von Beteiligungen gegen Gewährung von Gesellschaftsrechten. Ob sich der Einbringungsvorgang steuerneutral gestalten läßt, hängt entscheidend davon ab, ob den beteiligten Staaten das Besteuerungsrecht weiterhin im bisherigen Umfang zusteht oder zu Gunsten eines anderen Staates entzogen oder eingeschränkt wird.[182]

Folgende Fälle sind zu unterscheiden:

(1) Einbringung im Inland gehaltener Beteiligungen in eine inländische Holding
Nach § 20 Abs. 1 UmwStG dürfen auch Anteile an Kapitalgesellschaften zum Buchwert gegen Ausgabe neuer Gesellschaftsrechte in eine andere Kapitalgesellschaft eingebracht werden, wenn die übernehmende Gesellschaft nach Einbringung unmittelbar über die Mehrheit der Simmrechte verfügt. Diese Vor-

---

182 Dies kommt auch in § 20 Abs. 3 UmwStG zum Ausdruck.

schrift ermöglicht es, sowohl Anteile an inländischen Kapitalgesellschaften als auch Anteile an ausländischen Gesellschaften, die bisher im Inland gehalten wurden, *steuerneutral* in eine andere *inländische* Kapitalgesellschaft einzubringen.[183]

Da der Anteilstausch einer Veräußerung gleichkommt, können Kapitalgesellschaften unter den Voraussetzungen des § 8b Abs. 2 KStG Auslandsbeteiligungen *steuerfrei* gegen andere Beteiligungen eintauschen. Im Unterschied zur Buchwertverknüpfung werden die stillen Reserven zwar aufgedeckt, jedoch nicht der Besteuerung unterworfen. Dabei sind die Einschränkungen des § 8b Abs. 3 KStG zu berücksichtigen.

Eine weitere Möglichkeit des *steuerneutralen* Anteilstauschs bietet das Tauschgutachten[184]. Danach dürfen Anteile an Kapitalgesellschaften unter der Bedingung der **Wert-, Art- und Funktionsgleichheit** unter Fortführung der Buchwerte einfach ausgetauscht werden; die Ausgabe von Gesellschaftsrechten ist kein notwendiges Erfordernis. Das Tauschgutachten ist auch anwendbar, wenn eine unmittelbare Beteiligung gegen eine mittelbare Beteiligung (über die ausländische Holding) getauscht wird, sofern der für die Funktionsgleichheit erforderliche *maßgebliche Einfluß* erhalten bleibt.[185] Somit kommt dem Tauschgutachten weiterhin in all jenen Fällen Bedeutung zu, in denen die Voraussetzungen des UmwStG und des § 8b Abs. 2 KStG nicht erfüllt werden können.[186]

(2) Einbringung im Inland gehaltener Beteiligungen in eine ausländische Holding

Die *grenzüberschreitende Einbringung* in eine ausländische Holding ist in § 23 Abs. 4 UmwStG geregelt. Diese Vorschrift erstreckt die Möglichkeit der Buchwertfortführung auch auf Einbringungsvorgänge von Anteilen an EU-Gesellschaften in eine andere EU-Gesellschaft, sofern die Weiterveräußerungsfrist von 7 Jahren (§ 26 Abs. 2 UmwStG) eingehalten wird.

---

183 Vgl. auch *Grotherr*, Holdinggesellschaften (Teil I), S. 1512 f.
184 BFH vom 16.12.1958, I D 1/57 S, BStBl III 1959, S. 30.
185 Beschluß der obersten Finanzbehörden des Bundes und der Länder vom 24.5.1989 zitiert bei *Zeitler*, Anwendung des [Tauschgutachtens] bei grenzüberschreitenden Holding-Konstruktionen, in: NWB, Fach 3, S. 7351 f.
186 Zur Konkurrenz von Tauschgutachten und den Bestimmungen des UmwStG BMF-Schreiben vom 15.2.1995, IV B 2 - S 1909 - 6/95, BStBl I 1995, S. 149. Vgl. zu den Fällen im einzelnen *Grotherr*, Holdinggesellschaften (Teil I), S. 1514.

Für den steuerfreien Anteilstausch nach § 8b Abs. 2 KStG ist es unerheblich, ob gegen eine Inlands- oder gegen eine andere Auslandsbeteiligung getauscht wird.

Das Tauschgutachten ist auch bei Einbringungen über die Grenze anwendbar, obwohl der Zugriff auf die stillen Reserven erheblich erschwert werden kann. Deshalb ist eine Behaltefrist von 10 Jahren zu beachten.[187] Diese Möglichkeit ist insbesondere für Anteile an Kapitalgesellschaften mit Sitz außerhalb der EU interessant.

C.4.2.3   Steuerliche Anforderungen an einen Holdingstandort

Die Erzielung steuerlicher Vorteile durch Holdinggesellschaften ist entscheidend von den konkreten Regelungen im Domizilstaat der Holdinggesellschaft abhängig.[188] Bei der Wahl des Holdingstandorts sollten daher folgende, für die laufende Besteuerung entscheidungsrelevante Rahmenbedingungen, geprüft werden:[189]

- Günstige nationale Vorschriften zur Veräußerungsgewinnbesteuerung, sowie über die Abzugsfähigkeit von Aufwand und Verlustverrechnungsmöglichkeiten auf der Ebene der Holding.
- Keine zusätzliche Belastung mit Quellensteuern auf Dividenden. Innerhalb der EU kann die Quellensteuerreduzierung auf Null durch die Mutter-Tochter-Richtlinie genutzt werden.
- Es sollte ein möglichst umfassendes DBA-Netz ohne Aktivitätsvorbehalte mit den Staaten der Beteiligungsgesellschaften und dem Sitzstaat des Anteilseigners bestehen.
- Anerkennung derartiger Konstruktionen im nationalen ausländischen Recht und im DBA.

Je stärker die Quellensteuer reduziert wird und je umfassender das Schachtelprivileg ausgestaltet ist, desto geringer ist die Belastung der zusätzlichen

---

187 So ausdrücklich im Beschluß vom 24.5.1989 zitiert bei *Zeitler*, Tauschgutachten, S. 7353.
188 Vgl. die Standortanalysen von *Günkel*, [Standortwahl] unter europäischen Staaten - Belgien-Großbritannien-Luxemburg-Niederlande, S. 39 ff. und *Krüger*, [Standortwahl] unter europäischen Staaten - Dänemark-Österreich-Schweiz, S. 89, beide in: IdW, Bericht über die Steuerfachtagung 93 - Thema: Steuergestaltung bei verbundenen Unternehmen in Europa, Düsseldorf 1993, sowie *Kessler*, Euro-Holding.
189 Vgl. *Baumgärtel/Perlet*, Holdinggesellschaften, S. 695 ff., sowie *Grotherr*, Holdinggesellschaften (Teil I), S. 1512.

234

Beteiligungsstufe. Der Entlastungseffekt aus der zielgerichteten Verlagerung von Einkünften auf die Holding kommt um so stärker zum Tragen.

Für die steuerliche Behandlung spielt aus deutscher Sicht die *funktionale Ausgestaltung* der Holding eine wichtige Rolle. Nur für die **Funktionsholding** (§ 8 Abs. 2 Nr. 1 AStG)[190] und die **Landesholding** (§ 8 Abs. 2 Nr. 2 AStG)[191] mit Sitz und Geschäftsleitung im Ausland wird für Einkünfte aus Beteiligungen (≥ 25 %) an aktiven *ausländischen* Gesellschaften die *Abschirmwirkung* anerkannt. Für alle anderen Gestaltungen mit Holdinggesellschaften löst eine Ertragsteuerbelastung von unter 30 % (=niedrige Besteuerung i.S.d. § 8 Abs. 3 AStG) im Ausland die Vorschriften der Hinzurechnungsbesteuerung aus.[192] Grundsätzlich zählen auch Einkünfte aus Beteiligungen zu den Zwischeneinkünften mit Kapitalanlagecharakter. I.d.R. werden jedoch die Voraussetzungen der Ausnahmevorschrift des § 10 Abs. 6 Satz 2 Nr. 2 AStG vorliegen, weshalb es nur zur allgemeinen Hinzurechnungsbesteuerung kommt.

C.4.2.4 Auslandsholding

C.4.2.4.1 Steuerliche Gestaltungen über eine Auslandsholding

Die Zwischenschaltung einer Auslandsholding eröffnet Lösungen für zahlreiche Detailprobleme. Die Gestaltungswege und ihre Ziele können anhand von vier Gruppen unterschieden werden:[193]

(1) Umleitung von Dividenden über die Holding zur
* Inanspruchnahme des Schachtelprivilegs; kein Heraufschleusen auf das höhere inländische Steuerniveau; keine Anrechnungsüberhänge;
* Vermeidung oder mindestens Begrenzung von Quellensteuern;
* Nutzung grenzüberschreitender Körperschaftsteuergutschriften oder gespaltener Körperschaftsteuersätze.

---

190 Eine Funktionsholding liegt nur vor, wenn die Beteiligung an den Untergesellschaften in wirtschaftlichem Zusammenhang mit der eigenen aktiven Tätigkeit der Holding steht.
191 Die Voraussetzungen einer Landesholding sind erfüllt, wenn Holding und aktive Beteiligungsgesellschaften in demselben Staat ansässig sind.
192 § 8 Abs. 2 AStG. Zu den Voraussetzungen im einzelnen *Baumgärtel/Perlet*, Hinzurechnungsbesteuerung, S. 193 f.
193 In Anlehnung an *Kessler*, Euro-Holding, S. 98 ff., Tabelle 5.

(2) Verlagerung von Einkünften der inländischen Spitzeneinheit nach unten auf die Holding zur

- Vermeidung der Doppelbesteuerung thesaurierter Gewinne durch Erzielung steuerfreier Veräußerungsgewinne;
- Verlagerung im Inland nicht berücksichtigungsfähiger Betriebsausgaben ins Ausland.

(3) Verlagerung von Einkünften der Beteiligungsgesellschaften nach oben auf die Holding zur Erzielung von Vorteilen aus einer konsolidierten Besteuerung.

(4) Umformung von Erträgen auf der Ebene der Holding zur

- Gewinnverlagerung in Niedrigsteuerländer durch Zinsen bei anschließender "Umformung" in Dividenden;
- Nutzung nationaler Körperschaftsteuergutschriften durch eine Landesholding mit anschließender Umformung von Beteiligungserträgen in Zinszahlungen an das inländische Mutterunternehmen;
- Vermeidung oder mindestens Begrenzung von Quellensteuern.

Die Vielzahl der Möglichkeiten zeigt bereits, daß es sich um eine sehr komplexe Gestaltungsaufgabe handeln kann. Für eine Analyse der steuerlichen Wirkungen ist es unabdingbar, die konkreten landesspezifischen Regelungen und die DBA mit sämtlichen betroffenen Ländern exakt einzubeziehen. Auch die Ertragssituation einzelner Konzerngesellschaften ist zu beachten, da beispielsweise auf der Ebene der Auslandsholding ein Wertausgleich stattfinden kann oder Teilwertabschreibungen auf Beteiligungen an inländischen Kapitalgesellschaften unter bestimmten Bedingungen die Anerkennung versagt wird.[194]

C.4.2.4.2   Quantifizierung der steuerlichen Vorteile

Die Steuerbelastungsdifferenzen werden gegenüber dem **Referenzfall** bei *direkter* Beteiligung der inländischen Mutterkapitalgesellschaft an einer *aktiven ausländischen Gesellschaft mit Gewinntransfer ins Inland* dargestellt. Neben dem Gewinnfall werden auch Verlust- und Refinanzierungsvarianten untersucht. Die steuerlichen Auswirkungen bei Weiterausschüttung an die inländische natürliche Person werden nur einbezogen, wenn die Gestaltung *gegenläufige* Effekte auf dieser Ebene verursacht.

---

194   § 2a Abs. 2 Satz 1 2.HS EStG.

Zur analytischen Darstellung der steuerlichen Wirkungen sind Falldifferenzierungen notwendig:

(1) Zwei-Länder-Fall mit Landesholding

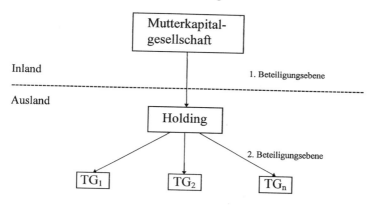

In Abhängigkeit von den konkreten steuerlichen Rahmenbedingungen können folgende Steuervorteile quantifiziert werden. Diese können entweder kumulativ oder aber nur alternativ erzielt werden. Es sind stets die Effekte beider Beteiligungsebenen zu berücksichtigen, da ansonsten ein Vergleich zum Referenzfall nicht möglich ist:

- Vorteil aus dem Übergang von der Anrechnungs- zur Freistellungsmethode:
$$\Delta S = -s_I^{kn} * \left[q * GA + AB_{max.} \right] + S_{Q(Div)} + AB_{max.}$$
Der Methodenwechsel spielt nur dann eine Rolle, wenn die Voraussetzungen des Schachtelprivilegs durch direkte Beteiligung an den Auslandsgesellschaften nicht erfüllt werden. Dieser Fall ist unter den zugrundeliegenden Modellprämissen auszuschließen.

- Gewinne aus der Veräußerung von Beteiligungen dürfen nach Art. 13 Abs. 4 OECD-MA nur im Sitzstaat des Anteilseigners besteuert werden. Entstehen die Gewinne aus der Veräußerung von Anteilen an *ausländischen* Kapitalgesellschaften, sind diese im Inland unter den Voraussetzungen des § 8b Abs. 2 KStG steuerfrei. Die Zwischenschaltung einer Auslandsholding ist daher nur sinnvoll, wenn im Domizilstaat eine entsprechende Vorschrift auch für

Anteile an *inländischen* Gesellschaften existiert.[195] Ansonsten kann in klassischen Körperschaftsteuersystemen die doppelte Versteuerung thesaurierter Gewinne nur verhindert werden, wenn diese vor Veräußerung noch ausgeschüttet werden oder das nationale Recht eine Fortschreibung des Beteiligungsbuchwertes erlaubt.[196] Steuerlich vorteilhaft ist die Gestaltung über die Auslandsholding allerdings dann, wenn abweichend vom inländischen Recht Wertminderungen der Beteiligung nicht vom steuerfreien Veräußerungsgewinn ausgenommen werden.[197]

Die Steuerentlastung kann dargestellt werden als:

$$\Delta S = -s_A^k * TWA + s_{Q(Div)} * GA$$

wobei $GA = VG$

- Bedeutung gewinnt die Landesholding auch bei refinanzierten Beteiligungen. Wird die Refinanzierungsmaßnahme durch die ausländische Holding vorgenommen, können die Refinanzierungsaufwendungen auch bei einer mit dem deutschen § 3c EStG vergleichbaren nationalen Bestimmung i.d.R. uneingeschränkt abgezogen werden, soweit die Beteiligungserträge bei der Holding *nicht* steuerbefreit sind. Für ein Körperschaftsteuervollanrechnungssystem beträgt der Vorteil:[198]

$$\Delta S = -s_A^k * \Delta BA$$
$$+ \left[s_I^{kn} + 0{,}5 s_I^{ge} - s_I^{kn} 0{,}5 s_I^{ge} - s_A^k \right] * \left[BA - \Delta BA \right]$$

Ein ähnlicher Effekt läßt sich erzielen, wenn Aufwendungen im Ausland abgezogen werden können, die im Inland zumindest vorübergehend nicht berücksichtigt werden. Explizit zu erwähnen ist hier die verlustbedingte Teilwertabschreibung, deren Anerkennung im Inland möglicherweise bis zur Li-

---

195 Für den Fall ohne DBA könnte durch eine Landesholding auch eine ggfs. vorgesehene Quellensteuer auf Veräußerungsgewinne für beschränkt steuerpflichtige Anteilseigner beseitigt werden (analog § 49 Abs. 1 Nr. 2e) EStG.

196 Ähnlich § 312 HGB für den Konzernabschluß. Dasselbe Problem stellt sich auch auf der nächsten Konzernstufe. Veräußert die inländische Muttergesellschaft anschließend die Beteiligung an der Holding, werden auch dort stille Reserven aufgedeckt, die jedoch nach § 8b Abs. 2 KStG von der Besteuerung ausgenommen sind. Vgl. dazu das Beispiel bei *Baumgärtel/Perlet*, Holdinggesellschaften, S. 710.

197 Vgl. *Kessler*, Euro-Holding, S. 284.

198 Im klassischen System kann ein nationales Schachtelprivileg den Betriebsausgabenabzug gefährden. Ohne Schachtelprivileg besteht dagegen die Gefahr der teilweisen oder vollständigen Doppelbesteuerung.

238

quidation versagt wird.[199] Durch Liquidation der Zwischenholding, bei der sich die erwarteten Wertminderungen bereits niedergeschlagen haben, kann auch die Berücksichtigung im Inland erzielt werden.[200] Der Stundungsvorteil durch die vorgezogene Berücksichtigung im Inland beträgt:

$$\Delta S = -(s_I^{kn} + s_I^{ge} - s_I^{kn} s_I^{ge}) * TWA * \left[q_s^{-T(H)} - q_s^{-T(T)} \right]$$

wobei $TWA = LV_H$

- Sieht das ausländische Recht eine konsolidierte Besteuerung oder Organschaft vor, können Gewinne und Verluste rechtlich selbständiger Kapitalgesellschaften auf der Ebene der Holding berücksichtigt werden.[201] Der Zinsvorteil aus der sofortigen Verlustverrechnung beträgt:

$$\Delta S = -s_A^k * VA_A + s_A^k * V_A^{VVT} * q_s^{-t(VVT)}$$

Gleichfalls können Steuergutschriften, die im Verlustfall möglicherweise untergehen, im Rahmen einer konsolidierten Besteuerung bei der Holding verrechnet werden:[202] $\Delta S = -S_A^{anr}$

- Die Anrechnung nationaler Körperschaftsteuergutschriften bei der Landesholding bietet sich an, wenn die Rückführung der Beteiligungserträge ins Inland beispielsweise in Form von Zinszahlungen an das Mutterunternehmen erfolgt.[203] Dies ist dann vorteilhaft, wenn das inländische Steuerniveau niedriger ist oder weder das Schachtelprivileg noch die indirekte Anrechnung in Anspruch genommen werden können.[204] Einschränkungen können sich aufgrund nationaler Anrechnungsvoraussetzungen oder durch Unterkapitalisierungsregeln ergeben.

---

199 Nach § 8b Abs. 2 Satz 2 KStG dürfen Veräußerungs- und Liquidationsverluste auf Auslandsbeteiligungen im Inland berücksichtigt werden.
200 Vgl. *Kessler*, Euro-Holding, S. 287. § 2a Abs. 2 Satz 2 i.V.m. Satz 1 2. HS und § 2a Abs. 1 Nr. 3b) EStG schließt auch die ausländische Landes- oder Funktionsholding ein, wenn deren Tochtergesellschaften die Aktivitätsvoraussetzungen erfüllen.
201 Vgl. zur deutschen Organschaft nachfolgenden Gliederungspunkt C.4.3.
202 Dies ist bspw. in Frankreich durch Option zur konsolidierten Besteuerung möglich. Vgl. *Tillmanns*, Frankreich: Einführung der [Gruppenbesteuerung] (Organschaft), in: RIW 1988, S. 281 und 284.
203 Vgl. *Kessler*, Euro-Holding, S. 291 f.
204 Diese Bedingungen sind regelmäßig für den hier ausgeklammerten Fall eines Mutterunternehmens in der Rechtsform der Personengesellschaft anzutreffen.

Im Vergleich zur Weiterleitung durch Inanspruchnahme des Schachtelprivilegs verändert sich die Steuerbelastung zu:

$$\Delta S = \left[-s_A^k - (1 - s_A^k) * s_{Q(Div)} \right] * \Delta L$$
$$+ \left[s_{Q(L)} + s_I^{kn} + s_I^{ge} - s_I^{kn} s_I^{ge} \right] * \Delta L - S_{Q(L)_{max.}}$$

(2) Mehr-Länder-Fall mit Funktionsholding

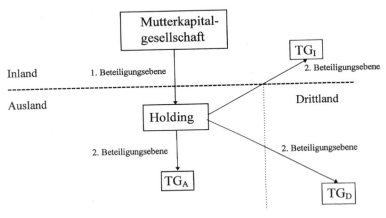

Zusätzliche Vorteile können durch eine Funktionsholding in folgenden Fällen erzielt werden:

- Besteht zwischen dem *inländischen* Mutterunternehmen und dem Sitzstaat der *aktiven ausländischen* Gesellschaft kein DBA, ist es sinnvoll, eine Funktionsholding in einem Staat zwischenzuschalten, der mit den beiden anderen Staaten[205] ein DBA mit Schachtelprivileg unterhält.

Dabei können möglicherweise zweimal Quellensteuern anfallen, aber auch Quellensteuern reduziert werden.
Der Vorteil beträgt:

$$\Delta S = -S_{Q(Div)_{D \to M}} - s_I^{kn} \left[q * GA + AB_{max.} \right] + S_{Q(Div)_{D \to M}} + AB_{max.}$$
$$+ s_{Q(Div)_{D \to H}} * q * GA + s_{Q(Div)_{(H \to M)}} \left[q * GA - S_{Q(Div)_{D \to H}} \right]$$

---

205 Das sind in der Abbildung das Inland und das Drittland.

- Gewinne und Verluste ausländischer Kapitalgesellschaften in verschiedenen Ländern können nur verrechnet werden, wenn im Sitzstaat der Funktionsholding die **grenzüberschreitende Verlustverrechnung** (Organschaft) zugelassen ist.[206] Zum Zinsvorteil kann ein Steuersatzvor- oder -nachteil hinzutreten:

$$\Delta S = -s^{k}_{A(H)} * VA_{A} + s^{k}_{A(D)} * V^{VVT}_{A} * q_{s}^{-t(VVT)}$$

Soweit es sich um Einkünfte aus Beteiligungen an *ausländischen aktiven* Gesellschaften handelt, steht bei Zwischenschaltung einer Landes- oder Funktionsholding dem steuergünstigen Transfer ins Inland - vorbehaltlich eines Gestaltungsmißbrauchs - nichts entgegen. Die Hinzurechnungsbesteuerung greift auch bei Steuerbelastungen unter 30 % nicht.

Die Auslandsholding kann aber auch zur Verlagerung *inländischer* Einkünfte ins Ausland eingesetzt werden:

- Eine Umleitung von Dividenden *inländischer* Kapitalgesellschaften über die *ausländische* Holding zurück ins Inland kann sinnvoll sein, wenn in beiden Richtungen das DBA-Schachtelprivileg gewährt wird und keine oder nur geringe Quellensteuern erhoben werden. Gewinne der inländischen Gesellschaft können so zum niedrigen Ausschüttungssteuersatz auf der Ebene der inländischen Mutterkapitalgesellschaft gespeichert werden.[207]

$$\Delta S = \begin{bmatrix} -s^{kn}_{I} + s^{ka}_{I} + (1-s^{ka}_{I}) * s_{Q(Div)_{T\to H}} \\ + \left[1 - s^{ka}_{I} - (1-s^{ka}_{I}) * s_{Q(Div)_{T\to H}}\right] * s_{Q(Div)_{H\to M}} \end{bmatrix} * \frac{q*GA}{1-s^{ka}_{I}}$$

- Gleichfalls kann die Veräußerung von Beteiligungen an *inländischen* Kapitalgesellschaften über eine Auslandsholding vorteilhaft sein, wenn im Ausland trotz ausschließlichem Besteuerungsrecht nach DBA (Art. 10 Abs. 4 OECD-MA) analog § 8b Abs. 2 KStG Veräußerungsgewinne nicht besteuert werden und das DBA-Schachtelprivileg gewährt wird.

---

206 Vgl. *Kessler*, Internationale [Organschaft] in Dänemark, in: IStR 1993, S. 303 - 310.
207 Damit macht sich eine im Inland unbeschränkt steuerpflichtige juristische Person den positiven Ausländereffekt zu eigen. Sobald es zur Ausschüttung an die natürliche Person kommt, kehrt sich der Vorteil möglicherweise in einen deutlichen Nachteil um. Vgl. *Herzig*, Verbesserung der steuerneutralen [Umstrukturierungsmöglichkeiten], insbesondere durch das neue Umwandlungssteuergesetz, in: Herzig (Hrsg.), Steuerorientierte Umstrukturierung von Unternehmen, Stuttgart 1997, S. 24 f.

Es gilt: $\Delta S = -(s_I^{kn} + s_I^{ge} - s_I^{kn} s_I^{ge}) * VG + + s_{Q(Div)} * GA$

wobei $GA = VG$

- Befindet sich die Holding in einem steuergünstigen Land, ist es vorteilhaft, Erträge durch Leistungsvergütungen mit dem Mutterunternehmen vom hochbesteuerten Inland ins Ausland zu verlagern und anschließend in Form steuerfreier Schachteldividenden ins Inland zurückzuführen.[208]

$$\Delta S = -(s_I^{kn} + s_I^{ge} - s_I^{kn} s_I^{ge}) * \Delta L + (s_{Q(L)} + s_A^k) * \Delta L - S_{Q(L)_{max.}}$$
$$+ s_{Q(Div)} * (1 - s_A^k) * \Delta L$$

Wie bei den Gestaltungen mit ausländischen Einkünften, muß bei Umleitung inländischer Einkünfte über das Ausland berücksichtigt werden, daß die Steuersatzvorteile auf der Ebene der Kapitalgesellschaft nicht endgültig sind. Bei Weiterausschüttung an den inländischen Anteilseigner, wird die Nachversteuerung des so gebildeten EK01 ausgelöst. Im Vergleich zur unmittelbaren Durchleitung über die inländische Mutterkapitalgesellschaft kann als Folge der Umleitung die ursprünglich inländische Körperschaftsteuer nicht angerechnet werden; es kommt im Ergebnis zur doppelten Besteuerung im Inland.[209]

$$\Delta S = (-s_I^{ek} + s_I^{ka}) * q_M q_T * \frac{GA_T}{1 - s_I^{ka}}$$
$$+ s_I^{ek} \left[\begin{array}{l} 1 - s_{Q(Div)_{T \to H}} \\ + (1 - s_{Q(Div)_{T \to H}}) * s_{Q(Div)_{H \to M}} \end{array} \right] * q_M q_T GA_T$$

Je später der Nachversteuerungseffekt eintritt, desto größer ist die positive Wirkung der Gestaltung.

Liegt das ausländische Steuerniveau unter 30 %, ist die Holding für die Einkünfte aus den Beteiligungen an *inländischen* Gesellschaften als Zwischengesellschaft zu behandeln.[210] Es sind die Vorschriften der Hinzurechnungsbesteue-

---

208 Vgl. *Kessler*, Euro-Holding, S. 289 ff. Handelt es sich bei L um Dauerschuldzinsen, verändert sich der erste Term zu: $-s_I^{kn} - 0{,}5 s_I^{ge} + s_I^{kn} 0{,}5 s_I^{ge}$.

209 Vgl. *Herzig*, Umstrukturierungsmöglichkeiten, S. 25 f.

210 Das Holdingprivileg in § 8 Abs. 2 AStG greift nur für Beteiligungen an ausländischen Gesellschaften. Zur Ermittlung der maßgebenden Ertragsteuerbelastung von unter 30 % *Baumgärtel/Perlet*, Hinzurechnungsbesteuerung, S. 198 ff.

rung zu beachten. Trotz schädlicher Einkünfte i.S.d. § 10 Abs. 6 AStG können für Einkünfte aus Beteiligungen (≥ 10 %) wegen der Ausnahmevorschrift des § 10 Abs. 6 Satz 2 Nr. 2 AStG jedoch die DBA-Vergünstigungen auch auf den Hinzurechnungsbetrag angewendet werden.[211] Insoweit greift zwar die Hinzurechnungsbesteuerung, sie löst materiell jedoch keine Mehrbelastungen aus.[212] Für alle übrigen Zwischeneinkünfte mit Kapitalanlagecharakter greift die *verschärfte* Hinzurechnungsbesteuerung. Es kann lediglich noch die Konzernfinanzierungsklausel des § 10 Abs. 6 Satz 3 AStG bemüht werden. Dasselbe gilt für Einkünfte aus Beteiligungen ausländischer Gesellschaften, wenn die Auslandsholding die Voraussetzungen einer Landes- oder Funktionsholding nicht erfüllt.

Obwohl das Außensteuergesetz Holdingkonstruktionen anerkennt und die *allgemeine* Hinzurechnungsbesteuerung mit DBA-Schutz für ausreichend hält, droht zunehmend die Gefahr, daß solche Gestaltungen als rechtsmißbräuchlich i.S.d. § 42 AO behandelt werden. Gleichfalls können auch Mißbrauchsvorschriften ausländischer Rechtsordnungen (analog § 50d Abs. 1a und 2 EStG) und im DBA solche Gestaltungen mit der Begründung des *treaty shopping* gefährden.

C.4.2.4.3 Besonderheiten bei gleichzeitiger Übernahme von Finanzierungsfunktionen

Je nach Domizilstaat kann der Status einer steuerlich begünstigten Finanzierungsgesellschaft bei gleichzeitiger Holdingtätigkeit gefährdet sein. So ist den Belgischen Koordinierungscentren (BCC) die Holdingfunktion untersagt, während die irischen Finanzdienstleistungsgesellschaften (ISFC) auch Beteiligungen an in- und ausländischen Gesellschaften halten dürfen. Die in den Niederlanden gewährten Vergünstigungen gelten auch für Holdinggesellschaften.[213]

---

211 Veräußerungsgewinne gehören auch zu den Einkünften aus Beteiligungen. Vgl. *Flick/Wassermeyer/Becker*, Außensteuerrecht, § 8 AStG, § 8, Anm. 96a, b; *Blümich/Menck*, EStG/KStG/GewStG, § 8 AStG, Rz. 98.

212 Zur Kritik an der gegenwärtigen Behandlung von Holdingstrukturen *Baumgärtel/Perlet*, Hinzurechnungsbesteuerung, S. 196 ff.

213 Vgl. *Gundel*, Finanzierungsgestaltungen (Teil I), S. 215 f.

Nimmt die Auslandsholding in einem niedrig besteuerten Land auch Aufgaben der Konzernfinanzierung wahr, sind die Einkünfte der Gesellschaft in unschädliche und schädliche Einkünfte i.S.d. Außensteuergesetzes zu separieren:[214]

(1) Beteiligungseinkünfte i.S.d. § 8 Abs. 2 AStG
In ihrer Funktion als Landes- bzw. Funktionsholding wird die Gesellschaft nicht als Zwischengesellschaft behandelt.

(2) Finanzierungseinkünfte i.S.d. § 8 Abs. 1 Nr. 7 AStG
Für die als aktiv betrachteten Finanzierungseinkünfte greift die Hinzurechnungsbesteuerung nicht.

(3) Beteiligungseinkünfte i.S.d. § 10 Abs. 6 Satz 2 Nr. 2 AStG
Einkünfte aus nicht privilegierten Beteiligungen (aber ≥ 10 %) werden von der verschärften Hinzurechnungsbesteuerung ausgenommen.

(4) Finanzierungseinkünfte i.S.d. § 10 Abs. 6 Satz 3 AStG
Sonstige Konzernfinanzierungseinkünfte aus der Darlehensgewährung an aktive ausländische Organisationseinheiten unterliegen nur zu 60 % der verschärften Hinzurechnungsbesteuerung.

(5) Beteiligungs- und Finanzierungseinkünfte i.S.d. § 10 Abs. 6 Satz 2 AStG
Alle anderen Zwischeneinkünfte mit Kapitalanlagecharakter unterliegen voll der verschärften Hinzurechnungsbesteuerung.

Erfolgt die Finanzierung der Holdinggesellschaft nicht über den ausländischen Kapitalmarkt, lösen die Einkünfte aus der Konzernfinanzierung regelmäßig die (volle oder gekürzte) verschärfte Hinzurechnungsbesteuerung aus. Dieser unerwünschten Konsequenz kann durch den Einsatz hybrider Finanzinstrumente begegnet werden. Werden im Ansässigkeitsstaat der leistenden Gesellschaft die Vergütungen als Zinsen behandelt, im Domizilstaat der empfangenden Gesellschaft hingegen als Dividenden, kommt für diese Beteiligungseinkünfte auch die Ausnahmeregelung des § 10 Abs. 6 Satz 2 Nr. 2 AStG zur Anwendung. Im Verhältnis zum inländischen Mutterunternehmen kann die Rechtsfolge für sol-

---

214 Dazu auch *Baumgärtel*, [Konzernstruktur] und Umstrukturierung - Beschränkungen durch die Hinzurechnungsbesteuerung, in: Herzig (Hrsg.), Steuerorientierte Umstrukturierung von Unternehmen, Stuttgart 1997, S. 286 ff. Eine Quantifizierung der Rechtsfolgen der Hinzurechnungsbesteuerung ist bereits in Kapitel C.3, Gliederungspunkt C.3.2.4 erfolgt.

che niedrig besteuerten Einkünfte auf die allgemeine Hinzurechnungsbesteuerung reduziert werden.[215]

C.4.2.4.4 Besonderheiten einer ausländischen Personengesellschaft mit Holdingfunktion

Da das internationale Schachtelprivileg ausschließlich Mutterkapitalgesellschaften gewährt wird, könnte versucht werden, abkommensrechtlich Unternehmensgewinne durch Zwischenschaltung einer ausländischen Landesholding in der Rechtsform der Personengesellschaft zu begründen. Dazu ist es erstens erforderlich, durch die Holding eine Betriebstätte zu begründen und zweitens für die Beteiligungen den funktionalen Zusammenhang zur Betriebstätte herzustellen. Eine *reine Beteiligungsholding* scheidet damit aus, weil diese vom abkommensrechtlichen Betriebstättenbegriff nicht erfaßt wird. Bei einer *geschäftsleitenden Holding* ist es hingegen fraglich, ob die Beteiligungen das Kriterium der wirtschaftlichen Zugehörigkeit erfüllen. Der Teilkonzern müßte so organisiert werden, daß der objektive Zusammenhang der Beteiligungsgesellschaften zur unternehmerischen Tätigkeit der Personengesellschaft eindeutig erkennbar ist.[216] Nur unter diesen Voraussetzungen können die gepoolten Dividenden wegen des Betriebstättenvorbehalts des Art. 10 Abs. 4 OECD-MA in Form von Unternehmensgewinnen an die inländische Mutterpersonengesellschaft weitergeleitet werden.

Wird die Auslandsbetriebstätte niedrig besteuert, kann entsprechend auf die Ausnahmevorschrift des § 10 Abs. 6 Satz 2 Nr. 2 AStG zurückgegriffen werden. Die DBA-Freistellung bleibt damit erhalten. Nur für andere Zwischeneinkünfte mit Kapitalanlagecharakter ist der Methodenwechsel des § 20 Abs. 2 AStG zu beachten.

---

215 Vgl. *Kessler*, Euro-Holding, S. 291; Nach Ansicht von *Eckert*, [Konzernfinanzierung] - Zur Frage, welche Einkünfte unter die Ausnahmevorschrift des § 10 Abs. 6 Satz 2 Nr. 2 AStG fallen -, in: IStR 1996, S. 378 ff. erstreckt sich die Ausnahmevorschrift auf sämtliche Zwischeneinkünfte mit Kapitalanlagecharakter, die mit der Beteiligung zusammenhängen. Damit wären auch Zinsen aus der Darlehensfinanzierung begünstigt.

216 Vgl. *Greif*, Steuergestaltung, S. 107.

C.4.2.5 Inlandsholding

C.4.2.5.1 Steuerliche Gestaltungen über eine Inlandsholding

Die Inlandsholding wird eingesetzt, um Nachteile zu vermeiden, die mit der Rechtsform des inländischen Mutterunternehmens zusammenhängen oder sich aufgrund von Sonderbestimmungen des deutschen Steuerrechts einstellen.

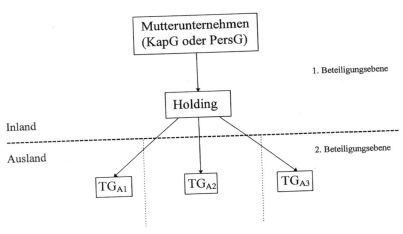

Auch für die Inlandsholding können die Problemlösungen in Gruppen zusammengefaßt werden:

(1) Umleitung von Dividenden über die Holding zur
- Inanspruchnahme des Schachtelprivilegs oder der indirekten Anrechnung;
- Vermeidung oder mindestens Begrenzung von Quellensteuern.

(2) Verlagerung von Einkünften der inländischen Spitzeneinheit nach unten auf die Holding zur
- Erzielung steuerfreier Veräußerungsgewinne;
- Sicherstellung des uneingeschränkten Betriebsausgabenabzugs.

C.4.2.5.2 Quantifizierung der steuerlichen Vorteile

Die Vorteile aus der Zwischenschaltung einer *inländischen* Holding werden mit dem **Referenzfall** bei *direkter* Beteiligung einer inländischen Muttergesellschaft an einer *aktiven ausländischen Gesellschaft mit Gewinntransfer ins In-*

land dargestellt. Neben dem Gewinnfall werden auch Verlust- und Refinanzierungsvarianten untersucht. Abweichend zum Fall der Auslandsholding werden die Ergebnisse als vergleichbar angesehen, auch wenn die Gewinne auf der Ebene der inländischen Holding gespeichert werden.[217]
Es können die steuerlichen Wirkungen folgender Einzelaspekte analysiert werden:

- Da das Schachtelprivileg und die indirekte Anrechnung eine inländische Mutterkapitalgesellschaft voraussetzen, bietet sich für den Fall einer Mutterpersonengesellschaft eine Zwischenholding in der Rechtsform der Kapitalgesellschaft an. Gleichfalls ist die DBA-Quellensteuerbegrenzung häufig von der Rechtsform des Dividendenempfängers abhängig. Diese Maßnahme kann auch eingesetzt werden, wenn eine ausländische Personengesellschaft nach dem Recht des Sitzstaates als Kapitalgesellschaft besteuert wird.[218]

Der Steuervorteil setzt sich hier unter der Annahme der DBA-Freistellung für Schachtelerträge zusammen aus:

$$\Delta S = - s_I^{ek} * q * GA + S_{Q(Div_P)_{max.}} + (s_{Q(Div_K)} - s_{Q(Div_P)}) * q * GA$$

Für die indirekte Anrechnung beträgt der Vorteil:

$$\Delta S = (-s_I^{ek} + s_I^{kn}) * q * GA + s_I^{kn} * AB_{max.} - S_{Q(Div_K)} - AB_{max.}$$
$$+ S_{Q(Div_P)_{max.}} + (s_{Q(Div_K)} - s_{Q(Div_P)}) * q * GA$$

- Die steuerfreie Veräußerung von Beteiligungen an ausländischen Gesellschaften bleibt ebenfalls nur Körperschaften vorbehalten. Die Steuerentlastung für den Fall einer Mutterpersonengesellschaft beträgt:

$$\Delta S = (-s_I^{ek_g} - s_I^{ge} + s_I^{ek_g} s_I^{ge}) * VG$$

- Damit der Abzug von Refinanzierungsaufwendungen einer Auslandsbeteiligung auch im Ausschüttungsfall nicht gefährdet ist, werden privilegierte Schachteldividenden auf die mit Eigenkapital ausgestattete Holding verla-

---

217 Dies kann mit der Verfügbarkeit der Mittel im Inland begründet werden. Daß bei Weiterleitung von EK01 an Nichtkapitalgesellschaften zusätzliche Steuerbelastungen entstehen, ist keine spezielle Besonderheit von Holdingkonstruktionen.
218 Vgl. *Greif*, Steuergestaltung, S. 113 f.

gert, während die Mutterkapitalgesellschaft den uneingeschränkten Betriebsausgabenabzug in Anspruch nimmt.[219]

Der Vorteil beträgt:

$$\Delta S = -(s_I^{kn} + 0.5 s_I^{ge} - s_I^{kn} 0.5 s_I^{ge}) * \Delta BA$$

Die Gestaltung über eine Zwischenholding sichert zunächst nur den steuergünstigen Transfer von ausländischen Gewinnen ins Inland.[220] Zur Weiterleitung dieser Gewinnanteile an die inländische Konzernspitze ist das Instrumentarium des deutschen Steuerrechts zu prüfen.

In allen besprochenen Fällen wird auf der Ebene der Holding EK01 gebildet. § 8b Abs. 1 KStG ermöglicht zwar materiell die steuerfreie Weiterleitung solcher Einkunftsteile an die übergeordnete Kapitalgesellschaft; bei refinanzierter Auslandsbeteiligung wird jedoch erneut der Betriebsausgabenabzug gefährdet. Eine Ausschüttung des EK01 an eine Mutterpersonengesellschaft macht die Vorteile wieder zunichte. Die Weiterleitung der ausländischen Beteiligungserträge per Darlehen an die Konzernspitze verursacht wegen der hälftigen Hinzurechnung von Dauerschuldzinsen zusätzlich Gewerbesteuer. Die bisher behandelten Methoden führen in diesem Fall offensichtlich zu keiner zufriedenstellenden Lösung. Es kann nur noch das Instrument der Organschaft geprüft werden.

---

219 Vgl. *Lempenau*, Steuerorientierte [Gestaltung] von Unternehmensstrukturen im Binnenmarkt, in: Herzig (Hrsg.), Steuerberater-Jahrbuch 1992/93, S. 249, der ausdrücklich darauf hinweist, daß die Übernahme derartiger Kosten durch die Konzernspitze nicht zu einer verdeckten Einlage führt.

220 Vergünstigungen durch Inanspruchnahme von Teilwertabschreibungen auf Beteiligungen bei passiv tätigen Gesellschaften können wegen § 2a Abs. 1 Nr. 7a EStG durch eine Inlandsholding nicht erzielt werden.

C.4.3 Steuergestaltung durch Organschaft

Gewinne und Verluste rechtlich selbständiger Unternehmen können im deutschen Steuerrecht nur über das Rechtsinstitut der Organschaft zusammengerechnet werden. Dies ist allerdings nur unter Berücksichtigung sehr strenger Voraussetzungen zulässig.

Organgesellschaft kann nur eine *Kapitalgesellschaft* mit Geschäftsleitung und Sitz im *Inland* sein.[221] Damit scheiden ausländische Kapitalgesellschaften aus dem Organkreis aus.

Der Organträger ist rechtsformunabhängig. Es muß lediglich ein *inländisches gewerbliches Unternehmen* vorliegen.[222] Dabei kann es sich um eine unbeschränkt steuerpflichtige natürliche Person, eine Kapitalgesellschaft oder eine Personengesellschaft mit Sitz und Geschäftsleitung im Inland handeln.[223] Im Verhältnis zu einem ausländischen gewerblichen Unternehmen wird die Organschaft nur anerkannt, wenn die Voraussetzungen und Konsequenzen der Organschaft durch eine im Handelsregister eingetragene *inländische Zweigniederlassung* erfüllt und abgewickelt werden.[224]

C.4.3.1 Voraussetzungen der körperschaftsteuerlichen Organschaft mit Gewinnabführungsvertrag

C.4.3.1.1 Eingliederungsvoraussetzungen

Die Organschaft erfordert die **finanzielle, wirtschaftliche** und **organisatorische** Eingliederung. Das Kriterium der finanziellen Eingliederung ist erfüllt, wenn dem Organträger die Mehrheit der Stimmrechte aus den Anteilen an der Organgesellschaft zusteht. Dies gilt entsprechend für mittelbar gehaltene Beteiligungen.[225] Die wirtschaftliche Eingliederung wird dann bejaht, wenn das beherrschte Unternehmen die gewerblichen Zwecke des Organträgers fördert oder ergänzt. Die ausschließliche Betätigung als geschäftsleitende Holding ist dann unschädlich, wenn die einheitliche Leitung "in einer durch äußere Merkmale

---

221 § 14 Satz 1 i.V.m. § 17 KStG.
222 § 14 Satz 1 KStG.
223 § 14 Nr. 3 KStG.
224 § 18 KStG.
225 § 14 Nr. 1 KStG und Abschn. 49 KStR. Dabei muß entweder die unmittelbare oder die mittelbare Beteiligung das Kriterium der finanziellen Eingliederung erfüllen. Eine Zusammenrechnung von unmittelbaren und mittelbaren Beteiligungen kann nach Auffassung der Finanzverwaltung die finanzielle Eingliederung nicht begründen.

erkennbaren Form"[226] über **mehrere** abhängige Kapitalgesellschaften ausgeübt wird. Dabei muß es sich nicht zwingend um Organgesellschaften handeln; es genügt selbst eine ausländische Kapitalgesellschaft.[227] Die Gewerblichkeit kraft Rechtsform ist hingegen nicht ausreichend.[228] Die organisatorische Eingliederung wird durch Beherrschungsvertrag (§ 291 Abs. 1 AktG) oder Eingliederung nach §§ 319 - 327 AktG erfüllt.[229]

C.4.3.1.2 Gewinnabführungsvertrag

Der Gewinnabführungsvertrag muß für mindestens 5 Jahre abgeschlossen und auch tatsächlich durchgeführt werden (§ 14 Nr. 4 KStG). Dabei muß der *gesamte Gewinn* an den Organträger abgeführt werden. Gleichzeitig wird damit eine *Verlustübernahmeverpflichtung* begründet.[230] Minderheitsgesellschafter haben nur Anspruch auf Ausgleichszahlungen bzw. Abfindung.[231]

C.4.3.2 Rechtsfolgen der Organschaft

C.4.3.2.1 Einkommenszurechnung

Eine geglückte Organschaft löst steuerlich die *Zurechnung des Organeinkommens zum Organträger* aus. Das Einkommen der Organgesellschaft wird - mit Ausnahme der Ausgleichszahlungen zuzüglich Ausschüttungsbelastung - so behandelt, als ob es der Organträger selbst erwirtschaftet hat. Auch steuerliche Verluste des Organs mindern unmittelbar das steuerpflichtigen Einkommen des Organträgers.

---

226 BFH vom 17.12.1969, I 252/64, BStBl II 1970, S. 257.
227 BFH vom 15.4.1970, I R 122/66, BStBl II 1970, S. 554.
228 Abschn. 50 Abs. 1 Satz 6 KStR. Dies spielt insb. für eine inländische Landesholding mit ausländischem Gesellschafterkreis eine wichtige Rolle. Speziell im Spartenkonzern bestehen Bedenken, ob die Kriterien einer geschäftsleitenden Holding erfüllt werden können. Vgl. *Pachhasenheimb*, Kann die deutsche Holding eines internationalen Spartenkonzerns [Organträger] sein?, in: IStR 1993, S. 1 ff.; *Raupach*, Der international tätige [Spartenkonzern] Organisation - Recht - Steuern, in: IStR 1993, S. 198; *Grotherr*, Besteuerungsfragen und -probleme bei der Einschaltung inländischer [Holdinggesellschaften] im grenzüberschreitenden Konzern (Teil II), in: BB 1995, S. 1561 f.
229 § 14 Nr. 2 Sätze 2 und 3 KStG.
230 § 302 AktG.
231 §§ 304, 305 AktG.

C.4.3.2.2 Steuerliche Behandlung ausländischer Einkünfte

(1) Anrechnung ausländischer Steuern

Von der Einkommenszurechnung werden auch ausländische Einkünfte erfaßt. Unterliegen diese der inländischen Besteuerung, ist zu prüfen, welche ausländischen Steuern auf die inländische Steuer angerechnet werden dürfen. Ist der Organträger eine Kapitalgesellschaft, kann dieser sämtliche Steuern anrechnen, für die das Organ die Voraussetzungen erfüllt.[232] Anrechnungshöchstbeträge richten sich nach den Verhältnissen beim Organträger.[233] Handelt es sich beim Organträger um eine Personengesellschaft, können die Gesellschafter nur die Steuern anrechnen, deren Berücksichtigung das EStG vorsieht.[234] Damit geht die indirekte Anrechnung verloren.

(2) Freistellung von Schachteldividenden

Das internationale Schachtelprivileg wird nur gewährt, wenn auch der Organträger die Voraussetzungen für die Inanspruchnahme des Schachtelprivilegs erfüllt. Ist der Organträger eine Personengesellschaft, sind Schachteldividenden nur insoweit steuerbefreit, als sie auf einen Gesellschafter entfallen, dem selbst das Schachtelprivileg gewährt würde.[235] Im Modellfall ist dies annahmegemäß ausgeschlossen. Es gelingt somit auch mit dem Instrument der Organschaft nicht, steuerfreie Schachteldividenden ohne Nachversteuerung von einer Inlandsholding auf die Ebene der Mutterpersonengesellschaft bzw. deren Gesellschafter zu bringen. Der positive Steuerstundungseffekt bei Thesaurierung auf der Ebene der Kapitalgesellschaft entfällt.

(3) Steuerfreie positive ausländische Betriebstätteneinkünfte

Bei ausländischen Betriebstätteneinkünften wird die Freistellung im Inland sowohl einer Kapitalgesellschaft als auch den Gesellschaftern einer Personengesellschaft gewährt. Die für die Kapitalgesellschaft übliche Nachversteuerung bei Ausschüttung an den Anteilseigner kann verhindert werden, wenn eine (Holding-)Personengesellschaft (GmbH & Co. KG) als Organträger eingesetzt wird. Die Betriebstätteneinkünfte können wegen der Einkommenszurechnung zum Organträger bis zu der natürlichen Person steuerfrei durchgeschleust werden.[236] Ob für diese Einkünfte der Progressionsvorbehalt greift, ist noch nicht

---

232 § 19 Abs. 1 KStG.
233 Abschn. 65 Abs. 1 Satz 4 KStR.
234 § 19 Abs. 2, 3 KStG.
235 § 15 Nr. 2 KStG. Dasselbe gilt für die steuerfreie Weiterleitung von EK01 (§ 15 Nr. 3 KStG).
236 Zu einzelnen Gestaltungsvarianten, die unter ertragsteuerlichen Aspekten zum selben Ergebnis führen *Wurm*, Holdingkonstruktionen, 1997, S. 100 ff.

endgültig geklärt. Nach Auffassung von *Grützner*[237] rechtfertigen weder das DBA noch unmittelbar § 32b Abs. 1 Nr. 2 EStG die Anwendung des Progressionsvorbehaltes beim Organträger.

(4) Ausländische Betriebstättenverluste
Werden im Ausland *aktive* Betriebstättenverluste erzielt, können diese im Fall ohne DBA wie inländische Verluste abgezogen werden. *Passive* Verluste dürfen hingegen nur mit positiven Einkünften aus demselben Staat ausgeglichen werden. Da es sich um eine Vorschrift zur Einkommensermittlung handelt, richtet sich der Verlustabzug ausschließlich danach, ob bei der Organgesellschaft selbst eine Verrechnung vorgenommen werden kann. Entsprechende positive Einkünfte des Organträgers können nicht genutzt werden.[238]

Trotz DBA-Freistellung positiver ausländischer Einkünfte dürfen negative *aktive* Betriebstätteneinkünfte auf Antrag nach § 2a Abs. 3 EStG vorübergehend im Inland abgezogen werden. Selbst wenn der Organträger steuerfreie Betriebstätteneinkünfte aus demselben Staat bezieht, erfolgt keine Verrechnung; es bleibt beim Verlustabzug im Rahmen der Einkommensermittlung beim Organ. Entsprechend verhält es sich mit der späteren Hinzurechnung.[239]

(5) Refinanzierungsaufwendungen
Wurden Refinanzierungsaufwendungen durch Zwischenschaltung einer inländischen Holding (=Organgesellschaft) vom Mutterunternehmen (=Organträger) getrennt, ist zu untersuchen, ob im Zuge der Einkommenszusammenrechnung der Betriebsausgabenabzug im Ergebnis doch verloren geht. Auch hierzu wird die Ansicht vertreten, daß die nachgelagerte Einkommenszurechnung keine Rückwirkungen mehr auf die ursprünglich getrennte Einkommensermittlung auslöst.[240] Der Betriebsausgabenabzug müßte damit erhalten bleiben.

(6) Gewinne aus der Veräußerung von Auslandsbeteiligungen
§ 8b Abs. 2 KStG, der die Steuerbefreiung von Gewinnen aus der Veräußerung

---

237 Berücksichtigung der Ergebnisse ausländischer Betriebsstätten in [Organschaftsfälle]n i.S. der §§ 14, 17 KStG, in: GmbHR 1995, S. 506. Diese Auffassung wird bestätigt durch die Vfg. OFD Hannover vom 22.7.1994, S 2270-StH 231, in: GmbHR 1994, S. 731.
238 Vgl. *Grützner*, Organschaftsfälle, S. 504. Dasselbe gilt für Gewinnminderungen aus Beteiligungen an passiven Kapitalgesellschaften.
239 *Ebd.*, S. 506.
240 Vgl. *Haarmann*, Besteuerungsfragen beim Einsatz von [Holdinggesellschaften] im Rahmen des Aufbaus internationaler deutscher Konzerne, in: Fischer (Hrsg.), Internationaler Unternehmenskauf und -zusammenschluß im Steuerrecht, Band 1, Köln 1992, S. 100.

von Beteiligungen an ausländischen Kapitalgesellschaften vorsieht, darf im Falle der Organschaft nur angewendet werden, wenn auch der Organträger die Voraussetzungen erfüllt. Ist der Organträger eine Personengesellschaft, deren Gesellschafter natürliche Personen sind, müssen die Veräußerungsgewinne voll versteuert werden.[241] Die ohne Organschaft übliche Nachversteuerung bei Weiterausschüttung des so gebildeten EK01 wird unverzüglich vorgenommen.

C.4.3.3 Konsequenzen der Organschaft für die Gewerbesteuer

Die körperschaftsteuerliche Organschaft schließt in aller Regel die gewerbesteuerliche Organschaft ein. Soweit die Organgesellschaft ausländische Dividenden, Gewinnanteile oder Betriebstättengewinne bezieht, löst die gewerbesteuerliche Organschaft keine Konsequenzen aus, da solche Einkunftsbestandteile nicht im Gewerbeertrag enthalten sind. Erträge aus Direktgeschäften unterliegen wie inländische Einkünfte der Gewerbesteuer. Hinzurechnungen nach § 8 GewStG unterbleiben, soweit die entsprechenden Erträge in einem der getrennt zu ermittelnden Gewerbeerträge bereits enthalten sind.[242] Da die Organgesellschaft als Folge der Organschaft wie eine unselbständige Betriebstätte behandelt wird, kann dem Organ aufgrund der Zerlegungsvorschriften ein vom tatsächlichen Gewerbeertrag abweichender Wert zugerechnet werden.[243] Im Falle von Hebesatzunterschieden können daraus Mehr- oder Minderbelastungen resultieren.[244]

C.4.3.4 Elemente einer "grenzüberschreitenden" Organschaft

Das deutsche Steuerrecht erlaubt *keine grenzüberschreitende* Erfolgsverrechnung. Ein Gewinntranfer ausländischer Kapitalgesellschaften ins Inland kann nur mit den Instrumenten Gewinnausschüttung oder Leistungsvergütung erfolgen. Laufende Verluste bleiben hingegen mit Ausnahme der Teilwertabschreibung unberücksichtigt. Grenzüberschreitende Elemente sind bei der Organschaft nur im Zusammenhang mit den Ansässigkeitsvoraussetzungen des Organträgers oder dessen Gesellschafter anzutreffen. So können Gesellschafter des Organträgers auch ausländische Steuerpflichtige sein bzw. ist es ausreichend, wenn ein ausländischer Organträger eine inländische Zweigniederlas-

---

241 § 15 Nr. 3 KStG.
242 Abschn. 42 Abs. 1 Satz 4 GewStG. Dies verhindert eine gewerbesteuerliche Doppelbelastung bei Leistungsvereinbarungen zwischen Organ und Organträger.
243 § 2 Abs. 2 i.V.m. §§ 28 ff. GewStG.
244 Beispielsrechnungen sind bei *Grotherr*, Holdinggesellschaften (Teil II), S. 1562 f. zu finden.

sung unterhält.[245] Ansonsten existieren nur (Sonder)-Vorschriften über die Zurechnung ausländischer Einkünfte. Dadurch können jedoch nur unwesentliche Vorteile gegenüber dem direkten Bezug der ausländischen Einkünfte durch das jeweilige Mutterunternehmen realisiert werden. Die Begrenzung des Organkreises auf das Inland unter Berücksichtigung der Besonderheiten ausländischer Einkünfte stößt in der Literatur zunehmend auf Kritik. Für die Besteuerung internationaler Konzerne wird immer wieder die Berücksichtigung von Erfolgen - insbesondere Verlusten ausländischer Tochtergesellschaften - gefordert.[246]

---

245 § 14 Nr. 3 und § 18 KStG. Vgl. auch *Orth*, Elemente einer grenzüberschreitenden [Organschaft] im deutschen Steuerrecht, in: GmbHR 1996, S. 34 ff.

246 Vgl. z.B. *Grotherr*, Kritische [Bestandsaufnahme] der steuersystematischen und betriebswirtschaftlichen Unzulänglichkeiten des gegenwärtigen Organschaftskonzepts, in: StuW 1995, S. 124-150; *Orth*, Organschaft, S. 39 f; *Scheuchzer*, Zur Notwendigkeit einer Europäisierung der [Organschaft], in: RIW 1995, S. 35-48; *Scheffler*, [Besteuerungskonzepte] für nationale und internationale Konzerne im Vergleich, unveröffentlichte Unterlagen zur Tagung der Hochschullehrer für Betriebswirtschaft im April 1997.

C.4.4 Steuergestaltung durch Betriebsaufspaltung über die Grenze

C.4.4.1 Voraussetzungen der Betriebsaufspaltung

Mit dem von der Rechtsprechung statuierten Rechtsinstitut der Betriebsaufspaltung werden Sachverhaltsgestaltung erfaßt, in denen die für den Betrieb *notwendigen Wirtschaftsgüter* von einem **Besitzunternehmen** an das **Betriebsunternehmen** verpachtet werden. Zur Abgrenzung von der reinen Verpachtungstätigkeit werden die Kriterien der **sachlichen** und **personellen** Verflechtung herangezogen. Bei der Beurteilung der sachlichen Verflechtung wird auf die *funktionale Bedeutung des Wirtschaftsgutes* abgestellt.[247] Für das Merkmal der personellen Verflechtung ist der *einheitliche geschäftliche Betätigungswille* der an den Unternehmen beteiligten Personen ausschlaggebend.[248]

C.4.4.2 Rechtsfolgen der Betriebsaufspaltung

Liegen die beiden Kriterien der Betriebsaufspaltung *kumulativ* vor, erzielt das Besitzunternehmen mit der Begründung, daß es (über das Betriebsunternehmen) am allgemeinen wirtschaftlichen Verkehr teilnimmt, aus der Verpachtungstätigkeit stets gewerbliche Einkünfte; auch mit Wirkung für die Gewerbesteuer.[249] Sämtliche Vermögensänderungen der Wirtschaftsgüter einschließlich der Beteiligung an der Betriebskapitalgesellschaft[250] sind damit steuerverhaftet. Grundsätzlich wird dem Besitzunternehmen die Tarifbegrenzung nach § 32c EStG für gewerbliche Einkünfte auf 47 % gewährt. Von der Begünstigung ausgenommen sind jedoch Gewinnausschüttungen, die von der Betriebskapitalgesellschaft stammen.[251]

Die Begründung einer Betriebsaufspaltung durch Überführung von Wirtschaftsgütern auf das Betriebsunternehmen ist zu Buchwerten möglich.[252]

---

247 H 137 Abs. 5 EStR.
248 H 137 Abs. 6 und 7 EStR.
249 H 137 Abs. 4 EStR; Abschn. 15 Abs. 2 Satz 2 GewStR.
250 Diese ist dem notwendigen Sonderbetriebsvermögen II zuzurechnen. Dabei handelt es sich um Wirtschaftgüter, die unmittelbar zur Begründung oder Stärkung der Beteiligung des Mitunternehmers an der Personengesellschaft eingesetzt werden können (R 13 Abs. 2 Satz 2 EStR). Grundlegend bereits BFH vom 8.11.1960, I 131/59 S, BStBl III 1960, S. 513.
251 § 32c Abs. 2 Satz 2 EStG.
252 BMF-Schreiben vom 16.6.1978, IV B 2 - S 1909 - 8/78, BStBl I 1978, S. 235, Tz. 49, BMF-Schreiben vom 22.1.1985, IV B 2 - S 1909 - 2/85, BStBl I 1985, S. 97 für die Übertragung von Wirtschaftsgütern von einer Besitzpersonengesellschaft auf eine Betriebskapitalgesellschaft. Nach der Vfg. der OFD Hamburg vom 16.1.1996, S 2240 - 17/96 - St 24, DStR 1996, S. 427 ist es nun auch möglich, Wirtschaftsgüter im Rahmen einer *kapitalistischen* Betriebs-

C.4.4.3 Besonderheiten einer grenzüberschreitenden Betriebsaufspaltung

Grundsätzlich kann sich das Rechtsinstitut der Betriebsaufspaltung auch auf zwei verschiedene Staaten erstrecken. Es wäre erstens denkbar, daß ein (gewerbliches) ausländisches Unternehmen mit ausländischem Gesellschafterkreis wesentliche Betriebsgrundlagen an eine inländische Kapitalgesellschaft verpachtet. Ohne DBA ist für diesen Fall zu prüfen, ob die Pachtzahlungen einen Besteuerungstatbestand des § 49 EStG auslösen. Eine Subsumtion unter § 49 Abs. 1 Nr. 2a EStG scheidet aus, wenn keine inländische Betriebstätte begründet wird. Daher muß untersucht werden, ob wegen der in § 49 Abs. 2 EStG verankerten isolierenden Betrachtungsweise Einkünfte aus Vermietung und Verpachtung (§ 49 Abs. 1 Nr. 6 EStG) vorliegen.[253] Eine solche Qualifikation würde jedoch kein ausländisches Besteuerungsmerkmal, sondern die im Inland aufgestellten Grundsätze zur Betriebsaufspaltung verdrängen. In der Literatur sind dazu unterschiedliche Interpretationen anzutreffen.[254] Überwiegend wird das inländische Besteuerungsrecht jedoch abgelehnt, sofern keine inländische Betriebstätte vorliegt.[255]

Im DBA-Fall gestaltet sich das Problem deutlich einfacher. Da für *Einkünfte aus unbeweglichem Vermögen* regelmäßig dem *Belegenheitsprinzip* Vorrang eingeräumt wird, bleibt das Besteuerungsrecht im Inland. *Gewinnausschüttungen* fallen grundsätzlich unter die Dividendenregel (Art. 10 OECD-MA), es sei denn, der Betriebstättenvorbehalt (Art. 10 Abs. 4 OECD-MA) greift, weil im Inland eine Betriebstätte unterhalten wird. Unter Umständen kann bei dieser Konstellation das Besteuerungsrecht in vollem Umfang beim Inland verbleiben. Der ausländische Staat verfügt dann über keine Zugriffsmöglichkeiten.[256]

Bei der zweiten denkbaren Variante einer grenzüberschreitenden Betriebsaufspaltung verpachtet ein inländisches Besitzunternehmen mit inländischem Ge-

---

aufspaltung zu Buchwerten zu übertragen. Dies ermöglicht jetzt auch die steuerneutrale Überführung einzelner bzw. einer Gruppe von Wirtschaftsgütern zwischen Kapitalgesellschaften zum Buchwert, die keinen Teilbetrieb darstellen.

253 Dasselbe Problem stellt sich bei Gewinnausschüttungen an die ausländische Besitzpersonengesellschaft (§ 49 Abs. 1 Nr. 5 EStG).

254 Einen Überblick zu den in der Literatur vorgeschlagenen Lösungen findet sich bei *Crezelius*, Die isolierende Betrachtungsweise, insbesondere die grenzüberschreitende [Betriebsaufspaltung], in: Haarmann (Hrsg.) Die beschränkte Steuerpflicht, Forum der internationalen Besteuerung, Band 2, Köln 1993, S. 90 ff.

255 Vgl. *Crezelius*, Betriebsaufspaltung, S. 92 f., *Jacobs*, Internationale Unternehmensbesteuerung, S. 153 f., *Mössner u.a.*, Steuerrecht, S. 607 ff., F115 - 118.

256 Vgl. *Jacobs*, Internationale Unternehmensbesteuerung, S. 160 f.

sellschafterkreis wesentliche Betriebsgrundlagen an eine ausländische Kapitalgesellschaft. Für den Fall, daß dem ausländischen Staat das Rechtsinstitut der Betriebsaufspaltung ebenfalls bekannt ist und beschränkt steuerpflichtige Einkünfte vergleichbar zu den deutschen Bestimmungen gruppiert, sind oben erläuterte Rechtsfolgen entsprechend zu berücksichtigen. Ansonsten können für die Pacht- und Dividendenzahlungen im Rahmen der beschränkten Steuerpflicht gegebenenfalls Quellensteuern erhoben werden. Aus inländischer Sicht stellt sich erneut die Frage, ob die Betriebsaufspaltungsgrundsätze anzuwenden sind. Dies wird in der Literatur nur für den Fall bejaht, daß die ausländische Betriebsgesellschaft im Inland eine Betriebstätte unterhält.[257] Das Besitzunternehmen bzw. deren Gesellschafter können ansonsten Einkünfte aus Vermietung und Verpachtung oder Kapitalvermögen beziehen. Für den Fall, daß ein DBA existiert, kann die oben dargestellte abkommensrechtliche Einkünftezuordnung übertragen werden.

Eine erfolgsneutrale Überführung von Wirtschaftsgütern auf die ausländische Betriebskapitalgesellschaft wird wegen dem damit verbundenen Verlust des inländischen Besteuerungsanspruchs für die übertragenen stillen Reserven scheitern.[258]

---

257 Vgl. *Crezelius*, Betriebsaufspaltung, S. 93; *Schmidt*, EStG, § 15, Rz. 862.
258 So auch im BMF-Schreiben vom 22.1.1985, S. 97.

C.5 Optimierung der Steuerbelastung durch Umstrukturierung

In einem international tätigen Konzern ist die einmal errichtete Struktur keinesfalls völlig starr. Der Konzernaufbau bleibt in den seltensten Fällen in seiner ursprünglichen Form bestehen. Im Zeitablauf sich verändernde Einflußfaktoren erfordern entsprechende Anpassungsprozesse. Die Konzernstruktur ergibt sich daher als Ergebnis einer dynamischen Unternehmensentwicklung und sich verändernden Rahmenbedingungen. Dazu gehören neben wirtschaftlichen auch steuerliche Faktoren.

Bei **grenzüberschreitenden Umstrukturierungsvorgängen** kann eine Auflösung der stillen Reserven von den Rechtssystemen beider Staaten gefordert werden. Die *Steuerneutralität* wird vom Grundsatz her immer dann gewahrt, wenn als Folge der Umstrukturierungsmaßnahme das Besteuerungsrecht der beteiligten Staaten nicht beeinträchtigt wird.[259] Für die Besteuerung im Inland ist es häufig völlig unerheblich, wie der andere Staat den Sachverhalt bewertet.

C.5.1 Umstrukturierung der ausländischen Organisationseinheit wegen veränderter Erfolgssituation

Die Steuerbelastungsanalyse bei laufender Besteuerung hat gezeigt, daß sowohl die Betriebstätte und - der vergleichbaren Rechtsfolgen wegen - auch die Personengesellschaft der ausländischen Kapitalgesellschaft überlegen sind, wenn mit dem Einstieg am Auslandsmarkt *Anlaufverluste* verbunden sind. Mangels Verlustausgleichs- bzw. Verlustrücktragsmasse bleiben bei allen Alternativen die Verluste im Ausland unberücksichtigt. Eine Teilwertabschreibung auf die im Inland gehaltene Beteiligung an der ausländischen Kapitalgesellschaft wird in den ersten fünf Jahren regelmäßig versagt. Wegen des Verlusttransfers ins Inland - auch bei DBA-Freistellung - sichert nur die Betriebstättenalternative den sofortigen Liquiditätsvorteil aus der Steuerentlastung.

Für den Konzernaufbau mit Auslandsbetriebstätte, ist zu prüfen, ob durch einen **Rechtsformwechsel** nach *Überschreiten der Gewinnschwelle* der Barwert der Steuerbelastung im Planungszeitraum gesenkt werden kann, weil Betriebstätten auch im Ausland häufig einem wesentlich höheren Steuersatz unterliegen. Der Gesamteffekt hängt entscheidend davon ab, welche Steuerbelastungen der Umwandlungsvorgang selbst verursacht.

---

259 Dieser Gedanke ist bspw. in §§ 20 Abs. 3 und 21 Abs. 2 Nr. 2 UmwStG explizit verankert.

Beim Konzernaufbau mit ausländischer Kapitalgesellschaft ist Handlungsbedarf gegeben, wenn sich auf der Ebene der Kapitalgesellschaft *Verlustvorträge kumulieren*, für die in naher Zukunft keine Ausgleichsmöglichkeiten abzusehen sind. Für diesen Sachverhalt ist zu prüfen, ob durch Umwandlung die Verlustberücksichtigung zeitlich vorverlegt werden kann.

C.5.1.1 Einbringung ausländischen Betriebstättenvermögens in eine ausländische Kapitalgesellschaft an demselben Standort

Die steuerlichen Konsequenzen des Einbringungsvorgangs richten sich zunächst nach dem Recht des Betriebstättenstaates. Daneben ist zu prüfen, ob der Vorgang aus inländischer Sicht zur Realisierung der stillen Reserven zwingt. Dies ist davon abhängig, in welchem Staat sich die Betriebstätte und die aufnehmende Kapitalgesellschaft befinden.

C.5.1.1.1 Steuerliche Konsequenzen im Ausland

Je nachdem, wie der *Einbringungsvorgang im Ausland* behandelt wird, gilt:

(1) bei Buchwertverknüpfung
Die Wirtschaftsgüter werden zum Buchwert überführt; es werden keine Besteuerungsgrundlagen geschaffen:
$$S_{A(T)} = 0$$

(2) bei Teilwertbewertung
Im welchen Umfang stille Reserven aufgedeckt werden, richtet sich nach dem Recht des Quellenstaates. Neben den *bilanzierten* Wirtschaftsgütern können weitere bisher *nicht bilanzierte* Wirtschaftsgüter einschließlich eines gegebenenfalls vorhandenen *Firmenwertes* stille Reserven enthalten oder verkörpern. Der Einbringungsgewinn erhöht i.d.R. den beschränkt steuerpflichtigen Betriebstättengewinn und kann auch zum Ausgleich von Verlustvorträgen herangezogen werden. *Abkommensrechtlich* wird er unter Art. 13 Abs. 2 OECD-MA subsumiert, womit das Besteuerungsrecht des Betriebstättenstaates verbunden ist.[260] Die zum Zeitpunkt der Einbringung (T) aufgedeckten stillen Re-

---

260 Vgl. *Wassermeyer*, [Umwandlungsvorgänge] in den Doppelbesteuerungsabkommen, in: Schaumburg/Piltz (Hrsg.), Internationales Umwandlungssteuerrecht, Köln 1997, S. 119 ff., der ausdrücklich auf den Rechtsgedanken der **tatsächlichen** Zugehörigkeit zur Betriebstätte verweist. Dies spielt v.a. bei Beteiligungen an Kapitalgesellschaften eine wichtige Rolle, da sonst Art. 13 Abs. 4 OECD-MA einschlägig ist. Der Abgrenzung zwischen Art. 7 und Art. 13

serven, vermindert um noch nicht ausgeglichene Verluste, werden mit dem Steuersatz für Betriebstätten versteuert. Eventuell werden Steuervergünstigungen gewährt. Das somit geschaffene Abschreibungspotential führt in den nachfolgenden Perioden zu Steuerentlastungen auf der Ebene der Kapitalgesellschaft zum dafür geltenden Steuersatz. Das jährliche Abschreibungsvolumen ($a_i * stR_i$) hängt von der Struktur der Wirtschaftsgüter und deren Restnutzungsdauer ab:

$$BW(S_A) = s_{A(BSt)} * \left[\sum_{i=1}^{m} stR_{A_i} - V_A^{VVT} \right] - \sum_{t=T+1}^{n} s_A^k \left[\sum_{i=1}^{m} a_i * stR_{A_i} \right] * q_s^{-t}$$

mit: $\sum_{i=1}^{m} stR_{A_i} - V_A^{VVT} \geq 0$

und $stR_{A_i} = TW_i - BW_{A_i}$ wobei $0 \leq a_i \leq 1$

Sieht das ausländische Recht ein Wahlrecht vor, ist die Teilwertalternative trotz Besteuerung des Vorgangs zu überprüfen, wenn folgende Rahmenbedingungen anzutreffen sind:

- günstiger Steuersatz bei der Aufdeckung der stillen Reserven. Je größer die Differenz $s_A^k - s_{A(BSt)}^{erm}$, desto stärker ist der nachfolgende (zeitlich verteilte) Entlastungseffekt;
- schnelle Berücksichtigung des Abschreibungsvolumens. Je früher die stillen Reserven als Steuerminderungspotential nutzbar sind, desto geringer ist der Zinseffekt;
- geringer Kalkulationszins nach Steuern (i_s). Je ungünstiger die Rendite einer Alternativanlage ist und je höher der maßgebliche Steuersatz ist, desto geringer sind die Barwertwirkungen der zeitlich verzögerten Steuerminderung.

Wie bei allen Umstrukturierungsvorgängen, an der eine Kapitalgesellschaft beteiligt ist, müssen neben der Behandlung auf Gesellschaftsebene die Auswirkungen beim Gesellschafter betrachtet werden. Bei grenzüberschreitenden Sachverhalten wird daher auch das deutsche Umwandlungssteuerrecht relevant. Da mit der Einbringung in eine ausländische Kapitalgesellschaft die Zugriffsmöglichkeit auf die in den Wirtschaftsgütern enthaltenen stillen Reserven endgültig beseitigt wird, muß dies beim Gesellschafter entsprechend berücksichtigt werden.

Abs. 2 OECD-MA kommt keine materielle Bedeutung zu, da die Rechtsfolgen identisch sind. Für unbewegliches Vermögen gilt stets Art. 13 Abs. 1 OECD-MA.

C.5.1.1.2 Steuerliche Konsequenzen im Inland

*(1) Einbringung durch das inländische unbeschränkt steuerpflichtige Stamm-
haus in der Rechtsform der Kapitalgesellschaft innerhalb eines EU-Staates*
Handelt es sich um eine Betriebstätte[261] in einem Mitgliedsstaat der EU, die in
eine EU-Kapitalgesellschaft eingebracht wird[262] und ist das *inländische Stammhaus* eine unbeschränkt steuerpflichtige Kapitalgesellschaft richten sich die Anschaffungskosten der Anteile nach dem Wert mit dem das Betriebstättenvermögen in der Steuerbilanz der ausländischen Kapitalgesellschaft angesetzt wird
(§ 23 Abs. 3 i.V.m. § 20 Abs. 4 Satz 1 UmwStG). Auch bei Buchwertfortführung ist der deutsche Steueranspruch über den die Wirtschaftsgüter erset-
zenden Anteilswert dem Grunde nach gesichert.[263] Allerdings kommt es dadurch wirtschaftlich zu einer *Verdoppelung der stillen Reserven.*[264] Dieser Umstand wird nur bei nationalen Sachverhalten durch das Anrechnungsverfahren
sachgemäß berücksichtigt. Der Gesetzgeber ist irrtümlich der Ansicht, daß die
Befreiungsvorschrift für Gewinne aus der Veräußerung von Anteilen an ausländischen Kapitalgesellschaften bei Buchwertfortführung eine doppelte Begünstigung bewirken würde. Deshalb darf § 8b Abs. 2 KStG frühestens *sieben* Jahre
nach Einbringung zu einem unter dem Teilwert anzusetzenden Wert angewendet werden.[265] Dies führt zur klassischen Doppelbesteuerung.[266]

Zur Ermittlung der *inländischen Steuerbelastung* als Folge der Einbringung
sind folgende Konstellationen zu beachten:[267]

(1.1) bei Buchwertfortführung
Eine Prüfung des Besteuerungsrechts ist hinfällig; es existiert keine Bemessungsgrundlage, weil dem Buchwertabgang der Wirtschaftsgüter der Betriebstätte ein Zugang der Beteiligung an der Kapitalgesellschaft in gleicher
Höhe gegenübersteht:

$$S_{I(T)} = 0$$

---

261 Es wird unterstellt, daß die ausländische Betriebstätte stets einen Betrieb oder Teilbetrieb
     i.S.d. § 23 Abs. 3 UmwStG verkörpert. Abweichende Fälle sind denkbar. Vgl. *Jacobs*, Inter-
     nationale Unternehmensbesteuerung, S. 578 f., der eine präzise Abgrenzung vornimmt.
262 Dabei muß es sich nicht um denselben Mitgliedsstaat handeln. Da hier annahmegemäß am
     Standort festgehalten wird, handelt es sich um die Einbringung innerhalb eines EU-Staates.
263 Sollte das nicht der Fall sein, sieht § 21 Abs. 2 Nr. 2 UmwStG die Aufdeckung der stillen
     Reserven vor.
264 Zur Rechtfertigung *Thiel*, [Grenzüberschreitende Umstrukturierung] von Kapitalgesellschaf-
     ten im Ertragsteuerrecht, in: GmbHR 1994, S. 281.
265 § 8b Abs. 3 Nr. 1 KStG.
266 Zur Kritik *Jacobs*, Internationale Unternehmensbesteuerung, S. 580 ff.
267 Dazu das ausführliche Beispiel im *Anhang C.3.*

Im Falle einer späteren Veräußerung der Anteile aus dem inländischen Betriebsvermögen verändert sich die inländische Steuerbelastung durch die Behaltefrist nach § 8b Abs. 3 Nr. 1 KStG im *Fall ohne DBA* zu:[268]

$$BW(S_{I(V)}) = (s_I^{kn} + s_I^{ge} - s_I^{kn}s_I^{ge}) * VG * q_s^{-V} \quad \text{für } 1 \le V \le 7$$
$$\text{und } BW(S_{I(V)}) = 0 \quad \text{für } V > 7$$

Dasselbe gilt im *DBA-Fall*, wenn, in Übereinstimmung mit Art. 13 Abs. 4 OECD-MA, das Besteuerungsrecht ausschließlich dem Inland zusteht.

(1.2) bei Teilwertbewertung
Der aus inländischer Sicht relevante Einbringungsgewinn ergibt sich aus der Differenz von Buchwertabgang und Beteiligungszugang. Dieser unterliegt grundsätzlich auch im Inland der Besteuerung, es sei denn, das DBA sieht die Freistellung vor.

Ohne DBA-Freistellung gilt:

$$S_{I(T)} = s_I^{kn} * \sum_{i=1}^{m} stR_{A(I)_i} - S_{A(BSt)max.}$$
$$\text{mit: } stR_{A(I)_i} = TW_i - BW_{A(I)_i}$$

sonst, wegen der *DBA-Freistellung* grundsätzlich:
$$S_{I(T)} = 0$$

Da die bis zum Einbringungsstichtag aufgelaufenen stillen Reserven vollständig besteuert wurden, gilt bei Anteilsveräußerung § 8b Abs. 2 KStG ohne Einschränkungen:
$$BW(S_{I(V)}) = 0$$

(1.3) durch Hinzurechnung bei Verlusten
Wurden bis zum Einbringungszeitpunkt Betriebsstättenverluste nach § 2a Abs. 3 Satz 1 EStG im Inland geltend gemacht und erfolgte noch keine Hinzurechnung entsprechender Betriebsstättengewinne, so sieht § 2a Abs. 4 Satz 1 EStG im Veranlagungszeitraum der Umwandlung grundsätzlich die abschließende Hinzurechnung abgezogener und noch nicht wieder hinzugerechneter Verluste vor.

---

268 Eine ggfs. anfallende ausländische Steuer auf den Veräußerungsgewinn kann angerechnet werden. Für $S_{Q(VG)} = 0$ oder bei vollständiger Anrechnung kann diese Belastung beim Alternativenvergleich vernachlässigt werden.

Diese fiktive Hinzurechnung kann nur verhindert werden, wenn der Steuerpflichtigen den Nachweis erbringt, daß die übernehmende Kapitalgesellschaft die Betriebstättenverluste nicht nutzen kann. Gelingt dieser Nachweis wird es materiell in all jenen Fällen, in denen der Einbringungsvorgang steuerneutral erfolgt, zu keiner Nachversteuerung kommen.

Nur wenn ein Einbringungsgewinn in Kauf genommen wird (bei Aufdeckung der stillen Reserven), wird die Hinzurechnung in Höhe des tatsächlich ausgewiesenen Gewinns bereits nach § 2a Abs. 3 Satz 3 EStG ausgelöst. Eine darüber hinausgehende Hinzurechnung wegen § 2a Abs. 4 Satz 1 EStG kann nicht begründet werden.[269]

Die Teilwertbewertung kann damit im Inland weitere Korrekturen auslösen. Selbst bei Freistellung des Einbringungsgewinns im Inland durch das DBA wird die inländische Steuerbelastung wegen der Nachversteuerung geltend gemachter Verluste erhöht:

$$S_{I(T)} = s_I^{kn} * \Delta Y_{A(I)}$$

$$\text{mit: } \Delta Y_{A(I)} = Min\left[\sum_{i=1}^{m} stR_{A(I)_i} ; \sum_{t=1}^{T} V_{A(I)_t}\right]$$

Wurde von dem Wahlrecht gem. § 2a Abs. 3 EStG Gebrauch gemacht, sollte die Einbringung möglichst steuerneutral erfolgen.

(1.4) bei abweichenden Buchwerten der Wirtschaftsgüter
Da gem. § 23 Abs. 3 i.V.m. § 20 Abs. 4 Satz 1 UmwStG der Anteilswert ausdrücklich mit dem nach ausländischem Recht angesetzten Wert der Sacheinlage korrespondiert, muß untersucht werden, welche Wirkungen sich bei abweichenden Buchwerten der Wirtschaftgüter in In- und Ausland einstellen. Im Falle der Realisierung der stillen Reserven wird eine abweichende Aufwandsverrechnung durch einen entsprechend höheren/niedrigeren Einbringungsgewinn ausgeglichen. Bei Buchwertverknüpfung schlagen sich höhere inländische Buchwerte $(\Delta BMG = \sum_{i=1}^{m}\left[BW_{A(I)} - BW_A\right]_i)$ der Wirtschaftsgüter i.V.m. der

---

269 Zum Verhältnis von § 2a Abs. 3 zu Abs. 4 EStG BFH vom 30.4.1991, VIII R 68/86, BStBl II 1991, S. 873. Zu diesem Ergebnis gelangen wohl auch *Niepoth/Kamphaus*, [Umwandlung] einer ausländischen Betriebstätte, in: IStR 1996, S. 11 ff. Kritisch jedoch mit demselben Ergebnis *Pyszka*, [Umwandlung] von Auslandsbetriebstätten nach vorangegangenem Abzug der Betriebsstättenverluste im Inland (§ 2a Abs. 3 EStG), in: IStR 1997, S. 18 ff.

DBA-Freistellung des Einbringungsgewinns nicht steuermindernd nieder. Durch den Austausch mit dem niedrigeren Buchwert der Beteiligung kommt es zusätzlich im Umfang der Wertdifferenz zu einer Verdoppelung der stillen Reserven.[270] Bei einer späteren steuerpflichtigen Veräußerung der Anteile innerhalb der Behaltefrist entsteht eine zusätzliche Belastung im Umfang:

$$\Delta BW(S_{I(V)}) = (s_I^{kn} + s_I^{ge} - s_I^{kn} s_I^{ge}) * \Delta BMG * q_s^{-V}$$

(1.5) Besonderheiten bei der Einbringung von Mitunternehmeranteilen
Nach § 25 UmwStG gelten die Bestimmungen für den Formwechsel einer Personengesellschaft in eine Kapitalgesellschaft grundsätzlich entsprechend. In § 23 Abs. 3 UmwStG ist jedoch die Einbringung eines Mitunternehmeranteils nicht genannt. Daher vollzieht sich der Vorgang aus inländischer Sicht stets unter Aufdeckung der stillen Reserven.

(2) Einbringung innerhalb eines Drittlandes oder das inländische Stammhaus ist eine Personengesellschaft
Befindet sich die Betriebsstätte in einem Drittland, kann der Einbringungsvorgang *nicht erfolgsneutral* gestaltet werden. Dasselbe gilt, wenn das inländische Stammhaus die Rechtsform der Personengesellschaft aufweist. Der Sachverhalt wird als Tausch gewertet, der im Inland zur Realisierung der stillen Reserven zwingt. Die Wirtschaftsgüter gehen zum Buchwert ab; im Gegenzug werden die Gesellschaftsanteile zum gemeinen Wert aufgenommen. In Höhe der Differenz entsteht ein Einbringungsgewinn, der in Deutschland im Falle der *DBA-Freistellung* jedoch nicht besteuert werden kann:
Es gilt: $S_{I(T)} = 0$

Beim inländischen Stammhaus in der Rechtsform einer Personengesellschaft ist der Progressionsvorbehalt zu beachten: $S_{I(T)} = \Delta s_I^{ek} * Y_I$

Wurden in der Vergangenheit auf Antrag Verluste im Inland abgezogen, löst der (steuerbefreite) Einbringungsgewinn außerdem die Hinzurechnungspflicht nach § 2a Abs. 3 Satz 3 EStG aus:[271]

---

270 Vgl. *Täske*, Grenzüberschreitende [Einbringungen] von Betriebsstätten in Kapitalgesellschaften, in: Herzig (Hrsg.), Steuerorientierte Umstrukturierung von Unternehmen, Stuttgart 1997, S. 246.

271 Vgl. *Widmann*, [Einbringung] von Betriebsstätten, in Fischer (Hrsg.), Besteuerung internationaler Konzerne, Forum der Internationalen Besteuerung, Band 3, Köln 1993, S. 89 f.

$$S_{I(T)} = s_I^{ek(kn)} * \Delta Y_{A(I)}$$

$$\text{mit: } \Delta Y_{A(I)} = \text{Min}\left[\sum_{i=1}^{m} stR_{A(I)_i}; \sum_{t=1}^{T} V_{A(I)_t}\right]$$

Ohne DBA-Freistellung gilt je nach Rechtsform des inländischen Stammhauses

$$S_{I(T)} = s_I^{kn} * \sum_{i=1}^{m} stR_{A(I)_i} - S_{A(BSt)_{max.}}$$

für die Kapitalgesellschaft

und für die Gesellschafter der Mutterpersonengesellschaft unter Berücksichtigung der Tarifbegünstigungen nach §§ 16, 34 EStG

$$S_{I(T)} = 0{,}5s_I^{ek} * \sum_{i=1}^{m} stR_{A(I)_i} - S_{A(BSt)_{max.}}$$

Sofern auch nach ausländischem Recht ein Realisationstatbestand erfüllt ist, kann die ausländische Steuer angerechnet werden.[272]

C.5.1.2 Umwandlung der ausländischen Kapitalgesellschaft in eine ausländische Personengesellschaft

Wie im Fall der Einbringung ist bei der Ermittlung der Steuerbelastung zunächst auf das Recht des Sitzstaates der Kapitalgesellschaft abzustellen. In den meisten ausländischen Staaten sind Bestimmungen unterschiedlicher Intention anzutreffen, die eine steuerneutrale Vermögensübertragung zumindest für einzelne nationale Sachverhalte vorsehen. Dem **Rechtsformwechsel** kommt dabei eine zentrale Rolle zu.[273] In Deutschland wurde der "steuerneutrale" Wechsel des Rechtskleides einer Kapitalgesellschaft erst durch das geltende Umwandlungssteuergesetz mit Wirkung ab 1.1.1994 ermöglicht. Obwohl sich die Umwandlung am ausländischen Standort abspielt, ist auch zu prüfen, ob und inwieweit daraus inländische Anknüpfungspunkte entstehen.[274]

---

272 Vgl. *Täske*, Einbringungen, S. 247.
273 Eine Analyse der Umwandlungsbestimmungen ausgewählter Standorte findet sich bei *Grotherr*, Überblick über ausländische Umwandlungs- und Umwandlungssteuerrechte, in: Schaumburg/Piltz (Hrsg.), Internationales Umwandlungssteuerrecht, Forum der Internationalen Besteuerung, Band 11, Köln 1997, S. 152 - 213 mit entsprechenden Nachweisen.
274 In der Literatur werden diese Sachverhalte unter dem Stichwort "ausländische Umwandlungen mit Inlandsbezug" behandelt. Vgl. *Schaumburg*, Grundlagen des internationalen Umwandlungssteuerrechts, in: Schaumburg/Piltz (Hrsg.), Internationales Umwandlungssteuerrecht, Forum der Internationalen Besteuerung, Band 11, Köln 1997, S. 1.

C.5.1.2.1 Umwandlung nach Maßgabe des ausländischen Umwandlungssteuerrechts

Auch wenn die Umwandlung (insbesondere der Formwechsel) häufig als "steuerneutral" bezeichnet wird, muß genau analysiert werden, welche steuerlichen Konsequenzen das ausländische Recht mit diesem Tatbestand verbindet und ob das gewünschte Gestaltungsziel auch tatsächlich erreicht werden kann. Steuerbelastungen können unmittelbar aus dem Umwandlungsvorgang resultieren oder sich als mittelbare Folge einstellen:

- *Unmittelbare Konsequenz*
  Zwang zur Aufdeckung der stillen Reserven in den Wirtschaftsgütern einschließlich eines gegebenenfalls vorhandenen Firmenwertes.

- *Mittelbare Konsequenzen*
  → Untergang von Verlustvorträgen;
  → Nachversteuerung der Gewinnrücklagen beim Anteilseigner wegen des Übergangs von der Körperschaftsteuer zur Einkommensteuer;[275]
  → Steuerbelastung der neuen Organisationsform.

Für die eingangs unterstellte Zielsetzung ist die *übertragende/formwechselnde Umwandlung*[276] aus steuerlichen Erwägungen nur sinnvoll, wenn Verlustvorträge direkt verrechnet oder über aufgedeckte stille Reserven in Abschreibungspotential umgewandelt werden können.

(1) Teilwert- oder Zwischenwertbewertung
Vollzieht sich die Umwandlung unter Aufdeckung der stillen Reserven auf der Ebene der untergehenden Kapitalgesellschaft, können auch noch bestehende Verlustvorträge mit dem **Übertragungsgewinn** verrechnet werden.[277] Die Personengesellschaft kann das Abschreibungspotential nutzen. Die stillen Reserven können auch nur soweit aufgedeckt werden, daß die aufgelaufenen Verluste gerade ausgeglichen sind. Abkommensrechtlich fällt der Übertragungsgewinn

---

275 Mit dem Formwechsel werden nach deutschem Recht materiell die Rechtsfolgen einer Ausschüttung ausgelöst. Daher kommt es auch zur Nachversteuerung des EK01.
276 Auf Unterschiede wird explizit hingewiesen.
277 Nach deutschem Recht ist die Aufdeckung der stillen Reserven auf die in der Steuerbilanz bilanzierten Wirtschaftsgüter beschränkt (§ 3 UmwStG); selbst geschaffene immaterielle Wirtschaftsgüter bleiben außer Ansatz. Erlaß zum Umwandlungssteuergesetz (UmwStG); Zweifels- und Auslegungsfragen vom 25.3.1998 [Umwandlungserlaß], IV B 7 - S 1978 - 21/98, BStBl I 1998, S. 267, Tz. 03.07.

unter Art. 7 OECD-MA (bzw. Art. 6 OECD-MA bei unbeweglichem Vermögen):[278]

$$BW(S_A) = s_A^k * \left[\sum_{i=1}^{m} \text{stR}_{A_i} - V_A^{VVT} \right] - \sum_{t=T+1}^{n} s_{A(BSt)} \left[\sum_{i=1}^{m} a_i * \text{stR}_{A_i} \right] * q_s^{-t}$$

mit: $\sum_{i=1}^{m} \text{stR}_{A_i} - V_A^{VVT} \geq 0$

und $\text{stR}_{A_i} = TW_i - BW_{A_i}$ wobei $0 \leq a_i \leq 1$

Ein **Übernahmegewinn**[279] $\ddot{U}NG_A (\ddot{U}NV_A) = \sum_{i=1}^{m} TW_{A_i} - \text{BetBW}$

mit: $\sum_{i=1}^{m} TW_{A_i} = EK_{KapG} + \sum_{i=1}^{m} \text{stR}_{A_i} - s_A^k * \left[\sum_{i=1}^{m} \text{stR}_{A_i} - V_A^{VVT} \right]$

erhöht (vermindert) sich entsprechend.[280]

Das Besteuerungsrecht des Übernahmeerfolges steht nach Art. 13 Abs. 4 OECD-MA nur dem (Wohn)Sitzstaat des Gesellschafters zu. Davon weichen viele deutsche DBA jedoch zugunsten des Sitzstaates der Gesellschaft ab.[281] Wird im Ausland gleichzeitig ein Tatbestand der beschränkten Steuerpflicht verwirklicht (analog § 49 Nr. 2e EStG), erhöht sich die Steuerbelastung um:

$$\Delta S_{A(T)} = s_{Q(VG)} * \ddot{U}NG_A$$

Je nach Körperschaftsteuersystem können daraus Rückwirkungen auf die Ermittlung des Übernahmegewinns entstehen (analog § 10 Abs. 2 UmwStG).[282]

Es ist der Ansicht von *Wassermeyer*[283] zu folgen, der aufgrund der Rechtsidentität beim **Formwechsel** die Annahme einer Veräußerung ausschließt. Deshalb

---

278 Vgl. *Wassermeyer*, Umwandlungsvorgänge, S. 122.
279 Zur vereinfachten Darstellung wird von einer Beteiligungsquote q = 1 ausgegangen.
280 Bei der Ermittlung des ÜNG wird unterstellt, daß nichtansässigen Anteilseignern analog § 10 Abs. 2 UmwStG keine Steueranrechnung gewährt wird bzw. ein klassisches Körperschaftsteuersystem vorliegt. Die gespeicherte Körperschaftsteuer wird damit definitiv.
281 Vgl. *Vogel*, DBA, Art. 13, Rz. 98. Ein abweichendes Ergebnis kann sich hingegen einstellen, wenn das ausländische Recht Ausschüttungen annimmt. Dies schlägt nach Art. 10 Abs. 3 OECD-MA auch auf das Abkommensrecht durch. Vgl. *Wassermeyer*, Umwandlungsvorgänge, S. 122 f. ausdrücklich zu den Konsequenzen des deutschen § 7 UmwStG.
282 Zur Behandlung bei anrechenbarer Körperschaftsteuer siehe Gliederungspunkt C.5.2.3.3 in diesem Kapitel.
283 Vgl. *Wassermeyer*, Umwandlungsvorgänge, S. 124.

kann abkommensrechtlich nur auf Art. 21 Abs. 1 OECD-MA zurückgegriffen werden. Auch danach steht das Besteuerungsrecht dem Ansässigkeitsstaat des Gesellschafters zu.

(2) Buchwertverknüpfung
Aber auch bei Buchwertfortführung (es entsteht kein Übertragungsgewinn) wäre es denkbar, daß - im Falle eines Besteuerungsrechts des Übernahmeerfolges - im Ausland die Verlustvorträge der Kapitalgesellschaft genutzt werden können. Dies kann direkt oder vorrangig indirekt über die Aufstockung der Buchwerte erfolgen:[284]

$$\ddot{U}NV_A = \sum_{i=1}^{m} BW_{A_i} - BetBW + \sum_{i=1}^{m} stR_{A_i} < 0$$

$$BW(S_A) = s_{Q(VG)} * \ddot{U}NV_A - \sum_{t=T+1}^{n} s_{A(BSt)} \left[\sum_{i=1}^{m} a_i * stR_{A_i} \right] * q_s^{-t}$$

Wurden im Beteiligungsbuchwert auch stille Reserven vergütet, führt diese kombinierte Vorgehensweise zu einer Behandlung, die mit der Abbildung beim Erwerb eines Mitunternehmeranteils übereinstimmt. Beim übersteigenden Differenzbetrag handelt es sich ökonomisch um bisher steuerlich unbeachtlich fiktiv aufgelöste stille Reserven oder um überhöhten Kaufpreis. Entspricht der Beteiligungsbuchwert gerade dem Stammkapital zuzüglich Kapitalrücklage, liegt in Höhe eines Verlustvortrages nur dann ein sofortiger potentieller Abzug vor, wenn keine stillen Reserven existieren.[285] Der tatsächliche Abzugszeitpunkt hängt davon ab, ob und wann am Standort positive Betriebstättenergebnisse erzielt werden.

C.5.1.2.2 Umwandlung nach Maßgabe des inländischen Umwandlungssteuerrechts

Die Inlandsberührung bei der Umwandlung einer ausländischen Kapitalgesellschaft ergibt sich aus dem Untergang der Anteile an der Kapitalgesellschaft, für die auch abkommensrechtlich dem (Wohn)Sitzstaat das Besteuerungsrecht zusteht. Da das deutsche Umwandlungssteuergesetz nur nationale Sachverhalte

---

284 Analog § 4 Abs. 6 UmwStG in der Fassung bis 5.8.1997.
285 Seit dem Gesetz zur Fortsetzung der Unternehmenssteuerreform vom 29.10.1997 ist auch der die stillen Reserven übersteigende Betrag zu aktivieren und auf 15 Jahre gleichmäßig abzuschreiben (§ 4 Abs. 6 Satz 2 UmwStG). Ein sofortiger Verlustabzug ist damit nach deutschem UmwStG ausgeschlossen.

regelt, ist grundsätzlich von einer Gewinnrealisierung auszugehen. Nach h.M.[286] handelt es sich um eine Veräußerung (Liquidation) oder um einen Tausch gegen Personengesellschaftsanteile. Auch für den Sonderfall der formwechselnden Umwandlung soll auf eine Gewinnrealisierung im Inland nur dann verzichtet werden, wenn die Personengesellschaft im Ausland steuerlich als Kapitalgesellschaft behandelt wird **und** im Inland aufgrund des Rechtstypenvergleichs die Qualifikation als Kapitalgesellschaft übernommen wird.[287] Dies erscheint schlüssig, da in diesen Fällen trotz Formwechsels das inländische Besteuerungsrecht nach Art. 13 Abs. 4 OECD-MA erhalten bleibt.[288]

(1) Ermittlung und Behandlung des Übernahmegewinns

Der im Inland anzusetzende Übernahmegewinn ergibt sich aus der Differenz des Betriebsvermögens der Kapitalgesellschaft bewertet zu Teilwerten und dem Beteiligungsbuchwert der Anteile:

$$\ddot{U}NG_I = \sum_{i=1}^{m} TW_{A_i} - BetBW$$

Kapitalgesellschaften können für den so ermittelten Übernahmegewinn die Begünstigung nach § 8b Abs. 2 KStG beanspruchen: $S_{I(T)} = 0$

Strittig ist, ob inländischen Mutterpersonengesellschaften die Tarifbegünstigungen nach §§ 16, 34 EStG bei 100 %-Beteiligungen gewährt werden. Dies ist nur dann möglich, wenn die Einschränkung des § 16 Abs. 2 Satz 3 EStG nicht greift. Wird der Tatbestand der Umwandlung als Tausch und damit als Veräußerung gewertet, ist der Übernahmegewinn als laufender Gewinn zu besteuern; mit der Bewertung als Liquidationsvorgang ist auch die Inanspruchnahme der Vergünstigungen verbunden.[289]

---

286 Vgl. *Jacobs*, Internationale Unternehmensbesteuerung, S. 586; *Schaumburg*, [Ausländische Umwandlungen] mit Inlandsbezug, in: GmbHR 1996, S. 669. Zum Tauschgutachten *Greif*, [Umwandlung] ausländischer Kapitalgesellschaften in Personengesellschaften - ein Praxisbericht, in: Schaumburg/Piltz (Hrsg.), Internationales Umwandlungssteuerrecht, Forum der Internationalen Besteuerung, Band 11, Köln 1997, S. 221 ff. dessen Anwendung wohl an der Artgleichheit der Anteile scheitert.
287 Die Meinungsvielfalt in der Literatur ist bei *Greif*, Umwandlung, S. 222 ff. m.w.N. zusammengefaßt.
288 Vgl. MA-Kommentar, Art. 13 Abs. 2, Ziff. 26, in: *Vogel*, DBA, Art. 13, Rz. 46.
289 Vgl. *Greif*, Umwandlung, S. 225 ff.

Da bei entsprechenden Inlandssachverhalten der Übernahmegewinn explizit von der Gewerbesteuer befreit ist, muß dies erst recht bei grenzüberschreitenden Sachverhalten gelten:[290]

$$S_{I(T)} = s_I^{ek} * \ddot{U}NG_I \quad \text{bzw.} \quad S_{I(T)} = 0{,}5 s_I^{ek} * \ddot{U}NG_I \text{ [291]}$$

In diesem Fall werden die Konsequenzen einer Verdoppelung der stillen Reserven erkennbar. Während im Ausland bei Buchwertfortführung erst im Zeitablauf die stillen Reserven realisiert $\left[\sum_{i=1}^m stR_{A_i} \leq \sum_{i=1}^m stR_{A(I)_i} \right]$ und besteuert werden, sind die nach inländischen Vorschriften ermittelten Gewinne wegen der Abschreibung von den Teilwerten deutlich geringer. Bei *DBA-Freistellung* kommt es zur klassischen Doppelbesteuerung, weil die Aufdeckung der stillen Reserven im Inland steuerwirksam war, die erhöhte Abschreibung jedoch unberücksichtigt bleibt. Aber auch bei *Anrechnung* kann wegen der Höchstbetragsregelung eine Mehrbelastung entstehen. Erst bei negativen Einkünften kann wenigstens der Stundungsvorteil des § 2a Abs. 3 EStG genutzt werden. Daher muß zwingend geprüft werden, ob der Teilwertansatz im Ausland günstiger ist.

(2) Besonderheiten bei Übernahmeverlusten

Resultiert aus der Ermittlung des Übergangserfolgs ein Verlust, mindert dieser sofort die inländische Steuerbemessungsgrundlage. Dadurch können, sofern keine oder nur stille Reserven in geringem Umfang existieren die Verlustvorträge der ausländischen Kapitalgesellschaft ins Inland übertragen werden:[292]

$$S_{I(T)} = s_I^{kn(ek)} * \ddot{U}NV_I$$

(3) Gestaltungsempfehlung zur Vermeidung der Gewinnrealisation

Greif [293] schlägt vor, anstelle einer übertragenden Umwandlung die Auslandsbeteiligung in eine ausländische Personengesellschaft einzubringen. Die Einbringung richtet sich nach den Bestimmungen zur Überführung von Wirtschaftsgütern. Bei *DBA-Freistellung* kann die sofortige Gewinnrealisation durch Bildung eines Ausgleichspostens verhindert werden.[294] Scheitern kann

---

290 § 18 Abs. 2 UmwStG.
291 Steht dem Ausland aufgrund des konkreten DBA auch ein Besteuerungsrecht zu, ist die aus- ländische Quellensteuer im Umfang $S_{Q(VG)_{max.}}$ anzurechnen.
292 Die Neufassung des § 4 Abs. 6 Satz 2 UmwStG tangiert die Verlustberücksichtigung nicht, weil diese Bestimmung ausschließlich für die Umwandlung einer inländischen Kapitalgesell- schaft gilt.
293 Vgl. *Greif*, Umwandlung, S. 227 f.
294 Dazu bereits Kapitel B.4, Gliederungspunkt B.4.1.3.

diese Gestaltung an der erforderlichen tatsächlichen Zugehörigkeit zur ausländischen Betriebstätte, die nach dem funktionalen Zusammenhang mit der Tätigkeit der Personengesellschaft zu beurteilen ist.[295] Außerdem bleiben Verluste auf der Ebene der Kapitalgesellschaft hängen, es sei denn, das ausländische Recht erlaubt für diese Konstellation eine Gruppenbesteuerung.[296]

295 BFH vom 30.8.1995, I R 112/94, BStBl II 1996, S. 563.
296 Nach deutschem Recht könnten die Verluste auch durch Organschaft nicht genutzt werden, weil es sich um vororganschaftliche Verluste handeln würde.

C.5.2 Umstrukturierung der ausländischen Organisationseinheit zur optimalen Gestaltung des Unternehmenskaufs

Zur Aufnahme der Unternehmenstätigkeit sind vielzählige Varianten denkbar. Neben bzw. ergänzend zur Gründung, die ertragsteuerlich keine Gestaltungen ermöglicht[297], kann der Einstieg am Auslandsmarkt durch den Erwerb einer bereits existenten ausländischen Organisationseinheit erfolgen. Je nach Organisationsform des Unternehmens oder Unternehmensteiles kann die Herrschaft über die materiellen und immateriellen Vermögenswerte auf unterschiedlichen Wegen verschafft werden. In der Literatur[298] werden die steuerlichen Zielsetzungen beim Unternehmenskauf aus der Sicht des Erwerbers durch folgende Punkte zusammengefaßt:

- Umwandlung gekaufter stiller Reserven in Abschreibungspotential
- Realisation gekaufter Körperschaftsteuerguthaben
- Sicherstellung der Abzugsfähigkeit von Finanzierungsaufwendungen.

C.5.2.1 Asset deal

Beim asset deal werden (sämtliche) Wirtschaftsgüter aus dem Zielunternehmen herausgekauft. Die Übertragung der Wirtschaftsgüter erfolgt im Wege der *Einzelrechtsnachfolge*. Diese werden beim Erwerber zu Anschaffungskosten aktiviert und bilden damit die Abschreibungsbasis. Auf diese Art können ganze Betriebe oder Teilbetriebe unabhängig von der Rechtsform des Unternehmensträgers erworben werden. Der für die Gesamtheit der Wirtschaftsgüter entrichtete Kaufpreis muß sachgerecht auf die einzelnen Wirtschaftsgüter aufgeteilt werden. Dasselbe gilt beim Erwerb eines Mitunternehmeranteils. In Deutschland erfolgt nach h.M.[299] die Aufteilung des Gesamtkaufpreises nach der **Stufentheorie**. Danach sind die stillen Reserven zuerst auf die bilanzierten,

---

297 Die Bargründung erfolgt stets für beide Seiten erfolgsneutral. Bei einer grenzüberschreitenden Sachgründung können steuerliche Konsequenzen ausgelöst werden, wenn die Sacheinlage bei der einlegenden Gesellschaft zur Auflösung stiller Reserven führt. Dazu Kapitel C.5, Gliederungspunkt C.5.3.1.1.

298 Beispielswiese *Rödder*, [Unternehmenskauf] im Lichte des neuen Umwandlungssteuergesetzes, in: Herzig (Hrsg.), Neues Umwandlungssteuerrecht - Praxisfälle und Gestaltungen im Querschnitt, Steuerthemen im Brennpunkt, Band 12, Köln 1996, S. 176; *Schaumburg*, Reorganisation nach [Unternehmenskauf], in: Herzig (Hrsg.), Steuerorientierte Umstrukturierung von Unternehmen, Köln 1997, S. 115.

299 Stellvertretend *Schmidt*, EStG, § 16, Rz. 88 487 ff. m.w.N. auch zu entsprechenden Urteilen des BFH.

dann auf die nichtbilanzierten (üblicherweise immateriellen) Wirtschaftsgüter und zuletzt auf den Geschäfts- oder Firmenwert aufzuteilen.[300]

Ein *grenzüberschreitender asset deal* liegt vor, wenn das inländische Stammhaus den Kauf abwickelt; im Ausland wird i.d.R. eine Betriebstätte begründet.[301] Die Betriebstättenbesteuerung richtet sich nach dem Recht des Belegenheitsstaates. Für die inländische Besteuerung sind stets die Gewinnermittlungsvorschriften des nationalen Rechts anzuwenden. Werden die Wirtschaftsgüter durch eine bereits existente oder auch neu gegründete ausländische rechtlich selbständige Gesellschaft erworben, richtet sich die Abbildung des Unternehmenskaufs ausschließlich nach den Bestimmungen des Auslandes.

Die Umsetzung der Anschaffungskosten in Abschreibungspotential wird beim asset deal durch die Kaufpreisaufteilung sichergestellt. Eine Optimierung kann durch Beschleunigung der Abschreibungen mittels gezielter Kaufpreisaufteilung oder Festlegung der Restnutzungsdauer erfolgen. Dabei ist der Erwerber nicht frei, sondern kann nur einen gewissen Beurteilungsspielraum nutzen.[302] Zeitliche Aufwandsvorverlagerung schafft Stundungsvorteile. Steuersatzentwicklungen der Zukunft sollten dabei nicht vernachlässigt werden.

C.5.2.2 Share deal

Durch die strikte Trennung der Gesellschaftersphäre von der Gesellschaftsebene bei Kapitalgesellschaften kann die Herrschaft über ein Unternehmen auch durch Erwerb der Gesellschaftsrechte verwirklicht werden.[303] Da Anteile an einer Kapitalgesellschaft aber zu den nicht abnutzbaren Wirtschaftsgütern zählen, kann der Anteilspreis nicht in laufende Abschreibungen transformiert werden. Selbst Teilwertabschreibungen werden auf Auslandsbeteiligungen frühestens nach fünf Jahren steuerlich anerkannt.[304] Die effektive steuerliche Belastung der

---

300 Eine ausführliche Beschreibung der Stufentheorie und Abgrenzung der einzelnen Stufen findet sich bei *Hötzel*, [Unternehmenskauf] und Steuern, 2. Auflage, Düsseldorf 1997, S. 11 ff.
301 Dies gilt auch für den Erwerb von ausländischen Mitunternehmeranteilen.
302 Dazu ausführlich *Hötzel*, Unternehmenskauf, S. 145 ff.
303 Unter den hier maßgebenden Prämissen wird davon ausgegangen, daß sämtliche Anteile erworben werden. Die Ausführungen können aber auch auf Mehrheitsbeteiligungen oder noch geringere Beteiligungsquoten übertragen werden, wenn der beherrschende Einfluß anderweitig, z.B. durch Mehrstimmrechte verwirklicht werden kann. Dazu aktuell *Eisele*, [Strategische Beteiligungen] und ihre bilanzielle Abbildung aus Anteilseignersicht, in: Küpper/Troßmann (Hrsg.), Das Rechnungswesen im Spannungsfeld zwischen strategischem und operativem Management, Festschrift für M. Schweitzer, Berlin 1997, S. 43 - 62.
304 Vgl. Kapitel B.4, Gliederungspunkt B.4.3.3.2.

Beteiligungserträge richtet sich nach der Rechtsform des inländischen Mutterunternehmens und den Ausschüttungsprämissen der Anteilseigner.

Im Körperschaftsteueranrechnungssystem wird der Veräußerer bestrebt sein, bei der Kaufpreisbemessung das gespeicherte Körperschaftsteuerguthaben einzubeziehen. Ein nichtansässiger Erwerber wird mangels Anrechnung über die Grenze jedoch nicht bereit sein, dieses zu vergüten. Auch hier wird deutlich, daß beim grenzüberschreitenden Anteilserwerb Gestaltungen schon deshalb notwendig sind, damit es überhaupt zu einer Einigung kommt.

Die Handlungsalternative Anteilskauf wird von der Alternative asset deal aus Erwerbersicht eindeutig dominiert. Dennoch sind in der Praxis zahlreiche Fälle denkbar, in denen entweder aus (nicht-)steuerlichen Erwägungen des Erwerbers ein Anteilskauf vorzuziehen ist oder der Veräußerer wegen steuerlicher Vergünstigungen nur zum share deal bereit ist.[305] Zur Verbesserung der steuerlichen Position des Erwerbers beim share deal werden verschiedene Modelle praktiziert. Im Rahmen dieser Analyse ist zu prüfen, ob die Modelle auch für grenzüberschreitende Sachverhalte tauglich sind bzw. welche Konstruktionen sie erfordern.

C.5.2.3 Gestaltungen zur Verwirklichung der Zielsetzungen

C.5.2.3.1 Kombinationsmodell

Wie die Bezeichnung Kombinationsmodell schon vermuten läßt, werden die Grundfälle share und asset deal nacheinander geschaltet. Nach dem Beteiligungserwerb veräußert der Erwerber sämtliche Wirtschaftsgüter an sich selbst oder an eine durch ihn beherrschte Gesellschaft (sog. interner asset deal). Die stillen Reserven werden bei der Zielgesellschaft aufgedeckt und versteuert. Bei der aufnehmenden Gesellschaft werden die Wirtschaftsgüter zu Anschaffungskosten bilanziert. Das Abschreibungsvolumen richtet sich nach der Struktur der Wirtschaftsgüter. Im nächsten Schritt werden die Gewinnrücklagen der Zielgesellschaft an den Erwerber ausgeschüttet. Zur Neutralisierung der Gewinnausschüttung nimmt er eine ausschüttungsbedingte Teilwertabschreibung vor.[306] Mit dieser Technik kann gleichzeitig gekauftes Körperschaftsteuerguthaben realisiert werden.

---

305 Vgl. *Jacobs*, Internationale Unternehmensbesteuerung, S. 563 f.
306 Hierzu ausführlich *Hötzel*, Unternehmenskauf, S. 167 ff., der auch Fragen des Mißbrauchs und Sonderprobleme analysiert.

Die Gesamtwirkungen beim Erwerber können analytisch für einen *reinen Inlandssachverhalt* wie folgt zusammengefaßt werden:

$$BW(S_I) = (s_I^{kn} + s_I^{ge} - s_I^{kn}s_I^{ge}) * \sum_{i=1}^{m} stR_i + (s_I^{ek(kn)} - s_I^{kn}) * \left[\frac{GA}{1 - s_I^{ka}} \right]$$

$$- s_I^{ek(kn)} * TWA$$

$$- \sum_{t=T+1}^{n} (s_I^{ek_g(kn)} + s_I^{ge} - s_I^{ek_g(kn)} s_I^{ge}) * \left[\sum_{i=1}^{m} a_i * stR_i \right]_t * q_s^{-t}$$

$$\text{mit: } \left[\frac{GA}{1 - s_I^{ka}} \right] = TWA^{307}$$

Unter der Annahme, daß das gewerbesteuerliche Schachtelprivileg gewährt wird, lösen Gewinnausschüttung und wegen § 8 Nr. 10 GewStG die anschließende Teilwertabschreibung keine gewerbesteuerlichen Be- oder Entlastungen aus. Im Vergleich zum direkten Erwerb der Wirtschaftsgüter bleibt beim Erwerber jedoch die Gewerbesteuerbelastung aus der Aufdeckung der stillen Reserven hängen

$$\Delta S_I = (s_I^{ge} - s_I^{kn}s_I^{ge}) * \sum_{i=1}^{m} stR_i$$

Die Anwendung des Kombinationsmodells beim *grenzüberschreitenden Kauf einer Auslandsbeteiligung* scheitert bei Mutterkapitalgesellschaften an der Zulässigkeit der ausschüttungsbedingten Teilwertabschreibung.[308] Damit wird die für die Gestaltung unabdingbare Wirkungskette durchbrochen. Zur Heilung wird die Einschaltung einer zusätzlichen Konzernstufe empfohlen.[309]

(1) Auslandsholding
Der Weg kann über eine Holding im Sitzstaat der Zielgesellschaft gehen. In einem klassischen Körperschaftsteuersystem ist die Durchführung des Kombinationsmodells im Ausland nur zweckmäßig, wenn ausschüttungsbedingte Teilwertabschreibungen trotz steuerfreier Schachteldividenden mit belasteten Erträgen verrechnet werden können:

---

307 Dieser Zusammenhang wird von *Hötzel* unter dem Stichwort Praktiker-Methode abgehandelt, Unternehmenskauf, S. 36. Zur sachgerechten Ermittlung der Höhe der ausschüttungsbedingten Teilwertabschreibung *ebd.*, S. 33 ff.
308 Vgl. Kapitel B.4, Gliederungspunkt B.4.3.3.3.
309 So auch *Hötzel*, Unternehmenskauf, S. 182 ff.

$$BW(S_A) = s_A^k * \sum_{i=1}^{m} strR_i - s_A^k * TWA - \sum_{t=T+1}^{n} s_A * \left[\sum_{i=1}^{m} a_i * strR_i\right]_t * q_s^{-t}$$

mit: $s_A \in \left[s_{A(BSt)} ; s_A^k\right]$

Für ein Anrechnungssystem gelten die Ausführungen zum reinen Inlandssachverhalt analog. Werden die Systeme jedoch nicht in reiner Form praktiziert, können Mehrbelastungen hängen bleiben.

(2) Inlandsholding
Die Zwischenschaltung einer Inlandsholding führt bei Weiterleitung des EK01 wegen § 8b Abs. 1 KStG ebenfalls nur bei einer Mutterpersonengesellschaft zum gewünschten Effekt. Dazu wird die ausschüttungsbedingte Teilwertabschreibung auf der nächsthöheren Stufe vorgenommen. Unter der Annahme, daß die Gewinnausschüttung auf der Ebene der Inlandsholding unter das Schachtelprivileg fällt, gilt:

$$BW = s_A^k * \sum_{i=1}^{m} strR_i + s_{Q(Div)} * GA + s_I^{ek} * \left[(1 - s_{Q(Div)}) * GA - TWA\right]$$

$$- \sum_{t=T+1}^{n} s_A * \left[\sum_{i=1}^{m} a_i * strR_i\right]_t * q_s^{-t}$$

mit: $(1 - s_{Q(Div)}) * GA = TWA$ und $s_A \in \left[s_{A(BSt)} ; s_A^k\right]$

Diese Variante wirkt bis auf die Gesellschafterebene. Die übliche Nachversteuerung des EK01 wird durch die ausschüttungsbedingte Teilwertabschreibung kompensiert. Im Vergleich zum direkten Weg wird die Quellensteuer zwar reduziert ($s_{Q(Div_P)} - s_{Q(Div_K)}$), kann jedoch nicht angerechnet werden. Gleichfalls wird eine Möglichkeit zur Ausschüttungsplanung geschaffen.

C.5.2.3.2 Mitunternehmerschaftsmodell

Wegen der beim Kombinationsmodell hängenbleibenden Gewerbesteuerbelastung wird in der Literatur der Umweg über die Mitunternehmerschaft empfohlen. Dabei werden die Wirtschaftsgüter der Zielkapitalgesellschaft steuerneutral gegen Gesellschaftsrechte in eine Mitunternehmerschaft eingebracht.[310] Eine Überführung zu Buchwerten ermöglicht § 24 UmwStG für Be-

---

310 So bereits *Blumers/Schmidt*, Leveraged-Buy-Out/Management-Buy-Out und [Buchwertaufstockung] - Gestaltungsalternativen für die Praxis, in: DB 1991, S. 612. Zur aktuellen Si-

triebe oder Teilbetriebe; einzelne Wirtschaftsgüter können nach dem Mitunternehmererlaß[311] überführt werden. Anschließend werden die Mitunternehmerschaftsanteile unter Aufdeckung der stillen Reserven an den Erwerber veräußert. Nach Abschn. 41 Abs. 2 Satz 3 GewStR werden Gewinne aus der Veräußerung von Mitunternehmerschaftsanteilen aus dem Gewerbeertrag einer Kapitalgesellschaft grundsätzlich ausgenommen. Dies gilt jedoch nach Auffassung der Finanzverwaltung ausdrücklich nicht für einbringungsgeborene Anteile i.S.d. § 24 UmwStG.[312] Der BFH hat jedoch inzwischen mit Urteil vom 27.3.1996[313] entschieden, daß die Veräußerung von einbringungsgeborenen Anteilen **nicht** der Gewerbesteuer unterliegt. *Blumers/Beinert*[314] sprechen deshalb von der "Renaissance der Mitunternehmermodelle".

Da sich die Realisation der stillen Reserven beim Erwerb von Auslandsbeteiligungen im Domizilstaat abspielt, richtet sich die Notwendigkeit einer solchen Umweggestaltung ausschließlich nach den Bestimmungen des ausländischen Rechts. Die inländische Gewerbesteuer ist dabei völlig uninteressant.

C.5.2.3.3 Umwandlungsmodell

Während zu Beginn dieses Kapitels Umstrukturierungsmaßnahmen als Reaktion auf eine veränderte Erfolgssituation einer bestehenden ausländischen Organisationseinheit behandelt wurden, geht es hier um Sachverhalte, in denen im Anschluß an einen Unternehmenskauf die Umwandlungsmaßnahme zur Verwirklichung der Zielsetzungen des Erwerbers durchgeführt wird.

Die Technik des Umwandlungsvorgangs bewirkt für einen *Inlandssachverhalt* stets eine Realisierung des gekauften Körperschaftsteuerguthabens.[315] Zu einer Aufdeckung stiller Reserven kommt es zwangsläufig, wenn nach Verrechnung mit dem Körperschaftsteuerguthaben und eines gegebenenfalls hinzuzurechnenden Sperrbetrags ein Übernahmeverlust verbleibt. Dies ist immer dann der

---

tuation *Eilers/Wienands*, Gestaltungsüberlegungen zur Strukturierung von [Unternehmenskäufen] nach der BFH-Entscheidung vom 27.3.1996 - I R 89/95, in: GmbHR 1997, S. 580 f.

311 Mitunternehmererlaß, Tz. 57 ff.

312 Abschn. 41 Abs. 2 Satz 5 GewStR. Zur Kritik an der Verwaltungsauffassung *Hild*, Die Veräußerung "einbringungsgeborener" [Mitunternehmeranteile] durch Kapitalgesellschaften, in: DB 1991, S. 1904 ff.

313 I R 89/95, BStBl II 1997, S. 224.

314 Unternehmenskauf und Mitunternehmermodelle, in: DB 1997, S. 1638. Dies ist mitunter darauf zurückzuführen, daß inzwischen auch beim nachfolgend dargestellten Umwandlungsmodell die gewerbesteuerliche Einmalbesteuerung nicht mehr gesichert ist.

315 § 5 Abs. 5 i.V.m. § 10 Abs. 1 UmwStG.

Fall, wenn im Kaufpreis stille Reserven vergütet wurden. Für den sog. "Step up" sieht der Gesetzgeber in § 4 Abs. 6 UmwStG eine mehrstufige Vorgehensweise vor.[316] Auch ein übersteigender Restbetrag muß nach den jüngsten Reformvorschriften analog zum Geschäfts- und Firmenwert behandelt werden.[317] Bisher wurde in der Literatur vertreten, daß sich die Abschreibung der aufgedeckten stillen Reserven mit gewerbesteuerlicher Wirkung vollzieht.[318] Im Umwandlungserlaß vom 25.3.1998[319] wird eine gewerbesteuerliche Berücksichtigung verneint. Eine Inanspruchnahme der Tarifermäßigung nach § 32c EStG auf einen Übernahmegewinn ist ausdrücklich ausgeschlossen.[320]

Die steuerlichen Konsequenzen des Umwandlungsmodells für einen *reinen Inlandssachverhalt* (ohne EK01) unter Berücksichtigung der aktuellen Änderungen können wie folgt zusammengefaßt werden:

$$\ddot{U}NV = \sum_{i=1}^{m} BW_i - BetBW + \frac{45}{55}EK45 + \frac{30}{70}EK30 + \sum_{i=1}^{m} stR_i$$

wobei: $\sum_{i=1}^{m} BW_i \geq 0$ [321]

$$BW(S_I) = -\left[\frac{45}{55}EK45 + \frac{30}{70}EK30\right]$$

$$- \sum_{t=T+1}^{n} s_I^{ek} * \left[\sum_{i=1}^{m} a_i * stR_i + \frac{\ddot{U}NV}{15}\right]_t * q_s^{-t}$$

Sollte der mit dem Umwandlungsmodell verbundene Formwechsel unerwünscht sein, sind die Voraussetzungen einer steuerneutralen Rückeinbringung zu prüfen. Das unmittelbare Nacheinanderschalten zweier Umwandlungsvorgänge zur Wiederherstellung der ursprünglichen Rechtsform oder ein erneuter asset deal ist stets mit dem Mißbrauchsverdacht behaftet. Eine Schamfrist ist im

---

316 Die Vertreter der Stufentheorie sehen darin die gesetzliche Verankerung der drei bzw. vierstufigen Vorgehensweise bei der Aufdeckung stiller Reserven. Stille Reserven in derivativen immateriellen Wirtschaftsgütern und ein Geschäfts- oder Firmenwert sind auf derselben Stufe aufzudecken; weder der Gesetzestext, noch der Umwandlungserlaß, Tz. 04.33 erlauben eine abweichende Behandlung. Zur Diskussion um die Reihenfolge des Step up *Rödder*, DStR-Fachliteratur-Auswertung: [Umwandlungssteuergesetz], in: DStR 1995, S. 1990 m.w.N.
317 § 4 Abs. 6 Satz 2 UmwStG.
318 Dies begründet z.B. *Rödder*, Umwandlungssteuergesetz, S. 1990 mit dem ausdrücklichen Verweis in § 18 Abs. 1 Satz 1 UmwStG.
319 Tz. 18.02.
320 Umwandlungserlaß, Tz. 04.42.
321 § 4 Abs. 5 Satz 1 UmwStG.

Gesetz nur für die Gewerbesteuer vorgesehen (§ 18 Abs. 4 UmwStG).[322] Daher empfiehlt es sich, die Rechtsform der Personengesellschaft für einen "gewissen" Zeitraum fortzuführen, bis eine Rückführung in die ursprüngliche Rechtsform auch wirtschaftlich begründet werden kann.[323]

Entgegen Äußerungen in der Literatur[324] ist es auch bei Verlustvorträgen auf der Ebene der Kapitalgesellschaft nicht notwendig, diese durch einen Übertragungsgewinn aufzusaugen. Eine entsprechende Berücksichtigung findet bei steuerverhafteten Anteilen auch durch die Technik der Übernahmeerfolgsermittlung statt.[325] Dies ist sogar mit dem Vorteil verbunden, daß unabhängig von gewerbesteuerlichen Verlustvorträgen wegen § 18 Abs. 2 UmwStG keine Gewerbesteuer anfällt. Wie beim Kombinationsmodell kann eine Optimierung im Rahmen der Zuordnung stiller Reserven erfolgen.

Die Idee des Umwandlungsmodells kann auf grenzüberschreitende Sachverhalte nur angewendet werden, wenn im Domizilstaat der Zielgesellschaft Umwandlungsvorgänge vergleichbar oder zumindest ähnlich abgewickelt werden. Dabei muß vor allem geprüft werden, ob einschränkende Bestimmungen bei einer Beteiligung von Steuerausländern existieren. Auch im deutschen Recht können die Effekte des Umwandlungsmodells bei Beteiligung eines Steuerausländers nur in ganz konkreten Fällen genutzt werden.[326] Für die Wirkungsweise

---

322 In den hier untersuchten Fällen kann bei einer erneuten Übertragung kein Gewinn mehr entstehen, da die stillen Reserven bereits bei der Umwandlung aufgedeckt wurden. Zur Rückeinbringung vgl. Umwandlungserlaß, Tz. 04.45 f.

323 Vgl. *Thiel*, Wege aus der Kapitalgesellschaft - [Gestaltungsmöglichkeiten] und Zweifelsfragen, in: DB 1995, S. 1198.

324 Beispielsweise *Streck/Posdziech*, Verschmelzung und [Formwechsel] nach dem neuen Umwandlungssteuergesetz (I), in: GmbHR 1995, S. 274.

325 Dazu das Beispiel bei *Rödder*, Unternehmenskauf, S. 190 ff., wobei die Auswirkungen der Neufassung des § 4 UmwStG zu berücksichtigen sind.

326 Die Meinungsvielfalt in der Literatur zur Ermittlung und Behandlung des Übernahmegewinns für beschränkt steuerpflichtige Gesellschafter in der Literatur ist kaum zu übertreffen. Eine Übersicht zu den unterschiedlichen Interpretationen findet sich bei *Widmann*, [Auslandsbeziehungen] bei Umstrukturierungen, dargestellt am Beispiel einer formwechselnden Umwandlung einer Kapitalgesellschaft in eine Personengesellschaft mit beschränkt steuerpflichtigen Gesellschaftern, in: DStZ 1996, S. 449 - 455; ähnlich *ders.*, [Umwandlungen] mit Auslandsbeziehungen, in: Crezelius, Steuerrecht und Gesellschaftsrecht als Gestaltungsaufgabe, Herne/Berlin 1996, S. 423 ff. *Rödder* leitet die Rechtsfolgen der verschiedenen Ansichten ab und kommt zu dem interessanten Ergebnis, daß es für den klassischen DBA-Fall unerheblich ist, ob § 5 Abs. 2 UmwStG für anwendbar gehalten wird oder nicht, da stets eine Realisierung des Körperschaftsteuerguthabens versagt wird und davon ausgegangen werden muß, daß ein Übernahmeverlust analog zum Übernahmegewinn unberücksichtigt bleibt. *Rödder*, Unternehmenskauf, S. 205 ff. Hinweise finden sich auch im BFH-Urteil vom 29.5.1996, I R 167/94, BStBl II 1996, S. 60. Inzwischen klärend Umwandlungserlaß, Tz. 05.12.

ist es entscheidend, wem das Besteuerungsrecht für den Übernahmeerfolg zugewiesen wird. Im klassischen DBA-Fall steht dem Domizilstaat der Zielgesellschaft wegen Art. 13 Abs. 4 OECD-MA kein Besteuerungsrecht zu. Nur im Nicht-DBA-Fall oder wenn zugunsten des Quellenstaates vom Musterabkommen abgewichen wird **und** dessen nationales Recht Übernahmeerfolge von Steuerausländern den inländischen Einkünften zuordnet[327], lassen sich mit dem Umwandlungsmodell die gewünschten Ziele realisieren. Da im Kaufpreis die stillen Reserven vollständig vergütet wurden, besteht keine Gefahr der Doppelbesteuerung; die inländische Steuerbemessungsgrundlage beträgt gerade Null. Unter der Annahme, daß ein verbleibender Verlust sofort steuermindernd geltend gemacht werden darf, gilt:

$$
\begin{aligned}
BW(S_A) = s_{Q(VG)} * & \left[\sum_{i=1}^{m} BW_i - BetBW + \sum_{i=1}^{m} stR_i \right] \\
- \sum_{t=T+1}^{n} s_{A(BSt)} * & \left[\sum_{i=1}^{m} a_i * stR_i \right] * q_s^{-t}
\end{aligned}
$$

In einem Anrechnungssystem kann auch das Körperschaftsteuerguthaben realisiert werden.[328] Die Formel ist entsprechend zu modifizieren.

Kann die Wirkung über die Grenze nicht erreicht werden, ist es sinnvoll die Auslandsbeteiligung vor Umwandlung in ein Betriebsvermögen im Domizilstaat zu überführen.[329] Dazu bietet sich eine Auslandsholding an. Das Besteuerungsrecht wird so auf jeden Fall dem Sitzstaat der Zielgesellschaft zugeordnet. Dennoch bleiben die Anteile möglicherweise "infiziert".[330]

---

327 Analog § 49 Abs. 1 Nr. 2e) EStG, soweit der Übernahmegewinn mit dem Veräußerungsgewinn i.S.d. § 17 EStG gleichgesetzt werden kann. *Thiel* bejaht die Subsumtion unter diese Norm, weil § 17 Abs. 4 EStG auch die Auflösung von Kapitalgesellschaften regelt und nach Ansicht des BFH vom 22.2.1989, I R 11/85, BStBl II 1989, S. 794 auch die Umwandlung als Auflösung anzusehen ist. *Thiel*, [Umwandlung] auf Personengesellschaften mit beschränkter Steuerpflicht, in: GmbHR 1995, S. 709 f. und den Hinweis in FN 8.

328 So auch im deutschen Recht nach § 10 Abs. 2 UmwStG. Vgl. auch *Günkel*, [Umwandlung] einer Kapitalgesellschaft in eine Personengesellschaft bei beschränkt steuerpflichtigen Gesellschaftern, in: IWB Fach 3, Gruppe 1 , S. 1508 f., der darauf hinweist, daß bei gespaltenem Körperschaftsteuersatz die Definitivbelastung durch Ausschüttungen wenigstens auf den Ausschüttungssteuersatz reduziert werden kann.

329 Im Unterschied zu § 5 Abs. 2 UmwStG spricht auch § 5 Abs. 3 UmwStG nur vom "Gesellschafter der übernehmenden Personengesellschaft".

330 Nach deutschem Recht verhindert § 4 Abs. 5 i.V.m. § 50c EStG im Ergebnis den Step up, wenn die Anteile von einem Nichtanrechnungsberechtigten stammen.

Das für reine Inlandssachverhalte (bisher) optimale Modell ist bei grenzüberschreitender Beteiligung kritisch zu würdigen.[331] Der Geschäfts- oder Firmenwert wird im Ausland häufig den nichtabnutzbaren immateriellen Wirtschaftsgütern zugeordnet. Daher kommt einer Abgrenzung zu anderen abnutzbaren immateriellen Wirtschaftsgütern (häufig mit kurzer Abschreibungsdauer) elementare Bedeutung zu. Selbst wenn der Umfang der aufgedeckten stillen Reserven derselbe wäre $\left[\sum\limits_{i=1}^{m} stR_{A_i} = \sum\limits_{i=1}^{m} stR_{A(I)_i} \right]$, führen zumindest unterschiedliche Abschreibungsregelungen $\left[\sum\limits_{i=1}^{m} a_{A_i} * stR_{A_i} = \sum\limits_{i=1}^{m} a_{A(I)_i} * stR_{A_i} \right]$ zu abweichenden Steuerbemessungsgrundlagen. Eine höhere Inlandsabschreibung verpufft bei DBA-Freistellung wirkungslos. Da die Umwandlung zu einem Wechsel der Rechtsform führt, dürfen die mittelbaren Konsequenzen nicht vernachlässigt werden. Wie bereits erwähnt, ist der Steuersatz für Betriebsstätten im Ausland häufig wesentlich höher als für Kapitalgesellschaften. Bei Betriebsstättenprinzip einerseits und internationalem Schachtelprivileg andererseits wirkt sich die höhere Steuerbelastung bei laufender Besteuerung nachteilig aus. Chancen und Risiken der Personengesellschaft müssen abgewogen werden.[332] Im Falle einer Rückumwandlung der Personengesellschaft muß bei internationalen Sachverhalten stets damit gerechnet werden, daß ein Zwang zur Gewinnrealisierung entsteht, da das Besteuerungsrecht für Anteile an ausländischen Kapitalgesellschaften nach Art. 13 Abs. 4 OECD-MA stets dem Wohnsitzstaat des Gesellschafters zusteht.[333]

---

331 Probleme stellen sich auch ein, wenn die umzuwandelnde inländische Gesellschaft grenzüberschreitend tätig ist. Vgl. *Schaumburg*, Unternehmenskauf, S. 137.
332 Vgl. Kapitel C.4, Gliederungspunkt C.4.1.
333 So auch nach § 20 Abs. 3 UmwStG. *Bogenschütz* schlägt für das deutsche Recht den Umweg über eine Betriebsstätte mit anschließender Einbringung in die ausländische Zielkapitalgesellschaft vor. Diese Vorgehensweise setzt die Beteiligung von EU-Kapitalgesellschaften voraus. Vgl. *Bogenschütz*, Ausländische Anteilseigner bei Umwandlungsvorgängen, in: Herzig (Hrsg.), Steuerorientierte Umstrukturierung von Unternehmen, Stuttgart 1997, S. 220 und 224 f.

C.5.2.4 Sicherung der Abzugsfähigkeit von Finanzierungsaufwendungen

Wird der Erwerb der Auslandsbeteiligung fremdfinanziert, können Zinsaufwendungen nur soweit mit steuerpflichtigen inländischen Erträgen verrechnet werden, als keine steuerfreien Schachteldividenden erwirtschaftet werden.[334] Die Rückführung der Beteiligungserträge ins Inland wird dadurch erheblich behindert. Auch deshalb sind Gestaltungen notwendig. Neben einer Heilung durch Holdingkonstruktionen[335] soll geprüft werden, welche Ergebnisse mit einer Umwandlung erzielt werden können. Aus deutscher Sicht gehört das Refinanzierungsdarlehen nach Umwandlung zum Sonderbetriebsvermögen II. Da im Ausland Sonderbetriebsvermögen nicht bekannt ist, werden die Aufwendungen nicht in die Gewinnermittlung einbezogen.[336] Bei DBA-Freistellung des Betriebstättenerfolges bleiben Gewinnbestandteile des Sonderbetriebsvermögens mit Ausnahme des Progressionsvorbehaltes unberücksichtigt. Aber auch bei der Anrechnungsmethode ist wegen der Höchstbetragsregelung keine vollständige Auswirkung gewährleistet. Während für den Fall der Umwandlung einer inländischen Kapitalgesellschaft mit ausländischem Gesellschafterkreis die Besonderheit des deutschen Sonderbetriebsvermögens bei refinanziertem Beteiligungserwerb zu Vorteilen führt[337], ist dies im umgekehrten Fall kein gangbarer Weg.

---

334 Dazu ausführlich Kapitel B.4, Gliederungspunkt B.4.3.2.3.
335 Dazu Kapitel C.4, Gliederungspunkt C.4.2.
336 Eine tatsächliche Zugehörigkeit zur Betriebstätte liegt auch nicht vor.
337 Vgl. das Beispiel bei *Herfort/Strunk*, [Step-up-Modell] auch für Erwerbe von Nichtanrechnungsberechtigten?, in: IStR 1995, S. 418 f.

C.5.3 Ausgewählte Umstrukturierungsmaßnahmen zur (Re-)Organisation der Konzernstruktur

Holdingkonstruktionen oder Umgruppierungen zur Spartenbildung werden häufig zur Neuordnung betrieblicher Funktionen eingesetzt. Für solche organisatorisch bedingten Maßnahmen wird auch in internationalen Konzernen eine steuerneutrale Abwicklung angestrebt. Das dafür vorhandene Instrumentarium wird im folgenden analysiert.

Die Teile zwei bis sieben des deutschen Umwandlungssteuergesetzes gelten ausdrücklich nur für unbeschränkt steuerpflichtige Körperschaften. Nur im achten Teil sind auch grenzüberschreitende Sachverhalte erfaßt. Hier hat sich auch die Umsetzung der Fusionsrichtlinie niedergeschlagen.

C.5.3.1 Neugruppierung durch grenzüberschreitenden Anteilstausch

Die Möglichkeit zum Anteilstausch besteht nur für *Anteile an Kapitalgesellschaften*. Deshalb muß die *übernehmende* Gesellschaft stets Kapitalgesellschaft sein. Der *Einbringende* ist an keine bestimmte Rechtsform gebunden.[338] Es ist zwischen *inländischen* und *ausländischen* Beteiligungen zu differenzieren. Voraussetzung der **Steuerneutralität** ist die Steuerverstrickung der erhaltenen und/oder der hingegebenen Anteile. Dafür ist im DBA-Fall die abkommensrechtliche Zuordnung und die Erfassung im Rahmen der beschränkten Steuerpflicht maßgeblich.[339] Unabhängig von der Beurteilung nach deutschem Recht, ist eine Besteuerung nach den ausländischen Bestimmungen nicht auszuschließen.

Die Alternativen[340] sind mit dem **Referenzfall** einer nicht begünstigten Veräußerung von Kapitalgesellschaftsanteilen zu vergleichen. Solche Gewinne aus der Veräußerung von Beteiligungen unterliegen im Inland normalerweise als laufende Gewinne uneingeschränkt der Einkommen- oder Körperschaft- und der Gewerbesteuer.

---

338   § 8b Abs. 2 KStG wird nur unbeschränkt steuerpflichtigen Kapitalgesellschaften gewährt.
339   Im Falle eines inländischen Besteuerungsrechts können beschränkt steuerpflichtige Einkünfte nur unter den Voraussetzungen des § 49 Abs. 1 Nr. 2a) oder Nr. 2e) EStG entstehen.
340   Ein umfassender Alternativvergleich mit zusammenfassender Übersicht ist bei *Rödder*, [Gestaltungsalternativen] des steuerneutralen grenzüberschreitenden Anteilstauschs, in: IStR 1994, S. 257 ff. zu finden.

Es gilt: $S_{I(T)} = \left[s_I^{ek_g(kn)} + s_I^{ge} - s_I^{ek_g(kn)} s_I^{ge} \right] * VG$

mit: $VG = VP - BetBW$

C.5.3.1.1   Einbringung von Anteilen gegen Gesellschaftsrechte

(1)   Einbringung in eine unbeschränkt steuerpflichtige Kapitalgesellschaft
Die Einbringung von *in- und ausländischen* Beteiligungen in eine *unbeschränkt steuerpflichtige Kapitalgesellschaft* ist nach § 20 Abs. 1 Satz 2 UmwStG zum Buchwert möglich, unter der Voraussetzung, daß die übernehmende Gesellschaft nach Einbringung über die Mehrheit der Stimmrechte an der eingebrachten Gesellschaft verfügt. Dem Einbringenden müssen *neue* Anteile gewährt werden.[341] Es gilt der **Grundsatz der Wertverknüpfung** (§ 20 Abs. 4 UmwStG).[342] Ein Zwang zum Teilwertansatz besteht, wenn das inländische Besteuerungsrecht für die dem Einbringenden *gewährten* Anteile zum Zeitpunkt der Sacheinlage verlorengeht (§ 20 Abs. 3 UmwStG). Dies ist regelmäßig dann der Fall, wenn ein ausländischer Steuerpflichtiger Einbringender ist und die Besteuerungsrechte nach Art. 13 Abs. 4 OECD-MA zugeordnet sind. Aber auch ohne Zwang ist der Teilwertansatz günstiger, da sonst vor der Einbringung gebildete stille Reserven in den *erhaltenen* Anteilen in den inländischen Hoheitsbereich übertragen werden.[343] Die Behandlung nach ausländischem Recht ist davon unabhängig.

(2)   Einbringung in eine EU-Kapitalgesellschaft
§ 23 Abs. 4 UmwStG erweitert das Wertansatzwahlrecht nach § 20 Abs. 2 UmwStG und die damit verbundene Wertverknüpfung auch auf Einbringungsvorgänge von Anteilen an EU-Gesellschaften in EU-Kapitalgesellschaften.[344]

---

341   Dies erfolgt mittels Kapitalerhöhung. Die Gegenleistung muß nicht ausschließlich in neuen Anteilen bemessen sein. Ein übersteigender Betrag kann in die Kapitalrücklage eingestellt werden. Es können auch weitere Gegenleistungen in Geld oder Sachwerten gewährt werden. Vgl. *Dehmer*, Kommentar zum Umwandlungsgesetz/Umwandlungssteuergesetz [UmwG/UmwStG], 2. Auflage, München 1996, § 20, Rz. 214, 215.

342   Zum Sinn der Wertverknüpfung beim grenzüberschreitenden Anteilstausch *Thiel*, Grenzüberschreitende Umstrukturierung, S. 281.

343   Vgl. *Herzig*, [Grenzüberschreitende Umwandlungen] im deutschen Ertragsteuerrecht, in: Schaumburg/Piltz (Hrsg.), Internationales Umwandlungssteuerrecht, Forum der Internationalen Besteuerung, Band 11, S. 135 f. Für den neuen ausländischen Gesellschafter resultiert aus den zum Teilwert gewährten Anteile an der inländischen Gesellschaft wegen der Wertverknüpfung selbst bei inländischem Besteuerungsrecht keine Steuerbelastung als Folge der beschränkten Steuerpflicht.

344   Ob es sich bei der Gegenleistung um neue Anteile handeln muß, wird in der Literatur mangels Übereinstimmung mit der Fusionsrichtlinie bestritten. Stellvertretend *Herzig/Förster*, [Steuer-

Auch hier verhindert die Entstrickungsklausel den Buchwertansatz, wenn die dem Einbringenden *gewährten* Anteile der inländischen Besteuerung entzogen werden (§ 23 Abs. 4 Satz 2 UmwStG). Außerdem unterliegen die *erhaltenen* Anteile bei der übernehmenden Kapitalgesellschaft einer siebenjährigen Veräußerungssperre (§ 26 Abs. 2 Satz 1 UmwStG). Veräußert die übernehmende Kapitalgesellschaft innerhalb der Veräußerungssperrfrist, muß rückwirkend beim Einbringenden Gewinn realisiert werden. Bei *Auslandsbeteiligungen* kann die Gewinnrealisation mit der Steuerbefreiung nach § 8b Abs. 2 KStG kompensiert werden, wenn der Einbringende eine unbeschränkt steuerpflichtige Kapitalgesellschaft ist.[345]

Wurden als Gegenleistung für die Einbringung einer *Inlandsbeteiligung* dem Einbringenden Anteile an einer ausländischen EU-Kapitalgesellschaft gewährt, so wird die Steuerbefreiung für diese Anteile nach § 8b Abs. 2 KStG erst nach Ablauf einer 7-jährigen Sperrfrist gewährt (§ 8b Abs. 3 Nr. 1 KStG). Bei der Einbringung einer Auslandsbeteiligung ist diese Frist unerheblich.

| inl. KapG | Inlandsbeteiligung
(Auslandsbeteiligung EU) | → | ausl. EU-KapG |

← Anteile EU-KapG

Rechtsfolge:
§ 23 Abs. 4 Satz 2 UmwStG
§ 8b Abs. 3 Nr. 1 KStG
(nicht bei Auslandsbeteiligung EU)

Rechtsfolge:
§ 26 Abs. 2 Satz 1 UmwStG
(Veräußerungssperre)

(3) Einbringung in eine andere ausländische Kapitalgesellschaft
Die Einbringung *in- oder ausländischer* Anteile in eine im Drittland ansässige Kapitalgesellschaft ist nach dem UmwStG nicht begünstigt. Eine Buchwertfortführung kann sich nur aufgrund anderer Regelungen ergeben.

änderungsgesetz 1992]: Die Umsetzung der Fusionsrichtlinie in deutsches Steuerrecht (Teil II), in: DB 1992, S. 960. Die Gegenleistung ist nach § 23 Abs. 4 Satz 3 UmwStG auf 10 % des rechnerischen Wertes der hingegebenen Anteile beschränkt.

345 Vgl. *Thiel*, Muß das [Tauschgutachten] umgeschrieben werden - Die Rechtssätze des Gutachtens in Konkurrenz zu den gesetzlichen Tatbeständen der steuerfreien Anteilsübertragung (§ 8b Abs. 2 KStG, 20 Abs. 6 UmwStG 1977), in: Herzig (Hrsg.), Steuerberater-Jahrbuch 1994/95, Köln 1995, S. 204.

(4) Analyse der Rechtsfolgen

Die Steuerbelastung von Null bei einer Einbringung zu Buchwerten wird mit einer **Verdoppelung der stillen Reserven** erkauft. Es besteht die Gefahr einer doppelten Besteuerung in der Zukunft. Vergünstigungen und Steuerbefreiungen bei der Veräußerung von Anteilen an Kapitalgesellschaften schwächen das Problem erheblich ab. Kann das Entstehen eines Einbringungsgewinns nicht verhindert werden, unterliegt dieser wie laufender Gewinn der Besteuerung.[346] Die Steuerbelastung ist mit dem Referenzfall identisch, es sei denn, der Gewinn ist nach § 8b Abs. 2 KStG steuerbefreit.

C.5.3.1.2 Anteilstausch nach den Grundsätzen des Tauschgutachtens

Nach den vom BFH begründeten und der Finanzverwaltung aktuell weiterentwickelten Tauschgrundsätzen[347] können Anteile steuerneutral getauscht werden, wenn "...bei wirtschaftlicher Betrachtung wegen der Wert-, Art- und Funktionsgleichheit der getauschten Anteile die Nämlichkeit der hingegebenen und der erhaltenen Anteile bejaht werden kann."[348] Zur Herstellung der *Wertgleichheit* ist nur ein Spitzenausgleich zulässig. Dieser ist sofort zu versteuern.[349] Aus steuerlicher Sicht setzt die *Art- und Funktionsgleichheit* voraus, daß sich durch den Tausch die steuerlichen Rahmenbedingungen nicht wesentlich ändern. Ein Tausch von Anteilen an inländischen Gesellschaften gegen Anteile an schachtelprivilegierten ausländischen Gesellschaften oder umgekehrt ist damit ausgeschlossen.[350] Für den Sonderfall der Einbringung in eine inländische Gesellschaft fordert die Finanzverwaltung analog zu § 20 Abs. 4 UmwStG **Buchwertverknüpfung**.[351] Diese Interpretation steht in Widerspruch zum Tauschgutachten des BFH, wonach die Buchwertverknüpfung ausdrücklich **nicht** erforderlich war.[352] Bei grenzüberschreitender Einbringung wird auf die Buchwertverknüpfung verzichtet; dafür unterliegen die *erhaltenen* Anteile bei der ausländischen

---

346 Vgl. *Dehmer*, UmwG/UmwStG, § 20, Rz. 381, 411 ff.

347 Tauschgutachten des BFH vom 16.12.1958, I D 1/57 S, BStBl III 1959, S. 30; BMF-Schreiben vom 9.2.1998, IV B 2 - S 1909 - 5/98, BStBl I 1998, S. 163.

348 ebd., S. 30.

349 BMF-Schreiben vom 9.2.1998, Rdn. 6 f.

350 Zu den Voraussetzungen der Art- und Funktionsgleichheit im einzelnen, BMF-Schreiben vom 9.2.1998, Rdn. 8 ff. *Blumers*, Die neuen [Tauschgrundsätze] und ihre subsidiäre Geltung, in: DB 1998, S. 393 f. kritisiert, daß die Finanzverwaltung von veränderten steuerlichen Rahmenbedingungen auch ausgeht, wenn steuerliche Vorteile (Schachtelprivileg, begrenzte Quellenbesteuerung) nur mit den hingegebenen Anteilen im Ausland nach dem Abkommensrecht dieses Staates entstehen.

351 BMF-Schreiben vom 9.2.1998, Rdn. 23.

352 So ausdrücklich *Thiel*, grenzüberschreitende Umstrukturierung, S. 281.

Gesellschaft einer Veräußerungssperre von nunmehr 7 Jahren.[353] Ansonsten entfällt rückwirkend die Steuerbefreiung. Weiterhin anwendbar ist das Tauschgutachten bei Einbringung in eine (ausländische) Holding[354]; die Finanzverwaltung[355] bejaht die Funktionsgleichheit, wenn auch durch die mittelbare Beteiligung die ursprüngliche Einflußnahmemöglichkeit erhalten bleibt. Die inländische Steuerbelastung beträgt Null; es kann nicht mehr in allen Fällen die Verdoppelung der stillen Reserven verhindert werden.

C.5.3.1.3 Anteilstausch nach § 8b Abs. 2 KStG

Nach § 8b Abs. 2 KStG sind für unbeschränkt steuerpflichtige Kapitalgesellschaften Gewinne aus der Veräußerung von Beteiligungen an ausländischen Kapitalgesellschaften steuerbefreit, wenn für die Gewinnausschüttungen das DBA-Schachtelprivileg oder die indirekte Anrechnung gewährt wird. Der Anteilstausch wird einer Veräußerung gleichgestellt.[356] Dadurch kommt es zu einer steuerfreien Wertaufstockung der *erhaltenen* Anteile. In der Vergangenheit vorgenommene Teilwertabschreibungen sind jedoch nachzuversteuern.

Es gilt: $S_{I(T)} = \left[s_I^{kn} + s_I^{ge} - s_I^{kn} s_I^{ge} \right] * \sum_{t=6}^{T} TWA_t$

C.5.3.2 Optimierung durch gezielten Einsatz der Möglichkeiten zum grenzüberschreitenden Anteilstausch

C.5.3.2.1 Zum Verhältnis der beschriebenen Rechtsnormen

Mit dem BMF-Schreiben vom 15.2.1995[357] wurde ausdrücklich bestimmt, daß die Regelungen der §§ 20 Abs. 1 Satz 2 bzw. 23 Abs. 4 UmwStG dem Tauschgutachten vorgehen. Das Tauschgutachten ist somit nur subsidiär anzuwenden. Eine Konkurrenz zu § 8b Abs. 2 KStG existiert nicht, weil die Steuerbefreiung erst gewährt werden kann, wenn überhaupt ein Einbringungsgewinn entsteht. Dies soll aber durch die vom Gesetzgeber vorgesehene Einbringungsmöglich-

---

353 Diese Veräußerungssperrfrist wurde an die Behaltensfristen der § 26 Abs. 2 Satz 1 UmwStG, § 8 Abs. 3 KStG angepaßt. Für Einbringungen vor dem 1.1.1992 gilt weiterhin die Frist von 10 Jahren. BMF-Schreiben vom 9.2.1998, Rdn. 23.

354 So ausdrücklich *Blumers*, Tauschgrundsätze, S. 394. Nach Ansicht von *Thiel*, Tauschgutachten, S. 199 ist es auch unschädlich, wenn die Holding noch andere Beteiligungen hält oder erwirbt.

355 Beschluß der obersten Finanzbehörden des Bundes und der Länder vom 24.5.1989 zitiert bei *Zeitler*, Tauschgutachten, S. 7351 f.

356 Unstrittig *Thiel*, Tauschgutachten, S. 201.

357 BStBl I 1995, S. 149; bestätigt durch das BMF-Schreiben vom 9.2.1998, Rdn. 18.

keit zum Buchwert gerade verhindert werden. Bei Überschneidungen zwischen den Regelungen des Umwandlungssteuergesetzes, kann sich der Steuerpflichtige auf die günstigere berufen.[358]
Die Buchwertfortführung nach den Grundsätzen des Tauschgutachtens steht nicht zur Disposition. Wird die Nämlichkeit der erhaltenen und der hingegebenen Anteile bejaht, ist eine Gewinnrealisierung ausgeschlossen. In der Praxis wird es jedoch auszuschließen sein, daß die Finanzverwaltung eine vom Steuerpflichtigen vollzogene Gewinnrealisierung beim Anteilstausch verhindert, indem sie die Nämlichkeit nachweist. Insoweit ist dennoch von einem faktischen Wahlrecht auszugehen.[359] Daher kann sich der Steuerpflichtige auch für die gegebenenfalls günstigere Möglichkeit der Gewinnrealisierung mit Steuerbefreiung für Gewinne aus der Veräußerung von Auslandsbeteiligungen entscheiden.

C.5.3.2.2   Auswahl dominanter Alternativen

(1) Ausgangsfall
Unter der Annahme, daß die Voraussetzungen sämtlicher Alternativen erfüllt sind, ist stets die Inanspruchnahme der Steuerbefreiung nach § 8b Abs. 2 KStG die günstigste Alternative. Dies gilt sowohl für den Tausch einer Auslands- gegen eine Inlandsbeteiligung, als auch beim Tausch zweier Auslandsbeteiligungen.[360] Der beim Tausch realisierte Gewinn wird steuerbefreit; die *erhaltenen* Anteile werden zum Teilwert angesetzt.

(2) In der Vergangenheit wurden Teilwertabschreibungen vorgenommen
Liegt der Buchwert der *hingegebenen* Anteile als Folge von Teilwertabschreibungen unter den ursprünglichen Anschaffungskosten, kann für diese Differenz die Steuerbefreiung nicht in Anspruch genommen werden. Es entsteht insoweit laufender Gewinn. Dies kann durch den Anteilstausch nach Tauschgutachten verhindert werden. Die "schädliche" Teilwertabschreibung haftet fortan den *erhaltenen* Anteilen an. Die durch § 8b Abs. 2 KStG geforderte Nachversteuerung kann so hinausgeschoben werden. Die erforderliche Wertgleichheit kann durch Einlage in die "minderwertige" Kapitalgesellschaft vor Tausch hergestellt werden.[361]

---

358 Vgl. *Dehmer*, UmwG/UmwStG, § 23, Rz. 92a).
359 Das gibt *Thiel*, Tauschgutachten, S. 201 f. unmißverständlich zu erkennen.
360 Dies belegt *Thiel* ausführlich an zwei Beispielen, Tauschgutachten, S. 202 ff.
361 Das BMF-Schreiben vom 9.2.1998, Rdn. 7 verbietet nur den Vorabverkauf von Anteilen.

(3) Steuerfreie Veräußerung im Anschluß an den Anteilstausch nach Tauschgutachten

§ 8b Abs. 3 Nr. 1 KStG versagt die steuerfreie Veräußerung einbringungsgeborener Anteile nach § 23 Abs. 4 UmwStG, wenn als Gegenleistung Anteile an einer unbeschränkt steuerpflichtigen Kapitalgesellschaft gewährt wurden. Außerhalb der EU kann derselbe Sachverhalt nach dem Tauschgutachten ebenfalls ohne Gewinnrealisation abgewickelt werden. Dieser Sachverhalt ist von der Mißbrauchsregel in § 8b Abs. 3 nicht explizit erfaßt. Zur Schließung der Besteuerungslücke werden zwei Ansichten vertreten. *Rödder*[362] verneint beim grenzüberschreitenden Tausch einer Inlands- gegen eine Auslandsbeteiligung die Nämlichkeit der Anteile, da nur die *erhaltenen* Anteile nach § 8b Abs. 2 KStG begünstigt sind. Nach dem Lösungsvorschlag von *Thiel*[363] soll das Tauschgutachten weiterhin auch für grenzüberschreitende Sachverhalte anwendbar bleiben; die Besteuerungslücke durch eine analoge Anwendung des § 8b Abs. 3 Nr. 1 KStG geschlossen werden. Die Veräußerungssperre verkürzt sich damit materiell auf 7 Jahre.

---

362 [Tauschgutachten] und § 8b Abs. 2 KStG, in: IStR 1994, S. 384.
363 Tauschgutachten, S. 206 f.

C.5.3.3 Verknüpfung mehrerer Instrumente zur Verwirklichung einer zielgerichteten Konzernstruktur

In der Realität anzutreffende Konzernstrukturen sind häufig vielfach verzweigt und verschachtelt. Die Umsetzung bestimmter Zielsetzungen gelingt möglicherweise nicht mit nur einer Maßnahme. Vielmehr sind häufig vorbereitende Schritte notwendig, um dem erklärten Ziel näherzukommen. Das vorgestellte Instrumentarium sollte daher als Identifizierung einzelner Elemente zum Konzernumbau verstanden werden, die in unterschiedlicher Reihenfolge auch durchaus nacheinander eingesetzt werden können. Eventuell vorgesehene Sperrfristen müssen unbedingt beachtet werden.

Umstrukturierungsmaßnahmen werden häufig behindert, wenn Grundstücke zu den betroffenen Vermögensteilen gehören. Die für eine Einbringung erforderliche Teilbetriebsvoraussetzung verlangt die Übertragung *aller* wesentlicher Betriebsgrundlagen. Die Zuordnung zu einem Teilbetrieb kann scheitern, wenn ein Grundstück mehreren Teilbetrieben gleichzeitg dient.[364] Auch aus wirtschaftlichen Gründen kann eine Grundstücksübertragung unzweckmäßig sein.[365] Steuerlich droht mangels Teilbetrieb nicht nur die Ertragsteuerbelastung bei Realisation der stillen Reserven. Für inländische Grundstücke fällt außerdem Grunderwerbsteuer an.[366] Gerade, wenn mehrere Schritte zur Umstrukturierung geplant sind, sollte sich der Grundstückstranfer unbedingt beschränken.[367] Daher wird in der Literatur[368] die Gründung von Grundstücksgesellschaften empfohlen, die üblicherweise in der Rechtsform einer Personengesellschaft geführt werden. Inländische Grundstücke können nach dem Mitunternehmererlaß steuerneutral aus einem Betrieb des Mitunternehmers in das Betriebsvermögen der Personengesellschaft gegen Gewährung von Gesellschaftsrechten überführt werden.[369] Grunderwerbsteuer fällt nur insoweit an, als der Übertragende nicht an der Gesellschaft beteiligt ist.[370] Für die anschließende Teilbetriebsübertra-

---

364 Beispiele finden sich bei *Blumers*, Ausgliederung und Spaltung und wesentliche [Betriebsgrundlagen], in: DB 1995, S. 497 ff.

365 Dies verdeutlicht *Selent*, [Unternehmensstrukturierung] - von einem Stammhauskonzern zu einem Holdingkonzern, in: Herzig (Hrsg.), Steuerorientierte Umstrukturierung von Unternehmen, Stuttgart 1997, S. 58 f. am Beispiel eines Spartenkonzerns.

366 Diese ist spätestens seit der Tariferhöhung auf 3,5 v.H. ein nicht mehr zu vernachlässigender Einflußfaktor.

367 Dazu im einzelnen *Fleischer*, Die Vermeidung von [Grunderwerbsteuer] bei der Umstrukturierung von Unternehmen, in: DStR 1996, S. 1390 ff.

368 Vgl. *Selent*, Unternehmensstrukturierung, S. 58 f. So auch *Blumers*, Betriebsgrundlagen, S. 498.

369 Mitunternehmererlaß, Tz. 56 ff.

370 § 5 Abs. 2 GrEStG. Deshalb werden weitere Gesellschafter finanziell nicht beteiligt.

gung wird die Frage der Zugehörigkeit des Grundstücks hinfällig. Der Immobilienbesitz kann so vom operativen Bereich getrennt werden und steht auch künftigen Umstrukturierungen nicht mehr im Wege.

C.5.4 Optimierung bei grenzüberschreitender Kooperation

C.5.4.1 Grenzüberschreitende Anrechnung von Körperschaftsteuer

In vielen ausländischen Staaten sind ebenfalls Körperschaftsteueranrechnungs-systeme anzutreffen. Speziell in Deutschland, aber auch in den anderen Ländern wird in das körperschaftsteuerliche Anrechnungsverfahren nur die inländische Körperschaftsteuer einbezogen.[371] Dies hat folgende Konsequenzen:

(1) keine Anrechnung ausländischer Körperschaftsteuer
Bezieht eine inländische natürliche Person Gewinnausschüttungen direkt von einer ausländischen Kapitalgesellschaft oder über eine inländische Kapitalge-sellschaft, kann die im Ausland angefallene Körperschaftsteuer nicht auf die inländische Einkommensteuer angerechnet werden.

(2) keine Anrechnung inländischer Körperschaftsteuer bei Durchleitung durch eine ausländische Kapitalgesellschaft
Ausländischen Anteilseignern werden keine Körperschaftsteuergutschriften er-teilt. Die inländische Körperschaftsteuer wird definitiv. Auch bei Rückführung an eine inländische natürliche Person kann die ursprünglich einbehaltene inlän-dische Körperschaftsteuer nicht mehr angerechnet werden. Das Körper-schaftsteuerguthaben geht endgültig unter.

Auch im Rahmen der Harmonisierungsbestrebungen der Körperschaftsteuer-systeme innerhalb der EU zeichnet sich wenig Bereitschaft zur grenzüber-schreitenden Körperschaftsteueranrechnung ab.[372] Einzelne Mitgliedstaaten ha-ben in den Doppelbesteuerungsabkommen den Weg zu einer Körperschaftsteu-eranrechnung über die Grenze geöffnet. Für den inländischen Investor drängt sich daher die Frage auf, welche Maßnahmen notwendig werden, diese Chance der grenzüberschreitenden Körperschaftsteueranrechnung für sich nutzbar zu machen.

---

371 Eine Darstellung der Körperschaftsteuersysteme in der EU findet sich bei *Thömmes*, [Grenzüberschreitende Anrechnung] von Körperschaftsteuern, in: Herzig (Hrsg.), Körper-schaftsteuerguthaben bei grenzüberschreitenden Kooperationen, Steuerthemen im Brenn-punkt, Band 10, Köln 1996, S. 17 ff.

372 Vgl. dazu den historischen Überblick bei *Thömmes*, Grenzüberschreitende Anrechnung, S. 24 ff.

C.5.4.2 Gestaltungen zur Anrechnung ausländischer Körperschaftsteuer

C.5.4.2.1 Analyse bilateraler Lösungsansätze

Nur das DBA mit Frankreich[373] begünstigt den deutschen Investor unmittelbar. Natürliche Personen sowie Kapitalgesellschaften mit einer Beteiligung unter 10 % erhalten die *volle* Körperschaftsteuergutschrift.[374] Vergleichbare Begünstigungen sehen auch DBA zwischen Frankreich und anderen Mitgliedstaaten vor - nur gegenüber Italien werden auch Mutterkapitalgesellschaften 50 % der Körperschaftsteuergutschrift erstattet.

Auch Großbritannien praktiziert mehreren Staaten gegenüber einseitig die Erstattung ihrer Körperschaftsteuer nach folgender Struktur:[375]

- Natürliche Personen und Gesellschaften mit Portfolio-Beteiligungen (≤ 10 % der Stimmrechte) wird die *volle* Anrechnung gewährt.
- Für Gesellschaften ab 10 % der Stimmrechte **und** überwiegend inländischem Gesellschafterkreis wird die Körperschaftsteuergutschrift auf *die Hälfte* reduziert.

Umgekehrt werden Frankreich und Großbritannien entsprechend nur von Italien begünstigt.[376]

C.5.4.2.2 Quantifizierung der Steuerfolgen

Da abgesehen von Portfolio-Beteiligungen nur inländische natürliche Personen von Frankreich die volle Körperschaftsteuergutschrift erhalten, können Vorteile erzielt werden, wenn die *inländische* Muttergesellschaft die Rechtsform der *Personengesellschaft* aufweist. Der Nachteil aus der mangelnden Möglichkeit einer Inanspruchnahme des DBA-Schachtelprivilegs bzw. der indirekter Anrechnung kann dadurch gemildert werden. Die inländische Steuerbelastung der Gesellschafter kann bei vollständiger Anrechnung des avoir fiscal im Vergleich

---

373 Art. 20 Abs. 1b)bb) DBA Deutschland-Frankreich in: *Korn/Debatin*, Doppelbesteuerung, Band 2.
374 Abschn. 88 Abs. 1 Nr. 6 KStR.
375 Ausführlich dazu *Thömmes*, Grenzüberschreitende Anrechnung, S. 30 ff.
376 Darüber hinaus erstattet Italien grenzüberschreitend nur sog. Ausgleichssteuern, die anfallen, wenn eine italienische Kapitalgesellschaft ausländische steuerfreie Schachteldividenden grenzüberschreitend weiterausschüttet. Dazu auch *Conci*, [Italien]: Anrechnung ausländischer Körperschaftsteuer bei Weiterausschüttung von Auslanderträgen, in: IStR 1997, S. 129-132.

zur herkömmlichen Behandlung der Gewinnausschüttungen (lediglich unter Anrechnung der ausländischen Quellensteuer) reduziert werden um:[377]

$$\Delta S_I = (1 - s_I^{ek}) * \left[-s_{A(F)}^{ka} * p * q * [G_A - L] \right]$$

Da *inländische Kapitalgesellschaften* mit Beteiligungen $\geq 10\,\%$ nicht begünstigt werden, ist es aus deutscher Sicht naheliegend, sich ausländische Körperschaftsteuergutschriften durch Holdingkonstruktionen zu sichern. Dazu ist es erforderlich, die Holding in einem Staat zu plazieren, der von dem Staat, in dem das ausländische Engagement betrieben wird, durch ein entsprechendes bilaterales Abkommen begünstigt wird. Dividenden von einer Tochterkapitalgesellschaft in Großbritannien sollten daher über eine Holding in einem der 11 begünstigten Mitgliedsstaaten durchgeleitet werden. Ferner sind Gestaltungen zwischen Italien und Frankreich bzw. Italien und Großbritannien möglich.[378]

Im Vergleich zur Direktausschüttung kann über die Holding i.V.m. dem internationalen Schachtelprivileg folgender Entlastungseffekt erzielt werden:[379]

$$\Delta S_A = (-0,5 * s_{A(GB)}^{ka}) * p * q * [G_A - L]$$
$$+ s_{Q(GB)}^{fik} \left[(1 - s_{A(GB)}^{k} + 0,5 * s_{A(GB)}^{ka}) * p * q * [G_A - L] \right]$$

Eine vollständige Durchreichung der anteiligen Körperschaftsteuergutschrift kann durch mehrere Faktoren behindert oder zumindest eingeschränkt werden:

---

377 Bei einem Körperschaftsteuersatz von $33\frac{1}{3}\,\%$ zzgl. dem nicht anrechenbaren Zuschlag von $10\,\%$ beträgt der Anrechnungsanspruch $0,5 * (GA - SolZ)$. Das entspricht $s_{A(F)}^{ka} = 31,67\,\%$ bezogen auf den Gewinnanteil vor Steuern. Die (gegenüber natürlichen Personen und bei Streubesitzdividenden nicht reduzierte) Quellensteuer von $s_{Q(F)} = 0,15$ wird *zusätzlich* auf die Körperschaftsteuergutschrift erhoben. Es gilt: $s_{A(F)}^{ka} * (1 - s_{Q(F)}) * p * q * [G_A - L]$. Die zusätzliche Quellensteuer kommt ebenfalls im Inland zur Anrechnung. Nur deutsche Anteilseigner erhalten die Körperschaftsteuergutschrift vollständig. Vgl. *Kessler*, Grenzüberschreitende [Körperschaftsteuer-Gutschriften] - Gestaltungsmöglichkeiten nach geltendem Recht, in: IStR 1995, S. 406. Eine Berechnungsbeispiel ist bei *Herzig*, [Anrechnungsverluste] als steuerliches Hemmnis grenzüberschreitender Kooperation, in: IStR 1996, S. 199 zu finden.

378 So auch *Thömmes*, Grenzüberschreitende Anrechnung, S. 36 f.

379 Der Anrechnungsanspruch beträgt im englischen **Teil**anrechnungssystem (beim derzeitigen Spitzensteuersatz von 33 %) 25 % bezogen auf die Barausschüttung (=GA). Das entspricht $s_{A(GB)}^{ka} = 16,75\,\%$ bezogen auf den Gewinnanteil vor Steuern. *Informationsdienst zur Finanzpolitik des Auslands* vom 30.7.1996, BMF (Hrsg.), Die wichtigsten Steuern im internationalen Vergleich, Übersicht 2, S. 6.

- "Fiktive" Quellensteuerbelastungen bezogen auf die Summe aus Bardividende und Gutschriftsbetrag mindern den Erstattungsanspruch.[380]
- Eine Weiterreichung des Vorteils ins Inland setzt ebenfalls das DBA-Schachtelprivileg voraus. Bei indirekter Anrechnung bleibt die Körperschaftsteuererstattung bei der Holding hängen.
- Großbritannien macht die Gewährung der grenzüberschreitenden Gutschrift davon abhängig, daß an der die Gutschrift empfangenden Gesellschaft keine Mehrheitsbeteiligung von einem Nichtanrechnungsberechtigten besteht. Materiell kann somit die Holding nur unter (mindestens) gleichberechtigter Beteiligung eines Anspruchsberechtigten in Form eines Joint Ventures geführt werden. Nur gegenüber Dänemark existiert keine entsprechende Einschränkung.[381]

Aus deutscher Sicht empfiehlt sich daher folgende Gestaltung:

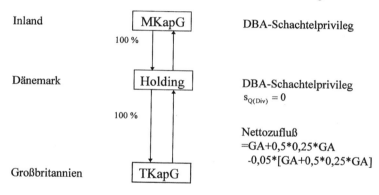

C.5.4.3 Gestaltungen zur Sicherung des inländischen Anrechnungsguthabens

C.5.4.3.1 Ausgangssituation bei grenzüberschreitender Kooperation

Bei Kooperationen mit einem ausländischen Partner kann es notwendig sein, Inlandsbeteiligungen in eine ausländische Kapitalgesellschaft zu überführen. Dadurch verliert ein inländischer Anteilseigner die Anrechnungsberechtigung.

---

380 In Großbritannien beträgt diese fiktive Quellensteuer bei qualifizierten Muttergesellschaften $s_{Q(GB)}^{fik} = 5\%$. Die Quellensteuerreduzierung nach der Mutter-Tochter-Richtlinie auf Null wird dadurch überlagert. Vgl. *Kessler*, Körperschaftsteuer-Gutschriften, S. 407.

381 Vgl. *ebd.*

Wie das folgende Beispiel zeigt, stellt sich zumindest der Inländer durch die Vereinigung mit einem ausländischen Partner in dieser Form aus steuerlicher Sicht schlechter.

Sachverhalt: Die inländische Mutterkapitalgesellschaft bringt ihre Beteiligung an der inländischen Tochterkapitalgesellschaft in eine niederländische Holding zu Buchwerten nach § 23 Abs. 4 UmwStG ein und erhält dafür Anteile an der Holding.[382] Der Partner, eine ausländische Mutterkapitalgesellschaft, bringt ebenfalls nach den Bestimmungen des für ihn geltenden nationalen Rechts eine wertgleiche Beteiligung an der ausländischen Tochterkapitalgesellschaft ein. An der Holding werden beide zu jeweils 50 % beteiligt (Joint Venture).[383]

Damit wird folgende Struktur aufgebaut:

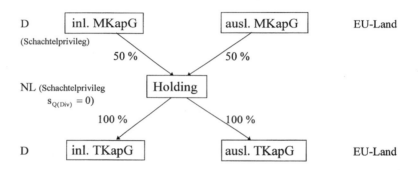

Für die inländische Mutterkapitalgesellschaft hat die Umstrukturierung zur Folge, daß von dem über die Holding geleiteten Gewinnanteil aus der inländischen Tochterkapitalgesellschaft nur eine Gewinnausschüttung von

$$(1 - s_I^{ka}) * p * q * [G_1 - L]$$

ankommt, die bei Weiterausschüttung an eine inländische natürliche Person ohne Anrechnung von Körperschaftsteuer zu versteuern ist.

---

382 Das Besteuerungsrecht für die dem inländischen Anteilseigner gewährten Anteile steht nach Art. 8 Abs. 1 DBA Deutschland-Niederlande, ausschließlich dem Wohnsitzstaat des Anteilseigners zu in: *Korn/Debatin*, Doppelbesteuerung, Band 2. Die Voraussetzungen der Buchwertverknüpfung sind damit gegeben.

383 Zum Begriff und den Motiven eines Joint Venture, *Müller*, Steuergünstige Gestaltungen grenzüberschreitender [Joint-ventures], in: Bericht über die Steuerfachtagung 1993 des Institutes der Wirtschaftsprüfer in Deutschland e.V., 14./15. September in Neuss - Generalthema: Steuergestaltung bei verbundenen Unternehmen in Europa, Düsseldorf 1993, S. 235.

Es verbleiben: $(1 - s_I^{ek})(1 - s_I^{ka}) * p * q * [G_I - L]$

Im Unterschied zum Direktbezug verliert der Anteilseigner einen Nettozufluß von $(1 - s_I^{ek}) * s_I^{ka} * p * q * [G_I - L]$.

Dieselben Konsequenzen stellen sich für den Partner ein, wenn er seinen Sitz in einem Staat mit Anrechnungssystem hat.[384] Ist dies nicht der Fall, sollte Deutschland als Holdingstandort in Erwägung gezogen werden.

C.5.4.3.2 Wechselseitige Beteiligungen

Die negativen Konsequenzen aus dem Verlust des Anrechnungsguthabens können vermieden werden, wenn nicht die Beteiligungen an den Tochtergesellschaften in ein gemeinsames Unternehmen eingebracht werden, sondern die beidseitige Einflußnahme durch *wechselseitige Beteiligungen* an den Tochtergesellschaften eingeräumt wird. Diese Gestaltung kann optimiert werden, indem die jeweiligen Inlandseinkünfte **vollständig** der Muttergesellschaft desselben Sitzstaates zufließen. Dazu sind unterschiedliche Klassen von Gesellschaftsrechten zu bilden.[385] Während an der im anderen Staat angesiedelten Kapitalgesellschaft nur *Stimmrechte* eingeräumt werden, bleibt das *Dividendenbezugsrecht* an der "eigenen" Gesellschaft vollständig bei der ursprünglichen Muttergesellschaft. Bei abweichender Gewinnsituation kann das Dividendenbezugsrecht mit einer Verpflichtung zum Ausgleich einer paritätischen Gesamtdividende ausgestaltet sein.[386]

---

384 Entsprechende Auswirkungen zeigt *Müller-Dott*, [Kooperationshemmnisse] aus dem körperschaftsteuerlichen Anrechnungsverfahren bei internationalen Verflechtungen, in: Herzig (Hrsg.), Körperschaftsteuerguthaben bei grenzüberschreitenden Kooperationen, Steuerthemen im Brennpunkt, Band 10, Köln 1996, S. 4 ff. am Beispiel eines französischen Kooperationspartners. Die Besonderheit der Erstattung des französischen precompte mobilier sollte nicht mit der im vorhergehenden Gliederungspunkt beschriebenen grenzüberschreitenden Anrechnung verwechselt werden. Vielmehr handelt es sich um die technische Abwicklung der Weiterleitung steuerfreier Schachteldividenden auch an ausländische Anteilseigner, falls bei der Ausschüttung eine zusätzliche Steuer erhoben wurde. In Deutschland wird derselbe Effekt durch den Verzicht auf die Körperschaftsteuererhöhung gem. § 40 Nr. 1 KStG erzielt. Dazu auch *Vogel*, DBA, Art. 10, Rz. 150.

385 Zu den gesellschaftsrechtlichen Möglichkeiten *Schmidt*, Gesellschaftsrecht, S. 856.

386 Dieser Vorschlag ist bei *Müller-Dott*, Kooperationshemmnisse, S. 8 f. zu finden.

Die Struktur wird modifiziert zu:

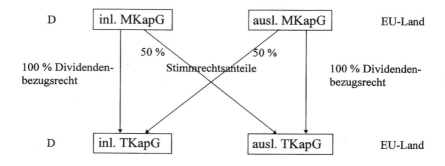

C.5.4.3.3 Schaffung "verknüpfter Anteile" (Stapled Stock)

Bei börsennotierten Gesellschaften besteht das Problem, daß die *stimmberechtigten* und die *dividendenberechtigten* Anteile grundsätzlich getrennt voneinander handelbar sind. Dies kann verhindert werden, indem die Anteile **verbunden**, **verknüpft** oder **"stapled"** werden. Auch bei Joint Venture Gestaltungen, wie im Ausgangsfall, kann eine Bündelung der Stimmrechtsanteile an der Holding mit den gesplitteten Beteiligungen an der "eigenen" Tochtergesellschaft sinnvoll sein.[387]

---

387 Vgl. *Haarmann*, Internationale [Kooperationen] und Sicherung von Anrechnungsguthaben (Stapled Stock), in: Herzig (Hrsg.), Steuerorientierte Umstrukturierung von Unternehmen, Stuttgart 1997, S. 254 f.

(1) Einsatz "verknüpfter Anteile" im Rahmen eines grenzüberschreitenden Joint Ventures

Die Stuktur des Joint Venture ist optisch mit dem Ausgangsfall zu vergleichen:

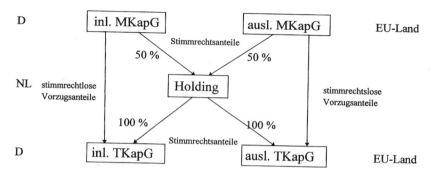

Diese Zielstruktur kann durch folgende Schritte i.d.R. steuerneutral herbeigeführt werden:

- Gründung der *inländischen* Tochterkapitalgesellschaft durch Einbringung eines Teilbetriebs der *inländischen* Mutterkapitalgesellschaft nach § 20 UmwStG. Dafür erhält die inländische Muttergesellschaft *Stimmrechtsanteile* **und** *stimmrechtslose Vorzugsanteile.*
- Einbringung der *Stimmrechtsanteile* zu Buchwerten in die *niederländische* Holding gegen Gewährung von Gesellschaftsrechten nach § 23 Abs. 4 UmwStG.
- Der ausländische Partner verfährt entsprechend.
- *Verknüpfung* der Beteiligungen an der "eigenen" operativen Gesellschaft mit den Stimmrechtsanteilen an der Holding durch schuldrechtliche Verpflichtung.

Diese Gestaltung bedarf sowohl der zivilrechtlichen als auch der steuerrechtlichen Prüfung:

(1.1) zivilrechtliche Beurteilung

Speziell bei einer GmbH können die Miegliedschaftsrechte aufgrund der Satzung nach den individuellen Bedürfnissen ausgestaltet werden.[388] Auch von der gesetzlich vorgesehenen Gewinnverteilung gem. § 29 Abs. 3 GmbHG kann

---

388 Zu der inhaltlichen Ausgestaltung *Schmidt*, Gesellschaftsrecht, S. 1004, 1038 ff.

aufgrund Satzungsbestimmung abgewichen werden.[389] Insofern steht einer **disproportionalen** Stimmrechts- und Gewinnverteilung nichts im Wege.

Sollen die Gewinne unter den Partnern paritätisch aufgeteilt werden, besteht Ausgleichspotential bei unterschiedlicher Ertragslage der Tochtergesellschaften über die Finanzierung oder durch Anpassung der Ausschüttungsbeschlüsse im Rahmen der Gewinnverwendung der Gesellschaften. Probleme können jedoch im Verlustfall entstehen. Daher wird in der Literatur[390] der Abschluß eines Gewinnpoolungsvertrages nach § 292 Abs. 1 Nr. 1 AktG vorgeschlagen. Nach h.M. soll dies auch für die GmbH möglich sein.[391]

(1.2) steuerrechtliche Beurteilung
Steuerlich entfaltet diese Gestaltung nur ihre volle Wirkung, wenn uneingeschränkt den zivilrechtlichen Zuordnungen gefolgt wird. Nur Einkünfte aus Kapitalvermögen i.S.d. § 20 Abs. 1 Nr. 1 EStG berechtigen zur Anrechnung der Körperschaftsteuer nach § 36 Abs. 2 Nr. 3 EStG. Dazu gehören alle Früchte aus Mitgliedschaftsrechten, die zur Beteiligung am Gewinn und Liquidationserlös der Kapitalgesellschaft berechtigen.[392] Die mit der Dividendenberechtigung ausgestatteten Vorzugsanteile führen daher stets zu Einkünften i.S.d. § 20 Abs. 1 Nr. 1 EStG. Die Stimmrechtsanteile gehören steuerlich nur dann zu den Mitgliedschaftsrechten, wenn sie wenigstens mit einer geringen Gewinn-/Liquidationsberechtigung ausgestattet werden. Auch am wirtschaftlichen Eigentum ermangelt es nicht. Für eine abweichende Zuordnung nach § 20 Abs. 2a EStG besteht daher kein Anlaß. Gleichfalls ist der Vorwurf des Gestaltungsmißbrauch i.S.d. § 42 AO unberechtigt, da im Vergleich zum Zustand vor Kooperation keine steuerlichen Vorteile erwirkt werden. Ohne wirtschaftlich vernünftige Gründe kommt das Joint Venture nicht zustande.[393]

Die steuerliche Anerkennung der (grenzüberschreitenden) Gewinngemeinschaft setzt ein betriebliches Interesse der beteiligten operativen Gesellschaften voraus. Dies dürfte bei einem Joint Venture regelmäßig zu belegen sein. Dabei wird die Gewinnabführung der sich verpflichteten Gesellschaften auch steuerlich als Betriebsausgabe behandelt, während der zugewiesene Gewinnanteil zu

---

389 Auch bei einer AG kann die Satzung eine vom Verhältnis der Aktiennennbeträge abweichende Gewinnverteilung bestimmen (§ 60 Abs. 3 AktG).
390 Bspw. bei *Haarmann*, Kooperationen, S. 257.
391 Vgl. *Emmerich/Sonnenschein*, Konzernrecht S. 165 ff und S. 385.
392 BFH vom 16.12.1992, I R 32/92, BStBl II 1993, S. 399.
393 Weitere Argumente liefert *Haarmann*, Kooperationen, S. 258 f.

einer Einnahme führt.[394] Abkommensrechtlich sind die Gewinn-/Verlustübertragungen als Unternehmensgewinne und gerade nicht als Dividenden zu qualifizieren.[395]

(2) Grenzüberschreitender Anteilserwerb durch Ausgabe "verknüpfter Anteile"

Eine Einigung beim Erwerb einer Beteiligung von einem zur Anrechnung berechtigten Anteilseigner durch einen Ausländer wird regelmäßig wegen der unterschiedlichen Behandlung im Anrechnungsverfahren erschwert. Aus der Sicht des Veräußerers stellt auch das im verwendbaren Eigenkapital gespeicherte Anrechnungsguthaben einen Vermögenswert dar, der sich bei der Kaufpreisbemessung werterhöhend niederschlägt.[396] Für einen potentiellen *ausländischen* Erwerber ist die gespeicherte (Ausschüttungs-)Körperschaftsteuer mangels Anrechnungsberechtigung wertlos. Sie wird für ihn definitiv.[397] Dieses Problem stellt sich speziell bei der AG, da der einzelne Anteilseigner keine Möglichkeit hat, sich das auf ihn entfallende anteilige vEK zur Sicherung des Anrechnungsguthabens vor Anteilsveräußerung ausschütten zu lassen.

Daher wird den Altaktionären zur Übernahme der Kapital- und Stimmenmehrheit ein **Tausch** ihrer Anteile an der Zielgesellschaft im Inland gegen neue Anteile der künftigen ausländischen Mutterkapitalgesellschaft angeboten. Dieses Tauschangebot, werden die inländischen Anteilseigner nur annehmen, wenn sich dadurch ihre Vermögensposition nicht verschlechtert.[398] Umgekehrt wird die ausländische Erwerbergesellschaft nicht bereit sein, einen "Kaufpreis" zu bezahlen, der über den Unternehmenswert der Zielgesellschaft hinausgeht.[399]

---

394 So bereits RFH vom 9.5.1934, VI A 833/33, RStBl 1934, S. 658. Zu den Anerkennungsvoraussetzungen der Gewinngemeinschaft *Haarmann,* Andere [Unternehmensverträge], Generalthema: Unternehmensverträge, in: JbFStR 1992/93, S. 525 und *Strobl,* [Gewinnpooling], Generalthema: Unternehmensorganisation/Unternehmensverträge, in: JbFStR 1987/88, S. 313 ff.

395 Klärend *Döllerer,* bei *Strobl,* [Gewinnpooling], S. 316.

396 Der Wert der Anrechnungskörperschaftsteuer ist unter Berücksichtigung des erwarteten Realisationszeitpunkts zu ermitteln. Zur Bewertung von Beteiligungen bei Körperschaftsteuerreserven *Dirrigl,* Beteiligungen, S. 369 ff.

397 Bei einem gespaltenen Körperschaftsteuersatz wie in Deutschland ist jedoch die Reserve-Körperschaftsteuer bei der Kaufpreisbemessung zu berücksichtigen. Zu den Begriffen Anrechnungs-, Reserve-, Definitiv-Körperschaftsteuer vgl. Bareis, Systembereinigungen, S. 37 f.

398 Aus der Sicht der Veräußerers besteht dann ein Anreiz zum Anteilstausch, wenn die Ertragswertsteigerung durch Synergieeffekte nicht durch steuerliche Nachteile kompensiert oder gar überkompensiert wird.

399 Hierbei werden (vor Berücksichtigung des Körperschaftsteuerguthabens) homogene Erwartungen bei Käufer und Verkäufer unterstellt.

Zur Lösung des Konflikts werden die Altaktionäre neben den *stimmberechtigten Aktien* an der ausländischen Erwerbergesellschaft mit *stimmrechtslosen Vorzugsaktien* mit hohem Gewinnbezugsrecht, alternativ Genußscheinen ausgestattet, die eine Beteiligung am Gewinn und Liquidationserlös der Zielgesellschaft verkörpern. Beide Beteiligungen sollen nur gemeinsam handelbar sein.

Diese Struktur kann wie folgt abgebildet werden:

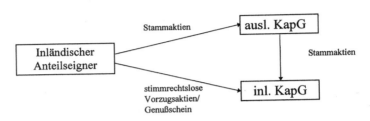

Vorgehensweise zur Begründung der Struktur:

- Ein Teil der Aktien der Zielgesellschaft wird in stimmrechtslose Vorzugsaktion umgewandelt oder es werden Genußscheine zu einem niedrigen Nennbetrag ausgegeben.[400]
- Die "regulären" Anteile an der Zielkapitalgesellschaft werden gegen Anteile an der ausländischen Mutterkapitalgesellschaft getauscht.

(2.1) zivilrechtliche Beurteilung

Die Bildung der erforderlichen Aktiengattungen ist unproblematisch.[401] Zur Verbindung mit den Aktien an der Muttergesellschaft wird in der Literatur die depotrechtliche Verknüpfung präferiert.[402] Gleiches gilt für die Verknüpfung der Genußscheine. Diese weisen jedoch hinsichtlich der Ausgestaltung die größere Flexibilität auf.[403] So ist es kein Problem, den aufgrund der Beteiligung an

---

400 In beiden Fällen bedarf es einer satzungsändernden Mehrheit § 179 Abs. 3 i.V.m. Abs. 2, § 221 Abs. 3 i.V.m. Abs. 1 AktG.

401 Nach § 139 Abs. 2 AktG können bis zu 50 % des Stammkapitals in Form von stimmrechtslosen Vorzugsaktien ausgegeben werden. Jedoch muß der Vorzug in einem Prozentsatz fixiert werden.

402 Stellvertretend *Haarmann*, Kooperationen, S. 261 f.

403 Zur Qualität des Genußscheins *Vollmer*, [Der Genußschein] - ein Instrument für mittelständische Unternehmen zur Eigenkapitalbeschaffung an der Börse, in: ZGR 1983, S. 451 ff., *ders.*, [Eigenkapitalbeschaffung] für die GmbH durch Börsenzugang, in: GmbHR 1984, S. 332, sowie *Lorch*, Der börsenfähige [aktienähnliche Genußschein]: Wirtschaftliche Bedeutung,

der ausländischen Muttergesellschaft dem Altanteilseigner tatsächlich zustehende jährliche Gewinnanteil wertmäßig exakt zu bestimmen und über die Genußscheine an der inländischen Gesellschaft direkt an den Anteilseigner fließen zu lassen.

(2.2) *steuerrechtliche Beurteilung*

Bei der vorgeschlagenen depotrechtlichen Verknüpfung bleiben zwei unmittelbare Beteiligungen nebeneinander erhalten. Der Altaktionär ist jeweils rechtlicher Eigentümer. Ein direkter "Dividendenfluß" der Zielgesellschaft an den Altaktionär kann steuerlich nicht fingiert werden, weil es an einer unmittelbaren Beteiligung mangelt, die auch das wirtschaftlichen Eigentum begründet. Obwohl Genußrechte zu keiner gesellschaftsrechtlichen Verbindung führen, sondern nur einen schuldrechtlichen Anspruch darstellen, entsteht hier ein unmittelbarer Ausschüttungsanspruch. Für die dividendenähnliche Behandlung von Ausschüttungen auf Genußrechte spricht auch § 8 Abs. 3 Satz 2 KStG. Daher kann das unmittelbare wirtschaftliche Eigentum durch das Genußrecht bejaht werden. Der Anteilseigner erzielt Einkünfte aus § 20 Abs. 1 Nr. 1 EStG und kann somit unverändert das Anrechnungsguthaben nutzen. Da es sich ausschließlich um Probleme der Gewinnverwendung handelt, ist die Annahme einer verdeckten Gewinnausschüttung zu verneinen.[404]

Noch nicht geklärt ist für diese Gestaltung, wie der Anteilstausch zu beurteilen ist. Handelt es sich beim Altaktionär um eine unbeschränkt steuerpflichtige Kapitalgesellschaft, kann der Tausch von Anteilen zur Realisierung stiller Reserven zwingen. Dies kann vor allem dann drohen, wenn die Altanteile gegen Anteile der ausländischen Erwerbergesellschaft *und* gegen Genußrechte getauscht werden. Ob die besprochenen Möglichkeiten zum steuerneutralen Anteilstausch anwendbar sind, ist fragwürdig. Gleichfalls ist unklar, wie bei Veräußerung der Verbundaktien Veräußerungserfolge aufzuteilen sind. Nur für die Auslandsbeteiligung kann § 8b Abs. 2 KStG in Anspruch genommen werden.[405]

---

rechtliche Zulässigkeit und inhaltliche Ausgestaltung, Diss., Köln 1993, S. 10 ff., 26 ff., 270 ff.

404 Diese Argumentation geht auf *Haarmann*, Kooperationen, S. 263 f. zurück. Zweifelnd *MüllerDott*, Kooperationshemmnisse, S. 11 f.

405 Auf diese Probleme weist ebenfalls *Haarmann*, Kooperationen, S. 266 hin.

C.5.4.4 Aufteilung steuerlicher Arbitragegewinne bei grenzüberschreitender Kooperation

Für den Fall, daß sich ausländische und inländische Marktteilnehmer auf ein gemeinsames unternehmerisches Engagement verständigen wollen, sind stets die steuerlichen Systeme beider (Wohn-)Sitzstaaten zusätzlich zum Domizilstaat zu betrachten. Je nach nationalen Bestimmungen, aber auch aufgrund der bilateralen Abkommen können mit der Kooperationsentscheidung an einem ausgewählten Standort neben wirtschaftlichen auch steuerliche Vorteile für einen oder sogar beide Partner verbunden sein. Selbst wenn einer der Beteiligten aufgrund eines Kooperationsmodells steuerliche Nachteile erleidet, kann es bei entsprechender Aufteilung des verbleibenden Arbitragegewinns gegenüber den Fisci dennoch zu einer Einigung kommen. Ein finanzieller Ausgleich divergierender Interessen ist mittels Kompensationszahlungen möglich.

D Anwendungsempfehlungen und Ausblick

In den einzelnen Kapiteln wurden die Gestaltungsvarianten zur Minimierung der Steuerbelastung isoliert abgehandelt. Bei der konkreten Anwendung ist zu berücksichtigen, daß einzelne Varianten konkurrieren oder sich gar gegenseitig ausschließen, was nicht zuletzt bereits auf die Organisationsform des ausländischen Engagements zurückzuführen sein kann. Für den Einzelfall ist daher im Anschluß an die Bestimmung der optimalen Organisationsform zu prüfen, ob und ggfs. in welchem Umfang und welcher Art Leistungsvergütungen vereinbart werden. Je nach Standort und Rechtsform des Mutterunternehmens kann es sinnvoll sein, eine zusätzliche Konzernstufe einzurichten.

Erst ab einer bestimmten Konzerngröße ist die Errichtung von Finanzierungscentren zu prüfen. Solche Gesellschaften erweisen sich erst dann als lohnend, wenn die nicht unerheblichen Kosten der Errichtung und Aufrechterhaltung des laufenden Geschäftsbetriebes durch Vorteile bei der Kapitalbeschaffung und Steuereinsparungen überkompensiert werden.

Obwohl sich in der Verlustphase die Betriebstätte bzw. die Personengesellschaft isoliert betrachtet als optimal erweist, muß geprüft werden, welche Organisationsform nach Überschreiten der Gewinnschwelle dominiert. Allerdings ist ein Rechtsformwechsel nicht immer steuerneutral möglich. Daher sind zwingend die Steuerbelastungen aus dem Umstrukturierungsvorgang zu berücksichtigen. Innerhalb der EU ist wegen der Fusionsrichtlinie die steuerneutrale Einbringung ausländischen Betriebstättenvermögens in eine EU-Kapitalgesellschaft gewährleistet. Kritisch ist dabei jedoch die damit verbundene Verdoppelung der stillen Reserven zu beurteilen. Nur § 8b Abs. 2 KStG verhindert eine doppelte Besteuerung. Eine freiwillige Aufdeckung stiller Reserven kann durchaus sinnvoll sein, wenn dafür ein ermäßigter Steuersatz gewährt wird. Dabei ist es für den Gesamteffekt entscheidend, ob und in welchem Zeitrahmen das so geschaffene Abschreibungspotential steuermindernd genutzt werden kann. Besondere Aufmerksamkeit muß der steuerlichen Behandlung des Firmenwertes im Domizilstaat gewidmet werden.

In komplexen Konzernstrukturen ist es häufig unmöglich, unmittelbar in einem Schritt das gewünschte Umstrukturierungsziel zu erreichen. Durch die Möglichkeiten zum Anteilstausch wird es jedoch i.d.R. gelingen, die Voraussetzungen für eine geplante Strukturierungsmaßnahme ohne zusätzliche Steuerbelastungen zu schaffen.

Sind Kooperationen mit einem ausländischen Partner vorgesehen, kommt der Standortfrage des gemeinsamen Unternehmens die wichtigste Bedeutung zu. Je nach Körperschaftsteuersystem ist es nicht auszuschließen, daß sich zumindest einer, wenn nicht sogar beide Partner im Vergleich zur Ausgangssituation steuerlich schlechter stellen. Durch entsprechende vertragliche Gestaltung können aber auch solche Mehrbelastungen vermieden werden.

Die Vorgehensweise zur schrittweisen Optimierung der Gesamtsteuerbelastung im Planungszeitraum kann wie folgt zusammengefaßt werden: Aus der Vielzahl der zur Verfügung stehenden Gestaltungsvarianten muß der Steuerplaner unter Berücksichtigung der nichtsteuerlichen Zielsetzungen und den damit verbundenen steuerlichen Rahmenbedingungen zunächst die für den konkreten Einzelfall zur Disposition stehenden Möglichkeiten dem Grunde nach auswählen und zusammensetzen. Einzelne Varianten können konkurrieren oder sich gegenseitig ausschließen. Für den individuellen Fall ist im Anschluß an die Bestimmung der optimalen Organisationsform zu prüfen, ob, in welchem Umfang und welcher Art Leistungsvergütungen vereinbart werden. Je nach Standort und Rechtsform des Mutterunternehmens kann es sinnvoll sein, eine zusätzliche Konzernstufe einzurichten. In verzweigten Konzernstrukturen ist es häufig unmöglich, unmittelbar in einem Schritt das gewünschte Umstrukturierungsziel zu erreichen. Durch Einbringung oder Anteilstausch wird es jedoch meistens gelingen, die Voraussetzungen für eine geplante Maßnahme ohne zusätzliche Steuerbelastungen zu schaffen. Zur Ermittlung der optimalen Struktur werden anschließend für einen ausgewählten Planungszeitraum die periodischen Steuerbelastungen alternativer Gestaltungen berechnet und auf den Entscheidungszeitpunkt diskontiert. Dabei können Intervalle gleicher steuerlicher Rahmenbedingungen zusammengefaßt werden. Bei sehr langen Planungszeiträumen ist damit zu rechnen, daß sich die steuerlichen Rahmenbedingungen im Zeitablauf verändern. Die für den Einzelfall als optimal herausgearbeitete Struktur sollte mittels Sensitivitätsanalyse wenigstens hinsichtlich der Reaktionsempfindlichkeit auf Steuersatzänderungen geprüft werden. Dabei ist zu ermitteln, welche Veränderung ausgewählter Steuersätze gerade noch Rangfolgeindifferenz gewährleisten. Mit den Solverlösungen der Tabellenprogramme läßt sich jeweils nur die maximal zulässige Änderung einer unabhängigen Einflußgröße bestimmen. Aufgrund der Reaktionsempfindlichkeit wird auch die Bedeutung dieser Größen im Kalkül ersichtlich. Welche Kombinationen von Steuersatzänderungen ebenfalls gerade noch keine Rangfolgeverschiebung auslösen, läßt sich mit diesen Programmen nur abschätzen oder ausprobieren.[1]

Im Rahmen der internationalen Steueroptimierung ist es unabdingbar, permanent die Entwicklung der steuerlichen Bedingungen an den Standorten zu verfolgen. Rechtsprechung und Finanzverwaltung sind stets bemüht, Besteuerungslücken zu schließen. Auch in den Doppelbesteuerungsabkommen ist verstärkt die Tendenz zu erkennen, Gestaltungen mit dem Ziel der Minderbesteuerung, durch entsprechende Klauseln zu verhindern. Dennoch entstehen immer wieder neue Steueroasen, die zur Verlagerung von Gewinnen einladen. Trotz Hinzurechnungsbesteuerung werden solche Gestaltungen nicht grundsätzlich unattraktiv. Aktionen der Steuerpflichtigen lösen nicht selten Reaktionen durch den Gesetzgeber aus, um der Abwanderung von Kapital entgegenzusteuern. Nur wer schnell reagiert, kann sich zumindest temporär Steuervorteile sichern. Mit dem hier vorgestellten allgemeinen Analyseinstrumentarium können für solche Gestaltungen und Lösungswege schnell die erwarteten steuerlichen Vorteile exakt quantifiziert werden. Erst wenn das Ausmaß der Steuerentlastung im Planungszeitraum bekannt ist, kann die steuerlich optimale Alternative bestimmt werden.

Da die "Große Steuerreform" zunächst verschoben ist, kann zumindest in naher Zukunft nicht mit merklichen Steuersatzsenkungen in Deutschland gerechnet werden. Die wirtschaftliche Notwendigkeit der Eroberung internationaler Märkte wird daher nicht selten durch steuerliche Vorteile im Ausland flankiert. Dies wird den Standort Deutschland hinsichtlich seiner Attraktivität für in- und ausländische Investoren weiter schwächen. Dies gilt um so mehr speziell für die internationalen Finanz- und Kapitalanleger, die ihre Anlagemöglichkeiten inzwischen alle unter Berücksichtigung der im potentiellen Domizilland geltenden steuerlichen Rahmenbedingungen beurteilen.

Koalition und Opposition sollten sich nun endlich darauf einigen, sich dem internationalen Trend anzuschließen, die Steuersätze zu senken. Diese werden von potentiellen Investoren nach wie vor als wichtigste Komponente für die Höhe der effektiven Steuerbelastung interpretiert und im Rahmen der Investitionsplanung entsprechend berücksichtigt.

---

1 Für das Beispiel im Anhang wird die Vorgehensweise an ausgewählten steuerlichen Rahmenbedingungen demonstriert; dazu *Anhang C.3.5.*

Der deutsche Gesetzgeber begnügt sich damit, auf die Aktionen der Steuerpflichtigen zu reagieren: Der glücklicherweise inzwischen wieder zurückgenommene "Entwurf eines Gesetzes zur Änderung des Außensteuergesetzes und anderer Gesetze (AStÄG)"[2] des Landes Baden Württemberg war erneut ein Vorstoß, der Verlagerung von passiven Gewinnen ins Ausland durch generellen Übergang von der Anrechnungs- zur Freistellungsmethode entgegenzuwirken. Es werden nur die Symptome kuriert, anstatt die Ursache der Gewinnverlagerung an der Wurzel zu bekämpfen.

---

2   Gesetzesantrag des Landes Baden-Württemberg, BR-Drucksache 12/98 vom 16.1.1998.

Anhang

Formelanhang

Strukturübersichten

Beispiele

Begriffsdefinition

Die beiliegende Diskette auf der dritten Umschlagseite enthält
drei Excel-Dateien mit den folgenden Überschriften:

Strukturübersicht zu Kapitel B. 3
Steuerbelastung der Handlungsalternativen unter Berücksichtigung
alternativer Umweltzustände

Strukturübersicht zu Kapitel B. 4
Steuerbelastung der Handlungsalternativen unter Berücksichtigung
abweichender Bemessungsgrundlagen
Handlungsalternative: Auslandsbetriebstätte

Strukturübersicht zu Kapitel B. 4
Steuerbelastung der Handlungsalternativen unter Berücksichtigung
abweichender Bemessungsgrundlagen
Handlungsalternative: Tochterkapitalgesellschaft im Ausland

Inhaltsverzeichnis Anhang

A Formelanhang

Übersicht zur allgemeinen analytischen Darstellung der Steuerbelastungen in Ausland und Inland für die einzelnen Organisationsformen für

- Beteiligungsquoten $0,1 \leq q \leq 1$;
- variable Ausschüttungsprämissen im Ausland $p \leq 1$;
- gesellschafterbezogene Leistungsvergütungen $g \leq 1$.

A.1 Betriebstätte

A.1.1 Gewinnsituation

A.1.1.1 Steuerbelastung Ausland

$$G_A = Y_A$$
$$S_{A(BSt)} = s_{A(BSt)} * Y_A$$

A.1.1.2 Steuerbelastung Inland

Anrechnungsmethode: $S_I^{ek(kn)} = s_I^{ek(kn)} * Y_A - S_{A(BSt)_{max.}}$

Abzugsmethode: $S_I^{ek(kn)} = s_I^{ek(kn)} * \left[Y_A - S_{A(BSt)} \right]$
$$= s_I^{ek(kn)} * Y_A - s_I^{ek(kn)} * S_{A(BSt)}$$

Freistellungsmethode:

(1) Stammhaus ist KapG:
Freistellung führt zu EK 01 (§ 30 Abs. 2 Nr. 1 KStG); bei Ausschüttung keine Ausschüttungsbelastung (§ 40 Satz 1 Nr. 1 KStG).
$$S_I^{kn} = 0$$

(2) Stammhaus ist PersG:
Freistellung mit Progressionsvorbehalt
$$S_I^{ek} = \Delta s_I^{ek} * Y_I \quad \text{wobei: } \lim \Delta s_I^{ek} * Y_I = 0$$

A.1.2 Verlustsituation

A.1.2.1 Steuerentlastung Ausland

V_A (Betrag ohne negatives Vorzeichen definiert)

$$V_A^{VVT} = V_A - VA_A$$
$$- S_{A(BSt)} = -s_{A(BSt)} * VA_A$$

A.1.2.2 Steuerentlastung Inland

Anrechnungs-/Abzugsmethode im Gewinnfall:

$$Y_A = V_A$$
$$- S_I^{ek(kn)} = -s_I^{ek(kn)} * Y_A$$

Freistellungsmethode im Gewinnfall:

(1) negativer Progressionsvorbehalt (nur relevant, wenn inl. Stammhaus PersG ist):

$$- S_I^{ek} = -\Delta s_I^{ek} * Y_I \text{ wobei: } \lim \Delta s_I^{ek} * Y_I = 0$$

oder

(2) § 2a Abs. 3 EStG (trotz DBA-Freistellung) Steuerstundung im Umfang:

$$Y_A = V_A$$
$$- S_I^{ek(kn)} = -s_I^{ek(kn)} * Y_A$$

Ist das Stammhaus eine KapG, werden die im Entstehungsjahr nicht sofort ausgeglichenen Verluste vom EK02 abgezogen (Abschn. 89 Abs. 8 KStR); Hinzurechnung bei späteren Gewinnen

$$\Delta Y_A = \text{Min}\left[G_{A(BSt)}; Y_A\right]$$

A.2 Kapitalgesellschaft

A.2.1 Gewinnsituation

A.2.1.1 Steuerbelastung Ausland

Jahresüberschuß (=Gesamtgewinn vor Leistungsvergütungen und Gewinnverwendung):

$$G_A$$

Gewinnsteuerbelastung

$$S_A^k = s_A^k * [G_A - L]$$

Gewinnanteil vor Steuern, der ausgeschüttet wird:

$$p * [G_A - L] = GA_{br} = \frac{GA}{1 - s_A^k}$$

Quellensteuerbelastung

$$S_Q = s_Q * Y_A$$

$$\text{bzw. } S_{Q(L)} = s_{Q(L)} * g * L \text{ und } S_{Q(Div)} = s_{Q(Div)} * q * GA$$

$$\text{mit: } S_Q = S_{Q(L)} + S_{Q(Div)}$$

Auslandssteuerbelastung einer Gewinnausschüttung

$$S_A = s_A^k * q * p * [G_A - L] + q * p * (1 - s_A^k) * [G_A - L] * s_{Q(Div)}$$

$$= \left[s_A^k + s_{Q(Div)} - s_A^k * s_{Q(Div)} \right] * q * p * [G_A - L]$$

$$= s_A^k * \frac{q * GA}{1 - s_A^k} + s_{Q(Div)} * q * GA$$

A.2.1.2 Steuerbelastung Inland

ausländische Einkünfte → Anteil an der Gewinnausschüttung zzgl. L vor Abzug S_Q:

$$Y_A = q * p * (1 - s_A^k) * [G_A - L] + g * L$$

$$= q * GA + g * L$$

(1) MU ist KapG:

direkte Anrechnung:

GewSt: $S_I^{ge} = s_I^{ge} * g * L$

$S_I^{kn} = s_I^{kn} * \left[Y_A - S_I^{ge} \right] - S_{Q_{max.}}$

direkte und indirekte Anrechnung:

$S_I^{kn} = s_I^{kn} * \left[q * GA + AB_{max.} \right] - S_{Q(Div)} - AB_{max.}$

Abzugsmethode:

GewSt: $\begin{aligned} S_I^{ge} &= s_I^{ge} * \left[g * L - S_{Q(L)} \right] \\ &= s_I^{ge} * (1 - s_{Q(L)}) * g * L \end{aligned}$

$S_I^{kn} = s_I^{kn} * \left[Y_A - S_Q - S_I^{ge} \right]$

DBA-Schachtelprivileg:

Freistellung der Beteiligungserträge führt zu EK 01; ausl. Quellensteuer und Ausschüttungs-KSt werden definitiv;

daneben direkte Anrechnung für Leistungsentgelte:

GewSt: $S_I^{ge} = s_I^{ge} * g * L$

$S_I^{ek_g(kn)} = s_I^{ek_g(kn)} * \left[L - S_I^{ge} \right] - S_{Q(L)_{max.}}$

(2) MU ist PersG:

Anrechnungsmethode:

GewSt: $S_I^{ge} = s_I^{ge} * g * L$

$S_I^{ek} = s_I^{ek} * q * GA + s_I^{ek_g} * \left[g * L - S_I^{ge} \right] - S_{Q_{max.}}$

Abzugsmethode:

GewSt: $\begin{aligned} S_I^{ge} &= s_I^{ge} * \left[g * L - S_{Q(L)} \right] \\ &= s_I^{ge} * (1 - s_{Q(L)}) * g * L \end{aligned}$

$\begin{aligned} S_I^{ek} &= s_I^{ek} * \left[q * GA - S_{Q(Div)} \right] \\ &+ s_I^{ek_g} * \left[g * L - S_{Q(L)} - S_I^{ge} \right] \end{aligned}$

A.2.2 Verlustsituation

A.2.2.1 Steuerentlastung Ausland

Verlust vor Leistungsvergütungen:
$$V_A$$

Verlust incl. Leistungsvergütungen:
$$V_A^{ges} = V_A + L$$
$$V_A^{VVT} = V_A^{ges} - VA_A$$
$$-S_A^k = -s_A^k * VA_A$$

A.2.2.2 Steuerentlastung Inland

$$-S_I^{ge} = -s_I^{ge} * TWA$$
$$-S_I^{ek_g(kn)} = -s_I^{ek_g(kn)} * \left[TWA - S_I^{ge} \right]$$
$$\Rightarrow -S_I^{ER} = \left[-s_I^{ek_g(kn)} - s_I^{ge} + s_I^{ek_g(kn)} s_I^{ge} \right] * TWA$$
$$\text{mit: } \sum_{t=1}^{T} TWA_t \leq BetBW$$

A.3 Personengesellschaft

A.3.1 Gewinnsituation

A.3.1.1 Steuerbelastung Ausland

Jahresüberschuß (=Gesamtgewinn vor Gewinnvorab bzw. Leistungsvergütungen):

$$G_A$$

ohne steuerliche Anerkennung von Leistungsvergütungen

$$Y_A = q*[G_A - G_L] + g*G_L$$
$$S_{A(BSt)} = s_{A(BSt)} * Y_A$$

mit steuerlicher Anerkennung von Leistungsvergütungen

$$Y_A = q*[G_A - L] + g*L$$
$$S_{A(BSt)} = s_{A(BSt)} * q*[G_A - L]$$
$$S_{Q(L)} = s_{Q(L)} * g*L$$

A.3.1.2 Steuerbelastung Inland

ohne steuerliche Anerkennung von Leistungsvergütungen

$$Y_A = q*[G_A - G_L] + g*G_L$$

Anrechnungsmethode:
$$S_I^{ek(kn)} = s_I^{ek(kn)} * Y_A - S_{A(BSt)_{max.}}$$

Abzugsmethode:
$$S_I^{ek(kn)} = s_I^{ek(kn)} * [Y_A - S_{A(BSt)}]$$

Freistellungsmethode:
(1) Stammhaus ist KapG:
Freistellung führt zu EK 01 (§ 30 Abs. 2 Nr. 1 KStG); bei Ausschüttung keine Ausschüttungsbelastung (§ 40 Satz 1 Nr. 1 KStG).

(2) Stammhaus ist PersG:
Freistellung mit Progressionsvorbehalt
$$S_I^{ek} = \Delta s_I^{ek} * Y_I \quad \text{wobei: } \lim \Delta s_I^{ek} * Y_I = 0$$
mit steuerlicher Anerkennung von Leistungsvergütungen

$$Y_A = q * [G_A - L] + g * L$$

Anrechnungsmethode:
$$S_I^{ek} = s_I^{ek} * Y_A - [S_{A(BSt)} + S_{Q(L)}]_{max.}$$

Abzugsmethode:
$$S_I^{ek} = s_I^{ek} * [Y_A - S_{A(BSt)} - S_{Q(L)}]$$

Freistellungsmethode:
Freistellung nur für Gewinnanteil $q * [G_A - L]$;

für die Leistungsvergütungen gilt bei Anrechnung
$$S_I^{ek(kn)} = s_I^{ek(kn)} * g * L - S_{Q(L)_{max.}}$$

und für die Abzugsmethode
$$S_I^{ek(kn)} = s_I^{ek(kn)} * [g * L - S_{Q(L)}]$$

A.3.2 Verlustsituation

A.3.2.1 Steuerentlastung Ausland

ohne steuerliche Anerkennung von Leistungsvergütungen

$$V_{A(Ges)} = q * [V_A + G_L] - g * G_L$$
$$V_A^{VVT} = V_{A(Ges)} - VA_A$$
$$- S_{A(BSt)} = -s_{A(BSt)} * VA_A$$

mit steuerlicher Anerkennung von Leistungsvergütungen

$$V_{A(Ges)} = q * [V_A + L]$$
$$V_A^{VVT} = V_{A(Ges)} - VA_A$$
$$- S_{A(BSt)} = -s_{A(BSt)} * VA_A$$

A.3.2.2 Steuerentlastung Inland

(1) ohne Begrenzung nach § 15a EStG:
ohne steuerliche Anerkennung von Leistungsvergütungen

$$Y_A = q * [V_A + G_L] - g * G_L$$

Anrechnungs-/Abzugsmethode im Gewinnfall:

$$- S_I^{ek(kn)} = -s_I^{ek(kn)} * Y_A$$

Freistellungsmethode im Gewinnfall:

(1.1)   negativer Progressionsvorbehalt für Y_A :

$$- S_I^{ek} = -\Delta s_I^{ek} * Y_I \text{ wobei: } \lim \Delta s_I^{ek} * Y_I = 0$$

oder

(1.2)   § 2a Abs. 3 EStG:

$$- S_I^{ek(kn)} = -s_I^{ek(kn)} * Y_A$$

spätere Hinzurechnung wegen freigestellter Gewinne

$$+ \Delta Y_A = Min[q * [G_A - G_L] + g * G_L; Y_A]$$

mit steuerlicher Anerkennung von Leistungsvergütungen

$$Y_A = q * [V_A + L] - g * L$$

Anrechnungs-/Abzugsmethode im Gewinnfall:

$$- S_I^{ek(kn)} = -s_I^{ek(kn)} * q * Y_A$$

Freistellungsmethode im Gewinnfall:

(1.1) negativer Progressionsvorbehalt für $q * [V_A + L]$:
$- S_I^{ek} = - \Delta s_I^{ek} * Y_I \to 0$ wobei: $\lim \Delta s_I^{ek} * Y_I = 0$
oder

(1.2) § 2a Abs. 3 EStG:
$- S_I^{ek(kn)} = - s_I^{ek(kn)} * q * [V_A + L]$
spätere Hinzurechnung wegen freigestellter Gewinne
$+ \Delta Y_A = \text{Min} [q * [G_A - L]; q * [V_A + L]]$

daneben gilt für die Leistungsvergütungen
bei Anrechnung
$S_I^{ek(kn)} = s_I^{ek(kn)} * g * L - S_{Q(L)_{max.}}$
und für die Abzugsmethode
$S_I^{ek(kn)} = s_I^{ek(kn)} * [g * L - S_{Q(L)}]$

(2) mit Begrenzung nach § 15a EStG:
ohne steuerliche Anerkennung von Leistungsvergütungen
$V_A^{Verr} = q * [V_A + G_L] - VA_{A(I)}$

Anrechnungs-/Abzugsmethode im Gewinnfall:
$- S_I^{ek(kn)} = - s_I^{ek(kn)} * [VA_{A(I)} - g * G_L]$
bei Verrechnung mit späteren Gewinnen
$- \Delta Y_A = \text{Min} [V_A^{Verr}; q * [G_A - G_L]]$
mit: $Y_A \geq 0$

Freistellungsmethode im Gewinnfall:

(2.1) negativer Progressionsvorbehalt für $VA_{A(I)} - g * G_L$:
$- S_I^{ek} = - \Delta s_I^{ek} * Y_I$ wobei: $\lim \Delta s_I^{ek} * Y_I = 0$
oder

(2.2) § 2a Abs. 3 EStG:
$- S_I^{ek(kn)} = - s_I^{ek(kn)} * [VA_{A(I)} - g * G_L]$
spätere Hinzurechnung wegen freigestellter Gewinne
$+ \Delta Y_A = $ erst wenn $[q * [G_A - G_L] + g * G_L > Y_A]$
$\Rightarrow$ dies ist auf die verrechenbaren Verluste zurückzuführen.

mit steuerlicher Anerkennung von Leistungsvergütungen

$$V_A^{Verr} = q * [V_A + L] - VA_{A(I)}$$

Anrechnungs-/Abzugsmethode im Gewinnfall:

$$-S_I^{ek(kn)} = -s_I^{ek(kn)} * [VA_{A(I)} - g * L]$$

bei Verrechnung mit späteren Gewinnen

$$-\Delta Y_A = Min[V_A^{Verr}; q * [G_A - L]]$$

mit: $Y_A \geq 0$

Freistellungsmethode im Gewinnfall:

(2.1) negativer Progressionsvorbehalt für $VA_{A(I)}$:

$$-S_I^{ek} = -\Delta s_I^{ek} * Y_I \to 0$$

oder

(2.2) § 2a Abs. 3 EStG:

$$-S_I^{ek(kn)} = -s_I^{ek(kn)} * VA_{A(I)}$$

spätere Hinzurechnung wegen freigestellter Gewinne

$$+\Delta Y_A = \text{erst wenn} [q * [G_A - L] > q * [V_A + L]]$$

$\Rightarrow$ dies ist auf die verrechenbaren Verluste zurückzuführen.

daneben gilt für die Leistungsvergütungen

bei Anrechnung

$$S_I^{ek(kn)} = s_I^{ek(kn)} * L - S_{Q(L)_{max.}}$$

und für die Abzugsmethode

$$S_I^{ek(kn)} = s_I^{ek(kn)} * [L - S_{Q(L)}]$$

B Strukturübersichten

Die Strukturübersichten konnten aus technischen Gründen nicht in das Buch eingebunden werden. Diese befinden sich auf beiliegender Diskette in Form von Excel-Dateien.

B.1 Steuerbelastung der Handlungsalternativen unter Berücksichtigung alternativer Umweltzustände

In der Strukturübersicht zu *Kapitel B.3* sind die Steuerbelastungen denkbarer Varianten in allgemeiner analytischer Form abgebildet. Durch Anwendung des Multifaktors auf die einheitliche Bemessungsgrundlage $Y_A = Y_{A(I)}$ kann die Gesamtsteuerbelastung in einem Rechenvorgang ermittelt werden. Diese Strukturübersicht dient dazu, unter vereinfachenden Prämissen (Beteiligungsquote $q = 1$; Vollausschüttung bei ausländischer Tochterkapitalgesellschaft $p = 1$; Leistungsvergütungen an den Alleingesellschafter $g = 1$) bedeutende Unterschiede, aber auch Gemeinsamkeiten der Kombinationsmöglichkeiten unter alternativen steuerlichen Rahmenbedingungen vollständig abzubilden. Die Reihenfolge der steuerlichen Rahmenbedingungen wurde so gewählt, daß Wiederholungen in den Ergebnissen möglichst vermieden werden. Dominierte Alternativen wurden dabei absichtlich nicht ausgeschieden. Anhand der Multifaktoren ist leicht erkennbar, welche Rangfolgen sich für ausgewählte Sachverhalte ergeben.

B.2 Steuerbelastung der Handlungsalternativen unter Berücksichtigung abweichender Bemessungsgrundlagen

Die hier vorgenommene Differenzierung deutet schon an, daß mit der Aufgabe der Prämisse einer übereinstimmenden Bemessungsgrundlage in Aus- und Inland $Y_A \neq Y_{A(I)}$ eine von der Organisationsform im Ausland abhängige Zweiteilung zu beachten ist, für die unterschiedliche Rechtsvorschriften existieren. Der Anspruch auf Vollständigkeit tritt hinter das Dominanzkriterium zurück.

B.2.1 Internationales Einheitsunternehmen

Mit den Formeln in der ersten Strukturübersicht zu *Kapitel B.4* können die Steuerbelastungen für die Handlungsalternative Auslandsbetriebstätte auch bei abweichenden Bemessungsgrundlagen ermittelt werden.

B.2.2 International verbundene Unternehmen

Eine gesonderte Strukturübersicht existiert für die Handlungsalternative Auslandskapitalgesellschaft, da für diese Organisationsform spezielle Korrekturbestimmungen gelten. In dieser Übersicht können die Veränderungen der Steuerbelastungen in allgemeiner Form abgelesen werden, wenn und soweit die Tatbestandsvoraussetzungen der Korrekturvorschriften erfüllt sind.

C Beispiele

C.1 Ermittlung der Gesamtsteuerbelastung bei identischen Bemessungsgrundlagen

Die Anwendung der Formeln aus *Teil B* wird anhand ausgewählter Beispiele demonstriert. Dem Beispielsfall liegen folgende Prämissen zugrunde:

- Die inländische Steuerbemessungsgrundlage stimmt mit der ausländischen überein: $Y_A = Y_{A(I)}$;

- die (zahlungswirksamen) Auslandsgewinne sind unabhängig von der ausländischen Organisationsform identisch: $G_{A(BSt)} = G_{A(KapG)}$;

- es besteht eine 100%-Beteiligung an der Auslandsgesellschaft $q = 1$;

- für die ausländische Tochterkapitalgesellschaft wird Vollausschüttung unterstellt $p = 1$;

- die Steuersätze der ausländischen Organisationsform sind identisch.

Interpretation der Ergebnisse:

Liegt das inländische Steuerniveau über dem ausländischen, zeigt die Höhe der Steuerbelastungsfaktors die rechtsformspezifischen Besteuerungsunterschiede im Inland auf. Die Ausschüttungsalternative des inländischen Stammhauses bzw. der Mutterkapitalgesellschaft führt unabhängig von der Methode zur Vermeidung oder Verminderung der Doppelbesteuerung stets zum gleichen Belastungsfaktor.

Liegt das ausländische Steuerniveau über dem inländischen, setzt sich bei der Freistellungs- und der Anrechnungsmethode das als identisch angenommene Steuerniveau des Auslandes durch. Im Falle der Ausschüttungsalternative kommt der Methode zur Vermeidung oder Verminderung der Doppelbesteuerung wiederum keine Bedeutung zu.

C.1.1 Steuersatzgefälle vom Inland ins Ausland

Ermittlung der Gesamtsteuerbelastung ausgewählter Kombinationsvarianten:

Steuersätze

$s_{A(BSt)}$	0,30
s_A^k	0,30
$s_{Q(Div)}$	0,10
s_I^{ek}	0,53
s_I^{kn}	0,45

C.1.1.1 Betriebstätte im Ausland

C.1.1.1.1 Anrechnungsmethode

Ausländische Einkünfte

Y_A	100,00
$S_{A(BSt)}$	30,00
$Y_A - S_A$	70,00

(1) Inländisches Stammhaus Kapitalgesellschaft

Gesellschaftsebene

Y_A		100,00
$S_{A(BSt)}$		30,00
S_I^{kn}	45,00	
$- S_{A(BSt)max.}$	-30,00	15,00
$Y_A - S$		55,00
S		45,00

$\Rightarrow$ Tarifbelastung 0,21

$\Rightarrow s_I^{kn} =$ 0,45

Gesellschafterebene

GA		70,00
S_I^{ek}		37,10
$Y_A - S$		32,90
S		67,10

$$\Rightarrow s_{A(BSt)} + s_I^{ek} - s_{A(BSt)} s_I^{ek} = \quad 0,671$$

(2) Inländisches Stammhaus Personengesellschaft

Y_A		100,00
$S_{A(BSt)}$		30,00
S_I^{ek}	53,00	
$- S_{A(BSt)_{max.}}$	-30,00	23,00
$Y_A - S$		47,00
S		53,00

$$\Rightarrow s_I^{ek} = \quad 0,53$$

C.1.1.1.2 Freistellungsmethode

Ausländische Einkünfte

Y_A	100,00
$S_{A(BSt)}$	30,00
$Y_A - S_A$	70,00

(1) Inländisches Stammhaus Kapitalgesellschaft
Gesellschaftsebene

Y_A	70,00		
S_I^{kn}	0,00	$\Rightarrow$Tarifbelastung	0
$Y_A - S$	70,00	$\Rightarrow$EK01	
S	30,00	$\Rightarrow s_{A(BSt)} =$	0,30

Gesellschafterebene

GA	70,00		
S_I^{ek}	37,10		
$Y_A - S$	32,90		
S	67,10	$\Rightarrow s_{A(BSt)} + s_I^{ek} - s_{A(BSt)} s_I^{ek} =$	0,671

(2) Inländisches Stammhaus Personengesellschaft

Y_A	70,00		
$S_I^{ek} = \Delta s_I^{ek} * Y_I$		$\Rightarrow$Progressionsvorbehalt	
$S\left(+ \Delta s_I^{ek} * Y_I\right)$	30,00	$\Rightarrow s_{A(BSt)} + \Delta s_I^{ek} =$	0,30

C.1.1.1.3 Abzugsmethode

Ausländische Einkünfte

Y_A	100,00
$S_{A(BSt)}$	30,00
$Y_A - S_A$	70,00

(1) Inländisches Stammhaus Kapitalgesellschaft

Gesellschaftsebene

$Y_A - S_A$	70,00		
S_I^{kn}	31,50	$\Rightarrow$ Tarifbelastung	0,45
$Y_A - S$	38,50		
S	61,50	$\Rightarrow s_{A(BSt)} + s_I^{kn} - s_{A(BSt)}s_I^{kn} =$	0,615

Gesellschafterebene

GA	70,00		
S_I^{ek}	37,10		
$Y_A - S$	32,90		
S	67,10	$\Rightarrow s_{A(BSt)} + s_I^{ek} - s_{A(BSt)}s_I^{ek} =$	0,671

(2) Inländisches Stammhaus Personengesellschaft

$Y_A - S_A$	70,00
S_I^{ek}	37,10
$Y_A - S$	32,90
S	67,10

$\Rightarrow s_{A(BSt)} + s_I^{ek} - s_{A(BSt)}s_I^{ek} = \quad 0{,}671$

C.1.1.2 Tochterkapitalgesellschaft im Ausland

C.1.1.2.1 Anrechnungsmethode

Ausländische Einkünfte

Y_A	100,00
S_A^k	30,00
GA	70,00
$S_{Q(Div)}$	7,00
$GA - S_{Q(Div)}$	63,00

(1) Mutterkapitalgesellschaft im Inland
Gesellschaftsebene

$GA - S_{Q(Div)}$		63,00
$+ S_{Q(Div)}$		+7,00
$+ AB$		+30,00
Y_A		100,00
AB		30,00
$S_{Q(Div)}$		7,00
S_I^{kn}	45,00	
$- AB$	-30,00	
$- S_{Q(Div)}$	-7,00	8,00
$Y_A - S$		55,00
S		45,00

$\Rightarrow$ Tarifbelastung 0,13

$\Rightarrow s_I^{kn} =$ 0,45

Gesellschafterebene

GA		63,00
S_I^{ek}		33,39
$Y_A - S$		29,61
S		70,39

$$s_A^k + s_{Q(Div)} - s_A^k s_{Q(Div)}$$
$$\Rightarrow + s_I^{ek} - s_I^{ek} s_A^k - s_I^{ek} s_{Q(Div)} = 0,7039$$
$$+ s_I^{ek} s_A^k s_{Q(Div)}$$

(2) Mutterpersonengesellschaft im Inland

Y_A		70,00
$S_{Q(Div)}$		7,00
S_I^{ek}	37,10	
$- S_{Q(Div)}$	-7,00	30,10
$Y_A - S$		32,90
S		67,10

$$\Rightarrow s_A^k + s_I^{ek} - s_I^{ek} s_A^k = 0,671$$

C.1.1.2.2   Freistellungsmethode

Ausländische Einkünfte

Y_A	100,00
S_A^k	30,00
GA	70,00
$S_{Q(Div)}$	7,00
$GA - S_{Q(Div)}$	63,00

(1) Mutterkapitalgesellschaft im Inland

Gesellschaftsebene

$GA - S_{Q(Div)}$	63,00
S_I^{kn}	0,00
$Y_A - S$	63,00
S	37,00

$\Rightarrow$ Tarifbelastung   0,00

$$\Rightarrow s_A^k + s_{Q(Div)} - s_A^k s_{Q(Div)} = \ 0,37$$

Gesellschafterebene

GA	63,00
S_I^{ek}	33,39
$Y_A - S$	29,61
S	70,39

$$\Rightarrow \begin{aligned} & s_A^k + s_{Q(Div)} - s_A^k s_{Q(Div)} \\ & + s_I^{ek} - s_I^{ek} s_A^k - s_I^{ek} s_{Q(Div)} \\ & + s_I^{ek} s_A^k s_{Q(Div)} \end{aligned} = \ 0,7039$$

(2) Mutterpersonengesellschaft im Inland

Y_A		70,00
$S_{Q(Div)}$		7,00
S_I^{ek}	37,10	
$-S_{Q(Div)}$	-7,00	30,10
$Y_A - S$		32,90
S		67,10

$$\Rightarrow s_{A(BSt)} + s_I^{ek} - s_{A(BSt)} s_I^{ek} = \quad 0,671$$

C.1.1.2.3 Abzugsmethode

Ausländische Einkünfte

Y_A	100,00
S_A^k	30,00
	70,00
GA	
$S_{Q(Div)}$	7,00
$GA - S_{Q(Div)}$	63,00

(1) Mutterkapitalgesellschaft im Inland
Gesellschaftsebene

$GA - S_{Q(Div)}$	63,00
S_I^{kn}	28,35
$Y_A - S$	34,65
S	65,35

$\Rightarrow$ Tarifbelastung   0,45

$$s_A^k + s_{Q(Div)} - s_A^k s_{Q(Div)}$$
$$\Rightarrow + s_I^{kn} - s_I^{kn} s_A^k - s_I^{kn} s_{Q(Div)} = 0,6535$$
$$+ s_I^{kn} s_A^k s_{Q(Div)}$$

Gesellschafterebene

GA	63,00
S_I^{ek}	33,39
$Y_A - S$	29,61
S	70,39

$$s_A^k + s_{Q(Div)} - s_A^k s_{Q(Div)}$$
$$\Rightarrow + s_I^{ek} - s_I^{ek} s_A^k - s_I^{ek} s_{Q(Div)} = 0,7039$$
$$+ s_I^{ek} s_A^k s_{Q(Div)}$$

(2) Mutterpersonengesellschaft im Inland

$GA - S_{Q(Div)}$	63,00
S_I^{ek}	33,39
$Y_A - S$	29,61
S	70,39

$$s_A^k + s_{Q(Div)} - s_A^k s_{Q(Div)}$$
$$\Rightarrow + s_I^{ek} - s_I^{ek} s_A^k - s_I^{ek} s_{Q(Div)} = 0,7039$$
$$+ s_I^{ek} s_A^k s_{Q(Div)}$$

338

C.1.2 Steuersatzgefälle vom Ausland ins Inland

Ermittlung der Gesamtsteuerbelastung ausgewählter Kombinationsvarianten:

Steuersätze

$s_{A(BSt)}$	0,60
s_A^k	0,60
$s_{Q(Div)}$	0,10
s_I^{ek}	0,53
s_I^{kn}	0,45

C.1.2.1 Betriebstätte im Ausland

C.1.2.1.1 Anrechnungsmethode

Ausländische Einkünfte

Y_A	100,00
$S_{A(BSt)}$	60,00
$Y_A - S_A$	40,00

(1) Inländisches Stammhaus Kapitalgesellschaft
Gesellschaftsebene

Y_A		100,00
$S_{A(BSt)}$		60,00
S_I^{kn}	45,00	
$-S_{A(BSt)max.}$	-45,00	0,00
$Y_A - S$		40,00
S		60,00

$\Rightarrow$ Tarifbelastung   0,00

$\Rightarrow s_{A(BSt)} =$ 0,60

Gesellschafterebene

GA	40,00
S_I^{ek}	21,20
$Y_A - S$	18,80
S	81,20

$$\Rightarrow s_{A(BSt)} + s_I^{ek} - s_{A(BSt)}s_I^{ek} = \quad 0,812$$

(2) Inländisches Stammhaus Personengesellschaft

Y_A		100,00
$S_{A(BSt)}$		60,00
S_I^{ek}	53,00	
$- S_{A(BSt)_{max.}}$	-30,00	0,00
$Y_A - S$		40,00
S		60,00

$$\Rightarrow s_{A(BSt)} = \quad 0,60$$

C.1.2.1.2   Freistellungsmethode

Ausländische Einkünfte

Y_A	100,00
$S_{A(BSt)}$	60,00
$Y_A - S_A$	40,00

(1) Inländisches Stammhaus Kapitalgesellschaft
Gesellschaftsebene

Y_A	40,00	
S_I^{kn}	0,00	$\Rightarrow$ Tarifbelastung 0
$Y_A - S$	40,00 $\Rightarrow$ EK01	
S	60,00	$\Rightarrow s_{A(BSt)} =$ 0,60

Gesellschafterebene

GA	40,00	
S_I^{ek}	21,20	
$Y_A - S$	18,80	
S	81,20	$\Rightarrow s_{A(BSt)} + s_I^{ek} - s_{A(BSt)} s_I^{ek} =$ 0,812

(2) Inländisches Stammhaus Personengesellschaft

Y_A	40,00	
$S_I^{ek} = \Delta s_I^{ek} * Y_I$		$\Rightarrow$ Progressionsvorbehalt
$S\left(+ \Delta s_I^{ek} * Y_I\right)$	60,00	$\Rightarrow s_{A(BSt)} + \Delta s_I^{ek} =$ 0,60

C.1.2.1.3 Abzugsmethode

Ausländische Einkünfte

Y_A	100,00
$S_{A(BSt)}$	60,00
$Y_A - S_A$	40,00

(1) Inländisches Stammhaus Kapitalgesellschaft
Gesellschaftsebene

$Y_A - S_A$	40,00			
S_I^{kn}	18,00		$\Rightarrow$Tarifbelastung	0,45
$Y_A - S$	22,00			
S	78,00		$\Rightarrow s_{A(BSt)} + s_I^{kn} - s_{A(BSt)}s_I^{kn} =$	0,780

Gesellschafterebene

GA	40,00			
S_I^{ek}	21,20			
$Y_A - S$	18,80			
S	81,20		$\Rightarrow s_{A(BSt)} + s_I^{ek} - s_{A(BSt)}s_I^{ek} =$	0,812

(2) Inländisches Stammhaus Personengesellschaft

$Y_A - S_A$	40,00
S_I^{ek}	21,20
$Y_A - S$	18,80
S	81,20

$$\Rightarrow s_{A(BSt)} + s_I^{ek} - s_{A(BSt)} s_I^{ek} = \quad 0,812$$

C.1.2.2 Tochterkapitalgesellschaft im Ausland

C.1.2.2.1 Anrechnungsmethode

Ausländische Einkünfte

Y_A	100,00
S_A^k	60,00
GA	40,00
$S_{Q(Div)}$	4,00
$GA - S_{Q(Div)}$	36,00

(1) Mutterkapitalgesellschaft im Inland

Gesellschaftsebene

$GA - S_{Q(Div)}$	36,00
$+ S_{Q(Div)}$	+4,00
$+ AB$	+25,45
Y_A	65,45
AB	25,45
$S_{Q(Div)}$	4,00

S_I^{kn}	29,45	
$- AB$	-25,45	
$- S_{Q(Div)}$	-4,00	0,00

$\Rightarrow$ Tarifbelastung 0,00

$Y_A - S$	36,00
S	64,00

$\Rightarrow s_A^k + s_{Q(Div)} - s_A^k s_{Q(Div)} =$ 0,64

Gesellschafterebene

GA		36,00
S_I^{ek}		19,08
$Y_A - S$		16,92
S		83,08

$$s_A^k + s_{Q(Div)} - s_A^k s_{Q(Div)}$$
$$\Rightarrow + s_I^{ek} - s_I^{ek} s_A^k - s_I^{ek} s_{Q(Div)} = 0,8308$$
$$+ s_I^{ek} s_A^k s_{Q(Div)}$$

(2) Mutterpersonengesellschaft im Inland

Y_A		40,00
$S_{Q(Div)}$		4,00
S_I^{ek}	21,20	
$-S_{Q(Div)}$	-4,00	17,20
$Y_A - S$		18,80
S		81,20

$$\Rightarrow s_A^k + s_I^{ek} - s_I^{ek} s_A^k = 0,812$$

C.1.2.2.2 Freistellungsmethode

Ausländische Einkünfte

Y_A	100,00
S_A^k	60,00
GA	40,00
$S_{Q(Div)}$	4,00
$GA - S_{Q(Div)}$	36,00

(1) Mutterkapitalgesellschaft im Inland
Gesellschaftsebene

$GA - S_{Q(Div)}$	36,00
S_I^{kn}	0,00
$Y_A - S$	36,00
S	64,00

$\Rightarrow$ Tarifbelastung   0,00

$\Rightarrow s_A^k + s_{Q(Div)} - s_A^k s_{Q(Div)} = \quad 0,64$

Gesellschafterebene

GA	36,00
S_I^{ek}	19,08
$Y_A - S$	16,92
S	83,08

$s_A^k + s_{Q(Div)} - s_A^k s_{Q(Div)}$
$\Rightarrow + s_I^{ek} - s_I^{ek} s_A^k - s_I^{ek} s_{Q(Div)} = 0,8308$
$\quad + s_I^{ek} s_A^k s_{Q(Div)}$

(2) Mutterpersonengesellschaft im Inland

Y_A		40,00
$S_{Q(Div)}$		4,00
S_I^{ek}	21,20	
$-S_{Q(Div)}$	-4,00	17,20
$Y_A - S$		18,80
S		81,20

$$\Rightarrow s_{A(BSt)} + s_I^{ek} - s_{A(BSt)}s_I^{ek} = \quad 0,812$$

C.1.2.2.3 Abzugsmethode

Ausländische Einkünfte

Y_A	100,00
S_A^k	60,00
GA	40,00
$S_{Q(Div)}$	4,00
$GA - S_{Q(Div)}$	36,00

(1) Mutterkapitalgesellschaft im Inland
Gesellschaftsebene

$GA - S_{Q(Div)}$	36,00
S_I^{kn}	16,20
$Y_A - S$	19,80
S	80,20

$\Rightarrow$ Tarifbelastung   0,45

$$s_A^k + s_{Q(Div)} - s_A^k s_{Q(Div)}$$
$$\Rightarrow + s_I^{kn} - s_I^{kn} s_A^k - s_I^{kn} s_{Q(Div)} = 0,8020$$
$$+ s_I^{kn} s_A^k s_{Q(Div)}$$

Gesellschafterebene

GA	36,00
S_I^{ek}	19,08
$Y_A - S$	16,92
S	83,08

$$s_A^k + s_{Q(Div)} - s_A^k s_{Q(Div)}$$
$$\Rightarrow + s_I^{ek} - s_I^{ek} s_A^k - s_I^{ek} s_{Q(Div)} = 0,8308$$
$$+ s_I^{ek} s_A^k s_{Q(Div)}$$

(2) Mutterpersonengesellschaft im Inland

$GA - S_{Q(Div)}$	36,00
S_I^{ek}	19,08
$Y_A - S$	16,92
S	83,08

$$s_A^k + s_{Q(Div)} - s_A^k s_{Q(Div)}$$
$$\Rightarrow + s_I^{ek} - s_I^{ek} s_A^k - s_I^{ek} s_{Q(Div)} = 0,8308$$
$$+ s_I^{ek} s_A^k s_{Q(Div)}$$

349

C.2 Veränderung der Gesamtsteuerbelastung durch spezielle Rechtsvorschriften

C.2.1 Auswirkungen der Zuordnung von inländischen Betriebsausgaben zu ausländischen Einkünften

Steuersätze

$s_{Q(Div)}$ 0,10

s_I^{ge} 0,20

s_I^{kn} 0,45

		Freistellung		direkte Anrechnung	
		vor § 3c EStG	*nach § 3c EStG*	*vor Verrechnung*	*nach Verrechnung*
GA	100,00			100,00	100,00
$S_{Q(Div)}$	10,00				
BA	50,00	-50,00	-50,00	-50,00	-50,00
$Y_{A(I)}$		90,00	40,00	100,00	50,00
Y_I		-50,00	0,00	-50,00	0,00
Y		-50,00	0,00	50,00	50,00
GE		*-50,00*	*0,00*	*-50,00*	*0,00*
S_I^{ge}		-5,00	0,00	-5,00	0,00
$Y - S_I^{ge}$		-45,00	0,00	55,00	50,00
S_I^{kn}		-20,25	0,00	14,75	12,50
$S_{Q(Div)}$				10,00	10,00
$Y - S$		-24,75	0,00	30,25	27,50
S_I^{ER}		-25,25	0,00	9,75	12,50
$S_{Q(Div)}$		10,00	10,00	10,00	10,00
S		**-15,25**	**10,00**	**19,75**	**22,50**

C.2.2 Stundungseffekt durch Teilwertabschreibung

Steuer-/Zinssätze

s_I^{ER} 0,56

i   0,1

i_s 0,044

t	*0*	*1*	*2*	*3*	*4*	*5*
A_0 / BetBW	1.000	900	700	700	700	700
TWA		100	200			
VP						1.200
VG						200
Y_{I_t}		-100	-200	0	0	300
S_{I_t}	0	-56	-112	0	0	168
BW(S)	-21					

C.3 Steuerminimierung durch Umstrukturierung

C.3.1 Beschreibung des Modellfalls

Ausgehend von eine Auslandsbetriebstätte soll an einem Beispielsfall demonstriert werden, wie das entwickelte Instumentarium angewendet werden kann. Zur Vergleichbarkeit der Steuerbelastungen werden für mögliche Alternativen die Steuerbarwerte und ergänzend die Kapitalwerte nach Steuern ermittelt.

Dem Beispiel liegen folgende Prämissen zugrunde:

- In $t = 0$ fällt die Anschaffungsauszahlung für ein nichtabnutzbares Investitionsobjekt i.H.v. 3.000 GE in einem Mitgliedstaat der EU an;
- in den folgenden 3 Perioden wird mit zahlungswirksamen Anlaufverlusten gerechnet;
- ab $t = 4$ wird die Gewinnschwelle überschritten;
- der mittelfristige Planungszeitraum erstreckt sich auf 10 Perioden und schließt die Beendigung der Auslandtätigkeit nicht ein (going concern);
- das Auslandsengagement wird in Form einer Betriebstätte wegen der Dominanz im Verlustfall aufgenommen;
- das DBA sieht die Freistellung für Betriebstätteneinkünfte vor;
- die Voraussetzungen für die Verlustberücksichtigung nach § 2a Abs. 3 EStG sind erfüllt;
- zahlungswirksame Verluste werden vom inländischen Stammhaus stets durch Dotationskapital ausgeglichen;
- die periodischen Nettozahlungsdefizite bzw. -überschüsse führen im Inland zur Auflösung bzw. Anlage in eine gewerbesteuerpflichtige Alternativinvestition;
- die Steuersätze im Ausland betragen:
  $s_{A(BSt)} = 0,4$; $s_A^k = 0,3$ und $s_{Q(Div)} = 0$;
- die Inlandsgesellschaft wird in der Rechtsform der Kapitalgesellschaft geführt.

C.3.2 Steuerbelastung der Auslandsbetriebstätte

Steuer-/Zinssätze

$s_{A(BSt)}$	0,4
s_I^{kn}	0,45
s_I^{ge}	0,2
i	0,1
i_s	0,044

t	0	1	2	3	4	5	6	7	8	9	10	Summe
A_0	-3.000											-3.000
$Z_t = G_t$		-2.000	-1.500	-1.000	600	1.000	1.500	2.000	2.500	3.000	4.500	10.600
V_A^{vvT}		0	0	0	600	1.000	1.500	1.400				4.500
Y_{A_t}		0	0	0	0	0	0	600	2.500	3.000	4.500	10.600
S_{A_t}		0	0	0	0	0	0	240	1.000	1.200	1.800	4.240
$Y_{A(I)_t}$		-2.000	-1.500	-1.000	600	1.000	1.500	1.400	0	0	0	0
S_{I_t}		-900	-675	-450	270	450	675	630	0	0	0	0
S_t		-900	-675	-450	270	450	675	870	1.000	1.200	1.800	4.240
$Z_t - S_t$		-1.100	-825	-550	330	550	825	1.130	1.500	1.800	2.700	6.360
KW	268											
KW_s	940											
BW(S)	2.571											

C.3.3 Steuerbelastung mit Einbringung in eine Kapitalgesellschaft am Ende der Verlustphase

Nachdem die Gewinnschwelle am Ende der Periode $t = 3$ überschritten wird, ist zu prüfen, ob die Organisationsform Kapitalgesellschaft der Auslandsbetriebstätte aufgrund des abweichenden niedrigeren Steuersatzes überlegen ist.

Dazu sind folgende steuerlichen Rahmenbedingungen zu beachten:
- Das DBA sieht für Gewinne aus der Veräußerung von Wirtschaftsgütern einer Betriebstätte die Freistellung im Inland vor; dies gilt für den Einbringungsgewinn entsprechend;
- die Betriebstätte kann nach § 23 Abs. 3 UmwStG wahlweise zu Buch- oder zu Teilwerten in eine neu zu gründende oder bereits existente EU-Kapitalgesellschaft eingebracht werden;
- die stillen Reserven betragen Ende $t = 3$ in dem nichtabnutzbaren Wirtschaftsgut 1.000 GE;
- der aus den Zahlungsüberschüssen der Folgeperioden abgeleitete Firmenwert beträgt Ende $t = 3$ 5.889 GE (zur Ermittlung vgl. Nebenrechnung); dieser wird im Falle der Aufdeckung auf 10 Jahre konstant abgeschrieben;
- es erfolgt keine Nachversteuerung gem. § 2a Abs. 3 EStG im Inland abgezogener Verluste aus der Auslandsbetriebstätte, weil die nach ausländischem Recht aufgelaufenen Verluste der Betriebstätte bei der Kapitalgesellschaft nicht geltend gemacht werden können;
- beim Teilwertansatz ist jedoch höchstens in Höhe des nach inländischen Vorschriften ermittelten Einbringungsgewinns eine Nachversteuerung gem. § 2a Abs. 3 EStG erforderlich;
- periodengleiche Vollausschüttung der Gewinne;
- für Schachteldividenden sieht das DBA ebenfalls die Freistellung vor;
- infolge der nicht zahlungswirksamen Aufwandsverrechnung verbleibende Zahlungsüberschußdifferenzen auf der Ebene der ausländischen Kapitalgesellschaft werden per Verrechnungskonten zinslos in Inland überführt - diese werden permanent mit künftigen Gewinnausschüttungen verrechnet. So können die Bedingungen der Wiederanlage im Ausland vernachlässigt werden.

C.3.3.1 Einbringung zu Buchwerten

Die Anteile an der Kapitalgesellschaft müssen nach § 23 Abs. 3 i.V.m. § 20 Abs. 4 Satz 1 UmwStG ebenfalls zum Buchwert angesetzt werden. Dadurch kommt es zu einer Verdoppelung der stillen Reserven. Sowohl in den Wirtschaftsgütern als auch in den Anteilen sind die stillen Reserven gespeichert und unterliegen bei ihrer Auflösung der ausländischen und der inländischen Besteuerung. Dieser Effekt darf bei der Beurteilung nicht vernachlässigt werden.

Steuer-/Zinssätze

s_A^k 0,3

$s_{Q(Div)}$ 0

Betriebstätte|Kapitalgesellschaft

t	0	1	2	3	4	5	6	7	8	9	10	Summe
A_0	-3.000											-3.000
$Z_t = G_t$		-2.000	-1.500	-1.000	600	1.000	1.500	2.000	2.500	3.000	4.500	10.600
V_A^{VVT}		0	0	0	xxx	xxx	xxx	xxx	xxx	xxx	xxx	xxx
Y_{A_t}		0	0	0	600	1.000	1.500	2.000	2.500	3.000	4.500	15.100
S_{A_t}		0	0	0	180	300	450	600	750	900	1.350	4.530
GA_t		xxx	xxx	xxx	420	700	1.050	1.400	1.750	2.100	3.150	10.570
$Y_{A(I)t}$		-2.000	-1.500	-1.000	420	700	1.050	1.400	1.750	2.100	3.150	6.070
S_{I_t}		-900	-675	-450	0	0	0	0	0	0	0	-2.025
S_t		-900	-675	-450	180	300	450	600	750	900	1.350	2.505
$Z_t - S_t$		-1.100	-825	-550	420	700	1.050	1.400	1.750	2.100	3.150	8.095
KW_s	2.184											
$BW(S)$	1.328											

359

C.3.3.2 Einbringung zu Teilwerten

Im Ausland wird der Einbringungsgewinn mit den Verlustvorträgen der Betriebstätte verrechnet. Nur der übersteigende Teil ist steuerpflichtig. Die im Inland geltend gemachten Verluste müssen gem. § 2a Abs. 3 EStG nachversteuert werden; höchstens bis zur Höhe des steuerfreien Einbringungsgewinns. Die Anteile an der Kapitalgesellschaft werden gleichfalls zum Teilwert angesetzt.

Ausgangsdaten

$stR_{t=3}$	1.000
$FW_{t=3}$	5.889
ND FW	10 J.
$TW_{t=3}$	9.889

Betriebstätte|Kapitalgesellschaft

t	0	1	2	3	4	5	6	7	8	9	10	Summe
A_0	-3.000											-3.000
$Z_t = G_t$		-2.000	-1.500	-1.000	600	1.000	1.500	2.000	2.500	3.000	4.500	10.600
V_A^{VVT}		0	0	3.500	xxx	xxx	xxx	xxx	xxx	xxx	xxx	xxx
stR + FW				6.889								6.889
AfA_t FW		xxx	xxx	xxx	589	589	589	589	589	589	589	4.122
Y_{A_t}		0	0	2.389	11	411	911	1.411	1.911	2.411	3.911	13.367
S_{A_t}		0	0	956	3	123	273	423	573	723	1.173	4.249
GA_t		xxx	xxx	xxx	8	288	638	988	1.338	1.688	2.738	7.684
$Y_{A(I)_t}$		-2.000	-1.500	3.500	8	288	638	988	1.338	1.688	2.738	7.684
S_{I_t}		-900	-675	1.575	0	0	0	0	0	0	0	0
S_t		-900	-675	2.531	3	123	273	423	573	723	1.173	4.249
$Z_t - S_t$		-1.100	-825	-3.531	597	877	1.227	1.577	1.927	2.277	3.327	6.351
KW_s	483											
BW(S)	3.029											

Berechnungsgrundlagen zur Ermittlung des Firmenwerts in t=3

Dabei wird ebenfalls unterstellt, daß zahlungswirksame Verluste stets durch Dotationskapital ausgeglichen werden. Die Konsequenzen entsprechen einer Schuldübernahme durch einen fremden Erwerber.

Zinssatz
i   0,1

t	0	1	2	3	4	5	6	7	8	9	10	ab 11	Summe
A_0	-3.000												-3.000
$Z_t = G_t$ ab Z11		-2.000	-1.500	-1.000	600	1.000	1.500	2.000	2.500	3.000	4.500	3.000 je 300	10.600
$Z_{t(t=3)}$		-2.420	-1.650	-1.000	545	826	1.127	1.366	1.552	1.693	3.849	0	13.600
$FW_{t=3}$				5.889									

C.3.4 Steuerbelastung mit Einbringung in eine Kapitalgesellschaft am Ende der Verlustphase bei Liquidation am Ende der Planungshorizontes

Um die steuerlichen Konsequenzen der Wahlrechte bei der Einbringung abschließend beurteilen zu können, wird das Auslandsengagement Ende der Periode $t = 10$ aufgegeben.

Zur Ermittlung der Steuerbelastungen sind folgende Zusammenhänge und Rahmenbedingungen zu berücksichtigen:

- Wegen der Vollausschüttungsprämisse sind zum Liquidationszeitpunkt keine offenen Rücklagen vorhanden;
- der Teilwert des Vermögens beträgt zum Zeitpunkt der Liquidation 6.500 GE; der Buchwert unverändert 3.000 GE;
- ein ggfs. noch aktivierter Restbetrag des aufgedeckten Firmenwerts ist vollständig abzuschreiben;
- das Besteuerungsrecht für die Anteile an der Kapitalgesellschaft steht ausschließlich dem Sitzstaat des Gesellschafters zu;
- der Liquidationsgewinn wird nach dem DBA wie ein Veräußerungsgewinn behandelt $\Rightarrow$ keine Freistellung durch das Schachtelprivileg im Inland.

C.3.4.1 Buchwertansatz mit Liquidation in t=10

Der Liquidationsgewinn unterliegt wegen der 7-Jahresfrist in § 8b Abs. 3 KStG auch der inländischen Besteuerung. Erfolgt die Liquidation mindestens eine Periode später, wird wegen § 8b Abs. 2 KStG der Liquidationsgewinn von der inländischen Besteuerung ausgenommen. Die Besteuerung der stillen Reserven im Inland entfällt damit.

Zum besseren Verständnis einzelner Phasen im Planungszeitraum, sind hier die zugehörigen Bilanzen für die kritischen Zeitpunkte beim Buchwertansatz zusammengestellt:

Eröffnungsbilanz der Kapitalgesellschaft Ende t=3

Unbeb. Grundstücke	3.000	Stammkapital	3.000

Buchwert der Anteile: 3.000

Schlußbilanz Ende t=4

Unbeb. Grundstücke	3.000	Stammkapital	3.000
Zahlungsmittel	600	Gewinnausschüttung	420
		KSt-Rückstellung	180
	3.600		3.600

Schlußbilanz Ende t=10 vor Liquidation

Unbeb. Grundstücke	3.000	Stammkapital	3.000
Zahlungsmittel	4.500	Gewinnausschüttung	3.150
		KSt-Rückstellung	1.350
	7.500		7.500

Ermittlung Liquidationsgewinn:

Liquidationserlös Grundstück	6.500
- Buchwert	-3.000
= Liquidationsgewinn (brutto)	3.500
- Körperschaftsteuer	-1.050
= Liquidationsgewinn (netto)	2.450

Schlußbilanz t=10 nach Liquidation (vor Auskehrung)

Unbeb. Grundstücke	6.500	Stammkapital		3.000
Zahlungsmittel	4.500	Gewinnausschüttung		3.150
		Liquidationsgewinn		2.450
		KSt-RSt	1.350	
			+1.050	2.400
	11.000			11.000

Ausgangsdaten

s_I^{ER}	0,56
$stR_{t=10}$	3.500
$TW_{t=10}$	6.500

Betriebstätte|Kapitalgesellschaft

t	0	1	2	3	4	5	6	7	8	9	10	Summe
A_0	-3.000											-3.000
$Z_t = G_t$		-2.000	-1.500	-1.000	600	1.000	1.500	2.000	2.500	3.000	4.500	10.600
V_A^{VVT}		0	0	0	xxx	xxx	xxx	xxx	xxx	xxx	xxx	xxx
Liq.erlös											6.500	6.500
$LG_{A(brutto)}$											3.500	3.500
Y_{A_t}		0	0	0	600	1.000	1.500	2.000	2.500	3.000	8.000	18.600
S_{A_t}		0	0	0	180	300	450	600	750	900	2.400	5.580
GA_t		xxx	xxx	xxx	420	700	1.050	1.400	1.750	2.100	3.150	10.570
$LG_{A(netto)}$											2.450	2.450
$Y_{A(I)_t}$		-2.000	-1.500	-1.000	420	700	1.050	1.400	1.750	2.100	5.600	8.520
KapRZ											3.000	3.000
$Y_{I(T)}$											2.450	2.450
S_{I_t}		-900	-675	-450	0	0	0	0	0	0	1.372	-653
S_t		-900	-675	-450	180	300	450	600	750	900	3.772	4.927
$Z_t - S_t$		-1.100	-825	-550	420	700	1.050	1.400	1.750	2.100	7.228	12.173
KW_s	4.835											
$BW(S)$	2.903											

C.3.4.2 Teilwertansatz mit Liquidation in t=10

Entsprechend werden die zugehörigen Bilanzen für die kritischen Zeitpunkte beim Teilwertansatz zusammengestellt:

Eröffnungsbilanz der Kapitalgesellschaft Ende t=3

Unbeb. Grundstücke	4.000	Stammkapital	9.889
Firmenwert	5.889		
	9.889		9.889

Wert der Anteile: 9.889

Schlußbilanz Ende t=4

Unbeb. Grundstücke	4.000	Stammkapital	9.889
Firmenwert	5.300	Gewinnausschüttung	8
Zahlungsmittel	11	KSt-Rückstellung	3
Forderung gegen MU			
(Verrechnungskonto)	589		
	9.900		9.900

Schlußbilanz Ende t=10 vor Liquidation

Unbeb. Grundstücke	4.000	Stammkapital	9.889
Firmenwert	1.766	Gewinnausschüttung	2.738
Zahlungsmittel	3.911	KSt-Rückstellung	1.173
Forderung gegen MU			
(Verrechnungskonto)	4.123		
	13.800		13.800

Ermittlung Liquidationsgewinn:

Liquidationserlös Grundstück	6.500
- Buchwert	-4.000
- AfA Rest Firmenwert	-1.766
= Liquidationsgewinn (brutto)	734
- Körperschaftsteuer	220
= Liquidationsgewinn (netto)	514

369

Schlußbilanz t=10 nach Liquidation (vor Auskehrung)

Zahlungsmittel	10.411	Stammkapital		9.889
Forderung gegen MU		Gewinnausschüttung		2.738
(Verrechnungskonto)	4.123	Liquidationsgewinn		514
		KSt-RSt	1.173	
		+ 220		1.393
	14.534			14.534

Ausgangsdaten

s_I^{ER}	0,56
$stR_{t=10}$	3.500
$TW_{t=10}$	6.500

Betriebstätte Kapitalgesellschaft

t	0	1	2	3	4	5	6	7	8	9	10	Summe
A_0	-3.000											-3.000
$Z_t = G_t$		-2.000	-1.500	-1.000	600	1.000	1.500	2.000	2.500	3.000	4.500	10.600
V_A^{VVT}		0	0	3.500	xxx	xxx	xxx	xxx	xxx	xxx	xxx	xxx
stR + FW		0	0	6.889								6.889
AfA$_t$ FW		xxx	xxx	xxx	589	589	589	589	589	589	589	4.123
LE											6.500	6.500
LG$_{A(brutto)}$											734	734
Y_{A_t}		0	0	2.389	11	411	911	1.411	1.911	2.411	4.645	14.101
S_{A_t}		0	0	956	3	123	273	423	573	723	1.394	4.469
GA$_t$		xxx	xxx	xxx	8	288	638	988	1.338	1.688	2.738	7.684
LG$_{A(netto)}$											514	514
$Y_{A(T)t}$		-2.000	-1.500	3.500	8	288	638	988	1.338	1.688	3.252	8.198
KapRZ											9.889	9.889
$Y_{I(T)}$											514	514
S_{I_t}		-900	-675	1.575	0	0	0	0	0	0	288	514
S_t		-900	-675	2.531	3	123	273	423	573	723	1.681	288
$Z_t - S_t$		-1.100	-825	-3.531	597	877	1.227	1.577	1.927	2.277	9.319	4.757
KW$_s$	4.378											12.343
BW(S)	3.359											

C.3.5 Sensitivitätsanalyse

Im Rahmen einer Sensitivitätsanlyse kann leicht abgeschätzt werden, innerhalb welcher Bandbreiten sich unabhängige Variablen höchstens verändern dürfen, ohne einen Rangfolgewechsel bei den Handlungsalternativen auszulösen. Bei betragsmäßiger Identität des abhängigen Zielgröße herrscht gerade Indifferenz zwischen den Alternativen.

Dies kann an Beispielen demonstriert werden:

* Wenn der ausländische Steuersatz für Kapitalgesellschaften auf $s_A^k = 0,41636$ steigt, ist die Alternative Einbringung zu Buchwerten am Ende der Verlustphase indifferent zu der reinen Betriebstättenalternative.

* Wenn der Firmenwert in $t = 3$ nur 520 beträgt, führen Buchwertansatz und Teilwertansatz unter Berücksichtigung der Liquidationsbesteuerung zu identischen Steuerbarwerten.

* Dasselbe Ergebnis tritt ein, wenn die Abschreibungsdauer des Firmenwertes im Ausland gerade 19,5117 Jahre beträgt.

C.3.5.1 Ermittlung kritischer ausländischer Körperschaftsteuersatz bei Einbringung zu Buchwerten

Kritischer Wert

s_A^k 0,4164

Betriebstätte Kapitalgesellschaft

t	0	1	2	3	4	5	6	7	8	9	10	Summe
A_0	-3.000											-3.000
$Z_t = G_t$		-2.000	-1.500	-1.000	600	1.000	1.500	2.000	2.500	3.000	4.500	10.600
V_A^{VVT}		0	0	0	xxx	xxx	xxx	xxx	xxx	xxx	xxx	xxx
Y_{A_t}		0	0	0	600	1.000	1.500	2.000	2.500	3.000	4.500	15.100
S_{A_t}		0	0	0	250	416	625	833	1.041	1.249	1.874	6.287
GA_t		xxx	xxx	xxx	350	584	875	1.167	1.459	1.751	2.626	8.813
$Y_{A(I)_t}$		-2.000	-1.500	-1.000	350	584	875	1.167	1.459	1.751	2.626	4.313
S_{I_t}		-900	-675	-450	0	0	0	0	0	0	0	-2.025
S_t		-900	-675	-450	250	416	625	833	1.041	1.249	1.874	4.262
$Z_t - S_t$		-1.100	-825	-550	350	584	875	1.167	1.459	1.751	2.626	6.338
KW_s	941											
$BW(S)$	2.571											

C.3.5.2 Ermittlung kritischer Firmenwert in t=3 bei Liquidation in t=10

Ausgangsdaten *Kritischer Wert*

s_I^{ER} 0,56 $FW_{t=3}$ 520

$stR_{t=10}$ 3.500

$TW_{t=10}$ 6.500

Betriebstätte|Kapitalgesellschaft

t	0	1	2	3	4	5	6	7	8	9	10	Summe
A_0	-3.000											-3.000
$Z_t = G_t$		-2.000	-1.500	-1.000	600	1.000	1.500	2.000	2.500	3.000	4.500	10.600
V_A^{VVT}		0	0	520	xxx	xxx	xxx	xxx	xxx	xxx	xxx	xxx
$stR + FW$				1.520								1.520
$AfA_t\ FW$		xxx	xxx	xxx	52	52	52	52	52	52	52	365
LE											6.500	6.500
$LG_{A(brutto)}$											2.345	2.345
Y_{A_t}		0	0	0	548	948	1.448	1.948	2.448	2.948	6.793	17.081
S_{A_t}		0	0	0	164	284	434	584	734	884	2.038	5.124
GA_t		xxx	xxx	xxx	384	664	1.014	1.364	1.714	2.064	3.114	10.315
$LG_{A(netto)}$											1.641	1.641
$Y_{A(I)_t}$		-2.000	-1.500	520	384	664	1.014	1.364	1.714	2.064	4.755	8.977
$KapRZ$											4.520	4.520
$Y_{I(T)}$											1.641	1.641
S_{I_t}		-900	-675	234	0	0	0	0	0	0	919	-422
S_t		-900	-675	234	164	284	434	584	734	884	2.957	4.703
$Z_t - S_t$		-1.100	-825	-1.234	436	716	1.066	1.416	1.766	2.116	8.043	12.397
KW_s	4.835											
$BW(S)$	2.903											

C.3.5.3 Ermittlung kritische Abschreibungsdauer des Firmenwertes aus t=3 bei Liquidation in t=10

Ausgangsdaten   *Kritischer Wert*

s_I^{ER}	0,56	ND FW	19,512
$stR_{t=10}$	3.500		
$TW_{t=10}$	6.500		

Betriebstätte | Kapitalgesellschaft

t	0	1	2	3	4	5	6	7	8	9	10	Summe
A_0	-3.000											-3.000
$Z_t = G_t$		-2.000	-1.500	-1.000	600	1.000	1.500	2.000	2.500	3.000	4.500	10.600
V_A^{VVT}		xxx	0	3.500	xxx	xxx	xxx	xxx	xxx	xxx	xxx	xxx
$stR + FW$				6.889								6.889
$AfA_t\ FW$		xxx	xxx	xxx	302	302	302	302	302	302	302	2.114
LE											6.500	6.500
$LG_{A(brutto)}$											-1.275	-1.275
Y_{A_t}		0	0	2.389	298	698	1.198	1.698	2.198	2.698	2.923	14.101
S_{A_t}		0	0	956	89	209	359	509	659	809	877	4.469
GA_t			xxx	xxx	209	489	839	1.189	1.539	1.889	2.939	9.091
$LG_{A(netto)}$											-893	-893
$Y_{A(I)_t}$		-2.000	-1.500	3.500	209	489	839	1.189	1.539	1.889	2.046	8.198
$KapRZ$											9.889	9.889
$Y_{I(T)}$											-893	-893
S_{I_t}		-900	-675	1.575	0	0	0	0	0	0	-500	-500
S_t		-900	-675	2.531	89	209	359	509	659	809	377	3.969
$Z_t - S_t$		-1.100	-825	-3.531	511	791	1.141	1.491	1.841	2.191	10.623	13.131
KW_s	4.835											
$BW(S)$	2.903											

D Begriffsdefinitionen

Im Zusammenhang mit der Inanspruchnahme von DBA-Vergünstigungen und den entsprechenden Gegenmaßnahmen bei mißbräuchlicher Ausnutzung sind in der Literatur überwiegend englischsprachige Schlagwörter geläufig, die wie folgt abgegrenzt werden:[1]

treaty shopping: gezielte Gestaltung zur Inanspruchnahme des DBA-Schutzes durch "fiktive" Ansässigkeit.[2]

rule shopping: gezielte Nutzung einzelner Verteilungsnormen durch Gestaltung/Schaffung entsprechender Anwendungsvoraussetzungen.[3]

treaty overriding: Verletzung von DBA-Regelungen einseitig durch nationales Recht.

anti treaty shopping: Nationale Regelung, die eine Inanspruchnahme von DBA-Vergünstigungen unter einen Umgehungsvorbehalt stellt.

switch-over-Klausel: DBA-Klausel, die den Übergang von der Freistellungs- zur Anrechnungsmethode einseitig für einen Vertragspartner ermöglicht.

subjekt-to-tax-Klausel: Das Besteuerungsrecht des Ansässigkeitsstaates lebt dann wieder auf, wenn der Quellenstaat nach seinem innerstaatlichen Recht, das ihm nach DBA zustehende Besteuerungsrecht *für bestimmte Einkunftsquellen* nicht wahrnimmt.[4]

Rückfallklausel: Das Besteuerungsrecht fällt grundsätzlich an den Ansässigkeitsstaat zurück, wenn der Quellenstaat von seinem Besteuerungsrecht keinen Gebrauch macht.

Weitere Begriffsabgrenzungen

Dealing-at-arm's-length: bei der Bestimmung konzerninterner Verrechnungspreise sind die Grundsätze des Drittvergleichs anzuwenden. Als Prüfungsmaßstab wird der Fremdvergleichspreis herangezogen. Das ist der Preis, den ein fremder Dritter für gleichartige Lieferungen oder Leistungen gezahlt hätte.

Factoring: Kauf von Geldforderungen aus Waren- und Dienstleistungsgeschäften.

---

1   Zu den Begriffen auch *Vogel*, DBA, Einl., Rz. 127 ff. und Art. 1, Rz. 83 ff., sowie *Jacobs*, Internationale Unternehmensbesteuerung, S. 354 ff. und Vfg. OFD Düsseldorf vom 11.12.1996, S 1301 A - St 1121, Ertragsteuerliche Auswirkungen sog. Rückfallklauseln in einigen DBA, IStR 1997, S. 53.

2   Dazu gehören bspw. sog. Briefkastenfirmen.

3   Die Subsumtion unter eine bestimmte Verteilungsnorm kann auch unter der Zielsetzung erfolgen, aufgrund von Qualifikationskonflikten eine zweifache Nichtbesteuerung, sog. "weiße" Einkünfte zu erreichen.

4   Dabei kann sowohl auf die *grundsätzliche* als auch auf die *tatsächliche* Besteuerung abgestellt werden. Vgl. *Vogel*, DBA, Vor Art. 6-22, Rz. 19.

Forfaitierung: Ankauf von Forderungen, die erst zukünftig entstehen.

Reinvoicing: Finanzierung von Zahlungszielen bei Exportgeschäften einschließlich Währungssicherung.

Literaturverzeichnis

Altehoefer, D./Landendinger, M.: Die Ausgestaltung von [Genußrechten] ausländischer Kapitalgeber und die Beschränkung der inländischen Quellenabzugsbesteuerung durch DBA und EG-Recht, in: IStR 1997, S. 321 - 328.

Ammelung, Ulrich: § 8a KStG und ausländische [Umwegfinanzierung] deutscher Konzerne, in: DB 1996, S. 600 - 604.

Ammelung U./Pletschacher S./Jarothe H.: Die [Teilwertabschreibung] auf GmbH-Beteiligungen, in: GmbHR 1997, S. 97 - 112.

Ammelung, U./Schneider, H.: Einschaltung niederländischer [Finanzierungsgesellschaften] bei Konzernfinanzierungen über den Eurokapitalmarkt (Teil I), in: IStR 1996, S. 501 - 504.

Ammelung, U./Schneider, H.: Einschaltung niederländischer [Finanzierungsgesellschaften] bei Konzernfinanzierungen über den Eurokapitalmarkt (Teil II), in: IStR 1996, S. 552 - 560.

Bader, Axel: Steuerliche [Strategien] bei der Finanzierung von Tochtergesellschaften in der EG, in: Maßbaum u.a. (Hrsg.), Die deutsche Unternehmensbesteuerung im europäischen Binnenmarkt, S. 275 - 336.

Baranowski, Karl-Heinz: Zur Besteuerung der Einkünfte aus Beteiligungen an ausländischen [Personengesellschaften], in: IWB 1990, Fach 3, Gruppe 2, S. 549 - 556.

Baranowski, Karl-Heinz: Besteuerung von Auslandsbeziehungen, 2. Auflage, Herne - Berlin 1996.

Bareis, Peter: Die Steuern in der betrieblichen [Planung], Berlin 1969.

Bareis, Peter: Die notwendige Reform der Körperschaftsteuer: [Systembereinigungen] und Vereinfachungen, in: Bundessteuerberaterkammer (Hrsg.), Steuerberaterkongreß-Report, München 1987, S. 33 - 88.

Bareis, P./Elser, Th.: [Analyse] des neuen Erbschaftsteuerrechts, in: DB 1997, S. 557 - 562.

Baumgärtel, Martina: [Konzernstruktur] und Umstrukturierung - Beschränkungen durch die Hinzurechnungsbesteuerung, in: Herzig (Hrsg.), Steuerorientierte Umstrukturierung von Unternehmen, Stuttgart 1997, S. 271 - 296.

Baumgärtel, M./Perlet, H.: Die [Hinzurechnungsbesteuerung], in: Maßbaum u.a. (Hrsg.), Die deutsche Unternehmensbesteuerung im europäischen Binnenmarkt: Besteuerungsgrundlagen und grenzüberschreitende Steuerplanung in Deutschland, Neuwied 1994, S. 171 - 274.

Baumgärtel, M./Perlet, H.: Standortfragen bei der Bildung von [Holdinggesellschaften], in: Maßbaum u.a. (Hrsg.), Die deutsche Unternehmensbesteuerung im europäischen Binnenmarkt: Besteuerungsgrundlagen und grenzüberschreitende Steuerplanung in Deutschland, Neuwied 1994, S. 691 - 781.

Beck'scher Bilanz-Kommentar: der Jahresabschluß nach Handels- und Steuerrecht; Konzernabschluß, Prüfung, Offenlegung; §§ 238 und 339 HGB, von Budde u.a., 3. Auflage, München 1995.

Bernütz, Stefan: Ertragsbesteuerung grenzüberschreitender Internet-Transaktionen: Anknüpfung an eine deutsche Betriebstätte?, in: IStR 1997, S. 353 - 357.

Blumers, Wolfgang: Ausgliederung und Spaltung und wesentliche [Betriebsgrundlagen], in: DB 1995, S. 496 - 500.

Blumers, W./Beinert, St.: Unternehmenskauf und [Mitunternehmermodelle], in: DB 1997, S. 1636 - 1640.

Blumers, W./Schmidt, G.: Leveraged-Buy-Out/Management-Buy-Out und [Buchwertaufstockung] - Gestaltungsalternativen für die Praxis, in: DB 1991, S. 609 - 613.

Blumers, W./Schmidt, M.: Die neuen [Tauschgrundsätze] und ihre subsidiäre Geltung, in: DB 1998, S. 392 - 394.

Blumers, W./Siegels, J.: Ausgliederung und [Spaltung] und Zuordnung von Wirschaftsgütern, in: DB 1996, S. 7 - 11.

Blümich, Walter: Kommentar zum [EStG/KStG/GewStG], 15. Auflage, München 1997, Stand: Juni 1997.

Bogenschütz, Eugen: [Ausländische Anteilseigner] bei Umwandlungsvorgängen, in: Herzig (Hrsg.), Steuerorientierte Umstrukturierung von Unternehmen, Stuttgart 1997, S. 209 - 232.

Borstell, Thomas: Coordination Centres in [Belgien], in: IWB, Belgien, Gr. 2, S. 169 - 176.

Bosch, Hans-Gerd: Steuerliche Gestaltungen bei ausländischen [Finanzierungsgesellschaften] aus Sicht der steuerlichen Betriebsprüfung, in: DB 1997, S. 1736 - 1741.

Brenner, Dieter: [Personengesellschaften] im Internationalen Steuerrecht, in: Haarmann (Hrsg.), Unternehmensstukturen und Rechtsformen im Internationalen Steuerrecht, Forum der Internationalen Besteuerung, Band 7, Köln 1996, S. 63 - 83.

Brönner (Hrsg.): Die Besteuerung der [Gesellschaften], 16. Auflage, Stuttgart 1988.

Bundesministerium der Finanzen: Verrechnungspreise und multinationale Unternehmen: Bericht des Steuerausschusses der OECD [OECD-Bericht 1979], Köln 1981.

Bundesministerium der Finanzen vom 7.11.1996, [Steueroasen] in den EU-Mitgliedstaaten, Aufzeichnung für die 54. Sitzung des Finanzausschusses des Bundestages (13.11.1996), in: IStR 1997, S. 151 - 152.

Bundesministerium der Finanzen (Hrsg.): Reform der Einkommensteuerbesteuerung - Vorschläge der Steuerreform-Kommission - vom 22. Januar 1997, "Petersberger Steuervorschläge", Schriftenreihe des BMF, Heft 61, Bonn 1997.

Burmester, Gabriele: Ausgewählte international-steuerrechtliche [Probleme] der stillen Gesellschaft, in: Haarmann (Hrsg.), Unternehmensstrukturen und Rechtsformen im internationalen Steuerrecht, Forum der Internationalen Besteuerung, Band 7, Köln 1996, S. 122 - 147.

Conci, Paolo: [Italien]: Anrechnung ausländischer Körperschaftsteuer bei Weiterausschüttung von Auslanderträgen, in: IStR 1997, S. 129 - 132.

Coopers & Lybrand Global Tax Network: 1997 International tax summaries - A guide für planning und decisions, New York.

Crezelius, Georg: [Organschaft] und Ausland, in: Lutter u.a. (Hrsg.), Festschrift für Karl Beusch zum 68. Geburtstag am 31.10.1993, Berlin - New York 1993, S. 153 - 166.

Crezelius, Georg: Die isolierende Betrachtungsweise, insbesondere die grenzüberschreitende [Betriebsaufspaltung], in: Haarmann (Hrsg.) Die beschränkte Steuerpflicht, Forum der internationalen Besteuerung, Band 2, Köln 1993, S. 75 - 98.

Dahnke, Horst: Betriebsstättenbesteuerung: Zuordnung von [Generalunkosten] des ausländischen Stammhauses gegenüber der inländischen Betriebsstätte, in: IStR 1996, S. 475-478.

Debatin, Helmut: [System] und Auslegung der Doppelbesteuerungsabkommen, in: DB 1985, Beilage 23, S. 4 - 8.

Debatin, Helmut: Das [Betriebstättenprinzip] der deutschen Doppelbesteuerungsabkommen (Teil I), in: DB 1989, S. 1693 - 1694.

Debatin, Helmut: Das [Betriebstättenprinzip] der deutschen Doppelbesteuerungsabkommen (Teil II), in: DB 1989, S. 1739 - 1744.

Debatin, Helmut: Subjektiver Schutz unter [Doppelbesteuerungsabkommen], in: BB 1989, Beilage 2, S. 1 - 10.

Debatin, Helmut: [Doppelbesteuerungsabkommen] und innerstaatliches Recht, in: DStR 1992, Beihefter 23, S. 1 - 8.

Dehmer, Hans: Kommentar zum Umwandlungsgesetz/Umwandlungssteuergesetz [UmwG/UmwStG], 2. Auflage, München 1996.

Dehnen, Peter H.: [Prinzipien] zur Bestimmung des Betriebsstätteneinkommens und deren Anwendung auf Banken, Versicherungsgesellschaften und andere Finanzierungsgesellschaften - Zusammenfassung der Schwerpunkte des Deutschen Nationalberichts zum Thema I des 50. IFA-Kongresses in Genf 1996, in: IWB Fach 1, S. 1401 - 1408.

Dirrigl, Hans: Die Bewertung von [Beteiligungen] an Kapitalgesellschaften - Betriebswirtschaftliche Methoden und steuerlicher Einfluß -, Diss., Hamburg 1988.

Dörner, Bernhard M.: [Teilwertabschreibungen] auf GmbH-Anteile - Teil I, in: INF 1995, S. 225 - 229.

Dörner, Bernhard M.: [Teilwertabschreibungen] auf GmbH-Anteile - Teil II, in: INF 1995, S. 260 - 264.

Dötsch, E./Buyer, Ch.: [Teilwertabschreibung] auf Organbeteiligungen - Die Grenzen der körperschaftsteuerlichen Anerkennung -, in: DB 1991, S. 10 - 15.

Dreßler, Günter: Gewinn- und Vermögensverlagerungen in [Niedrigsteuerländer] und ihre steuerliche Überprüfung, 2. Auflage, Neuwied 1995.

Ebenroth Carsten Thomas/Fuhrmann Lambertus: Gewinnverlagerungen durch [Unterpreislieferungen] im transnationalen Konzern, in: DB 1989, S. 1100 - 1106.

Ebling, Klaus: Der [Teilwert] von Beteiligungen an ausländischen Kapitalgesellschaften im Anlagevermögen, in: DStR 1990, S. 327 - 331.

Eckert, Ralf: [Konzernfinanzierung] - Zur Frage, welche Einkünfte unter die Ausnahmevorschrift des § 10 Abs. 6 Satz 2 Nr. 2 AStG fallen -, in: IStR 1996, S. 378ff.

Eilers, S./Wienands, H.-G.: Gestaltungsüberlegungen zur Strukturierung von [Unternehmenskäufen] nach der BFH-Entscheidung vom 27.3.1996 - I R 89/95, in: GmbHR 1997, S. 577 - 586.

Eisele, Wolfgang: [Strategische Beteiligungen] und ihre bilanzielle Abbildung aus Anteilseignersicht, in: Küpper/Troßmann (Hrsg.), Das Rechnungswesen im Spannungsfeld zwischen strategischem und operativem Management, Festschrift für M. Schweitzer, Berlin 1997, S. 43 - 62.

Eisele, W./Kratz, N.: Der [Ausweis von Anteilen] außenstehender Gesellschafter im mehrstufigen Konzern, in: zfbf 1997, S. 291 - 310.

Elschen, Rainer: [Entscheidungsneutralität], Allokationseffizienz und Besteuerung nach der Leistungsfähigkeit - Gibt es eine gemeinsames Fundament der Steuerwissenschaften?, in: StuW 1991, S. 99 - 115.

Emmerich, V./Sonnenschein, J.: [Konzernrecht]: das Recht der verbundenen Unternehmen bei Aktiengesellschaft, GmbH, Personengesellschaften und Genossenschaft, 6. Auflage, München 1997.

Fahnauer, Martin: [Finanzierung] am internationalen Kapitalmarkt, in: Piltz/Schaumburg (Hrsg.), Unternehmensfinanzierung im internationalen Steuerrecht, Forum der internationalen Besteuerung, Band 9, Köln 1995, S. 5 - 11.

Firscher-Zernin, Justus: [Joint Venture-Strukturen] im internationalen Steuer- und Gesellschaftsrecht, in: IWB Fach 10, Gruppe 2, S. 1273 - 1288.

Fischer, L./Warneke, P.: Internationale Betriebswirtschaftliche [Steuerlehre], 4. Auflage, Bielefeld 1998.

Fleischer, Heinrich: Die Vermeidung von [Grunderwerbsteuer] durch steuergünstige Gestaltungen bei der Umstrukturierung von Unternehmen, in: DStR 1996, S. 1390 - 1397.

Flick, Hans: Der Einfluß von [Gewinnkorrekturen] bei der neuen Hinzurechnungsbesteuerung für Zwischeneinkünfte mit Kapitalanlagecharakter, in: IStR 1993, S. 12 - 13.

Flick, Hans: Deutsche Aktivitäten von Ausländern über ausländische [Zwischengesellschaften] und die Mißbrauchsgesetzgebung des § 50d Abs. 1a EStG, in: IStR 1994, S. 223 - 225.

Flick, Hans: Beim Vergleich der Rechtsformen auch die [Erbschaftsteuer] beachten!, in: DB 1997, S. 844 - 846.

Flick, H./Wassermeyer, F./Becker, H.: Kommentar zum [Außensteuerrecht], 5. Auflage, Köln 1990, Stand: Juni 1997.

Förster, Guido: Steuerfreie [Veräußerung] von Auslandsbeteiligungen nach § 8b KStG, in: DB 1994, S. 385 - 392.

Froesch, Th./Goyvaerts, G.: [Belgien]: Wichtige Änderungen im Steuerrecht, in: IStR 1997, S. 553 - 554.

Galavazi, H./Moons, P.: Allgemeine [Grundsätze] des niederländischen Steuerrechts, in: IStR 1998, S. 70 - 76.

Geiger, Andreas: [Ökonomische Analyse] des Konzernhaftungsrechts, Diss., Köln 1993.

Gerloff, Rainer: [Diskussion] - Steuergestaltung bei internationale tätiger Personengesellschaft, in: Haarmann (Hrsg.), Unternehmensstrukturen und Rechtsformen im Internationalen Steuerrecht, Forum der Internationalen Besteuerung, Band 7, Köln 1996, S. 118 - 121.

Geurts, O./Van Kalkeren, R.: Zur Besteuerung unternehmerischer Aktivitäten in den [Niederlanden], in: RIW 1995, S. 1007 - 1009.

Glanegger, P./Güroff, G.: Kommentar zum Gewerbesteuergesetz [GewStG], 3. Auflage, München 1994.

Greif, Martin: Steuergestaltung einer international tätigen [Personengesellschaft], in: Haarmann (Hrsg.), Unternehmensstrukturen und Rechtsformen im Internationalen Steuerrecht, Forum der Internationalen Besteuerung, Bd. 7, Köln 1996, S. 89 - 117.

Greif, Martin: [Umwandlung] ausländischer Kapitalgesellschaften in Personengesellschaften - Ein Praxisbericht, in: Schaumburg/Piltz (Hrsg.), Internationales Umwandlungssteuerrecht, Forum der Internationalen Besteuerung, Band 11, Köln 1997, S. 214 - 232.

Groh, Manfred: Ist die [verdeckte Einlage] ein Tauschgeschäft?, in: DB 1997, S. 1683 -1688.

Grotherr, Siegfried: Steueranreize für das Internationale Finanzdienstleistungszentrum in [Dublin], in: IWB, Irland, Gr. 2, S. 51 - 56.

Grotherr, Siegfried: Ausländische [Unterkapitalisierungsregelungen], in: Piltz/Schaumburg (Hrsg.), Unternehmensfinanzierung im internationalen Steuerrecht, Forum der internationalen Besteuerung, Band 9, Köln 1995, S. 49 - 87.

389

Grotherr, Siegfried: Besteuerungsfragen und -probleme bei der Einschaltung inländischer [Holdinggesellschaften] im grenzüberschreitenden Konzern (Teil I), in: BB 1995, S. 1510 - 1517.

Grotherr, Siegfried: Besteuerungsfragen und -probleme bei der Einschaltung inländischer [Holdinggesellschaften] im grenzüberschreitenden Konzern (Teil II), in: BB 1995, S. 1561 - 1569.

Grotherr, Siegfried: Kritische [Bestandsaufnahme] der steuersystematischen und betriebswirtschaftlichen Unzulänglichkeiten des gegenwärtigen Organschaftskonzepts, in: StuW 1995, S. 124 - 150.

Grotherr, Siegfried: Überblick über ausländische Umwandlungs- und Umwandlungssteuerrechte, in: Schaumburg/Piltz (Hrsg.), Internationales Umwandlungssteuerrecht, Forum der Internationalen Besteuerung, Band 11, Köln 1997, S. 152 - 213.

Grützner, Dieter: Berücksichtigung der Ergebnisse ausländischer Betriebsstätten in [Organschaftsfällen] i.S. der §§ 14, 17 KStG, in: GmbHR 1995, S. 502 - 506.

Gundel, Günter: Auswirkungen der neuen [Hinzurechnungsbesteuerung] des Außensteuergesetzes auf internationale Finanzierungsgesellschaften, in: IStR 1993, S. 49 - 57.

Gundel, Günter: [Finanzierungsgestaltungen] über das Ausland (Teil I), in : IStR 1994, S. 211 - 218.

Gundel, Günter: [Finanzierungsgestaltungen] über das Ausland (Teil II), in : IStR 1994, S. 263 - 268.

Gundel, Günter: Ausländische Finanzierungsgesellschaften, in: Piltz/ Schaumburg (Hrsg.), Unternehmensfinanzierung im Internationalen Steuerrecht, Forum der Internationalen Besteuerung, Band 9, Köln 1995, S. 23 - 48.

Günkel, Manfred: [Standortwahl] unter europäischen Staaten - Belgien-Großbritannien-Luxemburg-Niederlande, in: IdW, Bericht über die Steuerfachtagung 93 - Thema: Steuergestaltung bei verbundenen Unternehmen in Europa, Düsseldorf 1993, S. 39 - 87.

390

Günkel, Manfred: [Umwandlung] einer Kapitalgesellschaft in eine Personengesellschaft bei beschränkt steuerpflichtigen Gesellschaftern, in: IWB, Fach 3, Gruppe 1, S. 1505 - 1510.

Günkel, Manfred: Die Prüfung der steuerlichen [Verrechnungspreise] durch den Abschlußprüfer, in: WPg 1996, S. 839 - 856.

Haarmann, Wilhelm: Besteuerungsfragen beim Einsatz von [Holding-gesellschaften] im Rahmen des Aufbaus internationaler deutscher Konzerne, in: Fischer (Hrsg.), Internationaler Unternehmenskauf und -zusammenschluß im Steuerrecht, Forum der Internationalen Besteuerung, Band 1, Köln 1992, S. 83 - 112.

Haarmann, Wilhelm: Andere [Unternehmensverträge], Generalthema: Unternehmensverträge, in: JbFStR 1992/93, S. 523 - 526.

Haarmann, Wilhelm: Besteuerungsfragen beim Einsatz von [Holding-gesellschaften] im Rahmen des Aufbaus internationaler deutscher Konzerne, in: Fischer (Hrsg.), Internationaler Unternehmenskauf und -zusammenschluß im Steuerrecht, Band 1, Köln 1992, S. 83 - 112.

Haarmann, Wilhelm: Internationale [Kooperationen] und Sicherung von Anrechnungsguthaben (Stapled Stock), in: Herzig (Hrsg.), Steuerorientierte Umstrukturierung von Unternehmen, Stuttgart 1997, S. 251 - 269.

Haberstock, Lothar: Die Steuerplanung der internationalen Unternehmung, Wiesbaden 1976.

Hannes, Berthold: [Qualifikationskonflikte] im Internationalen Steuerrecht, Diss., Hamburg 1992.

Haun, Jürgen: Hybride [Finanzierungsinstrumente] im deutschen und US-amerikanischen Steuerrecht, Diss., Frankfurt 1996.

Hemmelrath, Alexander: [Besonderheiten] bei der Beteiligung von Steuerinländern an Personengesellschaften in DBA-Staaten, in: IStR 1995, S. 570 - 575

Henkel, Udo W.: Schranken steuerlich vorteilhafter [Gestaltungen] zur Unternehmensfinanzierung über die Grenze, in: Haarmann (Hrsg.), Grenzen der Gestaltung im Internationalen Steuerrecht, Forum der Internationalen Besteuerung, Band 4, Köln 1994, S. 100 - 146.

Henselmann, Klaus: Die [Verfahren] zur Minderung einer internationalen Doppelbesteuerung, in: SteuerStud 1996, S. 464 - 480.

Herfort, C./Strunk, G.: [Step-up-Modell] auch für Erwerbe von Nichtanrechnungsberechtigten?, in: IStR 1995, S. 415 - 419.

Herrmann, C./Heuer, G./Raupach, A.: Kommentar zum Einkommensteuer- und Körperschaftsteuergesetz [EStG/KStG], 21. Auflage, Köln 1996, Stand: März 1997.

Herzig, Norbert: Standortsicherungsgesetz: Gesetzliche Regelung der [Gesellschafter-Fremdfinanzierung] in § 8a KStG (Teil I), in: DB 1994, S. 110 - 115.

Herzig, Norbert: Standortsicherungsgesetz: Gesetzliche Regelung der [Gesellschafter-Fremdfinanzierung] in § 8a KStG (Teil II), in: DB 1994, S. 168 - 176.

Herzig, Norbert: [Anrechnungsverluste] als steuerliches Hemmnis grenzüberschreitender Kooperation, in: IStR 1996, S. 196 - 200.

Herzig, Norbert: [Grenzüberschreitende Umwandlungen] im deutschen Ertragsteuerrecht, in: Schaumburg/Piltz (Hrsg.), Internationales Umwandlungssteuerrecht, Forum der Internationalen Besteuerung, Band 11, Köln 1997, S. 127 - 151.

Herzig, Norbert: Verbesserung der steuerneutralen [Umstrukturierungsmöglichkeiten], insbesondere durch das neue Umwandlungssteuergesetz, in: Herzig (Hrsg.), Steuerorientierte Umstrukturierung von Unternehmen, Stuttgart 1997, S. 2 - 50.

Herzig, N./Förster, G.: [Steueränderungsgesetz 1992]: Die Umsetzung der Fusionsrichtlinie in deutsches Steuerrecht (Teil II), in: DB 1992, S. 959 - 963.

Hild, Dieter: Die Veräußerung "einbringungsgeborener" [Mitunternehmeranteile] durch Kapitalgesellschaften, in: DB 1991, S. 1904 - 1906.

Hötzel, Oliver: [Unternehmenskauf] und Steuern, 2. Auflage, Düsseldorf 1997.

Hundt, Florenz: Standortsicherungsgesetz: [Außensteuerliche Änderungen] - Einfügung von § 8b KStG sowie Änderungen des § 26 KStG, des UmwStG und des AStG (Teil II), in: DB 1993, S. 2099.

Informationsdienst zur Finanzpolitik des Auslands vom 30.7.1996, BMF (Hrsg.), Die wichtigsten Steuern im internationalen Vergleich.

Jacob, Wolfgang/Hörmann, Norbert: Steuersystematische Grundlagen der [Ergebniskorrektur] im internationalen Konzern, in: BB 1991, S. 733 - 742.

Jacobs, Otto H.: [Unternehmensbesteuerung] und Rechtsform, München 1988.

Jacobs, Otto H.: [Internationale Unternehmensbesteuerung]: Handbuch zur Besteuerung deutscher Unternehmen mit Auslandsbeziehungen, 3. Auflage, München 1995.

Jacobs, Otto H.: Steuerliche Vorteilhaftigkeit des Einsatzes von Eigen- oder Fremdkapital bei der internationalen [Konzernfinanzierung], in: StuW 1996, S. 26 - 42.

Jacobs, O./Scheffler, W.: Steueroptimale [Rechtsform], 2. Auflage, München 1995.

Jacobs, O./Spengel, Ch. (Hrsg.): Aspekte der Unternehmensbesteuerung in Europa, Baden-Baden 1996.

Jacobs, O./Spengel, Ch.: European Tax Analyzer: EDV-gestützter Vergleich der Steuerbelastung von Kapitalgesellschaften in Deutschland, Frankreich und Großbritannien, Baden-Baden 1996.

Kaminsiki, Bert: Ertragsteuerliche Konsequenzen bei der [Überführung] von Wirtschaftsgütern in eine ausländische Betriebsstätte, in: DStR 1996, S. 1794 - 1797.

Karthaus, Volker: Abschaffung der [Gewerbekapitalsteuer] ab 1.1.1998, in: DB 1997, S. 1887f.

Kaufmann, Jürgen F.: [Ausschüttungsbedingte Teilwertabschreibungen] auf Auslandsbeteiligungen, Gestaltungsmöglichkeiten nach Inkrafttreten des Steuerreformgesetzes 1990, in: RIW 1989, S. 806 - 810.

Kempka, Bettina: Systemkonforme steuerliche Behandlung stiller Reserven bei der grenzüberschreitenden [Überführung von Wirtschaftsgütern] zwischen Stammhaus und Betriebsstätte, in: StuW 1995, S. 242 - 253.

Kessler, Wolfgang: Internationale [Organschaft] in Dänemark, in: IStR 1993, S. 303-310.

Kessler, Wolfgang: Grenzüberschreitende [Körperschaftsteuer-Gutschriften] - Gestaltungsmöglichkeiten nach geltendem Recht, in: IStR 1995, S. 405 - 408.

Kessler, Wolfgang: Die [Euro-Holding]: Steuerplanung, Standortwahl, Länderprofile, München 1996.

Klein, F./Orlopp, G.: Kommentar zur Abgabenordnung [AO], 5. Auflage, München 1995.

Kormann, Hermut: Die [Steuerpolitik] der internationalen Unternehmung, 2. Auflage, Düsseldorf 1970.

Kluge, Volker: Das deutsche Internationale Steuerrecht, 3. Auflage, München 1992.

Knobbe-Keuk, Brigitte: "[Qualifikationskonflikte]" im internationalen Steuerrecht der Personengesellschaften, in: RIW 1991, S. 306 - 316.

Knobbe-Keuk, Brigitte: Bilanz- und Unternehmenssteuerrecht, 9. Auflage, Köln 1993.

Knobloch, Alois Paul: Zur kurzfristigen Finanzplanung des internationalen Konzerns, Heidelberg 1998.

Köhler, Franz: [Verdeckte Gewinnausschüttungen] und Vorausschüttungen bei ausländischen Zwischengesellschaften, in: RIW 1989, S. 466 - 472.

Korn, R./Debatin, H.: [Doppelbesteuerung] - Sammlung der zwischen der Bundesrepublik Deutschland und dem Ausland bestehenden Abkommen über die Vermeidung der Doppelbesteuerung, 9. Auflage, München 1990, Stand: Juli 1997.

Krabbe, Helmut: [Betriebsausgaben] im Zusammenhang mit ausländischen Schachtelbeteiligungen, in: DB 1994, S. 242 - 245.

Krabbe, Helmut: [Zweifelsfragen] zu § 50d Abs. 1a EStG, in: IStR 1995, S. 382 - 384.

Krebs, Hans-Joachim: Verbesserung der steuerlichen Bedingungen für den [Wirtschaftsstandort Deutschland], in: Crezelius u.a. (Hrsg.), Steuerrecht und Gesellschaftsrecht als Gestaltungsaufgabe: Freudesgabe für Franz Josef Haas zu Vollendung des 70. Lebensjahres, Herne - Berlin 1996, S. 213 - 224.

Krüger, Dirk: [Standortwahl] unter europäischen Staaten - Dänemark-Österreich-Schweiz, in: IdW, Bericht über die Steuerfachtagung 93 - Thema: Steuergestaltung bei verbundenen Unternehmen in Europa, Düsseldorf 1993, S. 89 - 157.

Kruschwitz, Lutz: Investitionsrechnung, 6. Auflage, Berlin - New York 1995.

Kübler, Friedrich: Gesellschaftsrecht, 4. Auflage, Heidelberg 1994.

Küffner, Thomas: [Patronatserklärungen] im Bilanzrecht, in: DStR 1996, S. 146 -151.

Kußmaul, H./Dreger, M.: Steuerlich orientierte grenzüberschreitende [Finanzierungsplanung] - Kapitalausstattung ein ausländischen Tochtergesellschaft, in: DStR 1996, S. 1376 - 1380.

Küting, K.-H./Kessler, H.: [Teilwertabschreibungen] auf Beteiligungen unter besonderer Berücksichtigung der höchstrichterlichen Finanzrechtsprechung, in: GmbHR 1995, S. 345 - 356.

Lempenau, Gerhard: Steuerorientierte [Gestaltung] von Unternehmensstrukturen im Binnenmarkt, in: Herzig (Hrsg.), Steuerberater-Jahrbuch 1992/93, Köln 1993, S. 237 - 275.

Lettl, Tobias: Das [Holding-Konzept] als Instrument zur erfolgreichen Neuausrichtung von Unternehmen, in: DStR 1996, S. 2020 - 2026.

Lorch, Bernd: Der börsenfähige [aktienähnliche Genußschein]: Wirtschaftliche Bedeutung, rechtliche Zulässigkeit und inhaltliche Ausgestaltung, Diss., Köln 1993.

Maas, Ernst: [Vorabausschüttungen] und verdeckte Gewinnausschüttungen in Fällen der Hinzurechnungsbesteuerung nach dem Außensteuergesetz, in: BB 1989, S. 269 - 271.

Malherbe, J./François, Y.: Die Belgischen [Koordinierungsstellen] (Teil I), in: IStR 1997, S. 74 - 77.

Malherbe, J./François, Y.: Die Belgischen [Koordinierungsstellen] (Teil II), in: IStR 1997, S. 102 - 107.

Malinski, Peter: [Währungsschwankungen] und Steueranrechnung nach § 34c EStG, in: IWB Gruppe 3, S. 1007 - 1012.

Malinski, Peter: [Währungsschwankungen] und Doppelbesteuerung, Diss., Herne - Berlin 1992.

Marettek, Alexander: Steuerbilanz und [Unternehmenspolitik], Freiburg i. Br. 1971.

Marx F.J./Bohlen V./Weber M.: Steuerwirkungen und [Divergenzeffekte] infolge verdeckter Gewinnausschüttungen, in: DB 1996, S. 2397 - 2403.

Maßbaum, Michael: Steuerliche Berücksichtigung von [Verlusten] ausländischer Betriebsstätten und Tochtergesellschaften bei inländischen Müttern, in: in: Maßbaum u.a. (Hrsg.), Die deutsche Unternehmensbesteuerung im europäischen Binnenmarkt: Besteuerungsgrundlagen und grenzüberschreitende Steuerplanung in Deutschland, Neuwied 1994, S. 337 - 395.

Mayer, H./Lehleiter, R.: [§ 8a KStG] - Irrungen ohne Ende?, in: DStR 1995, S. 1296 - 1298.

Mössner, Jörg Manfred u.a.: [Steuerrecht] international tätiger Unternehmen: Handbuch der Besteuerung von Auslandaktivitäten inländischer Unternehmen und von Inlandsaktivitäten ausländischer Unternehmen, Köln 1992.

Mössner, Jörg Manfred: [Probleme] und Zweifelsfragen bei der Regelung des "treaty shopping" (§ 50d Abs. 1a EStG), in: Fischer (Hrsg.), Besteuerung wirtschaftlicher Aktivitäten von Ausländern in Deutschland, Forum der Internationalen Besteuerung, Bd.8, Köln 1995, S. 85 - 108.

Moxter, Adolf: [Grundsätze] ordnungsmäßiger Unternehmensbewertung, 2. Auflage, Wiesbaden 1983.

Müller, Heinz-Peter: Steuergünstige Gestaltungen grenzüberschreitender [Joint-ventures], in: Bericht über die Steuerfachtagung 1993 des Institutes der Wirtschaftsprüfer in Deutschland e.V., 14./15. September in Neuss - Generalthema: Steuergestaltung bei verbundenen Unternehmen in Europa, Düsseldorf 1993, S. 235 - 247.

Müller, Herbert: [Steuermanagement] auf dem Weg der Globalisierung - Globalisierung, Integration, Shareholder Value, in: IStR 1996, S. 452 - 456.

Müller, Michael, A.: Steuernachteile international verbundener Unternehmen durch [Definitiv-Körperschaftsteuer] auf nichtabziehbare Aufwendungen, in: IStR 1997, S. 77 - 80.

Müller, Rolf: Die atypisch ausgestaltete [stille Gesellschaft] im Abkommensrecht, in: IStR 1996, S. 266 - 275.

Müller-Dott, Johannes Peter: [Teilwertabschreibung] auf Auslandsbeteiligungen, in: FR 1987, S. 489 - 492.

Müller-Dott, Johannes Peter: [Kooperationshemmnisse] aus dem körperschaftsteuerlichen Anrechnungsverfahren bei internationalen Verflechtungen, in: Herzig (Hrsg.), Körperschaftsteuerguthaben bei grenzüberschreitenden Kooperationen, Steuerthemen im Brennpunkt, Band 10, Köln 1996, S. 1 - 12.

Müller-Dott, Johannes Peter: Personengesellschaft als steuerliches [Gestaltungsinstrument] im Konzern, in: Herzig (Hrsg.), Steuerberater-Jahrbuch 1995/96, Köln 1996, S. 257 - 272.

Musgrave, R./Musgrave, P./Kullmer, L.: Die öffentlichen [Finanzen] in Theorie und Praxis, Band 2, 5. Auflage, Tübingen 1993.

Niepoth, D./Kamphaus, C.: [Umwandlung] einer ausländischen Betriebstätte, in: IStR 1996, S. 11 - 13.

o.V.: Diskussionsbeitrag, [Aufwandsabzug] bei internationalen Einkünften, in: FR 1995, S. 368 - 369.

Obluda, Sybille: Das Steuerrecht der [Niederlande], in: IWB, Niederlande, Gruppe 2, S. 269 - 292.

OECD - Organisation für Wirtschaftliche Zusammenarbeit und Entwicklung: Verrechnungspreisgrundsätze für multinationale Unternehmen und Steuerverwaltungen [OECD-Verrechnungspreisbericht 1995], Köln 1997.

Oesterle, B./Gauß, H.: Betriebswirtschaftliche Überlegungen zur [Teilwertabschreibung] auf Beteiligungen an Kapitalgesellschaften in der Rechtsprechung des BFH, in: WPg 1991, S. 317 - 327.

Oestreicher, A./Spengel, Ch.: Der Einfluß der Bemessungsgrundlagen und Steuerbelastungen auf die vergleichende Analyse internationaler Jahresabschlüsse, in: DB 1997, S. 1725 - 1730.

Oho, W./Behrens, S.: Steuerliche Aspekte bei der Ausgabe von [Wandel- und Optionsanleihen] über ausländische Konzerngesellschaften, in: IStR 1996, S. 313 -318.

Orth, Manfred: Elemente einer grenzüberschreitenden [Organschaft] im deutschen Steuerrecht, in: GmbHR 1996, S. 33 -40.

Pach-Hasenheimb, Ferdinand: Kann die deutsche Holding eines internationalen Spartenkonzerns [Organträger] sein?, in: IStR 1993, S. 1 - 4.

Paus, Bernhard: Auslegungs- und Gestaltungsfragen zum gespaltenen [Einkommensteuertarif] (Teil I), in: BB 1994, S. 2389 - 2898.

Paus, Bernhard: Auslegungs- und Gestaltungsfragen zum gespaltenen [Einkommensteuertarif] (Teil II), in: BB 1994, S. 2457 - 2467.

Pausenberger, E./Schmidt, Ch.: [Madeira] als Standort für Finanz-
Servicegesellschaften, in: IStR 1996, S. 415 - 420.

Piltz, Detlev J.: [Teilwertabschreibungen] auf Beteiligungen an Kapitalgesellschaften, Institut "Finanzen und Steuern" e.V., Heft 123, Bonn 1985.

Piltz, Detlev J.: [Qualifikationskonflikte] im internationalen Steuerrecht, unter
besonderer Berücksichtigung von Personengesellschaften, in: Fischer (Hrsg.),
Besteuerung internationaler Konzerne, Forum der internationalen Besteuerung,
Bd. 3, Köln 1993, S. 21 - 47.

Piltz, Detlev J.: [Besteuerung umqualifizierter Zinsen] im Empfängerstaat, in:
Piltz/ Schaumburg (Hrsg.), Unternehmensfinanzierung im internationalen
Steuerrecht, Forum der internationalen Besteuerung, Band 9, Köln 1995,
S. 116 - 124.

Piltz, Detlev J.: [Hybride Finanzierungen] in Doppelbesteuerungsabkommen,
in: Piltz/Schaumburg (Hrsg.), Unternehmensfinanzierung im internationalen
Steuerrecht, Forum der internationalen Besteuerung, Band 9, Köln 1995,
S. 125 - 144.

Piltz, Detlev, J.: Veräußerung von [Sonderbetriebs-vermögen] unter den Doppelbesteuerungsabkommen (OECD-Musterabkommen und DBA-Schweiz), in:
IStR 1996, S. 457 - 462.

Portner, Rosemarie: [Vereinbarkeit] des § 8a KStG mit den Doppelbesteuerungsabkommen (Teil I), in: IStR 1996, S. 23 - 30.

Portner, Rosemarie: [Vereinbarkeit] des § 8a KStG mit den Doppelbesteuerungsabkommen (Teil II), in: IStR 1996, S. 66 - 70.

Portner, Rosemarie: Anwendung des § 3c EStG auf den
[Hinzurechnungsbetrag] nach AStG, in: IStR 1996, S. 287 - 289.

Portner, Rosemarie: [Doppelbesteuerungsabkommen] - Uneingeschränktes
Quellenbesteuerungsrecht bei Abzugsfähigkeit von Vergütungen auf gewinnabhängige Finanzierungsinstrumente, in: IStR 1996, S. 409 - 411.

Pyszka, Tillmann: [Umwandlung] von Auslandsbetriebsstätten nach vorangegangenem Abzug der Betriebsstättenverluste im Inland (§ 2a Abs. 3 EStG), in:
IStR 1997, S. 18 - 20.

Raber, Hans Georg: Aktuelle [Probleme] im Zusammenhang mit der steuerlichen Behandlung von Auslandserträgen, in: DB 1995, S. 1880 - 1885.

Raupach, Arndt: Der international tätige [Spartenkonzern] Organisation -
Recht - Steuern, in: IStR 1993, S. 194 - 200.

Raupach, Arndt: Steuerliche Folgen der [Doppelansässigkeit], in: Haarmann
(Hrsg.), Unternehmensstrukturen und Rechtsformen im Internationalen Steuerrecht, Forum der Internationalen Besteuerung, Bd. 7, Köln 1996, S. 28 - 57.

Reichert, Gudrun: [Anrechnung], Abzug oder Pauschalierung ausländischer
Steuern?, in: DB 1997, S. 131 - 135.

Ritter, Wolfgang: Das [Steueränderungsgesetz 1992] und die Besteuerung
grenzüberschreitender Unternehmenstätigkeit, in: BB 1992, S. 361 - 368.

Ritter, Wolfgang: [Steuerfreiheit] ausländischer Schachteldividenden, in: BB
1994, S. 509 - 516.

Rödder, Thomas: [Gestaltungsalternativen] des steuerneutralen grenzüberschreitenden Anteilstauschs, in: IStR 1994, S. 257 - 262.

Rödder, Thomas: [Tauschgutachten] und § 8b Abs. 2 KStG, in: IStR 1994,
S. 384 - 385.

Rödder, Thomas: DStR-Fachliteratur-Auswertung: [Umwandlungssteuer-
gesetz], in: DStR 1995, S. 1988 - 1992.

Rödder, Thomas: [Unternehmenskauf] im Lichte des neuen Umwandlungssteuergesetzes, in: Herzig (Hrsg.), Neues Umwandlungssteuerrecht - Praxisfälle und Gestaltungen im Querschnitt, Steuerthemen im Brennpunkt, Band 12,
Köln 1996, S. 175 - 214.

Rode, Stefan: Änderungen des niederländischen Körperschaftsteuerrechts -
Neues zum Standort [Niederlande], in: IStR 1997, S. 293 - 298.

Rode, Stefan: Die deutsche Hinzurechnungsbesteuerung und die niederländische [Risikoreserve], in: IStR 1997, S. 582 - 586.

Rose, Gerd: Die [Steuerbelastung] der Unternehmung. Grundzüge der Teilsteuerrechnung, Wiesbaden 1973.

Roser, Frank D.: Die Besteuerung des ausländischen [Leasinggebers], in: RIW 1990, S. 393 - 397.

Schaumburg, Harald: [Internationales Steuerrecht]: Außensteuerrecht, Doppelbesteuerungsrecht, 2. Auflage, Köln 1998.

Schaumburg, Harald: [Inländische Umwandlungen] mit Auslandsbezug, in: GmbHR 1996, S. 414 - 424.

Schaumburg, Harald: Grenzüberschreitende Umwandlungen (I), in: GmbHR 1996, S. 501 - 514.

Schaumburg, Harald: Grenzüberschreitende Umwandlungen (II), in: GmbHR 1996, S. 585 - 594.

Schaumburg, Harald: [Ausländische Umwandlungen] mit Inlandsbezug, in: GmbHR 1996, S. 668 - 671.

Schaumburg, Harald: Grundlagen des internationalen Umwandlungssteuerrechts, in: Schaumburg/Piltz (Hrsg.), in: Schaumburg/Piltz (Hrsg.), Internationales Umwandlungssteuerrecht, Forum der Internationalen Besteuerung, Band 11, Köln 1997, S. 1 - 12.

Schaumburg, Harald: Reorganisation nach [Unternehmenskauf], in: Herzig (Hrsg.), Steuerorientierte Umstrukturierung von Unternehmen, Köln 1997, S. 113 - 137.

Scheffler, Wolfram: [Steuerplanung] bei Verlusten einer ausländischen Betriebsstätte in: DStR 1992, S. 193 - 200.

Scheffler, Wolfram: Grenzüberschreitendes [Leasing] als Instrument der konzerninternen Außenfinanzierung (Teil I), in: IStR 1993, S. 490 - 496.

Scheffler, Wolfram: Grenzüberschreitendes [Leasing] als Instrument der konzerninternen Außenfinanzierung (Teil II), in: IStR 1993, S. 538 - 543.

Scheffler, Wolfram: Besteuerung der grenzüberschreitenden [Unternehmenstätigkeit], München 1994.

Scheffler, Wolfram: [Ausländische Einkünfte] innerhalb des körperschaftsteuerlichen Anrechnungsverfahrens, in: WiSt 1996, S. 119 - 126.

Scheffler, Wolfram: [Besteuerungskonzepte] für nationale und internationale Konzerne im Vergleich, unveröffentlichte Unterlagen zur Tagung der Hochschullehrer für Betriebswirtschaft im April 1997.

Scheuchzer, Marco: Zur Notwendigkeit einer Europäisierung der [Organschaft], in: RIW 1995, S. 35 - 48.

Schiffers, Joachim: [Teilsysteme] einer zukunftsorientierten Steuerberatung - Steuerplanung, steuerliches Informationssystem und Steuercontrolling, in: StuW 1997, S. 42 - 50.

Schmidt, Christian: Zur DBA-Anwendung und inländischen Steuerpflicht bei im Sitzstaat rechtsfähigen ausländischen [Personengesellschaften], in: IStR 1996, S. 14 - 23.

Schmidt, Christian: Die [atypisch stille Gesellschaft] im deutschen Internationalen Steuerrecht - Wie begründet ist die herrschende Meinung?, in: IStR 1996, S. 213 - 223.

Schmidt, Karsten: Gesellschaftsrecht, 3. Auflage, Köln - Berlin - Bonn - München 1997.

Schmidt, Ludwig: Kommentar zum Einkommensteuergesetz [EStG], 16. Auflage, München 1997.

Schneider, Dieter: Wider leichtfertige [Steuerbelastungsvergleiche], in: WPg 1988, S. 281 - 291.

Schneider, Dieter: Hochsteuerland Bundesrepublik Deutschland: Die Spannweite [effektiver Grenzsteuerbelastungen] für Investitionen, in: WPg 1988, S. 328 - 338.

Schneider, Dieter: [Investition], Finanzierung und Besteuerung, 7. Auflage, Wiesbaden 1992.

Schulze zur Wiesche, Dieter: [Teilwertabschreibungen] auf Auslandsbeteiligungen, in: FR 1987, S. 385 - 389.

Seeger, Norbert: Die optimale Rechtsstruktur internationaler Unternehmen: steuerlich orientierte Wahl im Rahmen eines Zwei-Länder-Modells, Diss., Wiesbaden 1995.

Selent, Alexander: [Unternehmensstrukturierung] - von einem Stammhauskonzern zu einem Holdingkonzern, in: Herzig (Hrsg.), Steuerorientierte Umstrukturierung von Unternehmen, Stuttgart 1997, S. 51 - 69.

Selling, Heinz-Jürgen: Ausländische Holding-, Vermögens- und [Dienstleistungsgesellschaften] im Licht des § 42 AO, in: RIW 1991, S. 235 - 241.

Serwuschok, Andreas: [Irland] und Niederlande als Standorte für Finanzierungsgesellschaften, in: IWB, Deutschland, Gr. 1, S. 1501 - 1504.

Siegel, Theodor: Verfahren zur [Minimierung] der Einkommensteuer-Barwertsumme, in: BFuP 1972, S. 65 - 81.

Siegel, Theodor: Probleme und Verfahren der [Ertrag-steuerplanung], in: Aschfalk u.a. (Hrsg.), Unterneh-mensprüfung und -beratung, Festschrift zum 60. Geburtstag von Bernhard Hartmann, Freiburg i. Br. 1976, S. 223 - 248.

Sieker, Klaus: Ertragsteuerliche Konsequenzen der Gründung internationaler [Joint-Ventures] für inländische Unternehmen, in: IStR 1997, S. 385 - 393.

Simon, Martin: [Ausschüttungsbedingte Teilwertabschreibungen] und Gewinnminderungen auf Beteiligungen an ausländischen Kapitalgesellschaften im Einkommen- und Körperschaftsteuergesetz (Teil I), in: IStR 1995, S. 44 - 48.

Simon, Martin: [Ausschüttungsbedingte Teilwertabschreibungen] und Gewinnminderungen auf Beteiligungen an ausländischen Kapitalgesellschaften im Einkommen- und Körperschaftsteuergesetz (Teil II), in: IStR 1995, S. 99 - 103.

Steuerfachausschuß des IdW: [Einzelfragen] zur Gewinn- und Vermögensabgrenzung bei Betriebstätten, in: FN-IDW 1996, S. 225 - 230.

Storck, Alfred: Entstehungsgründe für [Holdinggesellschaften], in: IdW (Hrsg.) Bericht über die Steuerfachtagung 93 - Thema: Steuergestaltung bei verbundenen Unternehmen in Europa, Düsseldorf 1993, S. 17 - 38.

Streck, M./Posdziech, O.: Verschmelzung und [Formwechsel] nach dem neuen Umwandlungssteuergesetz (I), in: GmbHR 1995, S. 271 - 285.

Streck, M./Posdziech, O.: Verschmelzung und [Formwechsel] nach dem neuen Umwandlungssteuergesetz (II), in: GmbHR 1995, S. 357 - 365.

Strobl, Elisabeth: [Gewinnpooling], Generalthema: Unternehmensorganisation/Unternehmensverträge, in: JbFStR 1987/88, S. 312 - 317.

Strobl E./Schäfer, K.: Berücksichtigung von Auslandsverlusten bei [atypisch stiller Gesellschaft], in: IStR 1993, S. 206 - 212.

Strunk, Günther: Grenzüberschreitende Geschäftsaktivitäten durch das [Internet] als weißer Fleck der Besteuerung?, in: IStR 1997, S. 257 - 262.

Täske, Jochen: Grenzüberschreitende [Einbringungen] von Betriebsstätten in Kapitalgesellschaften, in: Herzig (Hrsg.), Steuerorientierte Umstrukturierung von Unternehmen, Stuttgart 1997, S. 233 - 250.

Thiede, Frank: Ökonomische Analyse der [Körperschaftsbesteuerung] bei ausländischen Einkünften, Diss., Köln 1994.

Thiel, Jochen: [Grenzüberschreitende Umstrukturierung] von Kapitalgesellschaften im Ertragsteuerrecht, in: GmbHR 1994, S. 277 - 289.

Thiel, Jochen: Muß das [Tauschgutachten] umgeschrieben werden - Die Rechtssätze des Gutachtens in Konkurrenz zu den gesetzlichen Tatbeständen der steuerfreien Anteilsübertragung (§ 8b Abs. 2 KStG, 20 Abs. 6 UmwStG 1977), in: Herzig (Hrsg.), Steuerberater-Jahrbuch 1994/95, Köln 1995, S. 185 - 208.

Thiel, Jochen: [Umwandlung] auf Personengesellschaften mit beschränkter Steuerpflicht, in: GmbHR 1995, S. 708 - 712.

Thiel, Jochen: Wege aus der Kapitalgesellschaft - [Gestaltungsmöglichkeiten] und Zweifelsfragen, in: DB 1995, S. 1196 - 1203.

Thömmes, Otmar: [Grenzüberschreitende Anrechnung] von Körperschaftsteuern, in: Herzig (Hrsg.), Körperschaftsteuerguthaben bei grenzüberschreitenden Kooperationen, Steuerthemen im Brennpunkt, Band 10, Köln 1996, S. 13 - 39.

Thümler, Axel: Körperschaftsteuerliches Anrechnungsverfahren und internationales Steuerrecht, Diss., Frankfurt 1994.

Tillmanns, Wolfhard: Frankreich: Einführung der [Gruppenbesteuerung] (Organschaft), in: RIW 1988, S. 275 - 284.

Tipke, K./Kruse, H.W.: Kommentar zur AO 1977 und FGO [AO/FGO], 16. Auflage, Köln 1996.

Tipke, K./Lang, J.: Steuerrecht, 15. Auflage, Köln 1996.

Vogel, Klaus: Doppelbesteuerungsabkommen [DBA] der Bundesrepublik Deutschland auf dem Gebiet der Steuern vom Einkommen und Vermögen: Kommentar auf der Grundlage der Musterabkommen, 3. Auflage, München 1996.

Vogel, Klaus (Hrsg.): Freistellung im internationalen Steuerrecht, Münchner Schriften zum Internationalen Steuerrecht, Heft 21, München 1996.

Vogel, Klaus: Internationales Steuerrecht, in: DStZ 1997, S. 269 - 281.

Vollmer, Lothar: [Der Genußschein] - ein Instrument für mittelständische Unternehmen zur Eigenkapitalbeschaffung an der Börse, in: ZGR 1983, S. 445 - 475.

Vollmer, Lothar: [Eigenkapitalbeschaffung] für die GmbH durch Börsenzugang, in: GmbHR 1984, S. 329 - 339.

Wacker, Wilhelm H.: [Steuerplanung] im nationalen und transnationalen Unternehmen, Berlin 1979.

Wagner, Franz W.: Zum ["Schatteneffekt"] der Vermögensteuer bei Kapitalgesellschaften, in: FR 1978, S. 480 - 481.

Wagner, Franz W.: Der gesellschaftliche [Nutzen] einer betriebswirtschaftlichen Steuervermeidungslehre, in: Finanzarchiv 1986, S. 32 - 54.

Wagner, Franz W./Dirrigl Hans: Die [Steuerplanung] der Unternehmung, Stuttgart - New York 1980.

Wamsler, Christa: Körperschaftsteuerliche [Integration] statt Anrechnung, Diss., Lohmar - Köln 1998.

Wassermeyer, Franz: Zur neuen Definition der [verdeckten Gewinnausschüttung], in: GmbHR 1989, S. 298 - 301.

Wassermeyer, Franz: [Merkwürdigkeiten] bei der Auslegung von DBA durch die Finanzverwaltung, in: IStR 1995, S. 49 - 51.

Wassermeyer, Franz: Der [Anteilseignerbegriff] des § 8a KStG, in: IStR 1995, S. 105 - 108.

Wassermeyer, Franz: Die Vermeidung der [Doppelbesteuerung] im Europäischen Binnenmarkt, in: Lehner (Hrsg.), Steuerrecht im europäischen Binnenmarkt: Einfluß des EG-Rechts auf die nationalen Steuerrechtsordnugen, DStJG, Band 19, Köln 1996, S. 151 - 165.

Wassermeyer, Franz: Stand der [Rechtsprechung] zur verdeckten Gewinnausschüttung, in: Stbg 1996, S. 481 - 486.

Wassermeyer, Franz: [Umwandlungsvorgänge] in den Doppelbesteuerungsabkommen, in: Schaumburg/Piltz (Hrsg.), Internationales Umwandlungssteuerrecht, Forum der Internationalen Besteuerung, Band 11, Köln 1997, S. 118 - 126.

Widmann, Siegfried: [Einbringung] von Betriebsstätten, in Fischer (Hrsg.), Besteuerung internationaler Konzerne, Forum der Internationalen Besteuerung, Band 3, Köln 1993, S. 88 - 112.

Widmann, Siegfried: [Auslandsbeziehungen] bei Umstrukturierungen, dargestellt am Beispiel einer formwechselnden Umwandlung einer Kapitalgesellschaft in eine Personengesellschaft mit beschränkt steuerpflichtigen Gesellschaftern, in: DStZ 1996, S. 449 - 455.

Widmann, Siegfried: [Umwandlungen] mit Auslandsbeziehungen, in: Crezelius u.a. (Hrsg.), Steuerrecht und Gesellschaftsrecht als Gestaltungsaufgabe: Freudesgabe für Franz Josef Haas zu Vollendung des 70. Lebensjahres, Herne/Berlin 1996, S. 421 - 444.

Wilke, Kay-Michael: Lehrbuch des internationalen Steuerrechts, 6. Aufalge, Herne - Berlin 1997.

Wöhrle, W./Schelle, D./Gross, E.: Kommentar zum Außensteuergesetz (AStG), Stuttgart 1996, Stand: März 1996.

Wurm, Felix: Die Nutzung von [Holdingkonstruktionen], in Herzig (Hrsg.), Steuerorientierte Umstrukturierung von Unternehmen, Stuttgart 1997, S. 72 - 111.

Zeitler, Franz-Christoph: Anwendung des [Tauschgutachten]s bei grenzüberschreitenden Holding-Konstruktionen, in: NWB, Fach 3, S. 7351 - 7354.

Zirfas de Moron, Heidrun: [Transnationale Besteuerung] im Kontext der Globalisierung, Diss., Bielefeld 1996.

Urteilsregister

1 Entscheidungen des Bundesverfassungsgerichts

Datum	AZ	Fundstelle
22.6.1995	2 BvL 37/91	BVerGE, 39, S. 121.

2 Entscheidungen des Europäischen Gerichtshofes

Datum	AZ	Fundstelle
27.6.1996	Rs. C-234/94	DB 1996, S. 1400.

3 Entscheidungen des Bundesgerichtshofes

Datum	AZ	Fundstelle
12.1.1998	II ZR 82/93	WPg 1998, S. 375.

4 Entscheidungen des Reichsfinanzhofes

Datum	AZ	Fundstelle
12.2.1930	VI A 899/27	RStBl 1930, S. 444.
31.10.1933	I A 393/31	RStBl 1934, S. 686.
9.5.1934	VI A 833/33	RStBl 1934, S. 658.
6.5.1936	IV A 8/35	RStBl 1936, S. 861.
18.8.1943	VI 152/43	RStBl 1943, S. 710.

5 Entscheidungen des Bundesfinanzhofes

Datum	AZ	Fundstelle
16.12.1958	I D 1/57 S	BStBl III 1959, S. 30.
8.11.1960	I 131/59 S	BStBl III 1960, S. 513.
20.5.1965	IV 49/65	BStBl III 1965, S. 503.
29.5.1968	I 46/65	BStBl II 1968, S. 692.
15.11.1967	IV R 139/67	BStBl II 1968, S. 152.
16.7.1969	I 266/65	BStBl II 1970, S. 175.
23.9.1969	I R 71/67	BStBl II 1970, S. 87.

17.12.1969	I 252/64	BStBl II 1970, S. 257.
15.4.1970	I R 122/66	BStBl II 1970, S. 554.
19.9.1973	I R 170/71	BStBl II 1973, S. 873.
17.10.1974	IV R 223/72	BStBl II 1975, S. 58.
29.1.1975	I R 135/70	BStBl II 1975, S. 553.
28.1.1976	I R 84/74	BStBl II 1976, S. 744.
29.7.1976	VIII R 142/73	BStBl II 1977, S. 263.
9.3.1977	I R 203/74	BStBl II 1977, S. 515.
31.10.1978	VIII R 124/74	BStBl II 1979, S. 108.
9.12.1980	VIII R 11/77	BStBl II 1981, S. 339.
28.1.1981	I R 10/77	BStBl II 1981, S. 612.
26.5.1981	IV R 47/78	BStBl II 1981, S. 795.
29.10.1981	I R 89/80	BStBl II 1982, S. 150.
9.12.1981	I R 78/80	BStBl II 1982, S. 243.
24.5.1984	I R 166/78	BStBl II 1984, S. 747.
5.3.1986	I R 201/82	BStBl II 1986, S. 496.
25.6.1986	II R 213/83	BStBl II 1986, S. 785.
10.6.1987	I R 301/83	BStBl II 1987, S. 816.
26.10.1987	GrS 2/86	BStBl II 1988, S. 348.
20.4.1988	I R 41/82	BStBl II 1988, S. 868.
20.7.1988	I R 49/84	BStBl II 1989, S. 140.
27.7.1988	I R 104/84	BStBl II 1989, S. 274.
1.2.1989	VIII R 33/85	BStBl II 1989, S. 458.
22.2.1989	I R 11/85	BStBl II 1989, S. 794.
8.3.1989	X R 181/87	BStBl II 1989, S. 541.
13.9.1989	I R 117/87	BStBl II 1990, S. 57.
16.11.1989	IV R 143/85	BStBl II 1990, S. 204.
30.5.1990	I R 97/88	BStBl II 1990, S. 875.
4.7.1990	GrS 2-3/88	BStBl II 1990, S. 817.
17.10.1990	I R 182/87	BStBl II 1991, S. 136.
7.11.1990	I R 116/86	BStBl II 1991, S. 342.
19.2.1991	VIII R 106/87	BStBl II 1991, S. 569.
27.2.1991	I R 15/89	BStBl II 1991, S. 444.
19.3.1991	VIII R 76/87	BStBl II 1991, S. 635.
30.4.1991	VIII R 68/86	BStBl II 1991, S. 873.
26.2.1992	I R 85/91	BStBl II 1992, S. 937.
10.6.1992	I R 105/89	BStBl II 1992, S. 1029.
23.6.1992	IX R 182/87	BStBl II 1992, S. 972.
15.12.1992	VIII R 42/90	BStBl II 1994, S. 702.
16.12.1992	I R 32/92	BStBl II 1993, S. 399.

19.5.1993	I R 60/92	BStBl II 1993, S. 714.
14.7.1993	I R 71/92	BStBl II 1994, S. 91.
16.3.1994	I R 42/93	BStBl II 1994, S. 799.
31.5.1995	I R 74/93	BStBl II 1995, S. 683.
30.8.1995	I R 112/94	BStBl II 1996, S. 563.
16.2.1996	I R 43/95	BStBl II 1997, S. 128.
27.3.1996	I R 89/95	BStBl II 1997, S. 224.
29.5.1996	I R 15/94	BStBl II 1996, S. 57.
29.5.1996	I R 167/94	BStBl II 1996, S. 60.
29.5.1996	I R 21/95	BStBl II 1996, S. 63.
21.8.1996	I R 186/94	BStBl II 1997, S. 434.
23.10.1996	I R 10/96	BStBl II 1997, S. 313
9.4.1997	I R 178/94	DB 1997, S. 1600.
9.6.1997	GrS 1/94	DB 1997, S. 1693.
18.6.1997	II B 33/97	BStBl II 1997, S. 515.

6 Entscheidungen der Finanzgerichte

Datum	*AZ*	*Fundstelle*
FG Baden- Württemberg 8.9.1994	III K 294/91	EFG 1995, S. 181.

7 BMF-Schreiben

Datum	*AZ*	*Fundstelle*
19.4.1971	IV B 2-S 2170-31/71	BStBl I 1971, S. 264.
21.3.1972	IV B 2-S 2170-11/72	BStBl I 1972, S. 188.
22.12.1975	IV B 2-S 2170-161/75	DB 1976, S. 72.
3.12.1976	IV B 8-S 2600 R-225/76	BStBl I 1976, S. 679.
20.12.1977	IV B 2-S 2241-231/77	BStBl I 1978, S. 8.
16.6.1978	IV B 2-S 1909-8/78	BStBl I 1978, S. 235.
23.2.1983	IV C 5-S 1341-4/83	BStBl I 1983, S. 218.

10.4.1984	IV C 6-S 2293-11/84	BStBl I 1984, S. 252.
22.1.1985	IV B 2-S 1909-2/85	BStBl I 1985, S. 97.
1.3.1988	IV C 5-S 1301 USA-286/87	DB 1988, S. 680.
12.2.1990	IV B 2-S 2135-4/90	BStBl I 1990, S. 72.
23.12.1991	IV B 2-S 2170-115/91	BStBl I 1992, S. 13.
3.6.1992	IV B 2-S 2135-4/92	DB 1992, S. 1655.
15.12.1993	IB B 2-S 2241a-57/93	BStBl I 1993, S. 976.
2.12.1994	IV C 7-S 1340-20/94	BStBl I 1995, Sondernummer 1.
15.12.1994	IV B 7-S 2742a-63/94	BStBl I 1995, S. 25.
15.2.1995	IV B 2-S 1909-6/95	BStBl I 1995, S. 149.
20.1.1997	IV C 5-S 1300-176/96	BStBl I 1997, S. 99.
29.4.1997	IV B 8-S 3530-2/97	GmbHR 1997, S. 496.
9.2.1998	IV B 2-S 1909-5/98	BStBl I 1998, S. 163.
25.3.1998	IV B-S 1978-21/98	BStBl I 1998, S. 267.

8 Erlasse, Verfügungen

Datum	*AZ*	*Fundstelle*
Erlaß FinMin. NRW 1.12.1986	S 1301 USA 60-V C 1	DB 1987, S. 24.
Vfg. OFD Düsseldorf 5.7.1989	S 2118 a A	DB 1989, S. 1700.

Vfg. OFD Düsseldorf 8.1.1991	S 1301 A-Schweiz-St 115	DB 1991, S. 308.
Vfg. OFD Hannover 22.7.1994	S 2770-51-StH 231	GmbHR 1994, S. 731.
Vfg. OFD Stuttgart 24.2.1995	S-2293 A-66-St 32	IStR 1995, S. 130.
Erlaß FinMin. Hessen 11.5.1995	S 1301 A-41-II B 31	FR 1995, S. 594.
Vfg. OFD Frankfurt 29.8.1995	S-2293 A-73- St II 2a	FR 1996, S. 41.
Vfg. OFD Rostock 25.10.1995	S 22943-O/95-St 241	FN-IDW 1996, S. 67.
Archivmitteilung des Sen.Fin. Bremen 22.11.1995	S 1300-5019-130	FN-IDW Nr. 3/1996 S 139.
Vfg. OFD Hamburg 16.1.1996	S 2240-17/96-St 24	DStR 1996, S. 427.
Vfg. OFD Frankfurt 13.6.1996	S 2118 a A - 6 - St II 2a	DStR 1996, S. 1528.
Vfg. OFD Düsseldorf 11.12.1996	S 1301 A-St 1121	IStR 1997, S. 53.

9 Drucksachen des Bundestages und des Bundesrates

BT-Drucksache 13/901 vom 27.3.1995
BT-Drucksache 13/1173 vom 24.4.1995
BT-Drucksache 13/1686 vom 13.6.1995
BT-Drucksache 13/7000 vom 19.2.1997
BT-Drucksache 13/7775 vom 30.5.1997
BT-Drucksache 13/8325 vom 4.8.1997
BR-Drucksache 12/98 vom 16.1.1998

10 Weitere Quellen

Richtlinie Nr. 90/435/EWG des Rates über das gemeinsame Steuersystem
der Mutter- und Tochtergesellschaften verschiedener Mitgliedstaaten vom
23.7.1990, Abl. EG Nr. 225, 6.

Richtlinie Nr. 90/434/EWG des Rates für das gemeinsame Steuersystem
für Fusionen, Spaltungen, die Einbringung von Unternehmensteilen und den
Austausch von Anteilen, die Gesellschaften verschiedener Mitgliedstaaten
betreffen vom 23.7.1990, Abl. EG Nr. 225, 1.

Richtlinie Nr. 90/436/EWG des Rates über die Beseitigung der Doppelbesteuerung im Falle von Gewinnberichtigungen zwischen verbundenen
Unternehmen vom 20.8.1990, Abl. EG Nr. L 225, 10.

Stichwortverzeichnis